ジャン・カルヴァン

アモス書講義

עמוס

関川泰寛［監修］
堀江知己［訳］

新教出版社

目次

凡例

一　『アモス書講義』の底本は次の通り。
Calvini Opera (Database 1.0),Vol. 43, pp.1-176.
「祈り」の部分に関する底本は次の通り。
Ioannis Calvini, *Praelectiones in Duodecim Prophetas (quos vocant) Minores*, Geneve, 1559 (forgotten books, 2017), pp. 222-314.

二　本文における（　）はカルヴァン自身の補足、［　］は訳者による補足である。当初、訳者の補足はその都度注に記すつもりであったが、余りに膨大な量となるため、テキスト内に挿入した。よって、［　］を省いた方が直訳に近い。傍注は訳者による。
ラテン語原文の特徴として、段落はほとんどなく、また、聖書テキストの引用は斜体、そして、疑問文であることを示す「?.」の他は、文中のコンマ及び文末のピリオド、そして、内容の展開や話者の変更を示す「:」のみである。翻訳に当たり、訳者の判断により所々に段落を設けた。

三　聖書テキストの翻訳は、カルヴァンの訳と明らかな違いがない場合、『聖書　聖書協会共同訳』（日本聖書協会、初版、二〇一八年）の訳にできる限り近付けるように努力した。聖書の各書の表記は『聖書　聖書協会共同訳』に準拠した。本書において、聖句表示の際に使用した各書の省略は以下の通り。

〈旧約聖書〉

創世記（創）　出エジプト記（出）　レビ記（レビ）　民数記（民）　申命記（申）　ヨシュア記（ヨシュ）　士師記（士）　サムエル記上（サム上）　列王記上（王上）　列王記下（王下）　歴代誌下（代下）　ヨブ記（ヨブ）　詩編（詩）　箴言（箴）　イザヤ書（イザ）　エレミヤ書（エレ）　エゼキエル書（エゼ）　ホセア書（ホセ）　ヨエル書（ヨエ）　アモス書（アモ）　ゼカリヤ書（ゼカ）　マラキ書（マラ）

〈新約聖書〉

マタイによる福音書（マタ）　マルコによる福音書（マコ）　ルカによる福音書（ルカ）　ヨハネによる福音書（ヨハ）　使徒言行録（使）　ローマの信徒への手紙（ロマ）　コリントの信徒への手紙一（一コリ）　コリントの信徒への手紙二（二コリ）　ガラテヤの信徒への手紙（ガラ）　エフェソの信徒への手紙（エフェ）　テトスへの手紙（テト）　ヘブライ人への手紙（ヘブ）　ヨハネの黙示録（黙）

アモス書講義

序

いつアモスは教師の務め[1]を開始したのでしょうか？　そのことについて、アモス自身が教えています。[2]しかし、どれほどの期間、アモスが預言活動を続けたのかは、はっきりといたしません。ヘブライ人[3]は、その期間は長かったと判断しています。彼らが記すところによれば、アモスの働きは四代にわたる王の［統治の］間も続いたからです。ここ［の表題］[4]において、アモス［自身］はウジヤとヤロブアムの統治についてのみ言及していますす。といいますのは、預言者としての働きをいつ始めたのか、そのことをアモスは書き留めているだけなのです。一方、アモスはこの［預言者としての］働きにおいて、神のために果たした務めの期間がどれほど続いたのか、そのことを明確にしようとは思わなかったのです。なぜアモスは［その務めを］始め［た時期］だけに言及しているのか。それについては、然るべき箇所［を考察する際］において、明らかにされることでしょう。確かなこととして、［アモスの務めは］ウジヤ王とヤロブアム王の治世に開始されたということです。それから、アモスが預言者として任命されたのは、イスラエル王国[5]に対してであったということも、覚えておくべきことです。アモ

1　doctoris officio.

2　アモ1・1。カルヴァンは、この表題もアモス自身が書き残したものと理解している。

3　Hebraei（複）。カルヴァンは多くのラビ文献に目を通していたことが知られている。また、カルヴァンの著作において、特定の教父の名が言及されることはしばしばあるが、他者の聖書解釈の紹介の際に頻繁に登場する「ある人たち」が、一体誰のことを指すのか、それを特定するための研究はなかなか進んでいない。

4　アモ1・1。

5　ここでの「イスラエル王国」とは、北と南の分裂後の北イスラエルのこと。本講義において、「イスラエル」はほとんどの場合、

スはユダの部族出身でした。(6) しかし、主が彼を〔預言者として〕任命されたのは、イスラエル王国に対してだったのです。そのことは、私たちが〔聖書から〕確認できる通りです。アモスは時折、ユダ族に対して言葉を向けています。けれども、それ〔つまり、ユダ族に対して言葉を向けること〕は、いわばたまたまのことに過ぎず、〔話の流れの〕状況がそうさせたのに過ぎませんでした。アモスの関心は、とりわけ十の部族〔から成るイスラエル王国〕に向いていたのです。では、アモスの言葉に聞いてみましょう。

6　アモスの出身地テコアは南のユダ族の領内にあった。
北イスラエルのことを指している。一方、「ユダ」とは南王国ユダのことである。

第一章

1 テコア出身の羊飼い（あるいは、羊を率いる人）[1]の一人であったアモスの言葉。それは、ユダの王ウジヤの治世、ならびに、イスラエルの王ヨアシュの子ヤロブアムの治世に、イスラエルについて幻に見たものであり、あの地震（あるいは、地が裂けること）の二年前のことであった。

アモスはここ〔1節〕で自分の言葉について語っています。とはいえ、彼は我が身を誇って自分自身の何かを披露しているのではありません。むしろ、自分はただの神の仕え人に過ぎないと告白しています。なぜなら、続いて彼は言っているからです。自分は啓示によって〔語るべきことを〕受け取ったのだと。預言者たちを立たせるのは、神ご自身です。神ご自身が預言者たちの業を用いられるのです。しかしその際に、神はご自分の御霊をもって預言者たちを整えられます。それは、神ご自身から受け取らなかった事柄について、預言者たちが〔勝手に〕語ることのないためです。そして、神ご自身から発せられたことを、預言者たちが忠実に伝えるためなのです。こうして、次の二つのことが一致することになります。つまり、〔その一つ目として、2節〕以下に続く預言の言葉が、アモス〔自身〕の言葉であるということ、そして〔二つ目として〕、そのアモスの言葉は、彼に示された神の言葉でもあった、という〔二つの〕こと〔は一致するの〕です。ここでアモスが用いた〔「幻に見た」と訳しましたところの」「חזה」という言葉は、元来は「啓示によって見ること」を言い表す言葉です。そしてそれゆえ

1　カルヴァンはこの段落において、pecuarius homo（家畜、特に羊を率いる人、牧者）と pastor（牧者、羊飼い）の二つの語を用いているが、特に明確な使い分けはないと思われる。

に、「預言」という言葉は「啓示」とも呼ばれ得るのです。

さて、アモスが言うことには、彼は「テコアの羊飼いの一人であった」。テコアはあまりよく知られていない町でした。そこはずっと以前から村落でしたが、［アモスが登場する］少し前に城壁が築かれました。[2] アモスはこの町を［彼の］故郷として位置付けていますが、それは、そこが有名な場所であったからではありません。あるいは、有名な町であることを理由に、多くの権利と名声を手に入れることができたからでもありません。むしろ、アモスが自分をテコア出身の人と呼んでいる理由は、神がその無名の土地から彼を導き出し、全イスラエル王国に遣わされた、ということ［を示すため］です。よって、私の判断によれば、次のように考える人たちは間違っています。その人たちは、アモスが非常にたくさんの羊の所有者として名声を博していたので、アモスが［多くの］羊飼いたちの中の［特別な］「一人」として呼ばれているのだ、と考えています。しかし、どう考慮してみても、私は彼らのその考えには納得がいきません。私も認めますが、「נקדים」という語は、［実際に羊を］牧する仕事をする［雇われ人としての］羊飼いのことを意味するだけでなく、［たくさんの］羊を所有して、［その羊を売る］業務を営む人たちのことも意味します。たとえば、たくさんの羊を飼育していたモアブの王も、一人の「נקד」であったと言われています。[3] もちろん、モアブの王はその業務を営むにあたり、たくさんの羊飼いを金で雇っていたのですが。［しかし、かりにアモスが、たくさんの羊を所有する者という意味での「נקד」という職業名を持っていたのだとすれば］預言者のその名に関して、どうしてその名がこの預言者の境遇に当てはまり得るのか、私には理解できません。つまり、かの「テコア」という土地は、豊か［な土地］ゆえに有名であったわけではないのです。私が先程述べましたように、そこは小さな町でした。富に恵まれた土地ではなかったのです。ですから、私［の考え］によれば、アモスはこのこと［つまり、自分がテコアの羊飼いであったことを告げること］によって、イス

2　代下11・6参照。「これらは――砦の町であった」（同11・10）とある。一方、同20・20では、「テコアの荒れ野」とある。

3　王下3・4参照。

ラエル王国とその住民の［空しき］誇りを揶揄しているのに間違いありません。彼らは神の預言者［の言葉］を聞くのに相応しくなかったような人たちでしたので、牧者の一人［に過ぎない人］が、彼らの所に遣わされたのでした。

それから、アモスが［単に］テコアの羊飼いと呼ばれているのではなく、「テコア出身の」羊飼いと呼ばれている[4]ことにも注目すべきです。［聖書を］解釈する人たちは、この前置詞［つまり、ex の重要性］に気付いていません。アモス書第七章において確認することになりますが、アモスはユダの出身であったにもかかわらず、イスラエル王国に住んでいたのでした。祭司［アマツヤ］は王ヤロブアムにアモスのことを中傷しました。［王国の］平和を揺るがすことのないようにと、アモスは別の所に移り、他の場所で生活の糧を得るように命じられたのです。[5]つまり、アモスは客人として［彼の祖国ユダとは］別の場所で過ごしていたのです。［アモスは多くの羊を所有する裕福な人だった、という先の解釈のように］もしアモスが裕福で、多くの財産を所有していた人であったのならば、おそらく彼は、自分の［祖］国で暮らし［続け］たことでしょう。なぜアモスは［住む］場所を変えなくてはならなかったのか？――［アモスが裕福な人であったと解釈する人たちは、この問いに答えることはできません。］イスラエル領内における彼の住まいが、［富裕な地主のように、生涯にわたる永続的な住まいではなく、むしろ］一時的［な仮住まい］であったということは、十分明白です。この理由［つまり、一時的な仮住まいに過ぎなかった、といった理由］によって、アモスが［裕福で高貴な人物ではなく］一般的な民衆の出であったことは疑いありません。そして、アモスが身分の低い出であったのは、傲慢に陥っていたイスラエル王国とその全住民とを、神が引き締められるためであったのです。豊穣で実り多き土地のゆえに、彼らはいかに傲慢になっていたことでしょうか。その彼らに対して、アモスは［神によって預言者として］任じられるのです。彼は一人の牧者［に過ぎません］でした。しか

4　ex Tecua.
5　アモ7・12。

し、その人をこそ、神は［羊の群れの］囲いの外に連れ出されたのです！(6)

また、時代についてもはっきりしています。「ユダの王ウジヤとイスラエルの王ヨアシュの子ヤロブアムの治世、あの地震の二年前に」これらの幻を見た、とアモス自身が言っています。この時代がどのような状況にあったのか、私はホセアの預言について扱った際に述べました。つまり、［聖書の］聖なる歴史が告げる通り、［当時の］イスラエル王国は［その王］ヤロブアム二世の治世の下で、繁栄を極めていたのです。ヤロブアム自身は不信仰かつ不敬虔な人でした。それにもかかわらず、神は当時、ご自分の民を大切にされていたのです。そして、神のご配慮によって、［イスラエル王国を構成する］十の部族はその統合を保っていただけでなく、ヤロブアムはその領土を広げてさえいたのです。彼は［敵によって］奪われた町の幾つかを取り戻したのですから。それゆえ、当時の［イスラエルの］民の状態と言えば、平穏なものでした。そして、そのような繁栄が、世の常として、［人々の］心を高慢にさせてしまったのです。ウジヤもユダの部族を［よく］治めていて、敵は見当たらないほどでした。こういった状況の中で、地震が起こったのです。

この地震が起こった［具体的な］時期について、［聖書の］聖なる歴史は何も告げてはいません。しかし、ヨセフスによれば、(7)ウジヤが祭司たちの職務を横取りし、そして［その罰として］彼がレプラに冒された頃に、その地震は起こったようです。このように、ヨセフスは［ウジヤの］レプラの災いと地震の災いとを、同じ時期に位置付けています。一方［アモスはウジヤの身に起こった出来事と、地震の出来事とを関連付けて言及したのではなく］、他の預言者たちと同じく、アモスは［地震の出来事を］それが人々によく知られていた出来事であったがゆえに言及したのです。ゼカリヤ書十四章には、次のように記されています。――［捕囚によって連れ去られた］民が［エルサレムに］帰還した後、「ユダの王ウジヤの時代に起こった地震で味わったような恐怖が、あなたがたを襲

6　神は家畜を率いる人を、神の預言者として召し出された、ということ。
7　秦剛平訳、フラウィウス・ヨセフス『ユダヤ古代誌（3）』、二〇六頁を参照。

うであろう」。(8) この［ゼカリヤ書の］箇所においても、［ウジヤの時代に起こった地震の具体的な］年は明記されていません。ですが、この出来事は当時の人たちの間でよく知られていたのです。

よって、［地震について記した］預言者［アモス］の真意は他でもありません。その［地震の］出来事が起こった時期［を明記すること］によって、イスラエルの民――彼らは豊かな暮らしを営んでいて、さらに、［豊かな暮らしが彼らにとっての］喜びであるかのように、それに満喫していたのです――に対する神による裁きを、自分は［その時期から既に］告げ知せていたのだ、ということをアモスは明らかにしようとしたのです。

それにしても、彼らの豊かさこそが、結果として彼らの頑なさを生じさせていたのです。アモスは［彼らに］快く迎えられませんでした。私たちとしましては、アモスの権威をもっと認めるものでありたい！　アモスは［彼らが所有する］豊かな物に目が奪われることもなく、彼らに媚びへつらったりはいたしませんでした。むしろ、彼らを厳しく罰したのです。また、彼が預言したことは、［普通の］人間が想像することのできないようなことでありました。いや、全く起こりそうもないと思われることを、彼は預言したのです。アモスが天の御霊に恵まれていなければ、彼は未来における災いを予告できなかったはずです。私が先程申し上げましたように、ユダの民であれ、イスラエルの民であれ、その他の国々の人であれ、［当時は］あらゆる繁栄が約束されていた［状況にあった］のですから。しかし、そのこと［つまり、繁栄した時代であったの］は、神が［当時の］イスラエル王国とユダ王国に目を留められていたからなのです。彼らだけではありません。隣国の異邦人に対しても、神は裁きを［まだ］実行されてはいなかったからなのです。

さて、次の言葉にも注目しなければなりません。――「イスラエルについて見た」。このことについて考察しましょう。既に私が述べたことですが、この預言者は、とりわけイスラエル王国――そこは彼が生まれた所では

8　ゼカ14・5を参照。

ありませんでしたが――の人たちに対して遣わされたのです。この人がイスラエル王国に移住した経緯については、私たちの知るところではありません。といいますか、そのことについてはあまり重要ではないのです。いずれにしても、私が述べましたように、おそらく彼の移住は、物質的な繁栄によって満足していた［イスラエル王国の］民の道楽を神が制されるために、［神によって］意図されたことであったのでしょう。よって、［アモスが現れる］その時までずっと神の僕たちを拒絶してきたイスラエルの民は、［イスラエル王国の］外からやって来た人の言葉、しかも、羊飼いであった人の言葉に聞かねばならないのです。彼らの罪を非難する彼の言葉に、そして、［神に代わって］裁きの務めを果たそうとしていた彼の言葉に。アモスは、差し迫った滅びを告げ知らせるための、天から遣わされた伝道者なのだ！　だとしたら、当然、神がこの人の宣教の務めを無駄にされるはずはなかった。(9)(10)実に、［この世の］権力を打ち砕かれるために、神はこの世の弱き者を選ぶのを常とされるものなのです。(11)また、この世で高い位にある人たちを低くするために、神は弱き民衆の中から預言者と教師を立たせられるのです。さらに、計り知ることのできないご自身の御教えといった宝物を、神は土の器に納められるのです。(12)その土の器から、神の偉大な力が十分に発揮されるわけですが、それはパウロが教えている通りです。

しかし、アモスの場合は特別でした。なぜなら、後で確認することになるでしょうが、十の部族に厳しく告げ知らすために遣わされた彼［の言葉］には、かなりの辛辣さが目立ちます。彼には甘やかしがありません。相手を人間らしく扱うことなく、野獣や家畜のように扱うことが、自分の仕事であるというかのように。実に、［イスラエルの民の］頑なさのために、彼らの状態は野獣や家畜よりも酷いものだったのです。雄牛や牝牛の中には

9　北イスラエルで活躍した預言者エリヤなどのことを言っているのか。
10　Ministerio.
11　一コリ1・26―2・5参照。
12　二コリ4・7。

従順さが見られます。その点においては、羊は最適です。羊は己の羊飼いの声に聞くものなのだ！　羊飼いが導くのならば、羊はどこにでもついていく。イスラエルの民の、全く抑制のきかない頑なさは何たることであったか。だからこそ、彼らのための教師として、アモスが遣わされる必要があったのです。アモスは彼らに対し、紳士として振る舞ってはくれませんでした。むしろ、彼らに対し、アモスは［家畜を率いる人として田舎で培われた］粗野な仕方でもって扱ったのです。

では、話を先に続けましょう。ウジヤ王とヨアシュの子ヤロブアム――ヤロブアム二世の方です――については、ホセア書の第一章で私が語りました［ので、ここではもう触れません］。

こう書かれています。

2　アモスは言った。[13]主はシオンからほえたけり、エルサレムから声をとどろかされる（あるいは、発せられる）。羊飼いのための住まいは嘆き（あるいは、滅び）、カルメルの頂きは枯れる（あるいは、辱められる）。

ここでアモスが用いていますす言葉は、昨日ヨエル書の講義で私が説明しましたところの言葉と同じです[14]。しかし、［ここでのアモスの言葉は、ヨエル書におけるその言葉とは］別の目的に向けられています。つまり、ヨエルも「主はシオンからほえたけり」と語りました。その際、ヨエルはこう告げようとしたのでした。――「神の力はしばらくの間沈黙していた。あたかも、ご自身の言葉によってはイスラエルの敵を退けることがおできにならないかのように［神はお言葉をしばらくの間語られていなかった］。よって、不信仰な人たちは［神が沈黙されていたことにつけ込んで］神を侮蔑し始めている。だがこの今、神は御力によって直ちにご自分の敵を全て無力化し、滅

13　厳密には、三人称の「彼は言った」。
14　ヨエ４・16を参照。

ぼされる。そして、神はご自分の教会と選びの民を守られるのだ」、とこのようにヨエルは告げ知らせたのでした。一方、アモスはその言葉をイスラエルの民にぶつけているのですが、［その言葉によって］彼はあらゆる嘲りから純粋な神礼拝を守ろうとしているのです。アモスは彼らに告げます。彼らの迷信[15]のために、いかに彼らがあくせくし、自分たちで造った偶像を祭り上げていたのかということを。しかし、彼らが信心とみなして所有しているものを、神は全て拒まれるのです。［ここのアモスの言葉において一方では］シオンの山と、そして［他方では］ヤロブアム一世がダンとベテルに築いた神殿との間における、やんわりとした婉曲的アンチテーゼが提起されているかのようです。イスラエルの人々は、自分たちが父祖アブラハムの神を礼拝しているものと思い込んでいました。おそらく、ダンとベテルの神殿は、エルサレム［神殿］よりも壮大できらびやかであったのでしょう。しかし、アモスは彼らの礼拝における、そうした全ての偶像を拒絶しているのです。あたかも次のような言葉をもって。――「あなたがたは、アブラハムの神が自分たちによって敬われ、崇拝されていると誇っている。が、そうではない。あなたがたは神から離れ、契約に背いているのだ。神に対する真実は見られない。あなたがたの所に神はおられない。あなたがたが自分たちのために造り上げた聖所は、狼の住処に過ぎない。神がお選びになった住まいは他でもない、シオンの山である。そこにこそ、神の永遠の憩いがある。それゆえ、『主はシオンの山からほえたけられる！』」

私たちは預言者の思いを理解いたします。[16] つまり、預言者は［2節の言葉において］、神がご自分の御教えに対する権利を持っておられることを告げ知らせているのです。そして同時に、彼は真の神と、ヤロブアム一世が造り上げた諸々の偶像との間に、［はっきりとした］区別を設けているのです。この模造品によって、ヤロブアムは

15 in suis superstitionibus.「迷信」とは、主に神礼拝に関する罪を指す。

16 Videmus quorsum tendat propheta. 講義において、こういった言い方が色々なバリエーションでもって見られる。この文であるならば、字義的には「我々は預言者がどこを目指しているのかを見る」といったような訳となるが、その都度訳し変えた。

十の部族をダビデの家から離反させ、ユダの部族から完全に遠ざけようと欲したのでした。ヤロブアムはダンとベテルの子牛を建立しました。(17) それゆえに、預言者アモスは告げ知らせる。彼らの全ての迷信が、真の神によって罰せられるのだと。――「主はシオンからほえたけり、エルサレムから声をとどろかされる」。疑いなく、アモスはこの言葉をもって、自分たちが神と平和を保っていると思い込んでいたイスラエルの民に対し、畏れを抱かせようとしたのでした。彼らは神の忍耐を乱用したのだ。神は眠ってはおられないということに、今や彼らは気付くことだろう。アモスはこう言っているのです。――「神は長きにわたり、あなたがたの不義を耐え忍んでこられた。だが、今こそ神は裁き主として立ち上がられる」。

昨日［のヨエル書講義において］、「ほえたける」ということに関して、それが恐るべき神の御声を意味する、ということを述べました。しかし、預言者［アモス］は今、既に実際に起こったと人々から考えられているところの［過去の神の］裁きについて語っているのではありません。むしろ、預言者［アモス］が「神の［はえたける］御声」について語っていますのは、イスラエルの民が学ぶためなのです。神がこの世においてなされる諸々の裁きは、偶然起こるのではなく、突然降りかかるのでもなく、いつも［神ご自身による予めの］警告を伴っている、ということを。要するに、預言者が［2節の言葉で］暗示していますこととして――神がご自分の御言葉を軽蔑する不信仰者にもたらされる裁きとは、その罰が何であれ、預言者たちが［予め］告げ知らせた神の御教えの実現である、ということなのです。［これを言い換えれば］もしそこに悔い改めの望みがあるのならば、人は皆、［預言者たちから］聞かされる差し迫った滅びについて、［予め］対処［して未然に防ぐことが］できる、ということなのです。ですから、この［2節の］言葉において、預言者は［神の］御教えに宿る絶大な力を指し示しているのです。そして、神の御教えは必ず実現されるべきものである、と預言者は言っているのです。さらに、国家であ

17　王上12・28。

れ、王国であれ、神がそれを滅ぼされるとすれば、その出来事は必ず預言者たちの言葉に基づいてなされるものなのです。こうして――「神はエルサレムから声をとどろかされ、〔羊飼いのための住まいは〕嘆く」。

「אבל」は「嘆く」を意味します。しかし、この語は「荒らされる」「滅びる」という意味も持っています。この箇所においては、以上のどの意味に取っても間違いではありません。かりに、「〔羊飼いたちの〕住まいが嘆くだろう」という読みを取るのならば、続く文も、「カルメルの頭（あるいは、つむじ）は辱められる」という意味になるでしょう。一方、「羊飼いたちの住まいは滅びるだろう」という読みを取るならば、「יבש」は「枯れる」という意味に変わります。カルメルの牧草地は肥沃な土地でありました。よって、私は二番目の解釈の方がより適切だと思います。「カルメルの頂きは枯れる」という意味が正しいのです。その結果、先の箇所は、「羊飼いたちの住まいは滅びるだろう」と読まれることになります。

この〔2節後半の〕文の要点は、次のように理解されます。つまり、預言者が言おうとしたことは、イスラエル王国における優美で高価なものは全て、間もなく滅びることになる、ということです。なぜなら、「神がシオンからほえたけられる」からです。この言葉が意味するところは〔次のように言い換えられます。〕――「あなたがたは今、怠慢に寝転んでいる。しかし、きっと神は今すぐにでも御力を示される。あなたがたを滅ぼされるために。きっとそうされる。なぜなら、〔預言者である〕この私を通して、神は今、あなたがたの滅びを告げ知らせておられるからである。神は〔私以外の〕他の預言者たちも立てられるだろう。ご自分の裁きについて告げ知らせる伝令者として。また、神は外国の異邦人たちを通して、この裁きをもたらされる。しかし、あなたがたの滅びは、あなたがたが今無視する預言者たちの警告に基づいて成し遂げられるのだ。あなたがたはそれを空しい言葉とみなすのか。しかしついに、神はご自分の御言葉に宿る完全なる力を示されることになるだろう」。

「カルメル」に関して、この名を持つ二つの山が存在しました。両者とも肥沃な場所でした。それだけに、預言者がどちらの方のカルメルについて語っているのか、悩まされる必要はありません。預言者が語っている〔言葉に聴く」ことで十分です。つまり、［ここでは］全ての豊かさを奪うことになる裁きが、イスラエル王国に対して告げられているのです。後で確認することになりますが、また、これと似たようなことはホセア書の預言の言葉にも類似しているのですが、[18]［当時の］イスラエル王国には非常に豊かな牧草地が広がっていたのです。

次のことにも注目しましょう。つまり、羊飼いの一人であったこの預言者は、［羊飼いといった］自分の性格に応じて、あるいは、彼が営んでいた生活環境に応じて、言葉を語っているということです。［アモス以外の］別の人ならば、全地が嘆くことになる、宮殿は揺れ動く、といったように語ったことでしょう。しかし、この預言者はカルメル山について語っているのです。また、牧草地について語っているのです。なぜならそれは、アモス自身、羊飼いだったからなのだ！　彼の［こういった］言葉使いは軽蔑を受けたに違いない。［とりわけ］多くの異邦人たちが彼を非難したことでしょう。――「何だって？　このお方は、今なお自分が牛や羊と共にいる者と考えているのか？　それでいて、自分は神の預言者だと豪語するのか？　まだ羊の囲いや小屋の中で暮らしているというのに」。軽蔑的な目を向ける人たちから、このような嘲笑が飛んできたことでしょう。しかし、アモスは必死になって、彼らイスラエルの民の頑なさを弱めようとしたのです、預言者としての務めの中に、今なお羊飼い、あるいは牧者の様子を匂わせる語り方を織り交ぜながら！

では先に進みましょう。

3　主はこう言われる。ダマスコの三つの罪、四つの罪のゆえに、私は決して容赦しない。彼らが鋸（あるいは、鉄の脱穀板）を用い、ギルアドをすりつぶしたからだ。

4　私はハザエルの家に火を放つ。火はベン・ハダドの宮殿をむさぼり食う。

18　ホセ10・1以下、他。

5 私はダマスコの（城門の）かんぬきを砕き、ビクアト・アベンから（あるいは、アベンの平野から、あるいは、怒りから、あるいは、苦悩から。ある人たちは、「偶像の宮から」と訳しています。）その住民を絶つ。また、エデンの家（ある人たちは、「快楽の家から」という言い方に訳しています。）から王笏を持つ者を絶つ。シリアの民はキルの地に連れて行かれる、と主は言われる。

不思議に思われるかもしれません。アモスは最初、自分はイスラエルの民に対して語ると言っていたのに、[19]なぜ今度は御言葉をダマスコやシリアの国に向けているのでしょうか？　これは矛盾しているように思えます。なぜ彼は自分に課せられた［イスラエルの民にとっての預言者としての］責任を果たしていないのでしょうか？　彼は［ダマスコやシリアに対してそうしたように］なぜイスラエルの民に恐れを抱かせないのでしょうか？　なぜイスラエルの民の罪を明らかにしないのでしょうか？　なぜシリアの民に差し迫っていた破滅［と同じ破滅］を、［イスラエルの民に］語らないのでしょうか？　しかし、こういった［疑問について考える］ことは、アモスの忠告［の内容］について考えることでもあるのです。実は次の［6］節で、彼はイスラエルの民に差し迫った破滅について短く告げているのです。[20]つまり、彼らを長く赦してこられた神は、ついに裁きの席に登られることになります。ですが、今はむしろ、アモスはイスラエルの民に準備［の期間］を与えようとしています。そして、隣国の全ての民に対しても釈明を求めておられる裁き主としての神を告げ知らせているのです。かりに、預言者がイスラエルの民だけに警告したのであれば、彼らは自分たちが蒙ったものを偶然のせいにしてしまったことでしょう。つまり、イスラエルの民が、隣国を［自分たちが蒙ったのと］同じ出来事、あるいは同じような出来事が襲ったということを聞き知った際に［彼らは次のように言うかもしれないのです］――「［我々を襲った］これらの災難が、神の

19　アモ1・1。
20　6節の講義を参照。

裁きによるものであったと、どうしてそう断言できるのか？　エドムにも、モアブにも、アンモンにも、ティルスにも、シドンにも、我々と同じくこれらの災難が降りかかったではないか？　神の御手によって我々が罰せられるとすれば、彼らもまた同様然るべきだと言えないだろうか？　もしモアブに対して、エドムに対して、ティルスに対して、偶然によってめぐってきた定めが見舞うとすれば、我々にとっても同様に考えることができるのではないか？」　こうして、預言者の権威は完全に失墜してしまうことでしょう。イスラエルの民が、神は全ての国々にとって［も］裁き主であられると気付かされることがない限り。[21]

よって、イスラエル王国は他の隣国と共に破壊されることになった、ということも心に留めねばなりません。遅かれ早かれ、戦争は［隣国の全ての国々に］広がることになったのです。アッシリアは荒れ狂う嵐となって、全ての国々にその領土を広げた。当時、イスラエルの民だけが、その逆境において絶望的状況に置かれていたのではありません。アモスが預言した全ての国々にとっても同様だったのです。それを考えてみても、ここ[22]［アモ1・3以下］に見られる国々の名が明記される必要があったのです。イスラエルの人々の目が［他の国々に起こった］光景に向けられて、酷い苦しみが至る所に広がっている様子を目撃することによって、神の裁きについての確信がより強められるためにも。

以上のことを私たちは心に留めましょう。それから、［イスラエルは諸国民と共に滅ぼされる、といったこととは］別のことも預言者は見通していました。つまり、エドムであれ、モアブであれ、ティルスであれ、アンモンであれ、もしこれらの国々が［神によって］厳しく扱われたとしても、預言者が［これらの国々とイスラエルとの］繋がりを指摘することがなかったのならば、イスラエルの人々は思い込んでしまったことでしょう。自分たちだけ

21　諸国民を襲う災いは偶然によって支配されているのではなく、むしろ、諸国民に及んだ災難もまた、イスラエルの神によってもたらされた裁きによるものだ、ということを説得するために、預言者は先ず諸国民に対する神の裁きを告げ知らせる。

22　アモ1・3以下の言葉。

は、［諸国民に］共通した罰から免れているはずだと。なぜなら、神は自分たちに好意を持っておられるのだからと。［こういった考え方は］ちょうど偽善者［の考え方］と同じです。彼らは神が赦されている間、心を次第に無感覚にさせていくのです。［預言者が諸国民とイスラエルとの繋がりを指摘しなかったのならば、彼らは次のように他人事のように考えてしまったことでしょう。］――「見よ！　アンモン人が罰せられている。モアブ人が泣きながらエドムに引き渡されていく。ティルス人も、その他の国々の人たちも同様だ。神が彼らに対し、怒っておられるのだ。だが、我々は神の子供たちなのだ。神は我々に対し、とっても慈悲深くあられる」。しかし、預言者はイスラエルの民を一つの同じ束に包んでいるのです、モアブ人、エドム人、そしてその他の異邦人と一緒の束に。彼はこう言っているかのようです。――「神はあなたがたの隣国の人たちを赦されない。彼らは罰せられるために［神の御前に］引き出される。しかし、自分たちはその裁きから免れていると考えるな。私は宣言する、神はあなたがたにとっても裁き主であられると」。このように預言者の忠告［の言葉］は理解されるのです。

これらの［諸国民に対する裁きの］言葉を通して、預言者はイスラエルの民に対し、［諸国民に対する］様々な罰を知らせようとしました。イスラエルの民の目が覚まされるためにです。そして、自分たちについて内省させるために。よく［世間に］見られることなのですが、断固とした性格で動かし難い人というものは、たとえ［自分に］御言葉が与えられても、それに対しほとんど注意を向けることがありません。しかし、他人の罪について聞き知れば、さらに、［その人に降りかかった］何らかの罰について聞き知れば、そういった人もまた、心を動かすものなのです。つまりです。預言者はイスラエルの民に対し、教えを受け入れやすい状態へと段階的に導こうとしたのです。彼は知っていました。彼らが自分たちの罪の中で麻痺していたことを。また、彼らが傲慢のため盲目になっていたことを。彼らを軛に繋ぐことは、簡単なことではありませんでした。こういった理由から、隣国の民に差し迫った裁きについて、預言者はイスラエルの民に告げたのです。

さて、［以上のようなアモスの思いとは］別の事情が存在したことに気付かねばなりません。私がこれまで語ったことを否定するわけではありません。しかし、私の考えによれば、この預言者はさらに次のようなことを見通していたのです。――「神はシリアの人々に罰を与えようとされている。彼らがイスラエルに対して、とりわけギルアドとその住民に対して、残虐に荒れ狂ったからだ。神は非常に重い罰をシリアにもたらされる。彼らがギルアドの住民に対して働いた不法のために。だとしたら、神を嘲るイスラエルの民よ、あなたがたには何が待っているというのか？　あなたがたは神への礼拝を汚さなかったのか？　神への敬いを踏みにじらなかったのか？それどころか、あなたがたはお互いに奪い合わなかったのか？」

私たちは後で確認することになりますが、イスラエルの民の間に公正は何一つありませんでした。人類愛も見られませんでした。彼らは分別を失っていたのです。彼らはシリアの民――彼らは無割礼の民であり、［彼らにとって］敵と判断された人たちを残忍に扱い、［彼らの］法に則って戦争を仕掛けたのです――が［神に］赦されなかったことを目撃したわけですが、だとすれば、かくも忌まわしい数々の悪徳に染まった状態にあったイスラエルの民が、果たして何の罰も受けなかったことがあるでしょうか？

預言者の言葉に戻りましょう。――「主はこう言われる。ダマスコの三つの罪、四つの罪のゆえに、私は決して容赦しない」。字義的に訳すとしたら、「私はそれを変えない」(23)という意味です。私はこの［文の最後の］言葉の意味を、［神ご自身の］動きに関わるものとして、つまり、「神がご自身を憐れみへと向けさせることはない」といったように理解します。これを言い換えますと、「私はダマスコを決して容赦しない」という意味になります。ご存じの通り、ダマスコはシリアの首都でした。預言者は今、一部をもって全体を言い表す手法によって(24)、［シリアの］全住民に対して警告し、シリアの全ての民を神の裁きの座へと召喚しています。私たちは［後でそれ

23　non convertam eam. あるいは、「私はそれを撤回しない」。
24　synecdochen. 提喩。

について］確認することになるでしょうが、(25)彼らがギルアドの町を不正に踏みにじったからです。(26)アモスはこう言います。――「神はダマスコの三つの罪、四つの罪のゆえに、決して赦されることはない」。ある人たちは［この言葉を］次のように補って［訳して］います。――「私は三つの罪に対しては赦したが、四つの罪に対してはそうでない」。しかし、［彼らのこの訳のように］預言者の言葉に補足を加える必要はありません。神はダマスコの多くの罪に対して赦されることはない、といった意味が最も適しています。［三つ、四つという］二つの数によって、預言者はシリアの救い難き頑なさを告げ知らせようとしたのに疑いありません。聖書において、七という数は無限を意味します。また周知の如く、七という数は巨大な数として理解できます。よって、「三つ、四つの罪」と言われているわけですが、アモスは七［という数］について語ったのと同じなのです。そして、シリアの人々の頑なな罪が、悔い改めの望みが全く消え失せるに至るまで［次第に］成長した様を、預言者は巧みに言い表しているのです。(27)［彼らには悔い改めの望みがなかったことに］よって、神はシリアの人々を赦すことを拒まれます。彼らは思い留まることなく、度を越して罪の中に突進していました。悔い改めのための時間が、彼らに［も］与えられていたのに。

以上が正しい解釈です。預言者は同じ語り口をもって、ガザ、アンモン、エドム、そしてその他の民に対し、言葉を告げています。

この箇所［の御言葉］から、私たちは何を学ぶのか。［人の］罪を裁かれる神のことを、世の人たちは残酷だとみなしています。しかし、聖書は繰り返し神について告げ知らせているのです。真実で確かな証しでもって、神

25　1・13で再びギルアドについて触れられているが、少なくともこのアモス書講義では、ギルアドについて詳しく扱われることはなかった。
26　王下15・29参照。
27　民14・18、箴30・21他を参照。

ご自身が［私たちに］教えておられるのです。神は長く忍耐されるお方だということを。そして、神は決して早急に裁こうとはなさらないお方だということを。いかに人間が滅びるに相応しい存在だとしても、主はご自分の裁きを待ってくださいます。そのことの確かな証しが、こういった預言の言葉においてなされているのです！この預言者は、たった一つの民[28]だけに語っているのではありません。多くの民に語っているのです。また、主が多くの罪に耐えておられたのは、何もシリアの人々に対してだけではありませんでした。他の国々に対しても同様なのです。全ての国において、長きにわたって神が忍耐された証しが存在したのです。よって、神の裁きに対して、世の人たちがその余りの残忍さを嘆く様は、信仰に基づくものではありません。なぜなら、［人々の］不義が限度に至るまで高まっていく間、神は［忍耐をもって］待っておられるわけですから。そのことは昨日語った通りです。さらに、全ての民に見られる、その恐ろしき［罪に満ちた］状態は、この私たちにとっても［目の前に］差し出されているのです。[29]いいえ、当時の彼らの時代と私たちの時代を比較してみても、誠実さは当時の方がより多く見られたのではないでしょうか。今日に溢れたあらゆる破壊的なものを考えれば、［今日と比較して］アモスはあたかも黄金時代に生きたと言えるのではないか。――だとしても、私たちは聞きましょう、今アモスが告げ知らせていることを。確かに、ユダの民も、イスラエルの民も、そして、その他の全ての国々も、アモスが警告する通りの［悪しき］状態にありました。神が［彼らに］悔い改めに至らせ給うことが［もはや］できないほどに。これ［らの御言葉］において、［彼らの］悪意のこもった頑なさに対し、神が罰をもたらされようとしていることが証しされています。その証しはきっと実現します。しかしそれは、彼らが神のもとに立ち帰ろうとしなかったからなのです。彼ら［の罪］は、七の数まで達したのだ。繰り返しますが、彼らは限度を超えて罪を犯し［続け］てしまった。

28　北イスラエル王国を指すと思われる。
29　おそらく、カルヴァンが批判する同時代の教皇主義者たちのことを言っている。

次に記された預言者の言葉にも着目しなくてはなりませんが、［本日は時間が足りず］もう［これ以上話を］続けることはできないでしょう。[30]

祈り

全能の主よ、あなたは、私たちがいかに頑なで反抗的であるかを見ておられます。あなたの御前に出ることは、決して簡単にはできません。ああ、せめて、あなたが日々示してくださる警告［の御言葉］によって、私たちが［あなたに］向き直りますように。そして、［あなたに］向き直った私たちが、あなたの御言葉によって導かれますように。あなたに対して、私たち自身を明け渡すことができますように。しかし主よ、罰や強制の下で苦しみを覚えるだけでなく、自分からあなたに従う者となりますように。全き喜びをもって、服従といった献げ物によって、自分をあなたに明け渡すことができますように。あなたの御子の聖霊によって支配されて、ついには、私たちに用意されている、祝福に満ちた安らぎを得ることができますように。あなたの御子、私たちの主によって、アーメン！

昨日の講義では、預言者が「ダマスコの三つの罪、四つの罪」といった言い方で何を意図しているのか、ということを説明しました。すなわち、悪意のこもった癒し難き頑なさであります。この［3節の］御言葉において、私はダマスコの罪を十分赦してきたのだ、と神は告げておられるのです。しかし、もはや彼らに改善の余地が全くないと判断された今、ある意味［彼らの罪によって］強いられた形で、私は彼らを冷酷に扱わざるを得ないのだ、

30　この日の講義がここで終了したことが分かる。

と神は告げておられるのです。ですが、続く御言葉は奇妙ではないでしょうか？　預言者はこう続けているからです。――「彼らが鉄の打穀板（あるいは、鋸）を用い、ギルアドを踏みにじったからだ」。この御言葉から分かるように、預言者は一つの罪についてのみ言及したわけです。彼が先に語ったところの、「七つの罪」はどこに行ってしまったのでしょうか？　答えは簡単です。つまり、彼が「ダマスコの三つの罪、四つの罪」を告げているとしても、彼は［七種類の］様々な罪の種類を考えているわけではないのです。むしろ、［先程］私が言ったような、［彼らの絶望的な］頑なさを彼は考えているのです。神に対する反逆者たち［の罪］は、極度に至ったのだ。神はご自分の裁きを猶予してこられた。彼らが癒すことのできない存在であることがはっきりとするその時まで。よって、この［3節の］御言葉において、七つの様々な罪を数え上げる必要はなかったわけです。ダマスコ、つまり、シリアの国はもう十分なのだ、そういった強情さと関わり続けることは。彼らの罪［を癒すため］に利く薬はなかった。長きにわたり、神の忍耐が［彼らには］与えられていたのだから。

預言者はこう続けています。――「私はハザエルの家に火を放つ。その火はベン・ハダドの宮殿をむさぼり食う」。預言者はここでもシリアの国について語っています。ご承知の通り、ベン・ハダドもハザエルも、シリアの王でありました。ヒエロニムスは大きく誤っています。彼はベン・ハダドがハザエルの後継者であったかのように、ベン・ハダドを［ハザエルに次ぐ］二番目の地位にあった者と考えているのです。しかし、聖書の歴史が告げる通り、ハザエルがエリシャのもとにやって来たのは、ベン・ハダドが病にあった時でした。[31] ベン・ハダドは、［エリシャの託宣の］返答を求めてハザエルを［エリシャのもとに］遣わしたのです。その際に、預言者エリシャは宣言しました。ハザエルがシリアの王になると。そしてその際に、エリシャは泣かざるを得ませんでした。なぜなら、シリアの民に憐みを覚えたからです。かの者こそが、やがてシリアの民の暴君となるからでした。

31　王下8・9を参照。王下13・3には、もう一人のベン・ハダドが登場する。ベン・ハダドはファラオと同じような称号であったと思われる。

ハザエルは［ベン・ハダドの］家に戻った後、ベン・ハダドを絞殺し、彼の王権を奪ったのです。しかし、こういったことは、聖書の記述によって知識を得ることができますから、もう十分でしょう。それから、［アモスの時代にとっては］過去の出来事について、次のように付け加えられています。――「私はハザエルの家に火を放つ。そして、その火はベン・ハダドの宮殿をむさぼり食う」。預言者はいわば次のように言ったのです。――「私はシリアの国を滅ぼす。あたかも火が燃え尽くすように」。預言者は最初にハザエルの家について言及しています。ベン・ハダドの宮殿はその次です。預言者はいわば次のように言ったのです。――「過ぎ去った者は、この王国が滅びることを防ぐことはできない」。「火」の比喩[32]を用いて、全て消え去ることのイメージが表現されています。火に宿る猛威はいかほどのことか。また、預言者は次のようにも言ったのです。――「シリアの国の滅びを防ぐためのいかなる力も、いかなる強さも、いかなる城塞も存在しない」。

そして、預言者はこう付け加えます。――「私はダマスコのかんぬきを砕く」。預言者は自分が語ったことを［別の表現によって］強調しています。ダマスコは城壁で囲まれた強固な町でした。よって、［容易には］征服されない町と思われていました。預言者はかんぬきという言葉を用いています。全体を一部で言い表す話法に従い、預言者はかんぬきでもって、砦を始め、敵の侵入を防ぐ全てのものを言い表したのです。ダマスコの町は敵の手に落ちる。それを防ぐことは不可能だ。このように預言者は言うのです。しかし、なぜ？　主がそのかんぬきを粉々に打ち砕かれるからなのだ！

続いてこうあります。――「私はビクアト・アベン（あるいは、アベンの平野）からその住民を絶つ（あるいは、滅ぼす）」。「ビクアト・アベン」という名が、場所を示す固有名詞であるのかはっきりといたしませんが、おそらく地名でありましょう。この［ビクアトという］語は、本来「切り離す」[33]［といった意味の語］に由来します。

32　metaphorice. 隠喩。
33　בקע.

平地、あるいは谷は、山脈を切り離す働きをなすからです。ヘブライ語では谷、あるいは平野といった言葉は、「分離」(34)と［も］呼ばれます。ご存じの通り、シリアの国には魅力に包まれた平原が広がっていました。ダマスコ近辺も同様です。「アベン」もまた地名なのでしょう。ヘブライ語では「労苦」、あるいは「労働」を意味するのですが。いずれにせよ、預言者が言っていることは、ダマスコ近辺にあった平原であれ、シリアの国における平原であれ、その住民たちがそこから追い出されることになる、ということなのです。——「私はアベンの平野からその住民を、そして、ベト・エデンから王笏を持つ者を絶つ」。「ベト・エベン」とは、「快楽の家」という意味です。また、「ベト・エデン」は確かに場所を示す固有名詞でもありました。しかもその場所は、豊かな土地として住民に心地よさを提供していたのです。預言者はこの二つの地名によって、［シリアの人々の］二つの容貌を風刺しているのに違いありません。つまり、労苦と、そして快楽です。彼はこう言っています。——「シリアの民はキルの地に連れて行かれる」。要は、シリアの国は荒れ果てる、ということです。そして、その民はアッシリアに捕らえられていくことになる。預言者によれば、勝利を握るのはアッシリアであり、戦利品はアッシリアの国に奪われ、人も捕虜も連れて行かれる。一部でもって全体を言い表す話法に従い、一つの町［ダマスコ］は［シリア］全土を言い表す言葉として用いられているのです。

　話を続けます。

6　主はこう言われる。ガザの三つの罪、四つの罪のゆえに、私は決して容赦しない。彼らが全てのとりこを(35)連れて行き、エドムに閉じ込めたからだ。

7　私はガザの城壁に火を放つ。火はその宮殿を食いつくす。

34　בקעה.

35　以下では「とりこにした者を全て」ではなく、「全ての者をとりこにして」と解釈されている。

8 **私はアゾドからその住民を、アシュケロンから王笏を持つ者を絶つ。また、手を返して（あるいは、戻して）エクロンを撃つ。残るペリシテ人も滅びる、と主なる神は言われる。**

ここでアモスはガザに対して語っています。そこはペリシテ人が支配していた町でした。その町はユダ族の［隣の］海側に位置していました。［元々は］アナク人が住んでいたところでしたが、ペリシテ人が支配を固めたのです。ユダの民には、「ἀκτωρήιους」［つまり、「海岸の守り人」］と呼ばれる敵がいました。隣りの国であったために、ユダの民は彼らから頻繁に被害を蒙る機会に恵まれていたのです。しかし、［ここの］預言者の言葉からはっきりと読み取れることとして、ガザに住むペリシテ人は、イスラエルの民、そしてユダの民が敵から圧迫を受けていたのを見て取って、［イスラエルとユダの民にとっての］外国の敵と手を結んだのでした。だからこそ、神は彼らに対する罰を告げられるのです。

ガザという名に関して、ある人たちは、かつてカンビュセスが[36]エジプトとの戦争の際に、そこに財貨と高価な什器とを持ち込んだことからその名がついたと考えています。なるほど、ペルシャ人も財宝のことを「ガザ」と呼んでいます。が、これはつまらない解釈だ。ご存知の通り、普通ギリシア人は、［ヘブライ語の］「ע」を［ギリシア語の］「γ」で訳します。［この場合］たとえば、「アモラ」（Amorrha）が「ゴモラ」（Gomorrham）となるように、「アザ」（Aza）は「ガザ」（Gazam）となります。それに加え、カンビュセス［の時代］以前に、この町は既にその［ガザという］名で呼ばれていたのです。よって、むしろ［この町が有する］「強さ」[37]から、この町がそう呼ばれるに至ったのでしょう。ギリシア人は［ただ］彼らの慣習に従って、私が今言及した［上記の仕方で］「ガザ」と言い換えた［だけな］のです。他の言葉についてもそうしたように。ですが、ガザという名の町は二つ

36 Cambyses. カンビュセス二世（在位　紀元前五二九年頃～五二二年）。
37 ガザは「עזה」。ヘブライ語の名詞「עז」は「強さ」という意味。

ありました。最初のガザが破壊されてしまったので、その住民は海の近くにもう一つの［同じ名の］町を建設したのでした。[38] 使徒言行録八章[39]において、［その著者］ルカによれば、ガザは荒れ果てた町であったと言われています。ルカは両者の間に区別を設けているのです。つまり、海辺のガザと、そして、先の時代に滅びてしまったところの古いガザとを。一方、アモスはその最初の方のガザについて語っています。なぜなら、その町の没落が警告されているのですから。それは実際に起こったのです。その後に、この町は地中海沿いに移されることになったのです。

では、次の預言者の言葉について。こう言われています。――「ガザの三つの罪、四つの罪のゆえに、私は決して容赦しない」。ペリシテ人も［先のシリアの民と］同様に神の怒りを招いたのです。［神の］恩恵と憐れみに全く価しないほどに。昨日の講義で私は指摘しました。そういった悲しむべき情景は、この私たちにとっても他人事ではないのだと。ですが、神がもはや赦されないほどに、それぞれの民がその悪によって腐敗していた様について、この私たちが聞くのには意味があるのです。といいますのは、今日の世界には、さらにその腐敗が進んでいるからです。不正は洪水の如く氾濫しています。もし人間が自分の悪に気付かないでいるとしても、主は人間の頑なさがどれほど大きく、どれほど悲しむべきものであるかを、天から見ておられます。全ての人が不正にまみれた罪深い者であります。よって、お互いに罪をなすりつけ合うこと、あるいは、罪を他人に帰すことによって、自分の罪を軽くしようと試みることは、実に空しいことです。私たちはこの［6節以下の御言葉の］中に、神が［ペリシテ人に対してだけでなく］同時に多くの民に対しても裁きを告げておられるのを聞き取ります。［たとえば］エドムの人々は、［彼らにとって］隣国の人々の方が［自分たちよりも］優れているわけでない、と主張したかもしれません。他の民もまた、同じことを口にしたかもしれません。つまり、全ての人が等しく罪と悪に関わ

38 士16章における、サムソンによるガザの破壊のことを言っていると思われる。
39 使8・26参照。

っているではないか、といった言い訳が通用するとしたら、全ての人が胸を張って［自己］弁護できたわけです。しかし、［この箇所の御言葉に］聞きましょう。神は全ての民にとっての裁き主であられるのです。ですから、他人も自分のようなものだ、といった空しい慰めに騙されないようにいたしましょう。そして、よく考えましょう。神の御前にあって、誰もが自分の重荷を負っているということを！　こういうわけで——「［あなた自身の］三つの罪、四つの罪のゆえに、私は決して容赦しない」。

［続いて］こう言われています。——「彼らが全てのとりこを引き渡したからだ」。ここで預言者は、とりわけ一つの罪を思い起こしています。ガザの人々が、ユダとイスラエルの人々を略奪し、とりことしてエドムに引き渡し、その地に閉じ込めた、といった罪です。既に私が述べましたように、預言者は私たち［読者］に対し、全ての罪を数え上げ［てそれを教えようとし］たわけではありません。むしろ、この一つの罪だけで十分でした。イスラエルの人々が次のことを悟るためには。つまり、イスラエルの人々が［ガザの］重い罪［の行い］に巻き込まれ［て、とりこにされ］てしまうということを。そしてそれは、イスラエルの人々［自身］が、神と隣人とに酷い冒瀆を加えていたからでした。さらに、もしガザの人々に対し、このような厳しい［神による］復讐がなされるのだとすれば、それよりももっと厳しい裁きが自分たちには待っていると、イスラエルの人々は悟るべきだったのです。彼らは［ガザの人々よりも］さらに多くの、そしてさらに大きな罪を負っていたのですから。預言者が言うことには、完全なるとりこの状態で、イスラエルの人々が引き渡されたということです。女性に対しても、子供に対しても、老人に対しても、容赦はされなかったのです。つまり——「完全なるとりこたちを」と言われているわけですが、それは何の配慮もなされないということですし、区別も選別もなく、全ての者が略奪を蒙っている、ということなのです。実に、完全なるとりことして、彼らは引き渡されたのです。性別や年齢を考慮した憐れみが、ガザの人々の心に訴えることはありません。［そして］こう言われています。——「彼らをエドムに閉じ込めた」。

さらに、罰の告知が続きます。――「神はガザの城壁に火を放つ。火はその宮殿を食い尽くす」。この言葉から、ガザが繁栄した町であったことが分かります。贅沢な建築物もありました。預言者が宮殿について語っていることからそのことが分かります。しかしまた、預言者は告げています。いかなる要塞も、いかなる財力も、神がもたらされる罰を防ぐことはできないのだと。ガザの人々はその罰に価した人たちなのです。預言者はパレスティナの他の町についても言及しています。アシュケロン、アシュドド（あるいは、アゾト）、エクロンです。これらの町は、当時ペリシテ人が支配していました。預言者は告げています。――「ペリシテ人がどこに逃げようとも、彼らを匿う場所は存在しない。ガザだけでなく、その他の町も全て、神が敵の手に渡されるからだ」。［本来は］アシュケロンが［ペリシテ人にとっての］最も重要な町であったことが分かります。王の住居として言われているのですから。一方、ガザはペリシテ人全員にとっての都でした。ガザは［本来］首都ではなかったのに、多くの魅力と便利さを兼ね備えたこの町に［ペリシテ人の］王は引き寄せられ、そこに住んでいたのです。こうして――「私はアシュケロンから王笏を持つ者を絶つ」。預言者は結論を下しています。［ユダの町を含める］パレスティナの残りの全ての町は滅びるのだ。神はこれまで幾度にわたって、ユダヤ人(40)の滅びを告げ知らされてきたことだろうか！　その度に神は希望を［彼らに］手渡されて、言っておられるのです。残りの者は救われると。しかしこの時になって、預言者は宣言するのです。この民の残りの者は全て滅びるのだと。なぜなら、神が全ての民を名実ともに滅ぼそうとされているのだからと。

さらに、こう言われています。――「主なる神は言われる」。この言葉は確信を強めるために置かれています。当時、大きく強力な城塞が配備されていましたので、ペリシテ人は預言者の警告を不覚にも笑い飛ばしてしまったのでした。よって、預言者は神の名を用いているのです。

40　ペリシテに接近するのは南のユダであったが、おそらく、ここでの Iudaeis は、南王国ユダの民のことではなく、南北の民が一緒に考えられているか。とりあえず、ユダヤ人と訳した。

では、続いてはティルスに対する預言です。

9 主はこう言われる。ティルスの三つの罪、四つの罪のゆえに、私は決して容赦しない。彼らが全てのとりこをエドムに閉じ込め、兄弟の契約を心に留めなかったからだ。

10 私はティルスの城壁に火を放つ。火はその宮殿を食べ尽くす。

預言者はガザに対する言葉とほとんど同じ言葉をティルスに対して用いています。また、預言者が告発しているティルスの人々の罪も［ガザが行った罪と］同じです。つまり、祖国から追放された、あるいは逃亡したユダヤ人をエドムに引き渡し、エドムの人々にとりことして売り渡す［といった罪の］ことです。［10節において］他の全ての民に対するのと同じ言葉がティルスにも告げられています。それだからといって、預言者によれば、ティルスの人々の罪は決して軽くはありません。長きにわたって神の忍耐を軽んじ、悪に凝り固まっていた彼らに対しては、並大抵の懲罰では足りません。しかし、預言者はこう言っているのです。――「兄弟の契約を心に留めなかった」。ある人たちの見解によれば、兄弟の契約とはすなわち、ヒラムとダビデに関するものだそうです。確かに、彼らは親しい間柄にあり、お互いに兄弟の名で呼び合っていました。彼らの間はとても良好な関係だったのです。さらに、彼らの見解によれば、ここ［9―10節］において、ティルスの人々が［父祖たちの間でなされた］契約を破ってしまったことが非難されているのだそうです。二つの国で結ばれた契約といった、古き友愛に基づく関係を、ティルスの人々は保つべきであったのだと。以上の解釈は、無理がある解釈とは言えないにしても、私はそれとは異なる見解に立ちます。つまり、ティルスの人々が、［エドムの人々にとって］兄弟と認められていたところのユダの民及びイスラエルの民を、エドムに手渡した、という見解です。［兄弟に対して］尽力すべき時に、この［兄弟を裏切るといった］手段に身を委ねてしまうような人は、全くもってして赦されるものではありません。自分の兄弟の破滅に手を貸す者がいるとしたら、それは嫌悪すべき、おぞましいことなのだ。もし私が平気でこの悪事に加わるとすれば、私は［その悪事を働く人たちに下されるのと］同じ罪に繋がれてしまうのだ。よって、ティルスの人々が、エドムにとっての兄弟――エドムとイスラエルは同じ民族の出であったのだから――に対するエドムの残忍な行為を目撃していたとするならば、彼らはエドム［の人々］に教えてあげるべきだったのではないか。エドムの人々がいかに人類愛から遠ざかっているのかということを。そして、エドムの人々が自分と血を分けた兄弟に不正を働いていることを、ティルスの人々は厳しく指摘するべきだったのです。こういうわけで、預言者は言うのです。――「彼らは兄弟の契約を心に留めなかった」。ティルスの人々は本当に呪われるべき人たちでした。悪に仕え、ユダヤ人(41)をエドムに引き渡し、その地に閉じ込めました。ティルスの人々は知っていたはずです。エドムの人々は己の兄弟の滅びしか求めていないということを。以上の解釈が、預言者［が語った言葉］の本当の意味だと思います。

続いて、こう言われています。――「私はティルスの城壁に火を放つ。火はその宮殿を食い尽くす」。ここで言われている裁きがいつ［ティルスに］降りかかったのか、はっきりと特定することはできません。ティルスはアレクサンドロス大王(42)によって破壊されました。それはガザも同様です。しかし確かなのは、ティルスもガザも、来るマケドニアのアレクサンドロス大王のはるか以前の時代に、ここで言われるような災いを蒙ったということです。私が述べましたように、おそらくアッシリアが［預言者の言葉に見られる］これらの全ての国々を破壊したのです。そして、ティルスも支配下に置いたのです。アッシリアはティルスを壊滅させませんでした。アレクサンドロスの時代、［ティルスがあった］その地に［独立した］王国は存在せず、代わって民主的な共同体が

41　ここの Iudaeos も、南王国ユダの民ではなく、南北を合わせたユダヤ人の意味であると思われる。ちなみに、エドムが南王国ユダの滅亡に手を貸したことが、オバデヤ書で厳しく非難されている。
42　アレクサンドロス三世（紀元前三五六～三二三年）のこと。

置かれていました。その民衆［つまり、アレクサンドリア大王時代のティルスの民衆］は自主権を持ち、［自分たちで］裁判をする権利が与えられていました。だとしても、［ティルスにとっての］変化は決して小さくはなかったのです。この町の状態は以前と異なり、［以前の王制とは］別の統治形態となってしまったのですから。そのことから、私たちは知るのです。［以前の王制であったところの］ティルスはアッシリアによって破壊されたのだと。しかし、その後ティルスは新たな力を取り戻し、アレクサンドロス大王の時代においては、自主権を持つ［民主］共同体となっていたのです。

先に続きます。預言者は［ガザに対するのと］同じ表現を繰り返していますから、私は［10節の］言葉を逐一考察することはいたしません。

11 主はこう言われる。エドムの三つの罪、四つの罪のゆえに、私は決して容赦しない。彼が剣で兄弟を迫害し、
憐れみの情を踏みにじり、いつまでも怒りによって［心を］引き裂き、憤りを永遠に抱き続けたからだ。
12 私はテマンに火を放つ。火はボツラの宮殿を食い尽くす。

預言者はエドムの人々に目を移します。［これまで］預言者は無割礼の国々に対する滅亡を告げてきました。彼らこそユダヤ人をエドムの人々に引き渡したのです。ですが、エドムの人々はとりわけ厳しく罰せられねばなりませんでした。彼らが犯した罪は全くもって酷かったからです。

エドムの人々は［イスラエルとユダの人々と］同じ父イサクを祖先に持っていました。よく知られていますように、彼らは［イスラエルとユダの人々と］同じ神の契約のしるしを身に帯びていました。つまり、彼らは割礼を受けた民だったのです。それなのに、［ユダヤ人と］血を分けた［兄弟同士である］ことも、［割礼といった］聖なる結び付きも、ユダヤ人に対する彼らの手を緩めることはありませんでした。このことから、彼らの人間性を失った

残忍さが見て取れます。彼らは神の赦しに価しなかった。神は［全ての］異教の国々に対する厳しき裁き主であられる。しかし、預言者は次のように言っているのです。――「エドムは隣りの国々よりも重い罪を犯した。彼らの頑なさは癒し難い。神はこれまで［長く］彼らに対する裁きを引き延ばされてきた。が、神のご忍耐はもはやこれまでだ。彼らは神の憐れみを軽んじ続けたのだから」。

預言者は「彼らが剣で兄弟を迫害し」た罪を咎めるのです。ここでは変則的な［ヘブライ語動詞の］人称形が見られます。預言者は［エドムの］全ての民について語っているのですが、エドムがその兄弟――つまりユダヤ人のことですが――を迫害した［と示されているのです］。預言者はあえて単数形[43]を用いているのですが、それは、彼らの罪を強調するためです。預言者はいわば二人の兄弟を登場させたのです。エドムとヤコブ。二人は同じ親を持った兄弟だった。しかも、双子だった。エドムはその兄弟ヤコブを迫害した。それは最も呪われるべき暴力ではなかったのか？　預言者は二人の人物をもって二つの民族を表していますが、それは、エドムの人々の野蛮さを引き立てようとしているからなのです。エドムの人々は、親類といった関係を忘れ、その同胞に対して荒れ狂ったのです。よって――「彼らが剣で兄弟を迫害した」といったことは、彼らが［ヤコブ、すなわちイスラエルにとっての］敵であることを彼らが公にした、ということなのです。彼らは他の国々と手を結んだのですから。アッシリアが［北］イスラエルに攻めてきた際に、エドムの人々も［北イスラエルに向けて］剣という武器を取った。あるいは、この戦争の前にそういったことは起こっていたのかもしれない。シリアと［北］イスラエルが［南の］ユダに対して手を結んだとすれば、エドムもまたその同盟に加担していたのでしょう。[44]いずれにせよ、血も涙もなしに、エドムの人々が同胞に対して剣を構えたことの残忍さを、預言者は非難しているのです。

続いてこう言われています。――「彼らは憐れみの情を踏みにじった」。ある人たちは、「憐れみ」の代わりに

43　1・11の訳を参照。
44　シリア・エフライム戦争のこと（紀元前七三三年頃）。

「自分のはらわた」と理解しています。しかし、これは強引［な解釈］です。一方、別の人たちは、［憐れみを捨てるといった］険悪な間柄を、ヤコブの息子たち［における特別な関係］に［あえて］置き換えて解釈します。つまり、後者の人たちの見解によれば、エドムの子孫が己と血を分けていたはずのヤコブの子孫に対して、当然義務付けられていたはずの憐れみを捨てた、と預言者は言っているのだそうです。しかし、預言者［の言葉］の意味は十分に明確です。つまり、「憐れみを踏みにじる」ということは、全ての敬心的な思いを放棄し、［人間］本来の感情を軽んずる、ということなのです。［逆に言えば］預言者はエドムの人々の憐みに訴えているのです。彼らが当然覚えるべき憐みに。しかし、彼らは人間的な配慮を全て失ってしまった。本来備わっているはずの憐みはどこにも見られなかったのです。

さらにこう続いています。――「怒りがいつまでも引き裂いた」。この言葉において、預言者はエドムの残忍さを狂暴な野獣に譬えています。荒々しい野獣のように、エドムの人々は群がって、自分の血を流すことも厭わなかった。[45] 彼らは果てしなく殺戮を繰り返した。彼らはずっと怒りに陥ったままだった。預言者がエドムについて言及する際に、彼はとりわけこの民の祖先であったエサウ［のことを念頭］に［置いて］言及したのでしょうか。ご存知の通り、エサウは自分の兄弟に対して、長い間怒りを温め続けていました。父［イサク］の生存中は、兄弟を殺害する勇気がなかったからです。彼は［心で］言いました――「父さんが死ぬまでは待ってやろう。だが、その時が来たら復讐してやるからな！」[46]［かつて］エサウは兄弟ヤコブに対する残忍な怒りをため込んでいたのですが、預言者は今、エサウの子孫に対して、その［かつてのエサウと］同じ罪を咎めているのです。彼は次のように言っているのです。――「あなたがたは自分の祖先［エサウ］にかくもよく似ているものだ。あなた

45　エドムとイスラエル、あるいはユダは祖先を同じくし、血縁関係にある。よって、エドムの子孫が彼らに刃向い、その血を流すとすれば、自分自身の血を流すことでもある、ということ。

46　創27・41を参照。

がたはエサウの頑なな本性を寵愛している。しかしそれは、復讐心を入念に養い育てているようなものだ。あなたがたは本当に執念深い」。おそらく、エドムの人々とヤコブの子孫との間には、怒りの原因となったものが他にもあったのでしょう。けれども、事情は何であれ、兄弟に対する怒りは全て鎮められねばならなかったのです。この［兄弟に対する怒りといった］ことは、とりわけ赦されるものではないのです。お互いに［血といった］聖なる絆が結ばれているのに、その血［による結び付き］を少しも尊重することなく、お互いの和解へと走らないとしたら、それは決して赦されるものではありません。

以上、預言者の警告が意味するところは理解できます。エドムが先に［預言者によって］告げられた国々よりも、はるかに厳しく弾劾されていますのは、エドムの人々が自分の肉親に対して残忍に振る舞ったからなのです。私たちはここ［の御言葉］からそのことを学ぶのです。

最後にこう言われています。――「私はテマンに火を放つ。火はボッラの宮殿を食い尽くす」。預言者は何度も「火」［という言葉］を用いていますが、この語によって、あらゆる破滅の情景を示そうとしています。というよりも、彼は神の裁きを火に譬えているのです。周知の如く、一度火が燃え上がれば、家全体に広がるだけでなく、町全体に及び、［焼かれずに］残った場所が全くないほどであります。預言者は今、次のように告げています。――「やがて到来する神の裁きは恐ろしい。憎しみがそこにあれば、火がそれを焼き尽くす。私はテマンに火を放つ」。ご存じだと思いますが、テマンはエドムの首都でした。

先に進みましょう。

13 主はこう言われる。アンモン人の三つの罪、四つの罪のゆえに、私は決して容赦しない。彼らはギルアドの身重な人たち（妊婦）を引き裂き、領土を広げようとしたからだ。

14 私はラバの城壁に火をつける。火はその宮殿をむさぼり食う。戦いの日に上がる鬨の声（あるいは、歓呼の叫び）の中で。嵐の日の烈風の中で。
15 彼らの王はその高官たちと共に、捕囚として連れ去られる、と主は言われる。

ここで預言者はアンモンに対して預言しています。アンモン人も［ユダヤ人と］同じ群れの中から出て来た民です。彼らはロトの子孫でした。よくご存じだと思います。ロトはほとんどアブラハムの子同然でした。アブラハムが祖国から彼を一緒に連れ出し、息子として彼を養ったことは疑いありません。よって、ユダヤ人の父であったアブラハムは、アンモン人にとっても父でした。今、アンモン人の子孫が［ユダヤ人との］その結び付きを顧みることなく、［ユダヤ人にとっての］敵と手を結び、結託を謀っています。彼らの残酷さは弁解の余地がありません。さらに、彼らがその他の様々な罪を犯し、頑なになっていたことは明らかです。神はご自分の預言者を通して、［アンモン人を］裁きに招くことになった一つ一つの罪を数え上げておられるのではありません。前述の［他の民に対してもそうだった］ように、ただ一つの罪をはっきりと指摘されています。そして、私はもうこの民を完全に見捨てた、と神は告げておられます。彼らが皆、自分の悪に凝り固まっていたからです。

　アンモン人についてこう言われています。――「彼らは妊婦を引き裂いた」。ある人たちは、［「妊婦」という意味の］「הרה」の代わりに、「הרים」――つまり、「山々」――を持ってきます。どのような理由で彼らがそう理解しているのか、私には分かりません。妊婦が引き裂かれることは有り得ないと考えたのでしょうか。そして、［「山々を引き裂く」と理解する人たちによれば］アンモン人が自分たちの領土を広げようとした、という意味なのだそうです。このように、「山々」として理解する場合、［私が彼らの理解に立って］もっと上手に説明させてもらうのならば、預言者は次のように言っているわけです。――「アンモン人が山々を引き裂いたということは、土地自体を切り開くことなのだ。［山々が切り裂かれて平らになることによって］アンモン人が道を切り開［いて進んで行］くための障害は取り除かれた。飽くことを知らない彼らの欲望が募り、彼らは山々を引き裂いた。そのことは、自然の秩序を踏みにじったことと同じだ」。［一方］別の人たちは、城壁に囲まれた町の言い換えとして、やはり「山々」のことが言われていると理解しています。つまり、かりにある王国を占領しようとする人がいれば、その人にとって、［その王国内の］町村は、向かって山のように見えるものだと。しかし、こういった解釈はとても無理です。

ですから、「ココココ」は「妊婦」のことだと理解しましょう。そうすれば、この言葉はその本来的な通常の意味に理解されるはずです。このことは、ホセア書で確認したことでもあります。(47) では、なぜ預言者はアンモン人が妊婦を引き裂いたことを告げているのか？ 次のことを示すためです。つまり、彼らの貪欲さは余りに残虐で、彼らはいかなる残忍な行為も厭わなかったのだと。［たとえば］欲望によって全地を呑み込もうとするような人がいるかもしれません。しかし、そういった人でも憐れみの心は残っているものなのです。(48) マケドニアのアレクサンドロス大王がそれだ。彼は［私たちと同じく］血を宿した人間でしたが、ほんの少しの憐れみ［の心］を持った人でした。一方、イザヤがペルシアについて言っているように（イザ13・17）、［アレクサンドロスよりも］もっと残忍な人たちもいる。彼らは金は要求しない。代わりに、血を貪り食うのだ。ここ［13節］でも同様なのです。預言者はアンモン人について言っています。彼らは許されない仕方で領土を拡張しただけでない、暴力に走り、略奪し、人の財宝を掠め取っただけでない、彼らは妊婦さえも容赦しなかったのだ、と。これは、町が攻略される際においても、最もしてはならないことなのです。敵［の勢力］を弱めるために、町に火が放たれて、(49) 妊婦、そして子供や赤子が［巻き添えとして］殺されることはあったかもしれない。しかし、そういったことは稀だった。本当に必要に迫られねば、そういったことは許されなかったのです。預言者はアンモン人を厳しく戒め

47　ホセ14・1を参照。
48　「全地を呑み込む」とは、アレクサンドロス大王の、地上の諸国を瞬く間に支配下に治めていった様を指しているのか。
49　おそらく、味方が放った火のことだと思われる。

ます。彼らが貪欲であっただけでなく、彼らがあらゆる残酷さを駆使して、已の欲望を遂げようとしたことを。「彼らはギルアドの身重な人たち［妊婦］を引き裂き、領土を広げようとしたからだ。それゆえ、私はラバの城壁に火をつける。火はその宮殿をむさぼり食う」。この言葉ですが、預言者は［これまでの言葉と］異なる言葉を用いていません。ですから先に進みます。——「戦いの日に上がる鬨の声の中で、あるいは、叫び声の中で。嵐の日の烈風の中で」。預言者は告げています。予想もしない仕方でやって来る敵が、アンモンの領土を荒らすことになると。あたかも不慮の火災が森［全体］に広がるように、戦い［が始まった］その日［の内］に、敵がアンモンに襲いかかり、直ちに攻略し、彼らに相応しい裁きが下される、と。「嵐の日の烈風の中で」といった譬えによって、預言者は突然襲いかかる災いについて告げています。そして、その災いによってアンモン人は滅びることになるのです。

　最後にこう記されています。——「彼らの王はその高官たちと共に、捕囚として連れ去られる」。［「彼らの王」と訳しました］「מלכם」は、アンモン人にとっての偶像［の神］でした(50)。この言葉を固有名詞として理解する人たちもいます。しかし、預言者が言う「מלכם הוא ושריו」とは、「彼らの王と、そしてその高官たち」という意味です。預言者は「מלכם」に「その長官たち」を結び付けているのですから、［「מלכם」は］アンモンの王のことを指しているわけです。預言者が告げていますのは、王さえもとりことしてアッシリアに連れて行かれる、といった［アンモンの］国に降りかかることになる災いです。［それを証明する］歴史［書］は存在しませんが、この預言が実現したことを疑ってはなりません。

50　アンモン人の神モレクのこと。

祈り

全能の神よ、あなたは［本日示されたような、諸国民に対する］様々な証しを通して、あなたの御名を畏れること［の大切さ］を私たちに教えておられます。あなたの力強き御手に導かれて、私たちが成長するようにと、あなたの寛容を悪しき仕方で用いることのないようにと、そして、私たち自身が頑なで癒し難い悪を冒すことによって、恐ろしき大きな裁きを身に招かないようにと、あなたは私たちに教えておられます。あなたが私たちを招いてくださっておられる限り、まだ間に合う限り、そして、あなたが私たちに和解を差し伸べてくださっておられる限り、時に適った悔い改め［をなすことの大切さ］を、あなたは私たちに教えておられます。我らの主キリストを通して与えられる恵みによって、私たちに勇気を与えてくださいますように、アーメン！

第二章

1 主はこう言われる。モアブの三つの罪、四つの罪のゆえに、私はそれを決して容赦しない[1]（あるいは前述の通り、私は私自身を［憐れみへと］向けさせはしない）。彼らがエドムの王の骨を焼き、灰にしたからだ。

2 私はモアブに火を放つ。火は「קריות」（ある人たちは、城塞の名として訳しています。しかし、私はむしろ地名の固有名詞だと思います。）の宮殿を食い尽くす。どよめきの中で、角笛が鳴り響く中で、モアブは喧騒の内に死ぬ。

3 私は治める者をそこから絶ち、その高官たちも共に皆殺しにする、と主は言われる。

以上の言葉において、アモスがモアブ人について語り、そして預言していますことは、他の隣国についてこれまで私たちが理解してきたものと同じです。つまり、モアブ人の心は余りに頑なで、彼らには悔い改めが全く期待できませんでした。罪に罪を重ね、最高潮まで突進したのです。七の数字が意味するところについては、既に私は述べさせてもらいました。預言者はモアブ人の頑なさを非難しているわけですが、私たちは［ここの言葉から］学ぶのです。モアブ人は突然神の裁きに見舞われたのではない、ということを。彼らの罪が［もはや］赦されなくなるほど、彼らが己の悪徳に走り続けたからこそ［神の裁きは彼らにもたらされた、ということ］なのです。アモスは［たった］一つの罪を指摘しています。――「彼らがエドムの王の骨を焼いた」。ある人たちは、「骨」

1　厳密には、non convertam eum（私はそれを変えない）。1・3―5の講義内容を参照。ただし、前回は目的語が eam であったが、ここでは eum となっている。

を「力」として寓意的に解釈しています。つまり、［彼らの解釈によれば］「エドムの強さは灰に帰した」といったように預言者は語ったのだそうです。しかし、この解釈には無理があります。この解釈を採用する人たち自身も、［預言者の言葉の意味がよく分からないので］やむを得ずそう解釈していることを認めています。ですが、このように解釈する必要はありません。彼らにはラビたちが読んでいる［この箇所の］注釈が気に入らないだけなのです。その注釈とは次の通り。――「あるエドムの王の死体が焼かれ、モアブ人によって、その灰は石灰としてセメントに用いられた」。このようにラビたちは詭弁を弄しています。こういったことはラビの習慣なのですが、つまり、彼らは曖昧な［聖書］箇所にぶつかると、作り話をでっち上げるのです。［ここの箇所に関するラビの注釈が記しているような］そういった歴史は存在いたしません。彼らは虚構の注釈［を記す作業］において、ご自分の才能を駆使されるのです。このことは、私もとても残念に思っています。しかし、だからといって、［ラビの注釈に対抗する彼らのように］寓意的解釈に逃げる必要があるのでしょうか？　預言者がここで語っていますことは、とりわけ単純かつ素直に受け取ることができるはずなのに。彼は言っています。――「彼らはエドムの王の骨を焼いた」。預言者がモアブ人の野蛮さ残忍さを非難しているのは明らかではありませんか。敵の死体を掘り起こすこと、その骨を焼くこと。これは戦慄すべき行いで、野蛮そのものです。[2]ですが、モアブ人に見られたさらに嫌悪すべきこととしては、モアブ人にとって、エドムの民は親しい間柄にあった、ということなのです。彼らはお互いに親類同士であったことを、モアブ人はよく思い起こすべきだったのです。つまり、モアブとエドムは同じ民族の出なのです。モアブの祖先ロトを養ったのはアブラハムでした。よって、モアブ人はエドム人に恩があったはずなのだ。[3]もしモアブ人に人類愛がまだ残っていたのならば、自分の兄弟を敵とみなして攻撃することなどあってはならない。彼らは［憎しみの］感情を抑えるべきだった。さらに、モアブ人は戦争において許され

2　エレ8・1を参照。
3　エドムはエサウ、つまりアブラハムの孫にあたる。

てはいないことに手を染めました。エドム人の死体に群がって、その屍を焼いた。繰り返しますが、これは全くの野蛮行為です。モアブ人はもはや赦されない。［預言者が指摘する］この［たった］一つの行いの中に、彼らの野獣の如き獰猛さがよく表現されています。彼らに人類愛の一かけらさえ残っていれば、彼らは自分の兄弟をもっと穏やかに扱ったことでしょう。彼らは「王の骨を焼き、灰にした」。つまり、灰とエドム王の骨のことが［そのまま明確に］言われているのです。［だから、寓意的に解釈する必要はありません。そして］ここ［の言葉］から、モアブ人は人類愛と正義を完全に手放していたことが明らかなのです。

預言者の［ここの言葉の］真意は以上のように理解できます。

さらに預言者の警告は続きます。――「私はモアブに火を放つ。火は『קריות』の宮殿を食い尽す」。私が申し上げましたように、神がモアブ人を厳しく罰せられることを、預言者は火災［というイメージ］を用いた語り方で告げようとしています。彼らの城塞は、間もなく訪れる裁きを防ぐことはできないのだと。彼らは自分たちの宮殿に誇りを持っていました。が、その宮殿は何の役にも立たないのです。

さらにこう続いています。――「どよめきの中で、角笛が鳴り響く中で、モアブは喧騒のうちに死ぬ」。言い換えますと、「私は強力な敵を連れて来る。彼らは侵入し、モアブと平和を結ぶことはない。彼らの敵は暴力と剣によって、城壁に囲まれた町であれ何であれ、あなたがたのもの全てを支配する」。このように、喧騒、どよめき、角笛の響き［という語］によって、預言者は次のことを告げようとしています。――「モアブの人々は、契約や条約［の締結］といった形ではない仕方で、［強制的に］敵の支配下に置かれるようになる」。自ら降伏を名乗り出れば、敵の怒りを静めることができるはずなのですが、モアブの場合はそういった仕方の結末を迎えることはありません。預言者が言うことには、彼らの敵はモアブの財宝だけでなく、モアブ人の命さえも容赦しないのです。

最後にこう言われています。――「私は治める者をそこから絶ち、その高官たちも共に皆殺しにする、と主は言われる」。神が告げておられる。「モアブの王国もその民も、全て無に帰する」と。政治的な秩序を何も伴わない人間の集まりといったものは考えられない。つまり、人間が集まるとすれば、そこには必ず人々を支配し治める人たちが存在しなければなりません。よって、モアブの中に裁き［そして治める］人が一人もいなくなる、と神が告げられているとすれば、それすなわち、モアブの名が消え去ると言われているのも同じです。モアブの民が存続するためには、今私が言いましたように、指導者たちも必ず残っていなければなりません。それゆえ、指導者たちが殺されるのならば、その民も滅びる定めにあるのです。なぜなら、［民だけでは敵から］守る術が何もないのですから。ここ［の言葉］において、預言者はモアブ人に対する一時的な罰を告げ知らせているのではありません。むしろ、最終的な滅亡についてなのだ。もはやそこから復興を遂げることができないほどの。

以上が［モアブに対する預言者の言葉の］要点です。先に続けましょう。

4 主はこう言われる。ユダの三つの罪、四つの罪のゆえに、私はそれを決して容赦しない。[4] 彼らが主の教え
を拒み（あるいは、捨て去り）、その掟を守らず、彼らの先祖がその後を追った偽りが、彼らを惑わしたか
らだ。

5 私はユダに火を放つ。火はエルサレム宮殿をむさぼり食う。

アモスは御言葉をここでようやくユダの部族とユダ王国に向けています。［この時代］ユダ王国にはまだダビデの家系が続いていました。これまでの言葉は、割礼を受けていない異邦の民に関するものでした。これまでの言葉は、滅びを伝える前奏曲だったのだ！　選ばれた民に差し迫った滅びの！　［神を］知らないがために罪を犯

4　厳密には、non convertam eum（私はそれを変えない）。

した人々を、神は赦されない。だとすれば、掟に刻まれた御教えを授かったイスラエルの民[5]に対しては、一体何が待っていたのだろうか？　僕は主人の思いを知っているものだ。僕はあえて重い鞭打ちに価するようなことを行うことはない[6]。だからこそ、神はご自分の民として迎えられたアブラハムの子孫に対し、赦すことがおできにならないのです。異邦の民に対し、神は重い罰を科せられました。ですが、彼らが［神の御教えに対し］無知であったということは、まだ弁解の余地があります。それは、［私たちの時代の］人々の間でも同じではないでしょうか。確かに、律法を知らない民も皆等しく滅びます。パウロがローマの手紙の第二章で言っている通りです[7]。しかし、イスラエルの子らと憐れな異邦人とを比べてみましょう。［無知のために］過ちに陥っていた憐れな異邦人は、イスラエルの民よりも［神の］赦しに価したはずです。一方、イスラエルの民は自ら強情さを披露し、まるで自分から神の裁きに近付こうとしていたかのようでした。

これまで異邦人について語ってきた預言者でしたが、ここでついに、彼は選びの民、アブラハムの子らに対して御言葉を向けます。ですが、彼はユダの部族について語るのです。私は［アモス書講義の］最初に述べましたが、アモス自身ユダ族の出でした。［自分の部族に向けて厳しく語るのですから］アモスは同胞に［は］媚びへつらっていると、誰もそのように非難することはできません。確かに、アモスはイスラエル王国に移住しました。しかし、そこでは寄留者［の身分］だったのです。後で私たちは、アモスが［北］イスラエルの人々を厳しく責め立てるのを確認いたします。ですから、もしアモスがユダ族には何も語らなかったとすれば、彼は中傷に晒されたかもしれないのです。つまり、［ユダ族以外の］多くの人たちは、次のように言ったことでしょう。――「アモスは自分の同胞と［は］手を結び、同胞の恥ずべき行いを隠蔽している。それでいて、隣国の人たちには激しく罵るの

5　ここでは北イスラエルの民ではなく、神の民としてのイスラエルのことが言われていると思われる。
6　ルカ12・47を参照。
7　ロマ2・12―16。

だ。ひねくれた嫉妬を[8]［北イスラエルの人々に］惹き起こさせ、彼は［イスラエル］王国を、再びダビデ家に戻そうと画策しているのだ」。それゆえ、［自分が語る］教えに対し、あらぬ疑いを招かないようにと、今預言者はユダ王国を裁きの座に連れ出しているのです。そして、ユダに対するその語り口には、他の民に比べても決して手加減は見受けられません。預言者はこのように言っています。――「ユダの民も［他の民と同様］その頑なさによって神の怒りを惹き起こしたのだ。もはや赦される見込みはない。本当に彼らは悪徳の塊のようだ。神はその悪徳に相応しい裁きを決心しておられる。生ぬるい懲罰ではもはや十分ではない」。

以上のように、預言者の忠告［の言葉］は理解できます。

では、預言者が［続いて］語る言葉に聞いてみましょう。――「彼らは主の教えを拒んだ」。この言葉において、彼は背教したユダの人々を断罪しています。彼らは神の礼拝を捨て、純粋な宗教の教えを捨て去った。このことはまさに大罪です！　こう告げる預言者の中に、［彼自身の同胞に対する］遠慮は見られません。彼は実直に――実直さは彼［の人柄］に相応しかった――己の民の罪を断罪したのです。この後、彼は［北］イスラエルの民にとっての厳格な監察官、あるいは裁き人［として言葉を語るよう］になるわけですが、彼は［自分の同胞に対しても］全く媚びへつらうことはありませんでした。ユダの部族に見られた違反について、彼は決して軽く考えてはおりません。それどころか、神の御教えを拒んだ彼らのことを、彼は背教者ないし裏切り者とさえ呼んでいます。しかし、この預言者はなぜユダの民をそれほどまでに厳しく責めるのか、と疑問に思われるでしょうか？　といいますのは、ホセアの預言で学びましたように、ユダの地ではまだ宗教が健全であったのですから。その答えは簡単です。ユダの地においても、［既に］神の礼拝は腐敗していたということなのです。たとえイスラエルの人々が取っていたような、［神礼拝に対する］公然とした拒絶はなかったにせよ。イスラエルの人々と言えば、確

8　おそらく、ユダの罪を隠し、ユダを実際よりも良く見せさせ、逆にイスラエル王国の罪を激しく非難することによって、北イスラエルの民に対し、ユダの国に憧れを抱かせようとする様が言われている。

かに彼らも割礼は遵守していました。しかし、彼らの献げ物は汚れていたのです。彼らの神殿は狼の巣と化していた。彼ら［自身］は自分たちが神を礼拝していると思っていました。ベテルに神殿は建てられていましたから。が、それは神の掟に反することでした。彼らの礼拝は冒瀆以外の何ものでもありませんでした。［一方］ユダの民は［イスラエルの人々よりも］いくらかは純粋でした。しかしご承知の通り、彼らもまた、真の神礼拝から遠ざかっていたわけです。よって、彼らが神の礼拝から遠ざかっていたと語る預言者は正しかったのです。

では、続く［預言者の］説明［の言葉］に注目しましょう。――「彼らはその掟を守らなかったからだ」。アモスは何と言っているのでしょうか？　つまり、ユダの人々が契約に背き、神の御教えを拒み、不信仰な迷信へと低落してしまったということについて、アモスは何と言っているのでしょうか？「彼らが神の戒めを守らなかった」とアモスは言っているのです。よって、彼らに対するアモスのこの言い分は酷過ぎると思われるかもしれません。といいますのは、次のような場合はどうでしょうか？　ある人がいて、自分で気付かず、あるいはうっかりして、あるいはその他の過失によって、神の掟を完全には守り通すことができずにいる。しかしそれだからといって、その人は［神の］契約に違反したというわけではなく、必ずしも信仰を捨て去ったことにはならないと。その問いに答えるとすれば、この預言者の言葉では、単にユダの人々の［神の掟に対する］怠慢が非難されているのではない、ということなのです。むしろ、故意に彼らが神の戒めから遠ざかろうとしていたことを、預言者は断罪するのです。彼らは自ら知りつつ、かつ意図的に、自分たちのための様々な礼拝様式を模索していたのであり、そのことを預言者は断罪するのです。神の御教えのもとに留まらないどころか、厚かましくも新たな礼拝を自分たちのために考案することは、当然神の掟に反します。彼らは神が命じておられることを望まず、心に浮かんだ自分たちの欲に手を伸ばしている。こういったユダの人々の罪を、預言者は今非難しています。また、こういった罪によって、彼らは神の御教えを軽んじていたわけです。神の礼拝を他のものに移し変える人間の企ては、断じてあってはなりません。むしろ、神への敬いに相応しい［礼拝がなされる］ことにおいて、人は感化を受けねばなりません。神の御口から出るものによってのみ養われていくこと。このことに彼らが確信を抱いていたのならば、彼らは神の戒めのもとに留まり続けたことでしょう。しかし、彼らは自分たちのために新たな偽りの礼拝を考案していました。これによって十分明らかなのです。主が望まれること、主が命じられること、主が禁じられることに対し、彼らが心を寄せてはいないということが。そしてこのような仕方で、彼らは神の御教えを軽んじ、あるいは拒絶さえしているのです。

この［御言葉の］箇所は［とりわけ］注目に価します。まず、預言者によって最も深刻な罪が非難されているのを私たちは聞きます。その罪とは、ユダの人々が神の御教えのもとに留まらず、［自分たちのために］何かを勝手に造り出そうとした罪のことでした。私たちも彼らの姿から学ぶべきです。神に聞き従うことはいかに大切なことでしょうか！　これは一番肝心なことです。別の［聖書］箇所でも言われておりますが、神に聞き従うことは、全ての献げ物に勝るのです。(9) ですから私たちは、この［御言葉で語られているユダの罪の］ことを軽い罪、あるいは幾ばくかの罪として扱うべきではありません。預言者の主張に注目しなければならない。彼は言っているのです。ユダの人々が神の掟を軽んじたのだと。全ての者が、この［ユダの人々に見られた］恐ろしきしるしによって、［我が身を］震え上げさせねばなりません。私たちが神の御教えを軽んずれば、その時は必ず、神の威厳が損なわれるのだ。実に、ここ［の御言葉］において、聖霊が告げ知らせておられるのです！　私たちが神の命令に聞き従い続けることがなければ、定められた領域に私たちが留まり続けることがなければ、この私たちによって神の御教えが拒絶され、神の御教えが捨て去られてしまうのだと。

以上のように、預言者の［言葉に込められた］思いは理解されます。

続いて、こうも言われています。彼らは「彼らの［先祖がその後を追った］偽りによって」だまされた、ある

9　サム上15・22を参照。

いは惑わされたと。この言葉によって、預言者は［彼が今告げた］教えを繰り返し、それを裏付けているのです。といいますのは、ユダの人々は言い訳に逃れようとしていたからです。「預言者は我々を非難するが、我々は［それが悪いことだと気付かずに］良かれと思ってそうしたのだ」と。確かに、彼らは真剣に神を礼拝していた。ところが、彼らはパン種を混ぜてしまったのだ！[10] よって、彼らの献げ物は腐敗してしまった。彼らは己の懐をたいて、多くの労力も伴いながら、高価な献げ物を献げようとしていました。そういった［礼拝の］仕方が、神にとても喜ばれるものと思い込んでいたからです。それは無益なことなのに。「（彼らが主張するところの）良き志」といった口実は、常に不信仰者たちを欺いてしまう。だからこそ、預言者はその口実をはねつけるのです。そして、その口実が偽り以外の何ものでもないことを彼は示しているのです。預言者はこう言っています。――「あなたがたが神にお見せしているものは、良き志などではない。自分たちの偽りによって、あなたがたは惑わされているだけなのだ」。さらに確かなこととして、この「偽り」という言葉によって、偽りとは真逆であるところの神の戒めを預言者は提示しているのです。私たちが神の言葉から遠ざかれば、間違いなく、多くの偽りに身を任せることになってしまいます。そして、必ず道を踏み外すことになるのです。このことは覚えておきましょう。何と世［の人たち］は自分の知恵を我が物としていることでしょうか！[11] 猿は己の作品を愛するもの。この古い諺の通り、私たちがあるものを考案する際には、私たち自身がたちまちそれの虜となってしまうものなのです。しかし本当に、私たちが造り出した偽物によって神の礼拝を汚し、それを不純なものとしてしまう。そしてそのことによって、この悪徳はどんどん広がっていくのです。だからこそ、預言者は叫んでいるのです。人間が頭の中で考え出したものは何であれ、あるいは、主の言葉に付け加えられたものは何であれ、偽りの添加物なのだと。そういったものは全て詐欺以外の何ものでもないのだと。今やはっきりしています。［彼らが言い訳する

10　一コリ５・８を参照。ここでの「パン種」とは、悪意や邪悪、そして偽りなどの象徴である。
11　一コリ１・18以下を参照。

ところの］良き志には何の益もないということが。この良き志において、人は己を硬くさせてしまうのです[12]。ですが、彼ら［ユダの人々］にはできないのです。預言者の口を通して語られた裁きを、主が考え直してくださるように［と主を説得］することは。ですから、私たちは学びましょう。神の言葉によって定められた領域に留まることを。右にも逸れず、左にも逸れないように。清き神の言葉から少しでも離れれば、私たちはたちどころに虚偽の渦に巻き込まれてしまうのですから。

続いてこう言われています。――「彼らの先祖がその後を追った」。［この部分のヘブライ語を］直訳すれば、「彼らの先祖がその後を追ったところのものを」という意味ですが、［先のように］訳してみました。この言葉によって、預言者は彼らの罪――その罪とは、［預言者が生きた］今の時代の［イスラエルの］子らが、彼らの先祖を見習っている、といった飽くことを知らぬこの民の狂乱のことです――を強調しています。ご存じの通り、いつの時代にあっても、ユダヤ人[13]の間には、この悪徳が蔓延していたのです。彼らは神の言葉を捨て、己の幻想とサタンの偽りに従い続けていたのでした。主は預言者たちを通して、何度もこの悪徳から彼らを正そうとされました。けれども、それは無駄だったのです。この預言者も彼らのそういった頑なさを責めているわけですが、その［先祖たちの後を追うといった］ことのゆえに、ユダの人々の罪はさらに広がっているのです。預言者は言っています。子供たちがその父親を見習い、それに似た者になっていると。しかし、この［言葉で語られる］言い方は、真新しいものではありません。要するに、悪しきカラスの雛は悪いもの［といった古い諺の通りです］。ステファノも同じことを言いました。――「あなたがたは頑なで、心に割礼を受けていない人たち、あなたがたは、聖霊に逆らっています。あなたがたの先祖が逆らったように」（使7・51）。

12　彼らは自らの意志でますます頑なになっていくが、一方、既に裁きをもたらすことを決めておられる主の堅い決意を、頑なな彼らは和らげることができない、といった皮肉が込められているものと思われる。

13　南ユダの民に限定して捉えることもできるが、神の民としての広義的意味に訳した。

以上のように、預言者の忠告［の言葉］を私たちは理解いたします。ですが、ここ［の言葉］から私たちはもう一つ学ぶのです。この時代の教皇主義者たちが用いる言い逃れは通用しないということを。彼らは先祖のことを自慢します。律法に対抗し、預言者たちに対抗し、そして福音に対抗するために、彼らは次のような盾をかざすのです。――「我々の宗教はとっても古いのだ。確かに、我々自身はこの宗教の創始者ではないが、我々は伝統を通してそれを古き時代から守ってきたし、何世代にもわたって守り続けてきたのだ」。このように大きな声で言いふらす教皇主義者たちです。彼らはもう十分だと言わんばかりに、［預言者といった］神の口を塞ごうとし、神の言葉に背を向けるのです。しかし、私たちには分かっています。こういった［教皇主義者たちの］詭弁は空しく、神の御前では無きに等しいことを。預言者は認めません。ユダヤ人が言い逃れのために父祖たちの例を引っ張ってくることを。むしろ、「彼らが不信仰であった先祖の後に従う」ことによって、ますます彼ら自身の罪が大きくなっていくのです。なぜなら、彼らの先祖は主の掟を捨ててしまった人たちなのですから。エゼキエルもこのように諭しています。――「あなたがたの父祖の掟に従って歩んではならない」（エゼ20・18）。

さあ、預言者が説き明かした［ユダの人々の］この罪がどのようなものであったのか、今やはっきりといたしました。最後に主が告げ知らせ給うご警告が続いています。――「私はユダに火を放つ。火はエルサレム神殿を食い尽くす」。この言葉に関しては既に説明いたしました。

先に進みます。

6 主はこう言われる。イスラエルの三つの罪、四つの罪のゆえに、私は彼らを決して容赦しない[14]（あるいは、それに向かって「振り向かない」）。彼らは正義を金で買い取り、貧しい者を靴一足の値で買い取ったからだ

14 ここも non convertam eum.

（あるいは、売ったからだ。――［元のヘブライ語は「מכרם」でありますが］ある人たちは、「כרה」(15)を元に考え、「買い取った」と理解し、さらに、［このヘブライ語の最初の文字である］「מ」について、それを［動詞を］名詞化するための［接頭辞としての］語形だと理解しています。一方、別の人たちによれば、「売る」「買収する」という意味の「מכר」から［「売った」と］理解しています。しかし、［どちらの場合でも］預言者の言葉の意味は同じです。預言者は、「正しい者たちが値をつけられて売りに出された」と言おうとしているからです。［「売られる」を］逆にすれば［「買う」となるのだから］同じことなのです。しかも、値段そのものも［売るにせよ買うにせよ］同じ金額です。あるものを買い取ったということは、それが値をつけられて売りに出されたことと［意味は］変わらないのだから、「買い取った」［と訳すにせよ、「売った」］と訳すにせよ、全く同じことを言っているのです）。

預言者はついにイスラエルの人々に向かって語りかけます。彼が遣わされたのは、イスラエルの人々に対してでした。［アモス書講義の］最初で私が語った通りです。彼はもはや、イスラエル以外の全ての民を忘れている！彼の働き場所は、イスラエルの人々のもとにあったのです。とりわけイスラエルの人々のために、彼は教師とさせられたのですから。彼らに対し、預言者は様々な［イスラエルの人々が繰り広げていた悪しき行いの］情景を元に、差し迫った神の裁きを示そうとしたのでした。それ［つまり、彼が様々な悪しき情景を告げていますの］は、より効果的に彼らの心を呼び覚ますためだったのです。ユダの人々に対しても、預言者はもはや取り消すことのできない神の裁きを示そうとしました。しかし、ユダにはまだ正義が残っていたのです。少なくとも、ユダには神を畏れ敬う宗教がまだ活気を賑わせていた。さらに、そのユダの人々に対する裁きを彼が先に告げ知らせましたの

15 「買う、購入する」の意。

は、傲慢であったイスラエルの人々に対し、心構えを促すためでした。彼らが決して神の御教えを拒むことがないようにと。そして今、預言者はイスラエルの人々に追い迫って叫んでいるのです。彼らが多くの罪によって凝り固まっていると。要するにこういうことです。――「モアブ、エドム、シドン、その他の民、そしてユダの民も、彼らは皆、頑なで救い難い。彼らの病は癒し難い。神の御前にあって、彼らの悪はもはや赦されない。しかし、イスラエルの人々も彼らと何ら変わらない。イスラエルの人々も決して悪から離れようとしない。彼らは神の怒りを招いてしまった。神は長く彼らのことを見守ってこられ、彼らを悔恨へと導こうとされていたが、彼らは悔い改めることはなかった」。

以前に学んだことを思い起こしてください。［アモスが生きた］かの時代は、不信仰がはびこっていました。神の嘲りによって、人々は健全な精神を取り戻すこともできず、至る所に――なぜなら、アモスは少数の人たちに対してではなく、多くの人たちを非難したのです――不正が溢れ出ていた時代でした。そういった腐敗に、今の時代の私たちが巻き込まれることのないように気を付けねばなりません。間違いなく今の世の方が、当時よりも遥かに酷い状態なのです。預言者はとりわけここ［の言葉］において告げているのです。イスラエルの人々もユダの人々と同様に、頑なさのゆえに完全に見捨てられたのだと。よって、今の時代の私たちは、いかなる場合でも、空しき名[16]によって自らを欺いてはならないのです。たとえ私たちが洗礼を受け、信仰の旗印を携えているとしても。また、神の教会に属するとみなされているその他のしるしが手元にあるとしても、もし預言者がここで断罪していることに自ら同意するのならば、私たちもその罪科から免れていないのです。イスラエルの人々であれ、ユダの人々であれ、彼らはあらゆる教え、あらゆる勧告に対して耳を塞いでいました。彼らのこの姿によって、私たちは背筋を正しましょう。私たち自身が彼らの如く頑なにならないようにと。そして、主が私たちに

16　おそらく、洗礼は受けているものの、名ばかりのキリスト者のことが念頭にあったと思われる。

対して、もはや取り消すことのできない裁きを下されることにならないようにと。

それでは、預言者がイスラエル対して非難していることを見ていきましょう。彼は最初、イスラエルの人々の残酷な行いについて語っています。［預言者はここでイスラエルの人々を非難しているわけですが］いやむしろ、この［アモス書といった］書物全体にわたって、預言者は［イスラエルの人々を］責め立てているのです。［アモスが生きた］当時のイスラエルの人々を支配していた数々の罪に対する非難は、最後まで続くことになります。その際、彼が指摘するのは、［イスラエルの人々の］一種類の罪だけではありません。他の民においては一つの［具体的な］罪を指摘するだけでした。しかし、預言者はイスラエルの民に対して、彼らがあくせく働くあらゆる悪事を数え上げています。それはいわば、預言者がアナテマ［すなわち呪いのための条項］を完成［させようと］したかのようです。私たちはそれを順に確認していきましょう。

では最初の所です。預言者はこう言います。――「彼らはイスラエルの正義を金で、いや、靴一足の値で売った」。こういう問いが上がるかもしれません。「なぜ預言者はユダの人々［の心］を捉えていた迷信から始めないのだろうか？　ユダの民が迷信と汚れた礼拝へと逸れてしまったがゆえに、神はエルサレムとその神殿を滅ぼそうと決められた。だとすれば、ユダの人々以上に、イスラエルの人々は滅ぼされて当然ではなかったのか？　なぜなら、イスラエルの人々は［神の］御教えに完全に離反していたのだから。彼らは正真正銘の背教者だったのだから。彼らは割礼を受けていたけれども、それだけに、その割礼［といったしるし］は、神の契約に対する冒瀆に成り下がっていたのだ。だから、なぜ預言者はその点に触れないのか？」この問いに対して、私はこう答えます。長年にわたり、イスラエルではこの迷信が広く横行していただけに、［かえって］預言者はそれについて触れていないのだと。いや、私たちは後で確認することになりますが、［ユダの人々と同様］イスラエルの人々を支配していたその悪しき腐敗について、預言者は容赦しておりません。預言者は大変厳しく、彼らのあらゆる迷信を論駁することになります。しかし、彼はそうするにあたって、時を選んでいます。最初はまだ、日常においてなされていた罪から指摘し始めていますが、そうせねばならなかったのです。彼は最初にかの迷信——彼らは自分たちが神を礼拝していると言っていたのです——について語ることはありませんでした。それについて語ることは、まだ時期が早かったのです。そういうわけで、ユダの人々に対しては、彼らが純粋な神の戒めから離れていた、と［最初から］そのように断罪することを預言者は選び取ったのですが、一方イスラエルの人々に対しては、［神礼拝といった聖なる領域に関わる罪ではなく、日常においてなされていた］がさつな悪を公にしているのです。残忍、淫らなこと、強欲、その他様々な欲情、といった嫌悪すべき罪が指摘され、明らかにされた後、ついに時至れりといった感じで、預言者はかの迷信に対して声を荒げることになるのです。［語る言葉の］順序といったものを、私たちの預言者はとても注意しています。話しの流れを考えてみれば、私たちも［なぜ預言者が神礼拝についてではなく、日常の悪について先に語ったのか、といったことを］よく理解できることでしょう。

では預言者の言葉に戻りましょう。預言者はこう言っています。——「彼らは正義を金で、いや、靴一足の値で売った」。つまり、イスラエルには正義も平等もなかったのです。神の子らが売り飛ばされていたのですから。このことは、全くもってあってはならないことだし、この不正を癒す薬はどこにも存在いたしません。容易に理解できることですが、預言者はこの言葉の矛先を、当時裁く権利が与えられていた裁き人たち[17]に対して向けています。「正義が金で売られていた」と預言者は言っていますが、このことは一般の民衆には当てはまりません。むしろ、裁き人たちに当てはまる事柄です。彼らの務めは、貧困で苦しむ人たちに手を差し伸べることでした。不正を正し、誰にでも権利を［等しく］配分することが、彼らの［本来の］務めでした。よって、預言者が言いたかったことは、抑制のきかない身勝手がイスラエルに横行していた、ということなのです。［本来神の子であるはずの］聖なる者たちが餌食とされ、いわば売りに出されていたことのゆえに。始めに言われていますの

17　主に祭司たちのこと。イスラエルにおいて、祭司には裁く権利が与えられていた。

は、「彼らは金で売られた」です。続いて、「靴一足の値で」と付け加えられています。この言葉は真剣に受け取られねばなりません。人間というものは、一度正しき道から迷い出るや否や、恥も外見もなく悪に身を売り渡すことになるのです。清廉かつ潔白な人で、不正とは無縁の人だとしたら、かりに誘惑を受けたとしても、直ちにそれに打ち負かされてしまうことはありません。たとえ大金の山が目の前に積まれても、我を失うことはありません。しかし、その十倍に価する金貨に一度心を奪われてしまえばもう最後。しまいには、［少額であっても］簡単に贈賄される人となってしまうのです。こういったことは女性によく見られることです。ある女性がいたとします。それまで潔白で、簡単には結婚の誓いを破りそうもない女性です。(18) そのような女性も、大金を前にすれば心が折れてしまう場合があります。その結果、最後にはパン一かけらのために身を売ってしまう人へと成り下がってしまうものなのです。そういったことが、裁判の場でも起こるのだ！　金に手を伸ばす際に、その第一回目は、最上の肥え太った獲物でなければ心が折れることはありません。しかし最後には、ほんの少額であっても、買収を請け負う者となってしまうものなのです。そういった人たちには、もう一かけらの恥すら残ってはおりません。以上のようなことを、預言者のここの言葉は示しています。イスラエルの裁き人たちは、正義を金で売っていた。それはつまり、彼らが報酬によって身を売り渡していたということです。その果てに、彼らはほんの少額であっても買収されてしまう者となっていた。たとえ、［取引額が］靴一足［の値］であったとしても。羞恥心を失ったあげく、罪のない人たち［から］も［奪って］破産させるほどに、喜んで物を奪う者となってしまっていたのです。

以上、アモスが非難したイスラエルの人々の犯罪について、私たちは理解できたことと思います。彼ら自身、

18　靴一足の言い換えだと思われる。カルヴァンの理解によれば、この節の「金」とは大金のことで、最初は大金でしか自分の身を引き換えにはしない者であっても、一度不正に手を染めるや否や、交渉の値段は下がり続け、最後には靴一足でも取引に応じる人となってしまう、ということ。

この犯罪を前にして、何も反論できなくなってしまったことでしょう。たとえ預言者が次に――かの迷信に対して語ったとしても、彼らはもう反論できなくなっていたことでしょう。預言者は、彼らの［反論不可能な］明らかな犯罪を［始めに］指摘しました。なぜならそれは、［彼らの迷信について］告げ知らせるための正当な権利を手中に収めようとしたからなのです。私が先程述べましたように、この後時期に適って、偽りの礼拝、すなわち、彼らが神の法を拒絶し、偽りの礼拝に従事していたことについて、預言者は述べることになるのです。

こう続いています。

7 彼らは弱い者の頭を地の塵にあえぎ求め、憐れな者（あるいは、貧しい者）の道をねじ曲げている。父と子が［同じ］女のもとに通い、私の聖なる名を（あるいは、私の神聖な名を）汚している。

彼らは貧しい者の頭を地の塵に踏みつけていた。――この言葉において、アモスは飽くことを知らぬ貪欲を第一に非難しています。私の判断によれば、この箇所の言葉はなかなか理解に苦しむところです。「שאף」という語は、「あえぎ求める」「吐き出す」という意味です。また、「ある物を欲しがる」と比喩的に解釈される場合もあります。このために、ある人たちは以下のように意味を変えています。――「彼らは求めている。貧しい者の頭が地の塵の上につくのを」。つまり、罪のない人たちが地面に投げ出され、倒されるのを見て喜んでいる、といった意味です。しかし、この解釈を否定するために多くの時間を割く必要はありません。皆様もこの解釈には無理があると思われるでしょうから。別の人たちは、「彼ら自身の欲望のために、彼らは憐れな人たちを地面に投げ倒す」と解釈しています。この解釈によれば、［イスラエルの人々の］誤った欲望と暴力とが結び付いている姿、あるいは、彼らが自分たちのそういった行いを愛し求めている姿が［預言者のここの言葉において］語られているのだそうです。

しかし、以上の［解釈の］ように、［言葉の］言外の意味に頼る必要はあるのでしょうか？　預言者が語っている言葉はそれ自体明瞭ではっきりとしているのに。「貧しい者の頭を地面に求めている」と彼は言っているわけですが、つまりこういうことです。――「彼らは憐れな人たちを投げ倒すだけでは満足しない。彼らを滅びに至らせるまでは、彼らの欲望は尽きることがないのだ」。ですから、預言者の言葉はそのままでよいのです。何も付け加える必要はありません。貧しい人たちの頭が塵の中に投げ出され、あるいは投げ倒されるのを願い求めている、といった意味に取るのが最適です。貧しい人たちが自分にひれ伏し、自分の足もとに身を投げ出している。その憐れな姿を目にするだけで、彼らは［優越感によってもう］満足すべきだったのです。ところが、飽くことを知らぬ欲望に火がつき、彼らは貧しき憐れな人たちに重い罰を科すほどでした。それは獣の如き狂気の様ですよね？

以上のように、預言者の忠告［の言葉］を理解いたしましょう。つまり、彼自身が前節で告げたことを、もう一度指摘しているわけです。その内容はすなわち、イスラエルの人々に見られた強欲、貪欲、そしてその他のあらゆる残忍な行為についてです。

最後にこう言われています。――「憐れな者の道をねじ曲げている」。この言葉においても、裁き人たちが咎められています。この言葉［の内容］は一般の民衆には当てはまりません。むしろ、裁き人たち［の状況］に合致します。彼らは賄賂によって法を曲げていたのです。正義を揺るがしていたのです。［本来］有利な判決を受けるべき［正しき］者は、空手で退くことになる。なぜなら、そういった［正しき］者は、十分な見返りを約束しないものですから。こうして、預言者が責めたイスラエルの人々の罪の実態が明らかになったことでしょう。この後には、彼らの欲情に対するもう一つの叱責が続きます。

全能の主よ、不信仰者に対するかつての大きな罰を、私たちは聞いております。彼らはあなたの御言葉に対する知識［の実］を決して味わうことはなかったのです。彼らの例を通して、私たちが警告されています。あらゆる罪から退くようにと、あなたの御言葉に全き心で従い続けるようにと。あなたは私たちに教えてくださいました。あなたの御言葉から背かせる、［かつての民に見られたような］あらゆる迷信による堕落を、あなたが憎んでおられるということを。主よ、あなたの律法［の書］、そして預言書と福音書の中に示された戒めを、私たちが常に心に覚えることができますように。絶えずあなたの御教えに留まり、あなたの御口［から発せられる御言葉］に頼ることができますように。決して右にも左にも逸れず、あなたが命じられたままに、真実と、真心と、霊とによる礼拝を通して、あなたの御名を崇めます。我らの主キリストによって、アーメン！

七節ではこう続いています。――「父と子が同じ女のもとに通い」。この言葉で預言者が非難していますのは、手放し状態の情欲についてです。それが当時のイスラエルの民に行き渡っていました。淫乱、そして、近親の間でのそれ。父と子が一人の女性と関係するのは、全くもってして嫌悪すべきことです。本性の感覚が、そういった悪しき恥を禁じている。イスラエルの人々は己の欲情に身を委ねておりました。父と子が同じ女性を持っていたほどに。そういったことは、人間が極度の放埒に身を委ねた時に起こるものなのです。娼婦といったものは、簡単に身を許してしまう。［ある父親の］子であれ、その［子の］父であれ。見さかいもなく。恥を感ずることもなく。神への畏れでさえも、悪しき恥に身を奉げたこの醜き女を止めることはできない。その結果、父とその子が近親の罪を犯し、その淫らな行為で身を汚す、といったことが日常的に行われるようになる。人が欲情に縛られて盲目となり、見境なく振る舞うようになり、見る目を失い、恥をも捨て、己の欲情に従うとすれば、神の御前にあって、その罪が赦されることは断じて有り得ません。こういったことが［イスラエルに］起こっていたとすれば、当然［彼らには］神への畏れはなかったはずです。彼らは生まれもって備わった感性を放棄していたのです。よって、預言者はこういったイスラエルの人たちの罪を実に正しく非難しています。――「父と子が一人の女のもとに通っていた」。

さらに、彼らの罪を強調するためにこう言われています。――「こうして彼らは神の聖なる御名を汚した」。イスラエルの民が［神に］選ばれたのは、彼らが神の名を呼び求めるためであったはずです。「あなたたちは聖なる者となれ。私が聖なる者だからである」（レビ11・44）。モーセが何度も繰り返したこの命令は、［彼ら自身の間でも］よく認識されていました。イスラエルの子らが自分の身を汚したとすれば、その時、神の御名を汚したことになるのです。神の御名は彼ら［の心］に刻まれていたのですから。この［預言者の］言葉において、神が嘆かれているのです。彼らが聖なるものを汚していることに対して。イスラエルの子らは自分自身を辱めていただけではないのです。彼らに委ねられた聖なるものをも彼らは冒瀆していた。この民が恥ずべき行いに屈したとすれば、神の［聖なる］御名もまた、彼らの欲情に晒されてしまっていたのでした。

以上、預言者が告げようとしたことは理解できたことでしょう。続けましょう。

8 彼らはどの祭壇の脇でも、質にとった衣に横たわり、科料として取り立てたぶどう酒を、神の家で飲んでいる。

この言葉において、預言者は再びこの民の貪欲を責め立てています。しかし、この言葉はとりわけ高官(19)に

19 Proceres（貴族、高官）。

向けられています。ここで言われている内容は、［普通の］民衆には当てはまりません。身分の低い民衆ならば、ここで言われているような、裁きの場で略奪した物による宴を設けることはできませんでした。よって間違いありません。高官連中の強欲が混じった道楽について、預言者は非難しているのです。彼はこう言います。――「どの祭壇の脇でも、質にとった衣に横たわっている」。神は律法によって禁じ給う。生活の糧を得るために必要な道具や、毎日欠かすことのできないものを、貧しき者から質に取ってはならない、と。[20] たとえば、律法はこう禁じています。貧しき者から上着または下着を奪い取ってはならない、と。枕も取ってはならないし、あるいは、それと似たもので、それなしでは生活できないものは取ってはならない、と。この言葉で預言者はイスラエルの人々を非難しています。彼らが何の制限も設けず、上着ですら質に取っていたこと、さらには、彼らが「それを下に敷いて」祭壇の傍で寝そべっていた様子を。以上のことは、富める者たちに該当します。

さらに、次の行が続きます。ここで言われていますことは、とりわけ裁き人たち、及び［民の］指導者たちに関係することのはずです。すなわち――「科料として取り立てたぶどう酒を、彼らは神の家（あるいは神殿）の中で飲んでいる」。この言葉において、あるいは富める人たち［全般］についても語られていると私は理解いたします。金持ちたちは、悪しき仕方で略奪した物をもって道楽に興ずることを常としているのです。彼らは［正当な］理由なしに訴訟を起こし［そして奪い取り］ます。彼らは思っているのです。裁きの場で獲得したのならば、それをもって贅沢を営むことが許されていると。この預言者の言葉は、全ての富める者に対して向けられているわけですが、しかしおそらく、なかんずく裁き人たちの残忍さ貪欲さが断罪されております。この預言者の忠告の言葉が誰に対して向けられているのか、次の言葉からよりはっきりといたします。――「彼らは［裁きの場を通じて］質に取った衣を広げている」。

20　出22・26参照。

続いて、［彼らの］断罪［に価する罪を強調］するために、こう付け加えられています。――「彼らは科料として取り立てたぶどう酒を、神殿の中で飲んでいる」。着目すべき点は、［彼らが罪を行う際の状況］説明のために付け加えられている言葉についてです。つまり――「どの祭壇の脇でも、彼らは寝ころび、神殿の中で、彼らは飲んでいた」。この言葉によって、預言者は愚弄しています。イスラエルの人々の肥え太った迷信を。彼らは思い込んでいた。自分たちが神のためによく働いていると。ただ神殿に集い、祭壇に献げ物を献げるだけで！ これは偽善者が神を喜ばせようとするやり方なのだ。あたかも子供とガラクタ遊びをしているかのように。[21] こういった悪徳は、いつの時代でも極めて頻繁に行われていたことでした。預言者は今、イスラエルの人々のそういった虚偽［の姿］を指摘します。額を露にした彼らが、遠慮もなしに神殿に進み出て、質に取った衣を敷き、略奪した物をもって宴を繰り広げていたと。本当に、偽善者というものは神の神殿を洞窟の住処としてしまう。[22] 彼らは思い込んでいる。自分には何もかも許されているのだと。彼らは表面的な礼拝を通して、自分たちが神に献げられた者であると見せかける。彼らは罪を犯しても自分たちは罰せられず、むしろ、［表面的な］儀式を守る限り、罪を犯す権利があると考えていたのです。預言者は痛烈に批判しています。残虐に振る舞うイスラエルの人々が、厚かましくも神を自分たちの証人として担ぎ上げようとしていた様を。つまり、衣を質に奪い取って［神殿の中に持ち込み］、あるいは略奪した物を献げ物に混ぜ合わせることによって、あかたも彼らは神を略奪行為の共謀者とさせていたようではないか。

私たちは覚えておきましょう。ここの預言者の言葉において、強欲さ及び貪欲さが断罪されているだけではないのです。むしろ、かの大きな迷信が非難されているのです。すなわち、彼らはどこからでも略奪し、貧しい人たちから奪っていた。人から奪ったものを［神に］献げることが許されていると彼らは思っていたのか、略奪し

21　何気なく教会に来ているだけではないのか、何のために礼拝に集っているのか、我々にとっての警告でもある。
22　マタ21・13を参照。

た物の一部を神に献げておきながら、彼らは思い込んでいたのです。自分たちが裁かれることなく、［何もかも］自由なのだと。

しかし、こう問われるでしょうか？　イスラエルには聖なる「神殿」が存在しなかったはずなのに、どうして預言者は［神殿での］イスラエルの人々［の行い］を非難しているのか、と？（既に私が述べたことですが、）イスラエルの人々がそこで神を礼拝していると思い込んでいたところの諸々の神殿について、私たちは知っております。そこは汚れた狼の巣と化していました。そこは悪臭に包まれたところでした。略奪物を混ぜ合わせて、自分たちの不純な献げ物を献げていた彼らに対し、ここの言葉によって、預言者はかなり辛辣に批判しています。では、どのように［その辛辣さが預言者の言葉で表現されているのか］？　答えは簡単です。彼らの様子を見届けた預言者は、［ここの言葉において］自分たちが作った［偽りの］神と子供のように戯れている［者として彼らを辛辣に批判しつつ］彼らを嘲っているのです。そして私たちは――今日の教皇主義者たちの中に［当時の彼らと同じ］その姿を見出すのです。今日の教皇主義者たちは、聖なるものに汚れたものを調合したミサを提供している。その儀式において、彼らも当時のイスラエルの人々と同じように、［偽りの］神と戯れるのだ。本当に、教皇主義者たちが差し出すものといったら、嫌悪すべきもの以外の何ものでもありません。彼らのもとで、全き宗教はその品位を喪失しています。彼らは神に不義を行うことを止めようといたしません。［それどころか］彼らは神の御名を振りかざすのです。今日の教皇主義者たちこそ、当時のイスラエルの人々なのだ。当時のイスラエルの人々もまた、自分たちが神を礼拝していると告白していたのです。その彼らこそ、聖なるものの窃盗者だったのだ！確かに彼らは献げ物を献げていました。ただし、ベテルとダンの子牛に対して。彼らは神に侮辱を与えた者たちでした。神の御名を乱用し続けたのですから。彼らが犯したこの罪をこそ、ここの言葉で預言者は断罪しているのです。私が申し上げたことは、よく覚えておいてください。イスラエルの人々の盲目的な過信が厳しく責められているのです。自分たちには略奪が許されていると彼らは思い込んでいた。彼らは自分たちの神の礼拝を［守っていると」宣言していた。その結果、二倍の罪が生じた。申し上げたように、［汚れた行いを続けていた］彼らは神を自分たちの略奪行為の仲間に入れようとした［ことによって、罪を倍増させていたのだ］から。献げ物に彼らの汚れを混ぜ込ませて。

進みましょう。

9 しかし、彼らの前からアモリ人を滅ぼしたのはこの私だ。彼らは杉の木のように高く、樫の木のように強かったが、上は［梢の］実から、下はその根に至るまで私は滅ぼした。

10 あなたがたをエジプトの地から導き上り、四十年の間、荒れ野を行かせ（字義的には、あなたがたを彷徨い歩かせた）、アモリ人の地を得させたのも私だ。

11 私はあなたがたの子らの中から預言者を、若者の中からナジル人を立てた。イスラエルの子らよ、そうではないか？ と主は言われる。

12 しかし、あなたがたはナジル人に酒を飲ませ、預言者に、「預言するな」と命じた。

この言葉において、神は［ご自身の恵みに対する］イスラエルの人々の忘恩を訴えておられます。神は［彼らの先祖としての］昔のイスラエルの民に対する恵みを、［彼ら子孫に］思い出させておられるのです。そしてこの言葉において、この民がいかに醜く、かつ恥ずべき仕方で振る舞っているのか、そのことを神は告げ知らせておられるのです。彼らは神の祝福を忘れ、傲慢になって神を誹謗していました。彼らは［選ばれた民ではなく］他の国々の民と変わらぬ生活を送っていました。特別に神の子とさせられたその恩恵のゆえに、神と堅く結ばれているべきであったのに。要するに、神は嘆いておられるのです。ご自分が恩恵を授けたのは間違いであったと。そして、神はこの民の不信仰を責めておられます。彼らは聖なる者として生きてはいないと。［ここの言葉で語られているように」彼らは贖われた民であったはずなのにと。

最初にこう言われています。「彼らの前からアモリ人を滅ぼしたのは私だ」。この言葉において、神はこのように告げておられます。――「イスラエルの人々のために、予めアモリ人を追い払ったのは私であった。それなのに、イスラエルの人々はその恩を忘れ、自分たちの力でそうしたと考えている」。なにゆえアモリ人は滅んだのか？　それは、神がアモリ人の土地を［イスラエルの人々のために］清められるためでありました。そして、ご自分の民にその土地を賜わり、彼らが全き心をもって神を礼拝するためだったのです。よって、イスラエルの民は己の身を献げ、神に従わねばならなかったのです。しかし、この務めをイスラエルの民は果たしませんでした。アモリ人をその土地から追い出され、しかも完全にアモリ人を滅びに至らせられた神の［その土地でイスラエルの民にご自分を礼拝させるといった］御計画を、イスラエルの民は台無しにしてしまったのです。神はイスラエルの人々のために、［アモリ人から］奪い取られた土地を与えられました。イスラエルの人々がそこに住み、そして、ご自分の名を彼らが呼び求めることを願われて。けれども、彼らは［神の恵みに］相応しい民ではなかったのです。［ここの言葉で告げられていますところの、イスラエルの人々に対する］神の最初のお嘆き。それは、イスラエルの子らがアモリ人に比べて何ら優れてはいなかった、といったお嘆きなのです。ある別の箇所で、預言者たちはイスラエルの人々のことを「アモリ人」と呼んでおります。イスラエルの民は新しい民となるべきだった。しかし、彼らは［アモリ人のような］他の国々の民に倣ってしまった。だとしたら、他の国々の民の子孫と呼ばれるべき者だったのです。他の国々と何の違いがあったと言えるでしょうか？　むしろ、イスラエルの人々は他の国々の民の子孫と呼ばれるべき者だったのです。しかし、預言者はここの言葉において、［イスラエルの人々はアモリ人なのだ、といったような］厳しい表現［エゼ16・3］はしておりません。アモリ人と何ら変わらないではないか、とイスラエルの人々を非難しているだけなのです。イスラエルの人々は知っていたはずなのに。アモリ人が［神によってこそ］滅ぼされ、自分たちがそのアモリ人の代わりに土地を得、［その土地といった］遺産を受け継いだ者たちであることを。［けれども、イスラエルの人々はそのアモリ人と何ら変わらなかったのです。」

さらに、こう続けられています。――「高かったアモリ人を」、続いて、「強力であった彼らを」。これらの言葉で預言者が告げ知らせていますことは、アモリ人は人間の力によって征服されたのではない、ということです。つまり、神の奇蹟の力が働いていたということです。［ここの言葉から］私たちは学び知るのです。まるで巨人であったアモリ人は、イスラエルの民から大いに恐れられていたということを。ここ［の言葉］において、預言者は彼らの背の高さと、そして強さを語っています。それは、イスラエルの子らに悟らせるためなのです。彼らが自分の力によってアモリ人を打ち負かしたのではないということを。そして、かの土地が奇蹟によって与えられたものであるということを。なぜなら、イスラエルが立ち向かおうとした相手は、その姿をあえて目にしようとは思わないほどの巨人であったのですから。だからこそ、神ご自身が、ご自分の民の前に立ちはだかる杉と樫の木を打ち倒してくださったのです！　当然、イスラエルの人々は己の力を誇ることはできなかったはずです。己の力で戦いに勝利して敵を追い払い、その土地を征服したわけではなかったのですから。実に、アモリ人の征服は、格別なる神の恩恵によってなされたのです。「主があなたがたのために戦われる。あなたがたは静かにしていなさい」（出14・14）。主は何度もこのようにお告げになりました。主のこの御言葉が実現されることがなければ――イスラエルの人々は敵と立ち向かうことはできなかったはずなのです。

以上、預言者の忠告［の言葉］を理解できたことと思います。しかし、もう一度よく心に留めましょう。以前の［その土地の］所有者アモリ人よりも優れていたがゆえに、イスラエルの民がアモリ人の土地を手に入れたのではない、ということを。［アモリ人の征服の出来事は］神の御心によってなされたものだったのです。よって、イスラエルの民が奢り昂ぶる謂れはないのです。彼らに優れた点はありませんでした。ここの言葉から明らかなように、彼らは再三にわたって神に対する感謝を忘れてきたのです。彼らは気付きませんでした。自分たちに多大なる恩恵が示されていたことを。

［続いて］こう言われています。——「私は上は［梢の］実から、下はその根に至るまで滅ぼした」。この言葉において、神が今語られたこと——神が完膚なきまでアモリ人を滅ぼされたということ——が強調されています。神は次のように言っておられるのです。——「私は［地面の］下の根を抜き去り、［木の］上の実を無にした。すなわち、私はこの民の存在自体を消し去ったということだ」。アモリ人はこの［言葉で語られている］ような仕方で絶滅いたしました。けれども、イスラエルの人々が彼らに勝っていたわけではないのです。それどころか、彼らはアモリ人の代人となっただけで、アモリ人と同じでした。全く言葉になりません！ アモリ人に対する神の裁きはとても厳しいものでした。だとすれば、イスラエルの人々はより一層、神への感謝を抱くべきであったのです。しかし、目を塞ぎ、［聖書で語られている］父なる神の愛に満ち満ちた証しを無視してしまったとしたら、明らかに彼らは悪しき忘恩の民なのです。

続いてこう言われています。——「私はあなたがたをエジプトの地から導き上らせ、四十年の間、荒れ野を行かせ、アモリ人の地を得させた」。このように記されている事柄は、次の［ことを強調する］ために言及されています。——「神は奇蹟をもってこの民を贖い出された」。大抵の人間は神の寵愛を退けるものです。これは本当に、私たち人間が生まれ持った病なのだ。［深刻な病］だからこそ、預言者は［四十年といった］長い期間について記しているのです。逆に言えば、預言者は［神による］この民の贖いの御業を褒め称えているのです。預言者は言っています、エジプトの地から神が導き上らせ給うたと。イスラエルの人々は常に覚えておくべきだった。エジプトにおける自分［たちの祖先］の状況がどのようであったのかを。エジプトにおいて、彼らはいかに惨めに苦んでいたことか。［ここの言葉において］彼らの出エジプトの出来事が語られているとすれば、それと同時に、神は彼らに思い出させようとしておられるのです。エジプトにおいて、彼ら［の祖先］がいかに恥辱を受けていたのか、彼ら［祖先］の奴隷としての状態がいかに厳しいものであったのか、ということについて。かの太古の出来事に［心を留めることに］よって、彼らは謙遜になるべきだったし、信仰に対する熱意に拍車をかけねばならなかったはずです。それなのに、彼らは今、神に対して傲慢に振る舞っている。自分たちが贖われたことの思い出を、彼らは全く心に留めませんでした。彼らのこの悪徳に対して、預言者が立ち向かう。彼は［神に代わって］こう言っているのです。――「聞け！　この私が、あなたがたをエジプトの地から導き上らせたのだ。あなたがたはどういった存在だったのか？　あなたがたに優れた所はあったのか？　力は？　富は？　権力は？　あなたがたはエジプト人に苦しめられ、最も安い［値がつく］奴隷とさせられていたのだ。あなたがたの状態は恥辱に満ちていた。あなたがたは失われた存在だった。そのあなたがたを、この私が贖ったのだ！　しかし、この永遠に価する記憶、かくも偉大なる恩恵は、今［あなたがたによって］葬られてしまっているではないか！」

続いてこう言われています。――「私はあなたがたを導いて行かせ、以下」。この言葉において、預言者は荒れ野に言及しています。それは、イスラエルの人々に悟らせるためなのです。［今の］イスラエルの人々にとって相応しいことは、約束の地への入場口が神によって閉じられてしまうことだ、と。たとえアブラハムの遺産としての土地が彼らに約束されていたとしても。長きにわたり、主は彼ら［の祖先］を放浪させられました。しかしそれは、彼ら［の祖先］が可能な限り神を拒絶し続けていたことによっていたのです。そして、彼らが約束の土地を享受するのに相応しくない者へと逆戻りしたからなのです。さらに、「四十年間」といった言葉を用いることによって、預言者は遠回しにイスラエルの人々［の祖先］のことを非難しているのです。つまりです。神が［不信仰であった］彼らの足を遅らせ給うたということなのです。彼らをすぐに約束の地に入場させないために。［本来、約束の地まで歩くことは］それほど困難なことではありませんでした。神の恩恵を忘れていた彼らが、自分で［約束の地への］戸を塞いでしまうことがない限り。こういった意味でこそ、預言者はここで「四十年間」についで語っているのです。それから、神は荒れ野において様々な仕方でイスラエルの人々に対する愛を示されました。そして、神は彼らをご自分により一層近付けようとさせられてきました。しかし、彼らの不信仰な忘恩が、［神の］全ての寵愛を葬り去ってしまったのです。神は毎日彼らのために天からマナを降らせてくださいました。

乾いた岩から水を与えてくださいました。昼には雲の柱をもって、夜には火の柱をもって、彼らを導いてくださいました。神はどれほど彼らのことを忍耐してくださったことでしょう。神は何と寛大なるしるしを彼らに恵んでくださったことでしょう。この「四十年間」といった言葉を通して、預言者はイスラエルの人々に忠告しているのです。神のかくなる恩恵を悟るようにと。実に、荒れ野を四十年彷徨っていた彼らを神に結び付けていたのは、神の奇蹟の恩恵だったのですから。

さらにこう続いています。――「私はあなたがたの子らの中から預言者を、若者の中から、あるいは、強き者の中から（「「若者たち」と訳しました言葉は、「選ぶ」という意味のヘブライ語動詞に由来しますが」以前にも私が申し上げましたように、ヘブライ人は選ばれた人たちのことを「בחורים」と呼んでいます。いずれにしても）、若者の中から、あるいは青年の中から、『ナジル人』を起こした（あるいは、起こすために）。イスラエルの人々よ、そうではないか？」

「「そうではないか」と訳しましたところの」「אף」という言葉は、ある場合には単に断言のために、別の場合には誇張のために用いられる語です。「このことは真実でなかったのか、イスラエルの人々よ、と主は言われる」。ここで神は、「私がイスラエルの人々の中から預言者を立てたのではなかったか」と嘆かれております。預言者が立てられること。これは格別なる神の愛の証しでした。ご自分の民が預言者たちによって導かれることを神は望まれました。神ご自身が天から語られること、あるいは、天から天使を遣わされることは、さらに偉大なことであるでしょう。しかし、「主」ご自身が私たちのもとに降りてきてくださって、死すべき人間を用いられ、私たちの兄弟を神の聖霊による器として用いてくださるのです。そして、神は預言者たちの中に臨在され、預言者たちの口を通して私たちと語り合ってくださるのです。主がそれほどまで私たちに親しく接してくださって、ご自身を私たち「の基準」に合わせてくださるのです。この「ことが持つ」価値は、決して計り知ることができません。だからこそ、ここで主は言われるのです。「彼らの子らから預言者たちを立てた」と。しかし、イスラエルの人々はこう言い返すかもしれません――「律法をお授けになったのは神ご自身だ。そしてその際に、天は揺り動かされ、地は振動したのだ[23]［だが、あなたたち預言者が語っても、そういったしるしは起こらない。したがって、あなたたち預言者は神の言葉を語ってはいないのだ］」と。しかし、この［11節で語られている］言葉は［かつての律法の授与といった特別の時の恵みのことではなく］、日々の恵みについての言葉なのです。つまり、あたかも口から口へと語られるかのように、神は［親しげに］日々この民に語りかけようとしてこられた［と預言者は言いたい］のです。――人間を通して。「私はお前たちの子らの中から預言者を起こした」。この言葉はすなわちこういう意味です。――「私はあなたがたの中から天使たちを選び出した」。預言者とは、実に天の使者のようではありませんか。彼らの言葉に聞けと、神は命じられる。あたかも、神ご自身が預言者の姿をまとわ［れて言葉を語ら］れるかのように。神が私たちの中から天使を選び出してくださるとは、計り知れない恵みですよね？　それだけに、私たちはこの嘆きの言葉の中に、［神の］憤りを感じ取りましょう。主は言われます。――「主はご自分の民の中から預言者たちを選ばれた」。

さらに、「ナジル人」です。民数記六章[24]をご覧になれば、神がナジル人をお立てになった経緯について十分理解できるでしょう。それにしても、私たち［人間］にとって、最も難しいのは共通の掟に従うことです。なぜなら、人は常に真新しいことに熱中するものだからです。［最初は、新しい物事の］計画に始まり、［既存のものに］付加を与え、すなわち、［悪しき菌を混ぜてそれを］醗酵させていく。そういった仕方で、人は神の礼拝を腐敗させていくのです。誰でも皆、自分が人よりも優れている者となりたいもの。誰でも皆、［自分だけの］特別のものを求めようとするものなのです。よって、［全ての人に求められる］共通の律法［の範囲］を超えて、己の身を神に献げようとする人たちのために、主は「私の許しなくして、民はその人を誘惑してはならない」といった戒めを

23　出19・16―19を参照。
24　民6・1―8を参照。

特別に設けてくださいました。[25]［イスラエルの］全ての人が聖なる者でした。しかし、神に身を献げようとする人がいれば、その人は特別な規定を守ったのです。ぶどう酒を絶ち、髪を伸ばすといった規定を。つまり、私が先程指摘した［民数記の六章で記されるところの］儀式を、その人は守ったわけです。ここの［11節の］言葉において、神はイスラエルの人々に思い出させようとされています。清さ、正しさ、聖性を保つための神礼拝に関わる規定ならば、人はそれを決してやめさせてはならないということを。

この［預言者、ナジル人といった］二つのものに言及した後、アモスはこう問いかけています。――この「［預言者やナジル人をあなたがたの中から立たせる、といった］ことは正しかったのではないか？」この［預言者やナジル人を神がお立てになった、という］ことは十分明白なことでしたから、この［11節bの］問いかけは余計であったかもしれません。しかし、預言者は意味あってイスラエルの人々にそう問いかけているのです。つまり、「そうではなかったか？」と問いかけることによって、預言者はより熱心に、彼らの心に訴えようとしているのです。私たちとしても、よく知っている［と自分で思っている］ことを軽視しがちです。何と多くの人が、［本来は他の人から］聞かされるべきことを、不覚にも自分から語ってしまっていることでしょうか。それどころか、そういった人は、［本来聞くべきことを］心に少しも留めることなく、それを聞き逃してしまうのです。こういった鈍感さが、イスラエルの人々にあったのでした。彼らも異論なく真実として認めたことでしょう。主が彼らの子らの中から預言者をお立になられた、ということは。そして、前述したナジル人の独特な儀式に関しても、主がそれをお定めになった、ということは彼らも認めたことでしょう。しかし、［「そうではないか、と主は言われる」といった言葉が意味する］次のような言葉が付け加えられなければ、彼らは［神が預言者やナジル人をお立になったということを］嘲って見下してしまったことでしょう。――「イスラエルの人々よ、あなたがたは一体何を望んでいるのか？

25　カルヴァンはナジル人の規定をかなり否定的に捉えているのが聞き取れる。

あなたがたが私に従い続けるための私の命令を、あなたがたは全て怠っているではないか。あなたがたが［私に］従い続けようとするならば、今のその有様は何だ？　あなたがたの欲望は、あなたがたを［私とは］別の方向へと引き裂いているではないか？　［私の］軛を外し、私に対して傲慢に振る舞っているではないか？」

以上、預言者が［「そうではないか、と主は言われる」といった］この句を付け加えている理由について、私たちは理解できたと思います。つまり、イスラエルの人々はより厳しく心を突き刺される必要があったからなのです。そして、自分たちの罪が指摘されて、彼らが自分たちの罪を悟るためだったのです。

次にこう続きます。――「しかし、あなたがたはナジル人に酒を飲ませ、預言者に、『預言するな』と命じた」。この言葉において、神は彼らの礼拝を嘆いておられます。神がお立になった礼拝が、この民によって荒らされてしまったと。ナジル人にぶどう酒を飲ませることは、軽い侮辱に過ぎないと思われるかもしれません。なぜなら、神の国は飲んだり食べたりすることにはないのですから。[26]［アモスの時代には］パウロのこの言及は存在しなかったわけですが、しかし、パウロが言っていることは、全ての時代にも当てはまることなのです。だから、ナジル人にとっても、［誓願の期間中以外には］ぶどう酒をたしなむことは許されていました。[27]節制を保つ限りにおいて、その［ナジル人としての］務めを果たしていたのです。明白なことととして、自らの意思で節制を保つ証しとしてぶどう酒を差し控える、という限りにおいて、彼らにはぶどう酒が禁じられていたのに過ぎませんでした。[28]それはちょうど、「神殿に入る際の祭司は、ぶどう酒の類は飲んではならない」と神が律法で命じられたのと同じなのです。確かに、神はこういった儀式によってご自分が礼拝されることを望まれません。しかし、［ナジル人

26　一コリ8・8を参照。
27　民6・20を参照。サムソンなど、生涯ナジル人として禁欲的な生活を送ったナジル人もいた。カルヴァンの理解のように、ナジル人は終身制であったとも考えられるが、多くのナジル人は特定の期間中だけその規定を守っていたとも考えられる。
28　聖職者が生涯酒を飲んではならないといったことはない、と言おうとしているのか。

に関する規定といったような」この小さな事柄を通して神が示そうとされたことは、すなわち、祭司には普通の民衆よりも多くの節制が求められている、ということなのです。言ってみれば、彼らが神殿に入る際に、神は彼らを日常の生活の場から遠ざけようとされたのです。そう、祭司たちは神と民との間の仲介者でした。よって、彼らは特別な仕方でもって自分を献げなくてはなりませんでした。［預言者やナジル人に関する規定を考えるにあたって］私たちは今、そういった外的なしるしが祭司にも要求されていたことを学ばされます。実に、祭司には群衆よりも高い聖性が求められていたはずなのです。それと同じことがナジル人にも該当します。ナジル人も［普段は］ぶどう酒を飲むことができました。が、身を献げている間はぶどう酒を飲むことを慎みました。彼らとしても、自分たちが民衆の生活方式からは隔てられていたことを認識していたのです。またそれだけに、自分たちが神により近付くことが許されていることをも認識していました。

以上、ナジル人にぶどう酒の摂取が許されていなかったことの経緯については、もう理解できたことと思います。

ところが、哀れな教皇主義者たちは、この［ナジル人の］例を利用してしまうのです。つまり、彼らのかの迷信のために、愚かで分別を欠いた誓願［制度］を設け、彼らは外的な装いを導入するのです。教皇主義者たちが［自由勝手に］命名するところのこれらのものは、神への敬いを全く伴ってはおりません。神はナジル人の掟に従った習慣を、御言葉をもって聖なるものと位置付けられ、そしてそれを良しとしてくださいました。一方の教皇主義者たちは、修道士らが披露する誓願といった愚かな儀式――それらによって、彼らは［偽りの］神と戯れるのですが――を正当化しております。ですが、私たちは知っているのです。ナジル人と教皇主義修道士らとの間には、大きな違いがあるということを。修道士たちは生涯独身であることを神に誓います。別の一派は、一生の間、肉を食べないことを誓います。こういったことが、愚かにかつ軽率に行われているのです。これらのつまらぬことの中に、神への礼拝が存在すると彼らは思い込んでいるのです。彼らは己の力量を超えたものを約束してしまう。彼らは結婚を拒みます。自分に貞節の賜物が備わっているのかどうか、よく考えようともせずに。彼らは一生にかけて肉を断とうとしますが、そのことを通して、彼らは何らかの神礼拝に携わろうと志すがゆえに、そのことはより一層愚かな行為となってしまうのです。こういったことを固持する彼らの姿に、私はただ驚くばかりです。ぶどう酒を断っている教皇主義者たちの中には、聖なる者は一人もいないはずなのに。カルトゥジオ修道士[30]を始めとして、聖職に就くその他の修道士たちは、肉の摂取を慎むことによって裁きが下されることでしょう。なぜなら、［肉の代わりにと］彼らは甘い物ないし強い酒を寵愛するからです。その姿はまるで、［肉を食べられないことの］損害と喪失の埋め合わせをしているかのようではありませんか。彼らは肉を断つ誓いを神に立てるのですが、その一方で、最上のぶどう酒の確保に努めるのです。こういったことは、非常に馬鹿げたことです。その他いろいろありますが、私が先程述べたことを覚えていただければもう十分でしょう。つまり［教皇主義者とは違って］ナジル人は、神が御言葉によって承認され良しとされた［聖書の］掟以外のことを実践してはいなかった、ということなのです。

さて、ナジル人に酒を強要していたイスラエルの人々を、主は大変厳しく非難されています。だとしたら、私たちが大切な神の掟に背くとすれば、一体どういうことになるでしょうか？　ナジル人にぶどう酒を飲ませるといったようなことは、まだ小さな罪なのかもしれません。もしイスラエルの人々が放蕩に耽ったり、盗みに走ったり、あるいは、自分の兄弟に対し不正を働いたり、あるいは、何らかの偽りの誓いを果たしたりしていたのならば、彼らにはもっと厳しい非難が待っていたことでしょう。しかし、ここで預言者は、彼らがぶどう酒を［ナジル人に］飲ませていた、といった［小さな罪と言えるような］ことを大きく嘆いてやみません。言い換えれば、霊的な神礼拝を私たちが荒らす時、私たちはさらに大きな罪を犯すことになってしまうのです。神が［最も］求

29　一コリ7・7を参照。
30　十一世紀に始まる修道会の一つ。隠遁生活と共同生活の中で、神との瞑想的合一を目指す。

めておられるのは、私たちがなす霊的な礼拝です。たとえば、聖礼典を軽んじたり、神の聖なる御名を呼び求めることを疎かにしたり、神の御言葉を嘲ったりすれば、非常に大切な信仰に関わる条項に違反することになります。その際、私たちはほとんど弁解の機会を失ってしまいます。こういうわけですので、ここでイスラエルの人々を非難する預言者の言葉――彼らはナジル人にぶどう酒を飲ませようとしていた［といった小さな罪］――に注意を払うことから始めたいものです。

さらにこう続きます。――「預言者たちに、『預言するな』と命じた」。正確に言えば、預言者たちは語ることを［公に］禁じられたことはありませんでした。しかし、神の僕として［語る］自由を剥奪され、純粋に語らねばならぬことの教育が禁じられ、あるいは反対に、［上の人から］命じられたことだけを語るならば、預言者たちの教えが完全に拒まれていたのと同じことなのです。イスラエルの人々は、自分たちの所に預言者が生活することは喜んでいました。それでいて、預言者たちがあからさまに［自分たちを］非難することには耐えられなかったのです。神の礼拝を汚していた彼らの生活は、完全に荒廃していました。預言者たちはその彼らの様子を厳しく責め立てたのですが、預言者たちの率直に語る様が、イスラエルの人々には我慢できなかったのです。彼らが願っていましたことは、自分たちが大目に見られることであり、そして、［預言者たちに］媚びへつらわれることだった。こういった状況の中で、預言者［アモス］が非難の言葉を［率直に］語っています。――「あなたがたは、［我々］預言者たちが自由かつ正直に、神が命じられるがままに語ることを禁じようとする」。すなわち、「彼らは預言者たちに対し、『預言するな』と命じた」のでした。

今日においても、この悪が世に蔓延しています。主の言葉を拒絶するとは、何たる恐れを知らぬ大胆さか！とはいえ、たとえ不信仰者であっても、彼らは主の言葉に聞くことを公然と断ることはしていません。しかし、神が彼らを支配されることのないようにと、彼らは［自分と神との］間に緩衝物を置こうとしているのです。彼らは［預言者たちに臨む］聖霊に制限を加えようとしていました。しかも、自ら進んでそうしていたのです。預言者たちよ、あなたがたは次のような契約を守って語りなさいと。――「聞きなさい！　我々は喜んであなたに何でも語らせてあげよう。けれど我々に厳しく当たるのは許さない。そうすることは絶対にだめだよ」。今日の教皇主義者たちによって、預言を語る自由が大きな圧力を受けています。私たちの近くにも、神の僕に対して様々な[間違った]教えを課し、神の僕がそれらの[間違った]教えに違反しないようにと要求してくる人たちが、たくさんいるのではありませんか？　しかし、私たちは預言者が語ることによく聞きましょう。自由な教えが禁じられる所では、神の言葉が拒絶されているのだと[預言者アモスはここ11節で言っているのです]。人間は自分が媚びへつらわれることを求めるもの。そして、自分の罪が覆い隠されることを望むものなのです。率直な勧告に耐えられないのです。

　預言者が用いている命令語句にも注目せねばなりません。「צוה」は「命ずる」「指図する」、あるいは、[行政を司る人たちからの]公の命令によって「定める」、という意味を持っています。預言者に対し不平不満を繰り返す人たちは[民衆の中にも]たくさんいました。それはいつの時代でもそうなのです。しかし、[ここの言葉において]預言者[アモス]はそういった人たちのことを嘆いているのではありません。むしろ、この預言者が断罪するのは、高官たちの厚かましさなのです。彼らは厚かましくも預言者たちに対して忠告し、その活動を制し、自由に教える権利を封じたのです。そういったことは、今日の私たち[の時代]においてもなされています。不信仰者は[宣教者たちによって]罪を厳しく批判された際に、彼らは酒飲み場や暗い界隈で騒ぎ立てます。それだけに収まりません。彼らは公の前に姿を現し、文句を言うのです。宣教者たちの言論の権利は大きすぎるのではないか、と。そして、宣教者たちはもっと控えめに語るべきだとの屁理屈を絞り出すのです。こういった冒瀆的行為を、ここ[の言葉]において、預言者は叱りつけております。彼はこう言っています。――「不信仰な者たちは、預言者たちに対し、預言するなと命じた」。彼らは[自分勝手な]掟を定め、取り決めを設けようとしていたのです。預言者たちは自由かつ正直に語るべきではない、といった取り決めを。

先に続きます。

13 見よ、[麦]束を（つまり、多くの[麦]束で）満載にした荷馬車が抑えられているように、私はあなたがたの所で苦しんでいる（あるいは、苦しめられている、あるいは、抑えつけられている、あるいは、抑えつけている）。

「[抑えられて]」と訳しました「עיק」といったヘブライ語は、他動詞としても用いられます。ですが、[自動詞としても他動詞としても]同じ形で[用いられま]す。[31] よって、ここの箇所では、二通りの解釈が成り立ちます。つまり、[自動詞として捉える場合]神がイスラエルの下で抑えつけられてしまっておられる状態です。まるで、荷馬車が重い荷物の下できしんで[ギシギシ]音を立てている、といったような感じで。この場合、ちょうどイザヤの語り方と同じです。神はイザヤを通して次のように嘆かれております。——「私はイスラエルの人々によって、荷を負わせられている。あなたがたは、あなたがたの罪を私に負わせようとしている」。[32] この意味、つまり、神が彼らの[罪といった重荷の]下に抑えつけられている、といった意味は決して間違いではありません。それにもかかわらず、もう一つの意見の方が、より多くの人たちに採用されているのです。つまり[それは他動詞として捉える場合のことですが]、「見よ！　私はあなたがたを抑えつけてしまおう。荷馬車に重い重荷を背負わせるように」といった解釈です。しかし、私は最初の意味の方がよいと思います。ここ[の言葉]において、神がイスラエルの人々に対して責めておられるのは、ご自分が彼らによって荷を負わせられている、ということなのです。

31　厳密には、「עיק」の使役形分詞「מעיק」が13節に用いられている。「עיק」は自動詞として「よろめく」という意味と、他動詞として「よろめかせる」の二通りの意味を持つ。

32　イザ1・14を参照。

です。その根拠は、「תחתיכם」という語にあります。この語は、正確には「あなたがたの下で」という意味です。ある人たちは、この語を「あなたがたがその下にいる場所を」と強引に訳し変えています。この彼らの解釈によれば――［「תחת」を］他動詞として捉える場合、［その目的語に該当する］この「תחתיכם」という語は、「あなたがたの下にいる場所を」という意味に取らなくてはならないのだそうです。しかし、この訳し方は強引かつ面白味に欠けています。(33) 一方、私が申し上げたように、「見よ、あなたがたは麦束を満載にした荷馬車のようだ。そのあなたがたの下に、私は抑えつけられている」とすれば、すなわち、「あなたがたは私にとって耐え難い」という意味に取れば、文脈の流れが最もよくなるでしょう。なぜなら、神こそがこの民を背に負われているのですから！ ですが、彼らは不義といった重荷を神に負わせていたのです。「彼らは荷馬車のようである」と言われていますが、まさにその通りだったのです。しかも、彼らは麦束を満載した［ことによってさらに重くなった］荷馬車だったのです。［預言者はこう言っているのです。］――「風のように［中身のない］軽い者であるあなたがたであるが、それでも私にとって、あなたがたは余りに重い。だから私はあなたがたを振り落とさねばならないのだ。次の［14―16節の］言葉に語られているような仕方で」。

祈り

全能の神よ、あなたは独り子の血によって、私たちを贖ってくださいました。それだけでなく、私たちの地上の旅路において、あなたは私たちを導いてくださり、私たちに必要なものを与えてくださいます。主よ、あなたのかくも大きな恵みについて、私たちが忘れることなく、背を向けることなく、自らの罪深い欲望の後を彷徨い歩くこともなく、あなたに結ばれ、あなたに従い続けることができますように。私たちは自らの罪によ

33　この辺のカルヴァンの解釈は、『アモス書講義』の中で、おそらく最も難解な箇所である。ヘブライ語の自他動詞の区別を日本語で明確に訳し分けるのは難しい。カルヴァンのラテン語訳でも自他動詞は相関的に訳されている。

ってあなたを煩わせることなく、喜んであなたに対する全き従順に身を献げることができますように。そして、あなたの御名を崇め、御子の血によって約束された祝福に満ちた御国へと、あなたが私たちを招いてくださるその日まで、この体と心とをもって、あなた［の御名］を身に帯びさせてくださいますように、アーメン！

14 素早い者も逃げきれず、強い者もその力を振るえず、勇者も自分の命を救えない（あるいは、自由にできない）。

15 弓を引く者も立っていることができず、足の速い者も助からず、馬に乗る者の命も助からない。

16 勇者の中の屈強な者も、その日には裸で逃げる、と主は言われる。

昨日説明いたしましたのは――預言者は神の名のもとに言った。「この民はあたかも重く煩わしき重荷のようだ。あたかも、麦束を満載した荷馬車のようではないか」――といった言葉の解釈についてでした。この預言者の言葉は解釈者たちによって様々に説明されていると、私は述べたことと思います。とりわけ、神が［麦束を］満載した荷馬車としてご自身を譬えられて、そして、その下で民が押し潰されている、といった［ように理解する解釈者たちの］解釈について述べました。彼らは［「מעיק」という］一つの語に関して、［一方では］他動詞[34]として捉え、［もう一方では、自動詞でも他動詞でも］どちらの場合も考えられる、といった二通りの仕方で考えますが、そうする必要はどこにもありません。また、［他動詞か否か、といったような］彼らの比較作業は、十分納得のいくものではありません。さらに、「תחתיכם」という語を、「あなたがたがその下にいる場所を」と［目的語として］

34　原文では「active」、すなわち「能動形・他動詞」である。前日の講義の「他動詞（transitivum）」の言い換えだと思われる。前述の通り、極めて分かりにくい箇所であるので、混乱を避けるため、訳者の理解に基づき「他動詞」と訳した。

置き換えるより――それは強引です――も、私が述べた解釈――神が民を背負われ、［重い］民の下に抑えつけられ、そしてそのことを神が嘆いておられる――の方が［テキストの流れに］一致します。預言者［のここの言葉］の主旨は、神のお嘆きにあると考えれば、最も意味がよく通ります。人間は風のように軽い［存在である］者なのに、それにもかかわらず、煩わし［く、そして重々し］い者であることを神が御覧になられるとすれば、［神にとって］この民の重荷はさらに重く［お感じに］なるのではありませんか。

こうして、預言者は彼らに相応しい裁きを告げ知らせます。預言者は最初に言っています。――「素早い者も逃げきれず」。つまり、素早く逃げることによって身を救える人はいない、ということです。また、強い者が戦いによって自分の身を救うこともない。［勇者といった言葉によって］敵に反撃し、敵の攻撃を跳ね返す、といったような力が強調されているのですが、しかしその日には、強い者が戦ってみても無駄なのです。さらに――「勇者も自分の命を救えない。弓を引く者も立ってはいられない」。弓で武装した人は、遠くの敵を蹴散らすことができます。そういった人でさえも、［その日には］立ってはいられないのです。「足の速い者も助からず、馬に乗る者の命も助からない」。足の速い者であれ、馬に乗る者であれ、素早さによっては死から逃れることはできない。さらにさらに、勇者の中で［格別に］心が雄々しい者であったとしても、「裸で逃げる」。命だけで精一杯であり、自分の救いだけを思い、他は顧みる余裕がない。

以上のような預言者の言葉が示すことは、この民に迫り来る災いが、いかに大きいものであるか、といったことなのです。もしそれを回避することができる人がいれば、それは奇蹟による以外の何ものでもない、といったように。

皆様はもう理解できているでしょう。この［イスラエルの］民に対して、預言者は最初［の6節］から非常に厳しく当たっています。この民の余りの頑なさについて、預言者は十分気付いていました。実に、彼らに対し、預言者はかくも厳しい攻撃の手を最初から緩めませんでした。なぜならそれは、彼らが長きにわたって反抗を繰り返し、忠告であれ警告であれ、彼らはそれに全く耳を傾けようとはしなかったからなのです。彼らに対し言葉を宣べ伝えたのは、アモスが最初の人ではありませんでした。ですが、アモスがその姿を［彼らの前に］現わすその時まで、イスラエルの人々は日増しに頑なになり続けていたのです、全ての警告［の言葉］に対して。だからこそ、アモスは断固とした態度に出ざるを得ませんでした。しかしそれは、神が人に対して、それぞれの人の状態に応じた扱いをなされるのに彼が倣ったままです。さあ――三章です。

第三章

1 イスラエルの子らよ、主があなたがたに語られた言葉を聞け。エジプトの地から私が導き上った（あるいは、私が上らせた）全ての氏族に語られたこの言葉を、と主は言われる。
2 地上の全ての氏族の中から、私が知っているのはあなたがただけだ。それゆえ、私は全ての罪のゆえに、あなたがたを罰する。

この言葉によって、預言者は自分自身の威厳を高めようとしたのに違いありません。しかしそれは、自分の教えが愚弄されていたのに気付いていたからなのです。彼がここで告げ知らせた御言葉は、彼自身、これまでも一度ならず頻繁に繰り返し語ってきたことでしょう。この民の傲慢さと過信は、何と巨大であったことでしょうか。よって、彼らは打ち砕かれる必要がありました。打ち砕かれて、神が預言者を通して非難される言葉に聞き、畏れを抱けるようにならねばならなかったのです。

預言者は告げます。――「イスラエルの子らよ、主があなたがたに語られたこの言葉を聞け」。この言い方は、［預言者たちによって］よく用いられた語り方でした。この［1節の］言葉では、［「主」といった］神の御名が告げられています。つまり、彼らは悟らねばなりません。自分たちは死すべき人間を前にしているのではなく、羊飼い――アモスは羊飼いでした――を相手にしているのでもないということを。預言者の教え［の威厳］を高めるため、と今私は言いましたが、しかしそれは、この民が［神ご自身の御教えに対し］より大きな畏れを抱くようになるためだったのです。続いてこうあります。――「私がエジプトの地から導き上った全ての氏族に対して」。

確かなこととして、［「イスラエルの子らよ」と呼びかける］この御言葉は十の諸部族以外の人たちには向けられてはいません。それならば、なぜ預言者はこのように［「全ての氏族」といった］包括的な呼び方をしているのでしょうか？　その理由はこうです。つまり、アブラハムの子孫の大半を占めていたのが、［北］イスラエル王国だったからなのです［よって、ここでは「全ての氏族」と言われているのです］。しかし、そのことを理由に、イスラエルの人々と言えば、神の子の身分は自分たちだけにあると自慢していたのです。彼らはいつも数の多さを口にし、ユダ族を軽蔑し、そしてベニヤミン族の半分――彼らはユダ族に併合されていました――を軽蔑してもいました。ここで語られている言葉において、確かに預言者も［彼らの言い分を］認めています。［北］イスラエル王国は祝福された氏族であり、彼らはアブラハムの子孫であり、選ばれた民であると。神が彼らをエジプトから贖われたのだからと。よって、ここ［1節］で呼びかける相手として、預言者はユダ王国については意識しておりません。さらに、預言者はイスラエルの人々が自慢していた通りのことを承認してさえいるのです。彼らが選ばれた民であり、アブラハムの聖なる子孫であり、奇蹟によって贖われた民であると。確かに、彼らの自慢話は聞く価値があります。にもかかわらず、あるいは、たとえ彼らが選ばれた民であったとしても――神は彼らに対する裁きの執行を見送られることはない［と預言者は言いたいのです］。

　預言者の忠告は以上のように理解されます。つまり、この［1節の］言葉において、預言者は［先ず］自分が語る教えに対する威信を獲得しようとしている。その後に、彼は自らの言葉によって［彼らの罪を］告発します。とはいえ、預言者は自分自身［の考え］を伝えようとしたのではありません。むしろ、彼は自分に課せられた務めを忠実に果たそうとしただけなのです。彼自身は聖霊の器［に過ぎません］でした。彼は決して自分の思いを宣べ伝えているのではありません。主が命じられるがままに語っているだけなのです。かくして、イスラエルの人々は数の多さを確信していたがゆえに、預言者から厳しく非難されてしまった。そして、彼に非難された際に、イスラエル王国とユダ王国との間には、倒錯した競争心といったものが存在していましたから、彼らはなおさら自分たちに不正がなされたと思ってしまったのです。預言者は彼らの愚かな奢り［の中身］を認めてはいますが、しかし、自分たちの数の多さを頼りにしても無駄なのだ、と彼らに告げているのです。なぜなら、神は既に裁きの座に召し出されているからです、選ばれた民を。聖なる種族、贖われた民であった彼らを。

以上が［1節の］要点です。

続いて預言者は、自分が［告げるように神から］命じられたことを告げます。――「地上の全ての氏族の中から私が知っているのは、あなたがただけだ。それゆえ、私はその全ての罪のゆえに、あなたがたを罰する」。多くの人たちの考えによれば、この［2節の］言葉においても、預言者はなお、イスラエルの人々が常に誇っていたところのものを承認しているのだそうです。つまり［彼らの考えによれば］、主がイスラエルの人々をお選びになったがゆえに、イスラエルの人々はあらゆる人間の秩序から選び出された［特別な］民であった、と預言者はそのように承認しているのだそうです。ですが、私はむしろ、この［2節の］言葉は、彼らに対する紛れもない非難の言葉であると思います。と同時に、この言葉においては、神の恵みも告げ知らされているのだと私は思います。

昨日も同じようなことを私たちは学びました。つまり、ここで預言者はこの民の罪を強調しているのです。その罪とは、かくも寛大に憐れみ深く彼らを扱われた神に対し、彼らが最悪な損害をもって報いたところの罪でした。預言者はこう言っているのです。――「私が選んだのは、あなたがただけだ」。確かにそうです。また、私たちが別の箇所でもしばしば確認することですが、イスラエルの人々が神の特権に与っていたことは事実なのです。けれども［2節において］、預言者はそのことを［1節に続いて］再び承認しているのではないと思われるのです。むしろ、［2節において］神は彼らのことを［ただただ］嘆いておられるだけなのです。［神の特権に与っていたがゆえに］なおさら忘恩［の民］であった彼らのことを。こう言われているのです。――「ただあなたがたのことだけを、私は知っていた」。実に、神のご配慮は全人類に及んでおります。牛であっても、ロバであっても、そう、小さな雀であっても。カラスの子でさえも、神を慕い求めるものなのです。全ての小鳥が神によって養われております。実に、神の摂理は全ての生き物に及んでいます。しかし、その割合は各々別なのです。神は全ての人を心に留められ、しかも常にそうされ、生きるために必要な御糧を与えてくださいます。神は毎日のように、［今日まで］人間のために太陽を昇らせてきてくださいました。大地が実りを運ぶことを神は手配してこられましたし、生きるために必要な限り、御父は人間のためにお働きになってきてくださったのです。ですが、イスラエルの人々を他の民から分かち、彼らをご自分の家族のように扱ってくださった、という点において、神は選ばれた民を「知って」おられます。イスラエルの人々は「知られている」と言われています。しかしそれは、神の選びの恩恵に与ったのが、彼らだけだったからなのです。神は彼らを［ご自分の］特別な民にすることを望まれました。預言者がここで語っているのは、そういった意味での「知る」なのです。

一方、「あなたがただけだ」と言われております。つまり、［「単に」を意味する］「רק」という言葉によって、彼らが神の特別な恵みによって選ばれたことが示されています。アブラハムの子孫とその他の民との間には、両者を見比べたとしても、何ら区別はありません。もちろん、神の選びを抜きにしての場合ですが。かりにイスラエルの民に何らかの優れた点、あるいは功績があったとしたら、彼らが次のように反論しても当然でした。――「我々は選ばれた民だ。だが、ゆえあっての選ばれた民なのだ。我々の価値を神が認められたこそなのだ」。そうではありません。イスラエルの民は他の民と何も変わりませんでした。本性に関するものは全て、他の民と同じ状態でした。だからこそ、主は彼らのことを非難されるのです。「私が知っているのは、あなたがただけだ」と。これを言い換えれば、主はこう言われているのです。――「あなたがたが私の特別の民であり、私の嗣業の民であるのは、あなたがたよ、どうしてなのか？　あなたがたの功績のゆえなのか？　他の民よりもあなたがたに私が愛着を持っていたからなのか？　いや、無償の選びであったはずだ。あなたがたとしてもそれを否定できまい。だとすれば、［逆に］あなたがたは［他の民］より一層私に対して頑なであるということなのだ。恩を仇で返すような忘恩のあなたがたは、決して赦されないということなのだ」。パウロも言っています。——「あなたを他の者たちよりも優れた者としたのは、誰なのですか?」(一コリ4・7)この言葉でパウロが告げようとしたことは、人間が持つ優れたものは何であれ、神からいただいたものとして受け取らねばならない、ということなのです。ここ［の預言者の言葉］も同様です。「地上の全ての部族の中から私が選び、そして知っているのは、あなたがただけだ」。［この言葉を言い換えれば］——「あなたがたはどのような存在であったのか? 他の民と同じく、あなたがたもアダムの子孫ではなかったのか? 全ての民が等しくアダムの子孫なのだ。だから、［あなたがたは他の民よりも優れていた、といったような］何らかの前もった規準に従って、私はあなたがたを選ばずにはいられなかったのだ、といったようには考えてはならない。私はあなたがたを、いや、あなたがただけを、我が自由の意思によって選んだのだ」。実に、神の自由の選びは、恵みが増すためだったのです! だとすれば、逆に彼らの忘恩がより目立つというもの。ここの言葉において、かりに神が［全ての民に対する］ご自身の普遍的な恵みについて告げられたのだとすれば、その時は、選ばれた民の罪もまた、少しは和らげられたことでしょう。しかし、「あなたがただけを選んだ」と言われているのです。他の民は顧みられることはありませんでした。だとすれば、イスラエルの民はより一層不信仰となるはずだし、彼らの罪はより醜さを増していったはずです。［神に知られている］彼らは神を知ることなく、全てを与えてくださった神に身を全く献げなかったのですから。

多くの民の中で、神はただイスラエルの人々だけを知っておられる。——この点において、神の真心の賜物が更に一層輝きを放っております。かりにですが、もし神が人に何かを負っておられるのだとすれば、神は［その人のものであるはずの］それを自分のものとして横取りされることはありません。［一方のイスラエルの人々は、神のものであるはずの聖なるものを、自分たちのものとして盗んでいたわけですが］神はそのようなことを断じてされません。また、神は［イスラエル以外の］他の全ての民を拒まれたわけですが、その結果、彼らは拒絶されることになりました。つまり、神は彼らと［契約］関係を持とうとはされなかったということです。だとすれば、何を理由にして、神はイスラエルの人々を選ばれたのか？〔神の格別な恵みによるのです。〕〔選ばれた〕一つの民とその他の民とを比べてみれば、〔イスラエルの人々に対する〕神の崇高にして格別なる恵みについて、私たちは悟ることができるのです。さらに、「地上の全ての部族の中から」といった言い方がなされているのも、神の格別なる恵みを思ってのことなのです。神は次のように言われたのです。――「世には多くの民が存在するし、本当に沢山の人間が存在する。〔あなたがたを含めて〕全ての民が無に等しいものであったが、私はあなたがたを〔特別に〕私の保護のもとに置いた。全ての人間は私のものである。〔あなたがたは元々数の少ない民であったが〕少ない数だからといって、それは問題ではなかったのだ。[1]私は全き恩恵によって、あなたがたを選んだ。あなたがたの中に、他の民と比べて秀でた点は何もなかった。また、彼らにとってしても、〔彼らも罪人なのだから〕自分たちが不正な仕方で私に拒まれたと言えるものではなかった。逆に、私の〔自由な〕意思によって、彼らではなく、あなたがただけを選んだのだとすれば――私があなたがたに何かを負っていたのではないこと〔すなわち、あなたがたを保護のもとに置き続けなければならない、といった義務は私にないこと〕は、十分明らかではないか〔よって、もはや私はあなたがたを見放すのだ〕」。このように理解すれば、預言者のここの言葉が何のために語られているのか、私たちは理解できることでしょう。

さらに、こう続きます。――「それゆえ、私はその全ての罪のゆえに、あなたがたを罰する」。この言葉によって、イスラエルの人々を見舞う裁きについて、神が告げ知らせておられるのです。しかしそれは、かくも偉大な恩恵に対して、彼らが恩を感ずることなく、神に応えることもなかったからです。それどころか、彼らは神の恵みの軽蔑を企み、〔実際〕全ての賜物の所有者であられた神を軽んじたからなのです。イスラエルの人々は、かくも特別にして、かくも大きな恩恵に対し、恩を負っていたはずでした。にもかかわらず、彼らは神に応える

1　申7・7を参照。

ことはありませんでした。むしろ、他の民と変わらぬ悪徳に染まっていました。預言者が［ここ2節で］告げていますのは、その彼らに相応しい重い罰、すなわち、差し迫った神による裁きについてなのです。

以上が［ここ1―2節の］趣旨です。先に続けましょう。

3 二人の者が打ち合わせもしないのに、一緒に歩くだろうか？

4 獅子が獲物もないのに、森の中でほえるだろうか？　何も捕らえていないのに、獅子がその住みか（あるいは、巣窟）から声をとどろかせるだろうか（あるいは、若獅子が発するだろうか、あるいは、放つだろうか）？

5 仕掛けがないのに（直訳すれば、「そして、そのための仕掛けがないのに」）、鳥が地上の網に降りてくるだろうか？　獲物がかかる前に（直訳すれば、「そして、捕えるものが捕えていないのに」。しかし、私は預言者の言葉をこのように訳しました。）、仕掛けが地面から跳ね上がるだろうか？

6 町で角笛が吹き鳴らされたなら、人々はおののかないだろうか？　町に災いが起こったら、それは主がなされたことではないか？

7 なぜなら（あるいは、まことに）、主なる神は、ご自分の僕である預言者にその秘密を示さずには、何事もなされない。

8 獅子がほえる。誰が恐れずにいられよう？　主なる神が語られる。誰が預言せずにいられよう？

ここで預言者は、様々な比喩(2)を用いています。これら［の比喩］は以下の五つに分けることができるでしょう。

2　similitudines.

［先に五つそれぞれの比喩の要点だけを述べるとすれば］預言者は第一に、自分は無駄吠えをしているのではない、と告げております。むしろ、自分は神の権威に基づいており、神から推薦を受けた者あるいは証人である、と告げております。以上が、第一番目［の比喩］です。続いて預言者が告げている［第二］の［比喩］は、神のご意志に基づく掟の違反者に対して、差し迫った罰の告知についてであります。しかし、罰の告知は、イスラエルの人々を［裁きの到来よりも］先に悔い改めさせるためなのです。預言者は理由もなく叫んでいるのではありません。無分別な人が空しきことをわめき散らすのと違うのです。確かに、預言者は怒りに駆り立てられておりますが、それはゆえあってのことなのです。預言者たちを通して、人は［神の裁きに対する］恐れを抱くことができるのですから。第三［の比喩］として、預言者は教えています。何事も偶然によって起こるのではないのだ、と。そしてそれは、イスラエルの人々がそのことに気付き、［差し迫った］神の裁きに目を向けるようになるためなのです。第四［の比喩］として預言者が告げていますことは、神が発せられた警告を聞いても心が動かされないような、完全なる愚か者についてであります。第五に示されていますことは、彼らに対する裁きが、既に準備を整えられている、といったことであります。神が語られるのならば、どうしてそ［の神］の警告を［自分は］語らずにいられるだろうか、あたかも［命令された］子供たちが恐れ［それに従わざ］る［を得ない］ように、と預言者は締めくくっています。

以上の五つ［の比喩］について、この後、順を追って見ていきましょう。

［順を追って見るその前に］一方で、こういった［五つ全ての比喩の］言葉を通して、預言者は前章で語ったことを［もう一度］断言しているのです。つまり、神はイスラエルの人々に突然罰をもたらされるのではない、ということをです。癒し難い人たちであった彼らを、神はむしろ悔い改めへと招かれていたのですから。ところでこ

3　二コリ10・18を参照。

の預言者は、以前にはより誇張した言い方をもってして、こう語ったのでした。――「三つの罪、四つの罪のゆえに、私は決して容赦しない」。[4] 対してここ〔3・3―8節〕では、預言者は次のような言い方でもって、イスラエルの民に注意を喚起しています。――「聞け！　イスラエルの子らよ！　二人の者が打ち合わせもしないのに、一緒に歩くだろうか？」　こういったような〔注意を喚起させる言い方の〕言葉によって、預言者は次のように教えています。――「神は思いもよらぬ時に、あるいは今すぐにでも、あなたがたを裁きの座へと召喚することがおできになる。しかし、神は〔すぐには〕裁かれず、裁きを留保することもおできになるのだ。〔神が裁きを留保しておられるとすれば〕あなたがたが悔い改めるために〔だ〕。あなたがたが完全に絶望的な状態でなければ〔あなたがたにはそれができるはずだ〕」。このように、アモスは〔以前にも告げた〕次の考え――神は〔罪に満ちたイスラエルの人々に〕相応しい仕方で彼らを罰することがおできになったけれども、しかし、神は彼らを罰せられることなく、彼らの中に悔い改めの望みがあるのかどうか、神は試しておられる――を主張しています。

では、最初の比喩を見てみましょう。こう尋ねられています。――「同意もなしに、二人の者が一緒に歩くだろうか」。ある人たちは、この預言者の言葉を強引にねじ曲げています。自分たちの欲望を追い求めて我が儘に駆け回る彼らを御覧になったから「神はこの民から退かざるを得なかった」。つまり、彼らの見解に従えば、〔ここの言葉は〕こういう意味なのです。――「あなたがたは、私があなたがたと共に歩くのを望んでいるのか？」　さらにこれを言い換えれば、次のようになります。――「あなたがたの所に、私の祝福が留まるのをあなたがたは望んでいるのか？　あなたがたの祖先に対する私の愛を、これまでのようにあなたがたに〔これからも〕注ぐことを、あなたがたは望むのか？　あなたがたを私が寛大に扱うことを、あなたがたは望んでいるのか？　〔望んでいるのならば〕なぜ私と共に歩こうとしないのか？　私とあなたが

4　アモ2・6。

たとの間に一致がないからではないのか？　なぜ私に応えようとしない？　この私は、あなたがたと共に歩く用意があるのに」。お分かりになるかと思いますが、こういった解釈はとても強引です。そこで、別の次の二つの解釈が残されることになります。ここの預言者の言葉の一つ目の解釈としては――神の僕たちは、あたかも一つの口を持っているかのようにイスラエルの人々に警告する。その言葉は地に落ちることはない。次に二つ目の解釈としては――預言者［アモス］によって語られる言葉は、神だけでなく、［その他の］預言者たち［が語った言葉］とも一致する――となります。以上の二つの解釈が残されているわけです。後者の解釈は曖昧なので、もう少し詳しく説明する必要があるでしょう。つまり、ある人たちはここの節を次のように受け取っているのです。――「あなたがたに裁きを告げ知らせるのは、この私一人ではない。神が私と共におられる。これまでの多くの預言者たちを通して、あなたがたに警告された神が共にいてくださる。いや、今でもその多く［の預言者たち］が生きているのだ。見えないか？　我々の中の聖なる一致が？　［だが、語る言葉が一致しているからといって］我々は世の習いに従って結託していたわけではないのだ。あなたがたがこの私の口を通して聞く言葉は、［私アモスよりも前に生きた］イザヤやミカがあなたがたに告げた言葉と同じであるとしても、予め我々が申し合わせていたのではない。むしろ、聖霊によってなされた神秘としての一致なのだ」。

しかし、以上のような意味に取ることは、［文脈に］一致しません。さらに、［「預言者たちを通して、あなたがたに警告された神」と］私が今述べましたこともまた、［上の二つの解釈と並んで］三番目［の解釈］となり得ることでしょう。すなわち［この三番目の解釈によれば］、ここ［3節の言葉］において、預言者は強調しているのです。自分は神に命じられるがままに語っているのだ、ということを。たとえば、二人の人がいて、その二人の心と思いが一つならば、二人は同じ道を歩むものです。偶然出会った道連れに対し、一方がこう尋ねるといたします。「あなたはどちらに行くのですか？」　そして、「どこそこへ向かうのです」といった答えが返ってきたとします。そして、「私も同じ道を行くのです」となる。こういった状況と同じなのです。つまり、アモスはこの［一番目の」比喩によって、神と預言者たちとの間の一致を巧みに描写しているわけです。預言者たちはいい加減なことを語っているのではなく、自分の判断に任せて告げたのでもありません。むしろ、彼らは神の呼びかけを待ち、［自分が語る言葉が］決して誤ってはいないと確信していたのでした。彼らは主が指し示される道から離れることはありませんでした。もちろん、［預言者たちが主張するところの、神からの］呼びかけといったものを確実に証拠付けるものは存在しませんでした。しかし、アモスは既に教え始めていたのだ！　たとえ全民衆が［語るのを］やめさせようとしても、預言者たちは自分の召しについて、はっきりと確信していたのです。神の預言者と名乗るための根拠を、アモスは順序立てて語ろうとはしていません。彼は［自分の召しについての］完全な証明を果たしているわけではないのです。それどころか、彼は非難を込めて断言するだけなのです。もう既に自分は［預言者として］教える務めが委ねられているのだ、と。彼はこう言っています。――「打ち合わせもしないのに、二人の者が一緒に歩くだろうか？」　これを言い換えれば、彼はこう言っているのです。――「あなたがたは思い誤っている。私が一人であると。だが、神のことを全く考えていない。あなたがたは私のことを［ただの］羊飼いとみなしている。それは正しい。しかし、それに付け加えられねばならない。私は神の使者なのだ。私には預言の賜物が与えられている。私は神の霊によって語る。だから、私は一人で歩むのではない。神が先に歩んでくださる。私はその供である！　よって、思い違いをしてはならない。私が告げる言葉は全て、私の脳裏から生まれたものではないのだ。私の教えは神に権威に基づいているのだ」。

以上が、ここの預言者の［言葉の］本当の意味だと思います。つまり、この［第一番目の］比喩によって、預言者は断言しているのです。私は委ねられた務めを忠実に果たしているのだ、と。神［の思い］と異なるものを私は何一つ持っていない。私は神の供である。二人の者が一緒の思いで同じ道を歩むように、私と神との間にもその一致がある、とこのように預言者は告げているのです。しかし、もし始めに紹介した［一つ目の］解釈――預言者アモスは一人ではなく、他の多くの仲間がいる――の方が正しいと思うのならば、私はそれに反対しません。

つまり――預言者［アモス］は、自分が一人ではなく、多くの仲間がいることを理由に、自分の教えを裏付けようとしている――といった解釈に、私は反対しません。他の預言者たちもアモスの教えを支持したに違いありませんから。ですが、そういった仕方の裏付け方［つまり、他の預言者たちも自分の教えと同じだ、といった仕方で自分の教えを裏付けようとすること］は、決して頻繁になされた裏付け方ではありませんでした。ですから、ここで預言者が用いている［一番目の］比喩は、こういった裏付け方のために用いられているのではないと、私は思います。また、ここでの預言者の思いもそういった思いとは違っていたと、私は思うのです。だからこそ、［預言者の思いに］より相応しいと私が判断した［三番目となる］解釈を申し上げたまでです。

では、二番目の比喩に移りましょう。――「獅子が獲物もないのに、森の中でほえるだろうか？　獲物を捕えてもいないのに、獅子がその住みかから声をとどろかせるだろうか？」この節が意味することは、次の通りです。――「神はご自分の預言者たちを通して語られる。無益なことは何一つ語られない。不信仰な人たちは思っている。預言者が何か言葉を語ったとしても、それは空しい空気のこだまが聞こえただけだと。――これが、［アモスよ、お前に対する我々の］言葉だ！」このように物申す彼らは、あたかも自分たちには叫ばれる必要が一つもなかったかのようなものの言い方です。確かに、彼らは［救いを求めて神に叫ぶ代わりに］自分たちの悪徳によって、［自分たちが裁かれるために］神を呼び出してしまったのでした。しかし、預言者は［自分の言葉を軽んずる］彼らの反論に立ち向かい、こう言うのです。――「獲物がないのに、獅子がほえるだろうか？」すなわち、――「神が天から叫ばれるのだろうか？　神の御声が地に向かって放たれるのだろうか？［地に］何の獲物もないとしても？」［預言者よ、お前が］叫ぶ必要はない［と彼らが考えていた］とすれば、イスラエルの人々は神の言葉を完全に拒絶していたということなのです。神は戯れ［た子供のように、理由もなく大声を発す］るようなお方ではないのです［から、神の言葉には意味があるのです］。実に、神の言葉は尊し！　だとすれば、それは宙に舞う木屑の如く、無駄に発せられるようなものではない。むしろ［譬えるとしたら］、それは最も尊き種子なのだ。したがって、主が叫ばれるとすれば、確固とした理由がある。とそのようにアモスは言っているのです。では、どのような［表現で彼は言っているのか］？――「獅子は獲物もいないのにほえることはない。神というお方も、確かな理由から叫ばれるのだ。ご自身の預言者たちを通して」。この言葉から分かるように、イスラエルの人々は今なお愚かなままでした。預言者の教えに対し熱心に耳を傾けることもなく、注意を払うこともありませんでした。［彼らは思っていたのです］神は空しき音を発せられるだけなのだと。

では、二つ目の比喩です。こう言われています。――「仕掛けがないのに、鳥が地上に降りてくるだろうか？」この言葉で預言者が告げていますことは、何事も神の定めによって生ずる、ということです。ちょうど鳥を捕獲するために罠が仕掛けられるように。それと同様に、神も人を罠で捕えられるのです。［私たち人間には］秘められた罰を通して。つまりです。災いは突然やって来る。そして、それは偶然に帰せられてしまいがちです。これに対して、預言者はここ［の言葉］で忠告しているのです。神がご自分の罠を仕掛けておられるのだと。それによって人は捕えられるのです。たとえ、人々が［災いを］偶然のせいにするとしても。あるいは、人は神の御手を見ることができないとしても。人間は神の罠に引っかかるのだ。預言者はこう言っています。――「鳥というものは、己のために用意された策略を予見できない。しかしまた、罠がなければ地上には舞い降りてこないものなのだ。罠といったものは、たまたま編まれるといったことは有り得ない。わざわざ狩人によって作成されたものなのだ。同様に、災いも偶然起こるのではない。神の秘められたご計画に基づいてなされるものなのだ」。しかし、注意してください。比喩といったものは、［本人が言おうとしている］目下の主題にきめ細かく適応させる必要はないのです。ですから、「なぜ神はご自分を罠として譬えておられるのだろうか？　無害の鳥を捕獲するためには、狡猾な策略が求められるのではないか？［神はそういうお方なのか？］」と、このように尋ねるのはよしましょう。預言者が言おうとしていたことは十分明白なのですから。彼の言葉は何を告げているのか。それは、神の秘められたご計画に則って人は罰せられる、すなわち、罠にかかる、ということなのです。人は無計画に行動しがちです。まるで何も予見できない小鳥のように。しかし、神はご自分が行おうとされていることを、その遥か以前から見通されておられるのです。

［四つ目の比喩が］こう続きます。――「獲物がかかる前に、仕掛けが地面から跳ね上がるだろうか？」この［5］節後半で預言者が告げていますことは、神の警告は必ず実現する、ということです。神はご自身が告げられたことを全て果たされます。確かに、狩人が空手で家に帰る、あるいは、何も獲物がかからなかったとしても、その［空の］仕掛けを回収する、といったことはよくあります。しかし、先程私は申し上げましたが、この比喩を用いる預言者は、何らかの獲物を期待する狩人の普段の様子を描いているだけなのです。たとえば、ある人が罠を仕掛けるといたしましょう。何らかの獲物が捕まらない限り、その人は息を潜め、罠を拾うこともありません。獲物がやって来ないかと、何もせず一晩中そこに潜んでいます。その際の狩人たちは疲れを覚えません。罠を張ったその労苦を無駄にしたくはないからです。それと同様なのです。預言者はこう言います。――「神は決してご自分の警告を無駄にはされない。ただ怖がらせるだけ［に警告された］ということはない。むしろ、神ご自身にとっての獲物が捕まるその時まで、罠をそのままにしておかれる」。つまり、預言者たちを通して警告されたことは何であれ、神がその通りに実現される、ということなのです。神の言葉は地に落ちることはありません。神が何かを伝えられたとすれば、そこには効力が伴うのです。だからこそ、預言者はイスラエルの人々を責めているのです。閉ざされた愚かな耳を持った彼らは、預言者の全ての警告［の言葉］を、あたかも神がただ戯れて［語られて］いた言葉として受け取っていたのです。預言者はこう言っているのです。――「あなたがたは思い違いをしている。神はご自分の罠をたたむ前に、［その罠に掛かった］ご自身の獲物を手にされることだろう」と。

［五番目の比喩として］続いてはこうです。――「町で角笛が吹き鳴らされたら、人々はおののかないだろうか？」ここで預言者は、麻痺して［恐れることを忘れて］いた民を再び叱っています。全ての警告を軽んじてい

たこの民に対し、彼は言います。――「角笛が吹き鳴らされれば、皆おののくものだ」。角笛は危険を知らせる信号です。角笛を聞けば、誰もが驚き、助けを求めて逃げ回るもの。今、神ご自身が叫んでおられる。角笛が人の心に恐れを抱かせるのだとしたら、ましてや、神の御声に対して畏敬を覚えるべきではないのか。しかし、神の御声が奏でられた当の相手は、耳の聞こえない人でした。まさにそれは、人が愚かさに取りつかれているゆえに起こるのではないでしょうか？　それは、全ての判断力と思考力を失っている人に起こることではないのでしょうか？　預言者のここの言葉が告げていることは明らかです。すなわち、イスラエルの人々が悪魔に魅了されてしまっていた、ということ。彼らはもう悪［いことを察知するため］の感覚を失っていました。彼らは［預言者の言葉といった］神の角笛が吹き鳴らされていることに気付いていました。裁きが告げ知らされているのも気付いていたのです。それにもかかわらず、彼らの心は動ぜず、少しも揺り動かされなかったのです。まるで何事もなかったかのように。

［ここの言葉で学ぶべきことは］まだ残っておりますが、本日はもう解き明かすことはできません。

祈り

全能の神よ、あなたは私たちが日々悔い改めへと導かれることを求めておられます。あなたは前触れもなしに裁いたりはなさいません。あなたの裁きによって、私たちが一瞬の内に打ちのめされてしまわないようにと、あなたは私たちに対し、［あなたとの］和解を求めるための時を与えてくださいます。ああ主よ、今私たちは、あなたの御教えに聞きます、それが警告や脅しの言葉であったとしても。私たちは［あなたの］御教えを受け入れる者となり、あなたに従う者とならせてください。もしあなたにとって、私たちがあなたの警告に対し頑なで癒し難い者であるとしたら、あなたはやむを得ず、最後の裁きを私たちにもたらされることでしょう。この私たちが、そのような者としてあなたに見出されることがありませんように。むしろ、私たちはあなたに従う者となりますように。御霊によって、私たちを御教えを受け入れる従順な者とさせてください。そして、あなたの御子の御守りの中に置かせてください。私たちは真心をもって御父を呼び求めます。あなたが約束してくださった永久の愛を示してくだされば、私たちはありのままのあなたを感じ取ることができるでしょう。心と魂とをもってあなたの御名を呼び続けてきた、代々の全ての人たちと共に、私たちもその愛を味わってきたのです。あなたの御名、すなわち、私たちの主キリストの御名を通して、アーメン！

前日の講義におきまして、アモスはこの言葉でした。――「角笛が吹き鳴らされたなら、人々はおののくものだ」。この言葉と全く異なると思われる文が続いています。――「災いが起こったら、それは神がなされたことではないか」。アモスは先に角笛の響きについて語りました。しかしそれは、私たちが確認しましたように、この民に悟らせるためだったのです。何事も偶然によって起こるのではなく、むしろ、正しい裁きが主によって与えられるということを。また、彼はこのすぐ後で次のことを断言してます。神が何かをなされるとすれば、必ずその御計画を前もって預言者たちに告げられていたのだ、ということを。本当に、イスラエルの民は愚かでした。数々の警告をもってしても、悔い改めには至らなかったのですから。たとえ厳しく鞭が与えられたとしても、彼らは常に頑ななままだったのです。

以上、預言者の思いは理解できたことでしょう。ですが、これらのことがより明確になるために、「6節の」後半部分を見てみましょう。――「町に災いが起ったなら、それは主がなされたことではないか」。この言葉において、預言者は忠告しています。災いは偶然によって起こるものではないと。世の人たちはそう考えていますが。順境、逆境といったことがよく口にされます。あたかも天の神が暇をもてあそんでおられるようではありませんか。人間のことを配慮されていないかのようではありませんか。世の人たちは、起こり得る全ての出来事を偶然に帰してしまうのです。しかし、ここで預言者が示していますのは、この世界が神によって支配されている、ということなのです。神の御手を離れて生ずるものは何一つありません。［「災い」とありますが］ここ［の言葉］においては、罪のことが話題となっているのではありません。預言者が言うところの「災い」、つまり「רעה」は、一般的には「我々に逆らうもの」のことです。私たちが自然に避けようとするものは、「災い」と呼ぶことができるでしょう。ここでアモスはその一般的な言い方に倣っています。イザヤも同様に言っています。夜と昼、光と闇、平和と災い、これら全てを神は支配されている、と（イザ45・7）。［イザヤの］その箇所でも平和と災いについて言われていますが、言い換えれば、おそらくそれは順境と逆境のことです。ここでの預言者［アモス］も同様です。逆境に襲われるとしても、それは人間に対する神の懲らしめなのだ、と彼は教えているのです。彼は次のように言おうとしたのです。――「世の人たちが考えているような偶然の支配といったものは存在しない。秩序なく物事が循環するのでもない。神が永遠にわたって世の支配者であられるのだ」。要するに、アモスは［自分たちの災いを嘆く］この民に対し、自分たちの生き方を顧みるように要求しているのです。［言い換えれば］預言者は彼らを神の裁きの座へと召喚しているのです。預言者は教えようとしています。［現在の逆境といった］外的なしるしは、イスラエルの人々に怒っておられる神のなせる業なのだ、ということを。――「あなたがたは、自分たちが厳しい目に遭っていると嘆いているが、神が天で怠けて居眠りをされているとでも思っているのか？　神の御心を離れて起るものは何一つ存在しないのだ。神があなたがたを厳しく過酷に扱われるならば、それは、神があなたがたを目覚めさせようとされているのだ。あなたがたがあなたがた自身の罪に気付くようにと」。「町に災いが起ったなら、それは主がなされたことではないか」と告げる預言者の忠告は、以上のように理解できるでしょう。同様のことを、神はエレミヤを通しても嘆いておられます。この民は戦争の災い、飢饉、その他の災難を偶然のせいにしていたと。[5] 悲しい出来事に見舞われれば、世の人と同じように、［エレミヤの時代の］ユダの人々はそれを悪運のせいにして嘆いていたのでした。神はそういった世俗的な考え方に対し、怒りを込めて厳しく非難されるのです。このような［出来事の原因を偶然に求める］仕方で、［本来神に属するはずの］この世［の国々］の支配権が神から奪われてしまっている、と。人の意志に反して生じる出来事は、［それが偶然のせいにされることによって］ますます神の権威の外に置かれてしまうのです。こうして、人は己の罪でますます頑なになっていく。［災いの出来事を通して］神が人の心を揺り動かされたとしても、人はその神の御手に気付かない。自分が蒙った［災いによる］打撃は嘆いても、あるいは、［自分に与えられた］大きな試練を理解していても、しかし、その人の心を揺り動かそうとされている［神の］御手には気付かないのです。このことはとても重大なことです。別の箇所でも言われているように。[6] 預言者は次のことをはっきりと主張しています。――「たとえ毎日災いに見舞われたとしても、［その災いによって］目が覚まされて、己の罪に気付くことがなければ、その人は実に愚かである。神の怒りのしるしをよくよく考え、そして神に逃れ場を見出し、自分がその災いに相応しい罪人であると告白し、神の憐みを請い求めることがなければ、その人は実に愚かである」。

預言者は先に角笛の響きについて語りました。それは、イスラエルの人々の言い訳を封じるためでした。つまり――神が彼らを［正しき］道に呼び戻されるために、［災いといった］鞭を用いられておられるのだ。しかし同時に、神はご自分の言葉によっても、前もって［彼らが正しき道に戻るように］勧めておられたのだ。だから、彼らに対して今神が憤られていたとしても、それは正しいのだ。とこのように預言者は彼らの言い訳を封じようとしたのです。預言者は続いて次のように言っています。――「まことに、主なる神は隠されたことを、僕な

5　カルヴァンがこの時、具体的にエレミヤ書のどこの箇所を念頭に置いていたのかは分からないが、確かにエレミヤ書において、これらの災いは主の裁きのしるしであると繰り返し警告されている。
6　イザ9・12を参照。

る預言者に示さずには、何事もなされない」。この節で預言者が言おうとしていますことは、神のイスラエルの人々に対する扱いは異邦人に対してのそれとは異なる、ということなのです。神が他の民に罰を下される際には、［預言者が直接その民に］言葉［を語ること］はありませんでした。エドム人であれ、アンモン人であれ、エジプト人であれ、神は彼らを［御言葉によって］裁きの座へと召喚されませんでした。神は彼らに対し、［預言者を遣して］言葉を語られませんでした。［彼らに対しても］神はご自分の裁きを遂行されたのですが、イスラエルの人々に対しては［これらの民に対しての裁きと］異なっていたのです。つまり、神はイスラエルの人々に対して、彼らに相応しい罰をお与えになりましたが、それだけではなかったということです。ご自分の言葉を、前もって告げられていたのです。どんな災いが差し迫っていたのか、それを先に告げ知らされていたのです。彼らが先に手を打つことができるために。彼らには悔い改めのための時間が与えられていたのです。彼らに幾らかでも改善の見込みがあれば、彼らが自分から頼ってくるのならば、神は赦そうともされていたのです。それだけに、この民の罪は重い。預言者はそう判断します。この民は、主によって［前もって］訓戒を受けていたのですから。もしその気なら、自分たちへの罰を回避できたはずだ。しかし、彼らは自分たちの悪徳から離れようとはしなかったのです。

「まことに、主なる神は、ご自分の僕である預言者にその秘密を示さずには、何事もなされない」。当然、この言葉はこの民に向けられています。また、［「何事も」とありますのは、この民に対する］罰と関連しています。確かに、神は多くの裁きを下されます。その裁きは、人間にも天使にも隠されております。ここ［7節］において、アモスは何らかの義務を神に課そうとしているのではありません。つまり、予め自分に告げ知らされていないことは、神といえどもそれをなす権利はない、といった義務を。預言者はそう言おうとしたのではありません。ただイスラエルの人々を断罪しようとしただけなのです。哀れむほど強情で頑なであったイスラエルの人々。彼らは忠告を受けても悔い改めを決心することはありませんでした。それどころか、神の全ての警告を軽蔑し、嘲っていました。よって――「神は何事もなされない」。これを言い換えれば――「神はあなたがたのことを、普通の仕方では扱われない」ということなのです。普通の仕方とは、他の民を罰する際には［預言者の］言葉を与えない、という仕方のことです。［預言者の言葉がないのですから］他の民の大部分の人たちは、［自分たちに］なされた［災いの］出来事を理解しておりません。一方で［預言者はこう言っています。］――「神は父親として、ご自分の家族であるあなたがたに対し、あなたがたの罪を警告され、あなたがたを裁こうとされるその理由について予め教え、赦しを請い求めるための十分な時間をあなたがたのために配慮されているのだ」。

　こういうわけで――「神はご自分の預言者に対し、その定められたことを示される」。つまり――「あなたがたを罰するとしても、それは突然でもなく、考えもなしにそうするのではない。たとえ神は［突然あなたがたを］罰することがおできになったとしても。あるいは、他の民に対しては、神が［突然］罰せられるのをあなたがたが目撃しているとしても、［あなたがたに対しては］神はこれから起ころうとしていることを［前もって］告げ知らせ、そのための伝令者を遣わされるのだ。譬えるならば、我らは戦いの使者なのだ。我らはあなたがたに宣戦を布告する。しかし同時に、和平が結ばれるための道も開かれているのだ。あなたがたが自分の悪徳の中に凝り固まって、完全に［神から］見離された者とならない限り。そしてもし［前もって告げられた］神の御言葉と、そして、その御言葉によってなされる罰が、［あなたがたがそれを無視することによって］何の役に立つこともなかったとすれば、あなたがたは［神の面目を失わせたことによって］二倍の責任を負うことになるのだ」。

　以上のように、預言者の忠告は理解できるでしょう。次のような考えは愚かな問いでありますし、少なくとも余計な問いであります。――「神が何かをなさる際には、必ずご自分の僕なる預言者に予め告げ知らせる必要があったということか?」ここ［7節］において、アモスはそのように考えているのではありません。この民を戒める際に、主がいつもなされていた［預言者の派遣といった］やり方について、彼は付け加えて［言って］いるだけなのです。預言者にも多くのことが隠されたままでした。ですが、神は預言者たちに対し、いわば制限を定めてご自分の霊を分け与えられました。言い換えれば、全てのことが預言者たちに啓示されたのではありません。

むしろ、ここ［7節］において、「神は選ばれた民に対し、異邦人とは異なる仕方で扱われた」ということだけをアモスは告げ知らせているのに過ぎません。一方の異邦人は、頻繁に前触れなしの神の怒りに打たれてきました。彼らには悔い改めるための時間が用意されていませんでした。アモスが言うように、神はこの民に対していかに寛大で、いかに憐れみ深くあられたことか。なぜなら、神はこの民を突然襲おうとはされなかったし、不意に襲われることもなかったのですから。それどころか、神は預言者たちによって通告を与えてくださったのですから。ここ［7節］の教えは、何と豊かな意味を含んでいることでしょう。しかし、預言者の思いは十分理解できますし、彼のこの言葉が何のために告げられねばならなかったのか、という点についても十分理解できるのです。

かくして――「神はその秘密を預言者に示さずには何事もなされない」。預言者は「秘密」と呼んでいます。といいますのは、神が裁きをもたらされた時、［秘密が始めて開示されたかのように］人は混乱させられ、そして驚き仰天してしまうものだから［ここで「秘密」と呼ばれている］です。とはいっても、イスラエルの民は事あるごとに忠告を受けていたのですから、神がなされることは、彼らにとっては既に知らされていたわけです。それどころか、［預言者たちの警告を通して］彼らは裁きの原因の種を知っているはずなのです。よって、哀れな［異邦の］人たちには隠されていた「秘密」は、［イスラエルの民にとっては］既に開示されておりました。それだけに、［預言者の］警告によっても悔い改めることがなければ、この民の罪は倍増することになるのです。

次にこう続きます。――「獅子がほえる。誰が恐れずにいられよう。主なる神が語られる。誰が預言せずにいられようか?」この節で預言者は非難しています。預言者たちに厳しく責められた際に、イスラエルの人々はいつも預言者たちに反論してきた、と。人間とはそういったもの。人には思いもよらないのです。神の預言者が遣わされることも、そして、遣わされた人たちには預言者の務めが課せられているということも。よって、預言者たちが厳しい言葉を語るものなら、人は彼らが語るのを妨げ、こう訴えるのです。――「この人たちが望んでいるのは何だ？　なぜ我々をこのように悩ますのか？　なぜ我々に対し不安を掻き立てるのか？　我々に対する神の怒りをもたらそうとするこの人たちとは一体？」　実に、人というものは、神の預言者［の言葉］によって目を覚まされるや否や、預言者たちと争い始め、預言者たちを告訴し始めるものなのです。預言者の忠告は神から発せられているなどとは考えもせず。こういった罪について、預言者は次の言葉で断罪します。――「獅子がほえる。誰が恐れずにいられよう？　神が語られる。誰が預言せずにいられよう？」　つまり――「あなたがたは私のことを敵とみなしている。しかし、私と争って何になるか？　もし私が黙れば――［つまり］神の御声［を直接聞くことになれば、それ］は遥かに恐ろしいものとなることだろう！(7)　災いは私の口に発するのではない。神の戒めに発するのだ。好むと好まざるとに関わらず、私は神に従わねばならないのだ。神が私を選ばれた。預言者として。神はご自身がなそうとされることを、この私を通して示される。ならば、私は何もしないのか？　主なる神が語られているのに！　啓示を考案する権利は私にはない。主によって委ねられたことを、忠実にあなたがたに伝えるまでだ。何たる愚かさよ！　私と争おうとは！　気付かないのか？　あなたがたは神ご自身を相手に戦いを仕掛けているのだぞ！」

以上、［最後の五つ目の比喩において］預言者が言おうとしたことは理解できるでしょう。そして、彼が先の四つの比喩を立てた理由についても、先に十分丁寧に扱いましたので、［よって今、五つ全ての比喩が意味するところを］私たちは理解できたことでしょう。

では、残りの文を見ていきましょう。

9　アシュドドにある宮殿に、エジプトの地にある宮殿に告げよ。サマリアの山に集まり、そこでのすさまじい

7　出20・19を参照。

騒ぎ（あるいは、多くの衝撃）と、そこに起こっている圧政を見よ、と。

イスラエルの人々の所に、彼らを裁くための人たちがやって来る――ついにアモスはそう語り始めます。イスラエルの人々が神の裁き［を告げる預言者たちの言葉］に身を任せ［悔い改め］ることがなかったからです。よって、アモスが講じたのは、エジプト人とエドム人を彼らの裁き人として任命することでした。彼のこの預言［の言葉］は、これまでも断固として反抗的であったイスラエルの民の心を、さらに一層憤慨させたに違いありません。しかし、やむを得なかったのです。神は彼らを裁きの座へと招いておられました。和解の希望が残されている限りにおいて。彼らは神の警告［の言葉］に対して、怒りで燃え上がっておりました。［それを告げる］神の僕に対し、荒声を上げていました。その警告［の言葉］を嘲り、罵っていました。あたかも罰せられるべき罪を何も犯していなかったかのように。だとすれば、他に何が残っているというのか？　神が彼らに対する裁き人をお立になる以外に？　預言者はその裁き人たちの名を告げています。エジプト人と、そして、エドム人です。［神は次のように言われています。］――「私の裁きに耐え得るのか？　既に断罪が下った不信仰者たちが、あなたがたに判決を言い渡すだろう。あなたがたの本当の裁き主は、この私である。あなたがたはその私を拒んだ。私が裁き主であることを証明しよう。私は何も語らない。物申すのはエジプト人だ」。

エジプト人とは一体誰だったのでしょうか？　イスラエルの人々と同じく罪深い者たちであり、イスラエルの人々と同じく［神に］訴えられた者たちでした。少なくとも、彼らもイスラエルの人々と同様の罪を犯していなかったはずはありません。しかし、神はイスラエルの人々をこそ、［御前に］引き立てられます。［裁き人としての］エジプト人やエドム人を通して宣告される判決文を聞かせられるために。イスラエルの人々は、自分たちの特権のために、いかに奢り昂ぶっていたことでしょうか。ここ［9節］において、主は彼らの自惚れをあしらわれるのです。彼らが自分たちに与えられた恩恵を誤用したからです。

以上のように、預言者の忠告［の言葉］は理解されます。

続いて預言者はこう言います。――「アシュドドの宮殿に向かって、エジプトの地にある宮殿に向かって告げよ」。「告げよ」と言われていますが、何をでしょうか？――「サマリアの山に集まれ」。神の御心によって、エジプト人とエドム人は殺到し、サマリアの山は劇場と化す。［劇場というよりかは］むしろ、ここでは裁きの座が意味されているのです。エジプト人もエドム人も［裁き人として］高台に座っているかのようです。［彼らを通して］神はイスラエルの人々に対し宣告されます。制圧、略奪、不正な強奪、そういったものにイスラエル王国は見舞われるのだと。――「サマリアの山に集まれ」。預言者のこの言葉から、この地域の地形が浮き上がります。サマリア［の町］は平野に置かれていましたが、その周囲は山でした。イスラエルの人々は、サマリアが安全［な町］だと思っていました。［踏み潰されて汁が出たぶどう］粕(8)の下に貯まるぶどう酒のように。しかし今、神は言われるのです。エジプト人とエドム人が［サマリアで行われていることを］目撃するために集まって来ると。――「私は彼らに場所を提供しよう。そこからは、イスラエルの国中に横行する様々な悪しき不正を観察することができる」。イスラエルの人々は平野に住んでいて、その周囲の山々を城壁のように［頑丈な働きを果たすものと］考えている。しかし、たとえこの山々のために［視界が遮られて］目が見えない人であったとしても、観察できるのだ。イスラエルの人々の状況がいかに汚らわしく、また恥ずべきものであったのかを」。

それゆえ、こう言われています。――「集まって、圧政を見よ」。「מהומות」は「騒動」を意味します。また、理性や公正を欠いた状態の「圧政」の意味に理解することもできます。あらゆる騒乱と喧騒が見られるところには、圧政も見られますし、暴力も見られるのです。ここ［9節］において、預言者はイスラエルの人々の［騒ぎと圧政といった］行いについて［先に］語っており、その後［10節］で、その［行いをなすイスラエルの］人々につ

8　底に沈むぶどう汁を見えなくする粕、つまり、守る働きを担う粕が山々として譬えられている。

いて告げています。いずれにしても、［騒ぎと圧政といった］二つの言葉によって、預言者は一つのこと、すなわち、イスラエル王国が様々な悪徳で満ちていたことを告げ知らせています。そこでは強奪が横行していました。人々は節制を失っていました。騒動と喧騒の最中で、彼らは貧しき憐れな人たちから略奪していたのでした。続けましょう。

10　彼らは正しく振る舞うことを知らないと、主は言われる。彼らは強奪と略奪を宮殿に積み重ねている。

この言葉において主張されていますことは、先に語られたところの圧政です。彼らは正しきことを全て軽んじている、と言われています。たとえ、彼らが無意識のうちに罪を犯していて、「正しく振る舞うことを知らな」かったとしても、彼らの罪を軽減するものではありません。預言者は気付いていました。むしろ、彼らは［意識的に］あらゆる正しきことから遠ざかろうとしていたことを。それはまるで、彼らが平等に罪を犯す権利を自分たちに配分していたかのようでした。何の恥じらいもなく。預言者は次のように言っています。――「彼らは狂暴な野獣のようだ。正義を欠き、理性も恥も失っている。もはや、［正しきことを］理解しようともしていない」。このように、預言者はイスラエルの人々が意識的に［正しきことに対して］目を閉じていた様を非難しているのです。彼らはあらゆる悪によって麻痺しており、善や貞淑や理性に関わる全てのものを放棄し、正義と不義との区別ができなくなっていました。それに加えて、彼らは強奪及び略奪によって富を蓄積していました。さらにその他の悪徳も行っていたに違いありません。ここ［10節］では一つ［の罪――強奪と略奪を宮殿に積み重ねている――］の種類だけが記されていますが、この一つ［の罪］によって、他の様々な罪が同時に言い表されております。預言者の言葉によれば、この民はあらゆる悪徳に浸っていたのです。羞恥心を完全に失い、判断力も喪失し、理性に沿った正義を拒絶しながら、彼らはあらゆる悪徳に身を任せていたのでした。

ここ［10節］において、私たちの預言者は、イスラエルの人々の「積み重なった」罪を指摘しています。先程［私が述べましたように］預言者は、イスラエルの人々に対して、「目の見えない裁き人」を対置させました。ここでも同様です。つまり、預言者はこう言っているのです。――「かりにエジプト人とエドム人の下に光がな［くて見えな］かったとしても、あなたがたの不正は彼らによって感じとられているのだ。彼らはあなたがたの罪を感知できているのだ。もはや詳しく論ずるまでもないだろう。あなたがたが荒れ狂って略奪し、奪い取ったものが高く積み重なっている。代わって、節制や平等と呼べるようなものは何一つない。恥すら見られない。人々は悪を行うことに夢中だ。だから、たとえ目の見えない人であったとしても、たとえ視力が失われた人であっても、［あなたがたの行いは］感知できるのだ。あなたがたの罪は目撃されている。近くの山にいるエジプト人とエドム人とに」。

［預言者が言おうとしていることは］以上の通りです。先に進みます。

11 それゆえ、主なる神はこう言われる。敵がこの地を囲み、あなたの砦を倒し、宮殿を奪い取る。
12 主はこう言われる。羊飼いが獅子の口から二本の後足、あるいは小さな耳の欠けらを取り戻すように、イス
ラエルの子らも取り戻される。彼らがサマリアの長椅子の端や、あるいは、ダマスコ風の寝台に身を横たえ
ていたとしても。

預言者がここで告げていますのは、神がイスラエルの人々に対してなされる裁きの様子についてであります。彼はこう言っています。――「敵がこの地を囲む」。ある人たちによれば、ここでの［「敵」と訳しましたところの］「צר」は命令形動詞なのだそうです。しかし、ここ［の文脈］ではそう取るのは無理です。アモスがここで告

げていますのは、イスラエルに迫り、あらゆる方角を固めている敵のことです。不信仰な人たちと言えば、常に逃げ出す道を探り、ほんの小さな隙間さえあれば、そこから逃げ出せると思っているもの。神に対して人間が抱く頼り難さといったものは、とても不思議ですよね。人は自分が窮地に追い込まれたと思うや否や、［頼りにすべき神のことなど忘れて］ひどく恐れをなし、完全に狼狽してしまう。逃げるための口実を見つけ出し、右に左にと逸れるばかりで、神へと逃げることなど決してない、［神ご自身の導きによって］神へと逃げるようにさせられなければ。こういった理由で、預言者は言っています。――「敵がこの地を取り囲む」。言い換えれば――「あなたがたはどこかに逃げ道が開かれていないかと探しているが、それは決して見つからない。神があなたがたを四面から抑え込んでおられるからだ。あなたがたは包囲され、［鎖に］繋がれている。逃げようとしても無駄だ」。このような意味で預言者は言っているのです、「敵がこの地を囲み、あなたの砦を倒す」と。この言葉によって、預言者はイスラエルの人々の空しい自信を挫いています。彼らは自分たちの力を過信するばかりで、神の裁きに思いを寄せることはありませんでした。自分たちは数の多さ、富、武力によって守られていると思っていました。神から与えられたものを我が物とするのが常である世の人たちと、彼らは全く変わらなかった。あたかも、被造物が神に反抗して何かをなし得るかのように。あたかも、神はご自分が与えられたものを、御心のままに奪う(9)ことがおできにならないかのように。けれども、以上のようなことは人間の妄想なのです。よって、預言者は言います。――「イスラエルの人々が頼りにするあらゆる力、あらゆる強さも、全く使い物にならないだろう」。なぜなら、と彼は言います。――「神によって武装された敵が、あなたがたの砦を倒し、宮殿を略奪する」から。

続く［12］節においては、希望が若干残されてい［るように語られてい］ます。とはいえ、はっきりとそう語られているわけでもありません。「羊飼いが獅子の口から羊の片耳を、あるいは、二本の後足を取り戻す」といっ

9　ヨブ1・21を参照。

たように、確かに助かる人たちのことが語られています。しかし、［この言葉を語った］預言者の思いは、彼が先程語ったところの厳しさ［すなわち裁き］を和らげるものではありません。むしろ、預言者はこう告げているのです。――「もし救われるものがあったとしても、この民が自分自身を守ったゆえではないのだ。あるいは、この民が抵抗して守ったゆえではないのだ。怯える羊飼いが、獲物を口にした獅子からその一部分を取り戻す、といった仕方で救われるのに過ぎないのだ」。私が先程申し上げたところの、この傲慢な民の自信を思い起こしてください。イスラエルの人々は、自分たちがあらゆる危険から守られていると思っていたのです。だからこそ、彼らは［預言者たちの］警告を全てはねつけたのです。［そのような彼らのことを］アモスは何と言っているのでしょうか？　彼はこう言っているのです。――「あなたがたは、自分たちが守られると絶対に考えてはならない。あなたがたの敵は獅子のよう［に凶暴］なのだから。抵抗するために砦は何の役にも立たない。あなたがたの抵抗は、餌食として狼や獅子に捕まった羊の抵抗に過ぎないのだ。かりに助かる者があれば、それこそ奇蹟の力による。既に満腹した獅子であるのならば、羊飼いがその獅子の口元から［羊の］耳の一部分、あるいは二本の後足を取り戻すこともできよう。［あなたがたが抵抗できたとしても］そういったような案配［に過ぎないの］だ。羊飼いはあえて自分から獅子と立ち向かおうとはしない。それを目撃すれば逃げるのが普通である。一方、獅子は獲物を我が物とし、貪り食って腹を満たす。もし［羊の］耳の一部分、あるいは二本の後足が食べ残されていたのなら、羊飼いはそれを手に取って言うことだろう。『ああ！　たくさんの羊が獅子に食べられてしまった！［耳と二本の後足が残っているが］これこそ［私の羊が食べられてしまったことの紛れもない］証拠品だ』と」。さらに、ここ［12節］において、預言者は次のようにも言っているのです。――「主はあなたがたを、あなたがたの敵のための餌食とされる。彼らの強欲は恐ろしいぞ。その様子は獅子が羊を襲うようなものである。あなたがたは自分たちの力によって十分安全だと思っているようだが、無駄だ。羊が獅子に対して何ができよう？　もしあなたがたの中に何かが残るとすれば、［羊の］耳や足のようなもの［に過ぎないの］だ。いや、もっと深刻と言えるだろう。獅子が羊を貪り食うとすれば、満腹するまで獲物を離さず、［耳や後足ですら］何も残らないほどだ。それと同様のことがあなたがたを襲うだろう」。

以上から分かりますように、ここ［12節］の忠告において、先に［11節で］語られた［裁きの］脅迫が和らげられていると考える人たちは間違っているのです。預言者はここ［12節］において、そのように［先の裁きを和らげるために］告げているのではありません。むしろ、彼は先の［厳しい］裁きを［そのまま］語り続けています。全ての民が獅子のような敵によって引き裂かれる、それに抵抗するだけの力はない、と。とはいえ、私も認めます。ここ［12節］において、この民に幾らかの希望が残されている［ものとして語られている］ことは。以前にも確かめたことですが、常に神は望まれていたのです。この選ばれた民の中に、残りの者がいわば［新しく芽を吹き返す］種子として残されることを。私もそれを真実だと思います。けれども、預言者が何を語り、［その言葉は］どこに向けられているのか、［正確に］理解されねばなりません。ここ［12節］においては、預言者は別にイスラエルの人々を慰めようとしていたのではありません。彼は譬えを通して、残されることになる者について語っています。しかし、その譬えをもって、つまり、「狼や獅子が満腹し［て食べ残し］た中から、羊飼いが［羊の］小さな耳を拾うことさえなければ、残されるものは何一つない」といった譬えを通して、預言者は忠告しようとしたのです。［イスラエル］王国の全土が獅子の餌食と化すと。

続けましょう。

13 聞け、ヤコブの家に証言せよ、と万軍の神、主なる神は言われる。
14 私はイスラエルの罪を罰する日に、ベテルの祭壇に罰を下す。祭壇の角は切られて地に落ちる。

アモスがこれらの言葉を繋げていますのは、かの迷信を明らかにするためであったに違いありません。彼は知っていました。かの迷信によってこそ、イスラエルの人々は誤った自信をつけてしまったのだと。その結果、彼らには破滅を防ぐためのいかなる助けも与えられません。かの迷信によって、この民はますます神の怒りを身に招いてしまいました。神がお怒りになっていると聞いたイスラエルの人々でしたが、彼ら自身にとっては、犠牲を献げること、あるいは、その他の迷信［的な行為］は、［彼ら自身を守るための］盾であり蔭でありました。神をもてあそぶ偽善者にとっても同様です。これに対して、私たちは知っています。ベテルで献げられていた供え物は、全くの汚れたものであったと。そこでの礼拝は全て見せかけだけでした。なぜなら、神ご自身が犠牲を献げるための場所を選ばれていたからです。イスラエルの人々は［神の］戒めに基づくことなく［ベテルに］神殿を建立しました。それは明らかに神によって禁じられていたことでした。こういった仕方で、彼らは神の全き礼拝を荒らし、腐敗させたのです。彼らの狂気は全く驚くべきもので、これらの迷信によって、神を飾り立てようとしていたのです。そうすることによって、神の怒りを宥めることができるかのように。よって、預言者はその愚かさを非難して言います。――「神がイスラエルの罪を罰せられる日に、神はベテルの祭壇に罰を下される」。ここで預言者は「罪」と呼んでいます。その「罪」とは、略奪のことであり、不正の取り立て、強盗、その他のことです。先に確認いたしましたように、繰り返される残忍、貪欲、不信心が、この民の中に蔓延していたのです。よって今、彼はこう言います。――「神がイスラエルの罪を罰せられる」。［彼らの］貪欲、迷信、残忍な行為を神は罰せられるのです。略奪や強奪に対する裁きを下されるために、神はベテルの祭壇をご訪問なさることでしょう！　イスラエルの人々は思っていました。神が自分たちに恵みを注いでいてくださると。たとえその生活が罪にまみれていたとしても、犠牲を献げていればよいのだと。彼らは思っていました。償いの献げ物によって、自分たちの汚れは全部清められるのだと。彼らは思っていました。外的な礼拝を行っていれば、神はご満悦なのだと。犠牲を献げている限り、神との契約が続いていると彼らは考えていたのです。あたかも、外的な礼拝によって有効な償いが果たされるかのように。また、神は［外的な礼拝以外の領域でなされる］他の罪に対しては罰を下されることはない、と彼らは考えていたのです。そこで、アモスは言います。「そういった考えによってこそ、あなたがたは欺かれているのだ」と。覚えておいてください。神の礼拝を誤ったものへと変更し、神の戒めに基づかない神殿を建設する、すなわち、掟を完全に踏みにじる、といったような彼らの試みは、極めて重大な罪なのです。よって、神はこの民の罪を罰するおつもりなのです。しかしその際の最初は、彼らのかの迷信に対してなのです。

以上、「イスラエルの罪を罰する際に、神はベテルの祭壇を訪れられる」といった預言者の忠告が意味するところは理解できたことと思います。それにしても、彼らを説得させるのは容易なことではありませんでした。よって、預言者は次のように言うことによって、彼らの注意を自分［が語る言葉］に向けさせています。――「聞け、ヤコブの家に警告せよ！」「聞け」と命じることによって、預言者は神のお言葉を聞かせようとしているのです。といいますのは、イスラエルの人々がアモスによって訴えられる際に、彼らはアモスが根拠もなしにそういった裁きについて警告していると考えていたからなのです。ご存知の通り、彼らはいつもそのように考えてしまった人たちでした。よって、彼は言う。――「私自身のものは何一つない」。彼が冒頭で言う「聞け」［という言葉］が意味するところを、私たちはそのように理解することにいたしましょう。アモスはこう告げています。――「私の預言を語られるのは神であられる。だから、私自身のものは何一つないのだ。私は務めを果たしているだけだ」。こういうわけで――「聞け、ヤコブの家に証言せよ」［と言われているのです］。「証言せよ」という言葉によって、預言というものが特徴付けられます。つまり、預言というものはとても重いものなのです。人はそれを冗談として受け取るべきではないし、むしろそこにおいて、神が厳かに御業をなされていると理解すべきでした。ヤコブの家に証言せよ。これと同じ意味をなす次の短い言葉を、アモスは神に献上しております。――「主なる神、万軍の神は言われる」。他の預言者たちの言い方のように、「主がこう言われる」とだけ言えば済むことでした。しかし、この［13節ａの特別な］言い方によって、アモスは神に全ての支配を帰し、人々の前に神の権威を明らかにしようとしています。では、それはどんな目的で？　イスラエルの人々に対し、恐れを抱かせるためです。彼らが相も変わらず空しきへつらいに心を奪われたりしないようにと。そして、彼らの迷信が、神の怒りを宥めるために何の働きもなさないことを、彼らが悟るようにと。逆に、彼らの迷信はますます神の怒りを募らせるだけなのだと。

祈り

全能の神、私たちは己の罪によって、毎日のようにあなたを怒らせてしまいます。私たちは永遠の裁きに価する者であります。私たちには何も［良き所が］残っておりません。私たちは時に適った厳しい罰を受けておりますが、しかし、私たちがあなたの御憐みを受ける希望を、あなたは私たちから取り去られることはありません。その御憐みは、真実と真心とをもって悔い改め、あなた［の御名］を呼び求める人たちに対し、あなたが御子を通して約束してくださったものです。私たちは自分の悪しき思いに気付かされ、遜って真剣な悔い改めの感情を抱くのならば、私たち自身を献げ物としてあなたにお献げすることができるでしょう。そして、そのような願いをもって、［あなたの］赦しを追い求めて叫ぶのならば、時に適った罰を経て、ついにはあなたの恵みに至ることができるでしょう。あなたの恵みは、真実と真心をもって悔い改め、あなたに立ち帰ろうとする全ての人のために貯えられております。あなたの独り子の体に属することを告白する全ての人に対し、既に用意されているあなたの恵みを請い求めます、アーメン！

昨日、私は一つ［言い］忘れていました。頭痛が酷く、聖書［テキスト］をよく眺めることができなかったからです。預言者は12節で言っています。――「イスラエルの子らが救われるにしても、羊飼いが［羊の］小さな耳、あるいは他の部分を拾うといった具合なのだ」。続いて――「イスラエルの子らも取り戻される。今はサマリアにいて長椅子の端に、あるいは、ダマスコの寝台に身を横たえていても」といった譬えを私は説明しませんでした。ある人たちの考えによれば、ここ［12節b］において、より華やかな町であったダマスコが、［イスラエルの］サマリアと比較されているのだそうです。しかし［私がこれに補足しますと、アモスの時代のイスラエル王］ヤロブアム二世は王国の領土をダマスコ近辺まで広げ、シリア王国の一部を支配下に置いたのです。［当時のイスラエルはダマスコに決して劣らなかったはず］なのに、彼らの考えによれば、サマリアは［山々に囲まれた］辺鄙な場所にあったがゆえに、サマリアは長椅子の端っことして、一方、ダマスコは［サマリアの長椅子より遥かに優れた］寝台、といったように呼ばれているのだそうです。しかし、彼らのこの考えは全く根拠が欠けています。［彼らの考えに従うのならば、ダマスコのことを「寝台」とあえて語句を変えて言う必要はなく］むしろ、ダマスコのことを「長椅子」［そして、サマリアはその長椅子の端っこ］とアモスは呼んだはずです。別の人たちは次のように説明しています。――「イスラエルの民の中で、何とか助かって逃げ出すことができる者であっても、その人は強い人でもないし、たくましい人でもない。敵の攻撃を防いでくれる人でもないし、同胞を守るために武器を手に持つ人でもない。むしろ、助かった者は寝床に逃げ込んで［布団で］身を隠そうとするような人なのだ［つまり、たとえ助かった者がいたとしても、もはやイスラエルの復興のために立ち上がる人などいない］」。しかし、ここ［12節b］においては、預言者がダマスコとサマリア［の両者］のことを寝具に譬えているのは明らかです。なぜなら、イスラエルの人々は自分の隠れ場がそこ［つまり、サマリアとかダマスコといった立派な城壁で守られた町］にこそあると思っていたからなのです。「あなたがたは、サマリアとダマスコが安全なねぐらだと思ってそこに住んでいる。しかし［そんなことはない。そこでも多くの人たちは助からない。むしろ］、あなたがたの中で助かる人が少数でもいれば、それは奇蹟と言えるほどだ。ちょうど羊飼いが満腹した獅子の食べ残しとしての羊の耳を［奇蹟的に］拾うのと同じである」。ここ［12節b］における預言者の本当の思いは、以上のようなものであったのだと思います。彼はイスラエルの人々の愚かな自信を笑い飛ばしているのに違いありません。その愚かな自信［といった寝台］の中で、彼らは眠っていたのだ！　危険から守られていると信じて。あたかも、ダマスコあるいはサマリアの城門の中に潜り込んで。しかし――「あなたがたはそこを自分たちのための安全なねぐらだと思っているが、獅子がその門を突破する！　助かるのは百人に一人。いや、千人に一人だけが、寝台の端っこに辛うじて逃げられるかもしれない。それは、獅子が残す［羊の］耳、あるいは後足に過ぎないのだ」。

先に進みます。

15　私は夏の家と共に冬の家を打ち壊す。象牙の家は滅び、大邸宅も消え失せる、と主は言われる。

この言葉において、アモスは再び高官たちの空しさを話題にしています。彼らは自分たちの富や守りの堅い豪宅に自信を持っていました。しかし必ずや、神が彼らを［彼らの大邸宅から］引きずり出され、罰せられることになるのです。大抵の場合、豊かな富は人を盲目にさせます。彼らは大きな宮殿に住み、［よその］人は自分に容易に近付けないものと思い込んでいます。そこで、預言者は告げ知らせます。彼らの家は神の裁きの侵入を防ぐことはできないと。「私は夏の家と共に冬の家を打ち壊す」。この言葉によって、アモスは遠回しに［高官たちの］宮殿のことを言っているのに違いありません。貧しい人ならば、冬であれ夏であれ、どんな屋根の下でも満足だからです。冬を暖かく過ごすために、家を変えることはありません。もちろん、夏の間は涼もうとはしません。貧しい人たちにとって、たとえ快適［な生活］でなくとも、一生涯を通じて、一つの住まいがあれば満足なのです。これに対して、裕福な人たちは冬には温かさを求め、避暑地を所有している。よって、預言者は言います。裕福な人たちの家がどんなに広く、どんなに大きな建物であったとしても、彼らに対する神の裁きの侵入を防ぐことはできない、と。こうして、「私は夏の家と共に冬の家を打ち壊す」。

そして、「象牙の家は滅びる」。さらに一層明らかとなります。この言葉において、預言者は豊かで富んでいる人たちのことを語っているということが。彼らは荘厳で華やかな宮殿に住んでいました。よって――「象牙の家は滅び、大邸宅も消え失せる」。ある人たちは、［「大邸宅」の代わりに］「たくさんの家」［したがって、たくさんの人たち］と理解していますが、それは間違いです。預言者は［直前の「象牙の家」に関しての見解と］同じ見解を続けているからです。つまり、先には「象牙の家」と呼ばれていますように、ここでも大きな家について言われているのです。そういった家は、快適と利便性を考慮して建設された建物――普通の庶民の家がそうであったのですが――であっただけでなく、それに華美、光彩、豪奢といったものが付け加えられた建物のことです。ご存知の通り、豊かな人たちは衣食に加え、住まいのためにも浪費に勤しむ人たちなのです。

以上が、ここの［言葉で預言者が言おうとした］趣旨です。続けましょう。

第四章

1　この言葉を聞け。サマリアの山にいるバシャンの雌牛どもよ。弱い者を圧迫し、貧しい者を虐げ、彼らの主人に向かって「酒を持って来なさい。飲みましょう」と言う者らよ。

この［4］章を［前の三章から］区分した人は、預言者［が語る言葉］の文脈を十分に理解してはいないと思われます。といいますのは、裕福な人たちに対する告訴はまだ続いているからです。預言者は［ここ1節でも］イスラエル王国の高官に対して預言しています。権力の座に着く裕福な人たちの、他者に対する狂暴かつ乱暴な扱いについて、私たちは十分知っております。ここ［1節］において、預言者はそういった横柄な彼らを揶揄しています。――「聞け、この言葉を」。すなわち、彼はこう言っています。――「これから起ることを私は知っている。権力の座に着くお偉方は、私の警告を傲慢に嘲っている。彼らは自分たちが神の裁きに価することに気付いていない。彼らは［私の非難の言葉によって］自分たちが侮辱を受けたと思っているのだ。そして、彼らは私に質問するのだ。お前は何者なのか、と。どんな根拠をもって、一人の家畜を率いる者が厚かましくも我々を攻撃できるというのか、と。だから、『聞くのだ、雌牛たちよ！』」このように言う預言者にとって、彼らを傲慢にさせる権力などお構いなしです。「あなたがたの権威が何だというのか？　ただ肥えているだけではないか。私が目の前にしているのは、雌牛以外の何ものでもない。あなたがたは肥え太って［権力を宿して］いる。しかし、私は恐れない。あなたがたの権力、あなたがたの富は、私から自由を奪うことはできない。主が命じられるがままに、私にとって相応しい仕方であなたがたを扱う自由を」。

以上のように、王国の高官たちに対して、預言者は皮肉をもって相対しています。自分たちが［民衆には］近寄り難い聖者と［み］な［され］ることを望んでいた彼らに対し、預言者は問い正します。――「何の特権によって、あなたがたは主の言葉を聞くための耳を塞ごうとするのか？　あなたがたが披露する富あるいは権力とは、これすなわち、肥満なのである。だから、あなたがたは雌牛なのだ。私はあなたがたを雌牛とみなす。私はあなたがたを自由に扱いたい。［羊飼い、つまり、家畜を率いる者である］私が、私の家畜を［自由に］扱う際のように」。

以上のように、預言者の忠告は理解できるでしょう。

しかし、預言者の比喩は続きます。ここ［1節］において、預言者は王国の高官たちに厳しく訴えます。彼らが罪もない人たちを虐げていたと。また、貧しい人たちを苦しめていたと。ですが、預言者は彼らのことを女性形で呼んでいるのです。彼はこう言っています。――「サマリアの山にいる彼女たちは、貧しい者を虐げ、弱い者を嘲り、言っている」。預言者は［彼らを雌牛に譬える際に］、彼らのことを男性形で呼ぶことは相応しくないと考えています。一方、彼ら自身は自分たちが一般の階級から区別されることを望んでおりました。あたかも、英雄か半神であるかのように。その彼らに対し、ここ［1節］において、預言者は［尊敬どころか、むしろ侮蔑を込めた女性形によって］皮肉を込めて雌牛と呼んでいます。彼らに男性形の名称さえ与えていないのです。よく知られている通り、バシャンは「肥満」といった言葉に由来します。バシャンの山は実に肥沃な場所で、そこの牧草地は有名でした。この肥沃な山について、イスラエルの民もよく知っていました。だからこそ、預言者は大きく膨れ上がった人たちのことを、バシャンの雌牛と名付けているのです。預言者は大変厳しい言い方をしているわけですが、そうする必要があったのです。なぜなら、肥え太った彼らは、世の常の如く、怠慢をその身に招いてしまっていたからなのです。人間というものは、豊かさに満ち溢れますと、あるいは、高い権力の座に着きますと、自分というものを見失い、さらには神を誹謗するようになるのです。自分たちが全ての危険の外にいるものと思い込んで。そういった安穏は、金持ちたちを怠慢にさせます。彼らはいかなる警告にも注意を払うことがなくなります。神の言葉に従うのを嫌うようになります。そして、彼らは［預言者が語る］全ての忠告を余計なものと感ずるようになってしまうのです。このため、預言者は厳しく彼らを非難しているのです。また、彼は雌牛といった侮辱的な呼びかけでもって、彼らを咎めてもいるのです。彼は「サマリアの山にいる雌牛」と言っていますが、これはさらに皮肉が込められた言い方です。つまり、［彼らがサマリアの山にいる雌牛ならば］彼らは町の宮廷の住まいから離れていたでしょうから。したがって、彼らは国内の全ての民のことを見張る務めから解放されていたでしょうから。さらに、彼ら自身の忠告とそして汗とによって、王国を支える［といった、本来彼らに委ねられていた務めを果たす］ことからも解放されていたでしょうから。預言者はこう言っているのです。――「私は全て知っている。あなたがたはバシャンの山にいるのではなく、サマリアの山にいるのだ。しかし、サマリアとバシャンとで、何が違うというのか？　サマリアであなたがたは自分たちの娯楽に耽っている。それはまるで、雌牛が――とりわけ肥えた場合であるが――自分の体重に悩まされるのと同じである。肥えた雌牛はやっとのことで我が身を動かせるだけなのだ。あなたがたもそれと同様である。あなたがたも肥え太っているがゆえに、動くのがやっとだ。サマリアは［本来］見張台と呼ばれるところのはずだが、[1]バシャンの山と化しているではないか。（あなたがたは民の救いのために動いていると主張するだろうが、）そこであなたがたは、民の救いのために全く動こうとしない。いやむしろ、そこであなたがたは多くの富を貪り食っているだけなのだ。あなたがたの貪欲は底が見えない。あなたがたにとって、国の全てが脂肪の詰まった肥沃な牧草地に見えるのではないか」。

このように彼らを告発する預言者ですが、貧しき者に対する彼らの圧政と、弱い者に対する彼らの搾取とについて、とりわけ告発しています。彼らが他者に不正を働いていたことは疑いありません。しかしとりわけ、豊かな人たちが憐れな人たちを残忍に扱っていたこと、そして、彼らが憐れな人たちに救いの手を全く伸ばさなかっ

1　「サマリア」は「見張り、見張台、見張る者」といった語源に由来する。

たこと。この点をこそ、預言者は非難するのです。ここ［1節］において、豊かな人たちによって貧しき無力な人たちが苦しめられていることを、預言者は声高らかに非難しています。なぜならば、生きる術を見出せない世の貧しき人たちのために、神は特別なご配慮を約束してくだっているではありませんか。言い換えれば、皆がこぞって貧しき人たちを残酷に扱えば扱うほど、あるいは、彼らを助けるために走り、救いの手を差し伸べる人がいなければ一層、彼らに対する神の憐れみは呼び起こされるものなのです。

最後にこう付け加えられています。――「その主人たちに」。私は驚くのですが、次のように二人称に置き換える解釈者たちがいます。――「あなたがたの主人に対して、あなたがたは言う」。しかしここでは、アモスは三人称で語っているのです。おそらく、その解釈者たちは意図的に預言者の思いを曲げてしまっています。彼らは「主人たち」(2)を王とその顧問として理解します。ここ［1節b］においては、そういった王国の高官たちに対して預言者［自身］が［直接］自分の言葉を語ってはいない［つまり、預言者にとっては間接的な］言葉として彼らは理解するのです。しかし、この変更は相応しくありません。むしろ、預言者は負債を持った貧しい人たちを取り立てる人たちのことを、［貧しい者たちにとっての］「主人」と呼んでいるのです。要するに、［1節bで言われていますことは］王国の助言者たちと裁き人たちとが、貧しき人たちから略奪行為を働く金持ち層と結託していた、ということなのです。金持ちが裁き人に金を渡すものならば、金持ちの要求は全て通ってしまう。実に、略奪以外に目がない人たちは、金によってしか動かない、そういった人たちなのです。

こういうわけですので、「酒を持ってきなさい。一緒に飲もうではないか」という言葉は、彼ら［高官たち］による、貧しい人たちの主人に対する言葉なのです。言い換えれば、こういうことです。――「私の腹を満たしてほしいのだが。ただそれだけでよい。そうすれば、私はお前の願いを叶えてあげよう。お前の要求通りに。だか

2　Dominos.

ら、金だけ調達したまえ。大丈夫。貧乏人らはお前に引き渡すから」。

以上のように預言者の忠告を理解することにいたしましょう。彼自身が嘆いていた圧政の様子について、預言者はここ［1節b］で描写しているのです。次のように。――「あなたがたは貧しき者を苦しめている。どのように？　貧しき者たちをその債権者に売り飛ばしているのだ。金でもって、貧しき者を売り渡しているのだ。あなたがたにとって、報酬さえ提供されるならば十分なのだ。何が正しいのか調べる前に、あなたがたは即刻罪もない憐れな人たちに有罪の判決を下す。なぜなら、彼らは［金という］賠償を払うことができないからだ。貧しい人たちが負債を負ったその主人たちは、あなたがたに金を支払うわけだが、しかし、あなたがたの不正による取引によって、彼ら［主人ら］は自分自身をあなたがたに売り渡してしまっているわけだ」。こういった結託が、彼ら相互の間に存在したのです。

以上のように理解すれば、預言者の［言葉の］意味はよく伝わるでしょう。

では続けます。

2　主なる神は、ご自身の聖所にかけて誓われた。見よ、あなたがたにその日が来る。あなたがたは盾で（ある人たちは、「鉤で」と訳しています。）引き上げられ、あなたがたの中の残りの者も釣り針で引き上げられる。

ここでアモスが告げ知らせていますことは、肥え太った牛としての彼ら――神を嘲り、油の詰まった肥満のために身動きが取れない人たち――に待ち構えていた裁きの情景についてです。彼はその［裁きの］日が極めて近いと言っています。ここの預言者の言葉は、次のような意味です。――「その日はもうすぐだ。あなたがたがその持ち物と財産もろとも引き上げられるその日は。あたかも、漁師の鉤によって［引き上げられるその日が］」。しかし、より効果的に恐れを抱かせるために、預言者はこう言っています。――「神はご自身の聖所にかけて誓われる」。確かに、神の御言葉は［聖所なしでも］それだけで十分な効力を放つはずです。ですが、私たちにとっても、神の約束［の御言葉］を重んずるのは大変難しい。なおさら偽善者や誹謗者たちは、神の警告を気に留めず、それを愚弄し、神の僕たちが伝える言葉を空しきものとみなしている。そういった怠慢な人たちは、神のご誓約を通して、よりはっきりと目覚めさせられねばなりませんでした。そのために、預言者は言うのです。「主は、ご自身の聖所にかけて誓われた」と。けれども驚かされるのですが、ここ［2節］において、神はご自身を通してではなく、神殿にかけて誓われるのです。なぜなら、使徒が言うように、主はご自身にかけて誓われるはずだからです。ご自身よりも偉大なものは存在しないがゆえに。(3) ［「神殿にかけて」とありますが］神はご自身に対する敬意を、石像や木像に与えているかのようなのです。これは決して納得のいくことではありません。よって、ここでは神殿の名が神の御名の代わりとなっている［と理解するべきな］のです。「神が聖所にかけて誓われる」と言われているわけですが、それは、神ご自身が見えないお方だからこそなのです。一方、神殿は生ける神のかたちのようなものに過ぎません。神殿において、つまり、神のかたちにおいて、神はご自身を示されるのです。神殿は宗教的しるしであり、象徴なのです。神の御顔が光輝かれるところとしての。よって、［聖所にかけて誓われているからといって］神はご自身の栄光を手放されたのではありません。また、ご自身の栄光によって、この世の神殿を飾り立てておられるのでもありません。むしろ、ここ［2節］において、神はご自身を愚かな人間［の考え方に］に合わせておられるのです。神ご自身によらなければ、神は認識されないのですから。しかしある意味、神は神殿においてご自身を明らかにされるとも言えますので、神は神殿にかけて誓われているのです。

解釈者たちは気付いていないのですが、次の大切な点に注目いたしましょう。つまり、ご自身の聖所にかけて

3　ヘブ6・16。

誓われる神は、間違った礼拝を拒まれる、ということを。間違った礼拝によって、イスラエルの人々は奢り昂ぶってしまっていたのですが、これは既に確認した通りです。要するに、こういうことです。――「シオンの山で礼拝されてきた神は、シオンの山においてのみ［ご自身の御名が］呼び求められることを望まれる。そしてそれは、神がご自身にかけて誓われる、ということでもあるのだ。聖なるものが存在するとすれば、ただただ神の中以外には有り得ない。しかしながら、神はあなたがたに対し、聖所エルサレムといった聖なるしるしをお与えになった。それだけに、神はあなたがたの礼拝を全て拒まれるのだ。神はあなたがたの［ベテル］神殿を、獣の洞穴あるいは狼の巣窟のように御覧になっておられるのだ」。以上のように、ここ［2節a］の「聖所」といった言葉に隠された一つのアンチテーゼに私たちは気付くのです。すなわちそれは、律法に沿って正しく神を礼拝していた［南］ユダの人々と、ヤロブアムが建立した疑似神殿、及びその他の高台で礼拝していたイスラエルの人々［といったアンチテーゼのこと］です。イスラエルの人々［自身］は、［それらの所で］神を［正しく］礼拝しているつもりでしたが。いずれにせよ、この序文――神はご自身の聖所にかけて誓われる――が何を意味しているのか、皆様は理解できたことと思います。

「見よ、あなたがたにその日が来る。あなたがたは鉤で（あるいは、盾で）引き上げられる」。「צנה」というヘブライ語は、「冷たい」という意味です。一方、「צנה」は「盾」を意味し、漁師の鉤を意味することもあります。ある人たちの考えによれば、肉を引きずるための道具が言われているのだそうです。つまり、この彼らの考えによれば、預言者は先の比喩［つまり、イスラエルの高官が貧しき者たちを酷使する様子を描いた比喩］による風刺をまだ［ここ2節bでも］続けているのだそうです。しかし、そうではないと思います。いえ、全然違います。ここではおそらく、小さな魚が釣鉤によって引き上げられるように、雌牛の脂肪［の肉］が引き上げられる、といった様子が示されているのです。預言者はすぐ後で「針」に言及していますし、あるいは、「釣鉤」［という言葉］を繰り返しているからです。つまり、彼はこう言おうとしたのです。――「あなたがたは重い体重を背負っている。あなたがたの肥満は大層重い。しかし、あなたがたがどんなに重くても、神の裁きが一瞬の内にあなたがたを奪い去る。それをあなたがたは防ぐことができないのだ。人が釣鉤で魚を釣り上げるかのように［一瞬の内に］だ」。［このように理解すれば、2節bにおける］二つの異なる比喩がよく重なり合っているのがはっきりといたします。［さらに、彼はこう言っているのです。］――「今あなたがたは、あなたがたの脂肪［の重さ］によって［裁きのために引き上げられることはないと］高をくくっている。しかし、あなたがたを引き上げられる神にとってしてみれば、あなたがたの体重はゼロに等しいのだ。あなたがたは、あなたがたの敵から引きずり出されることになる。［その際のあなたがたは］肥え太った雌牛ではなく、小さな魚のように［なることだろう］。だから、一本の釣鉤、あるいは一本の針で十分。それによって、あなたがたは遠く離れた陸地に投げ出されることになるのだ」(4)。この［2節の］比喩を、イスラエルの人々は真剣に受け取るべきだったし、気付くべきでした。肥満、すなわち豊かな富を抱えていた自分たちを引き上げるためには、大きな荷馬車どころか、むしろ、小魚を引き上げるための一本の釣鉤の力量で足りるのだ、ということを。

先に続けます。

3 あなたがたはおのおの、目の前にある（あるいは、その顔の前にある）［城壁の］破れ目から出て、高台から（あるいは、宮殿から）身を投げ出す、と主は言われる。

これまでとは異なる言葉を預言者は語っています。［その内容は］イスラエル王国を見舞う災いの情景についてです。とはいえ、彼はここでも王国の金持ちや高官に向けて語っています。民衆あるいは群衆もまた、［預言

4　来たる北イスラエル王国の滅亡、あるいは、バビロン捕囚のことが意図されていると思われる。

者から］警告され得たとしても、そういった人たちがはっきりと名指し［で警告］される必要はありませんでした。といいますのは、神が高官たちに［恐ろしき］雷を下されるとすれば、どうしてその恐れが弱者にも伝わらないことがあるでしょうか？　よって、預言者はいつも意識的に裁き人や王の顧問官に対して御言葉を語るのです。――「あなたがたはおのおの、［城壁の］破れ目から出る」。この言葉においても、これまでの語り方［つまり比喩］が続いていることが分かります。彼は高貴なお偉方のご主人様らに対して語っているわけですが、彼らを人としてではなく、ここでもまだ雌牛として扱っています。彼はこう言っています。――「各々の雌牛は、城壁の破れから一目散に出るだろう」。ご存知の通り、金持ちたちは己の地位を守るのに必死です。彼らにお近付きになることはとても難しい。ここ［3節］において預言者が言及していますのは、［己の地位を守るために、全く動こうとしない現状とは］全く異なる彼らの未来の様子についてです。彼はこう言っているのです。――「三段構えの城壁、あるいは三重扉であれば、いかなるどよめきであっても遮断できる。［そういった守りの内側で］彼らはとても静かな時を過ごしている。しかし、至る所に破れが生ずることだろう。全ての雌牛がその破れから外に出ていくことになろう。こうして、『自分の宮殿から、彼らは身を投げ出す』ことになる。全ての娯楽があなたがたのもとから消え失せ、今あなたがたがそれに浸っている平穏［な生活］は失われることになる。いや、それどころか、逃げ延びることだけに必死となる。あなたがたは皆、突進することになろう。あたかも、発情のために興奮した雌牛が愚かにも自分の身を投げ出すように」(5)。雌牛の激しい突進についてはご存じだと思います。「そういった出来事があなたがたに降りかかるのだ」と預言者は言っているわけです。

以上が、ここ［3節］の言葉の大まかな趣旨です。

ある人たちは、［「高台」と訳させていただいた］「ההרמונה」を「ヘルモン」と解釈しています。つまり、イスラ

5　マコ5・13を参照。

エルの人々が遠く離れた〔ヘルモンの〕地に連れて行かれることになる、といった解釈です。別の人たちも、「ヘルモン山」として理解しています。つまり、〔このヘブライ語に〕何の比喩的な脚色も加えないままで。また、「宮殿において」と理解する人たちもいます。この私は、「宮殿から」、あるいは「高台から」と理解いたします。よって、「あなたがたは宮殿から〔自分の身を〕投げ出す」といったように私は理解します。言い換えれば――「あなたがたは自分たちのために飾り立てること、あるいは、その他の様々な喜びに心を奪われることはもはやない。死の危険から逃れることだけで精一杯となる。獣のような慌ただしさをもって、あたかも雌牛が所構わず突進していくかのように」。

神の名が再び繰り返されておりますが、これには必ず意味があります。つまり、預言者はイスラエルの人々の陶酔を〔遠くに〕追放しようとしたのです。既に確認しましたように、とりわけ王の顧問たちや裁き人たちは、怠慢で動かない人たちでした。彼らはいわばその肥満によって動けなくなっていたのです。続けましょう。

4 ベテルに行って罪を犯し、ギルガルに行って罪を重ねよ。朝ごとにいけにえを、三日目には（つまり、三年目に）〔収穫の〕十分の一を携えよ。

5 感謝の献げ物として種入りのパンを焼け。自発の献げ物をせよ、それを大声で触れ回れ。イスラエルの子らよ、それがあなたがたの好んだことだ、と主なる神は言われる。

6 だから、私もあなたがたの全ての町で、歯を清く（ある人たちは「〔歯を〕弱く」と、つまり、悪い意味に取っています。）保たせ、あらゆる場所でパンを欠乏させた。それでも、あなたがたは私のもとに帰らなかった、と主は言われる。

これらの言葉においても、預言者はイスラエルの人々の過信、すなわち彼らを頑なにさせてしまう空虚な彼らの過信を砕こうとしています。ベテルとギルガルでいけにえを献げていた彼らは、自分たちの礼拝が神にとても喜ばれていると思い込んでいました。これらの言葉において、預言者は告げ知らせます。熱心に彼らが［彼らにとっての］聖なる行いに励めば励むほど、より一層大きな侮辱を神に与えることになってしまうのだ、と。したがって、より重い裁きを自分たちの身に招くことになってしまうのだ、と。［預言者はこう言おうとしたのです。］――「何の意味があるというのだ？　あなたがたの労苦は？　熱心にベテルでいけにえを献げてはいる。しかし、たとえ神の律法で定められた規定を一つも怠らなかったとしても、一体何の意味があるというのだ？　あなたがたはますます神の怒りを招いているだけなのだ」。このようにイスラエルの人々を非難する預言者です。ですが、「イスラエルの人々は、自分たちが償いの務めを果たしていると思い込んでいた」と彼は非難しているのではありません。偽善者はいつもそのように思い込んでいるものですが。そして、［偽善者たちの］そういった罪も、しばしば預言者の批判の対象となっております。しかしながら、預言者が［ここの言葉で］告げ知らせていますことは、神の御前にあって、有害にして倒錯した忌まわしき彼らの礼拝そのものに関してなのです。

預言者たちは皆、いけにえに関して二つの点を非難してきました。その一つは、偽善者たちのいけにえについてです。偽善者たちも神の御前に償いの献げ物を献げるのですが、それは、彼らが自分たちに相応しき罰から逃れようとしているからなのです。あたかも、自分が神に負っていたものから解放されようと努めるかのように。これと同様のことが、エルサレム神殿においてなされていました。［南王国］ユダの人々は、神の御名をみだりに用いていたのです。彼らは律法の定めに従っていけにえを献げていました。しかし、真実の正しい目的に沿ってではなかったのです。彼らは思っていました。動物の血によって、あるいは香りや、その他の外的な儀式をもってすれば、神を宥めることができると。これは、［いけにえの］誤った用いられ方です。よって、この罪を犯す人たちに対し、しばしば預言者たちが諫めたのでした。「あなたがたは［動物の］いけにえを償いとして、いや、いわば罪を洗い清めることができる本物の償いの献げ物として、それらを神に押し付けている」と。さらに、こういったいけにえは子供じみた愚かな行いに過ぎない、と預言者たちは告げたのです。しかし、ここ［4―6節］においては、［犠牲に関する二つ目の非難として］アモスはさらに核心に迫っています。つまり、自分たちは外的な儀式によって神に仕えていると思っていたイスラエルの人々に対し、この預言者はそのことだけでなく、さらに次のことをも告げ知らせているのです。すなわち――彼らは彼ら自身の礼拝から遥かに遠ざかっており、むしろ彼ら自身がそれに離反している。なぜなら、彼らは神がお命じになった場所ではない所で、神を呼び求めていたのだから。

神がご自分の民に望まれたのは、唯一の祭壇でありました。そこにおいて、ご自身のためのいけにえが献げられることを神は望まれたのです。当のイスラエルの人々と言えば、自分たちの欲望でかたどった神殿を建設してしまったのです。ベテルとギルガルに。ここ［4―6節］において、預言者は告げ知らせます。イスラエルの人々は救いの根拠を彼らの礼拝に置いていたが、それはただただ［神の］憎悪に満ちた汚れに過ぎないのだ、と。こうして、預言者いわく。――「行け、ベテルに」。これは怒りの命令です。この言葉を語られる神は、確かに皮肉を込めてこう語られているのですが、同時に、怒りを見せておられます。こう言われているかのように。――「どんな罰をもってしても、彼らを手なづけることができない。もはや留めておくこともできない」。フランス語で言ってみましょうか。――「お前のなし得る最悪を行え」。同じことを、神はエゼキエル書第二十章で語られております。――「おのおの自分の偶像のもとに行き、いけにえを献げよ」(6)。神は御覧になられていました。頑な［で容易には動か］な［かった］この民が、偶像や迷信に突進していく様を。神は言われます。――「行け！」あたかも、彼らの心に火をつけようとされたかのように。もちろん、神は罪人を唆され［さらに罪を犯

6　エゼ20・39。

させ」ることはありません。しかし、そういった［お気持ち］くらいに、神は怒りを爆発させておられるのです。神は彼らのために忍耐されましたが、その甲斐なく、度を越して騒ぎ立てる彼らを御覧になられた神は、ついに言われます。――「行くがよい」。あたかも神はこう言われているのです。――「失われた人たちよ、あなたがたにはどうすることもできない。だから、悪魔に頼るがよい。あなたがたの好きな所に連れて行ってくれるだろうから。『ベテルに行って罪を犯し、ギルガルに行って罪を重ねよ』。罪に罪を重ねるのだ」。

では、彼らはベテルにおいて、どのような罪を犯したというのでしょうか？　実に、神を礼拝することにおいてであります！　神を礼拝する――良き志しを漂わせるこの外面的な飾りは、偽善者たちが常に前面的に披露するところのものです。しかし、それは神に対して何の効力も持ちません。彼らは思っています。神を礼拝する気持ちさえあれば、自分たちが［礼拝において］繰り広げることは、［神から］拒まれることはないと。こうして、彼らは自分たちの偶像と戯れていました。そして、［そのように神を礼拝している限り］自分たちは神の権威を封じ込めることができるとさえ思っていたのです。「［彼らを］訴える」といった神の権威を。よって、預言者は告げ知らせます。イスラエルの人々がそれによって救われると確信していた彼らの礼拝は、全くの忌むべきものに過ぎず、呪いに価する大罪であるのだと。［次のような意味で彼は言っています。］――「ギルガルにおいて罪を重ねよ。そして、朝ごとにいけにえを献げよ。そのことに励むがよい。外面的な［礼拝の］行いであれば、決して［神に］非難されることはない、とあなたがたは考えているのだから」。

「三年後に、つまり三年目ごとに、［収穫の］十分の一を納めるがよい」。このような教えは、申命記十四章でも確認することができます。(7)　イスラエルの人々は、外見上はとても熱心に神を礼拝していました。これに対して、アモスは［彼らの礼拝の姿を投げやりに言うことによって］彼らの礼拝が取るに足りない空しいものに過ぎない

7　申14・28。文字通りには「三日目」であるが、ヘブライ語の複数形の「日」は、しばしば「年」を表す。

ことを教えています。いやむしろ、神の御前にあって、それは忌まわしいものであったと彼は教えているのです。［彼らの礼拝のために］彼らが浪費すればするほど、神の怒りの炎を頭に積むことになるのだと。[8]

次の［5］節も同じような意味です。——「感謝の献げ物として種入りパンを焼け」。預言者は感謝の献げ物について言及しています。イスラエルの人々は、［自分たちにとっての］感謝［を示すため］の行いとして、酵母［すなわち種］を混ぜた献げ物を献げていました。［感謝の献げ物以外の］その他の献げ物の場合には、焼き菓子と共に、酵母を入れないパンが用いられておりました。一方、感謝の献げ物の場合には、酵母［を入れたパン］を献げることが許されていました。こういった規則に関して、イスラエルの人々は十分過ぎるほど熱心でした。預言者は告げ知らせます。——「神はあなたがたを受け入れられない。純粋な律法の戒めに背いたからだ」。ある人たちの理解によれば、［ここでの］酵母は［菌といった］悪い意味としての犠牲に関わる悪徳ないし賄賂のことだそうです。彼らの解釈によれば、律法は酵母［すなわち悪］の入っていない純粋さを要求している［のにもかかわらず、彼らはそうしなかった］、ということが言われているのだそうです。ですが、この解釈は正しくないでしょう。ここ［5節］においては、預言者はこう非難しているのに間違いありません。——「あなたがたは律法の戒めから離れてしまったのだ。なぜなら、あなたがたは、何と神殿の場所を動かしてしまったのだから！　加えて、新たな祭司を立ててしまったのだから」。その他の［細々とした］律法に関しては、彼らは確かに熱心で忠実だったかもしれません。けれども、この背反こそ、あらゆる嫌悪の源泉だったのだ！　よって、神が［その源泉から溢れ出る］これらの腐敗物を受け取られるはずはなかったのです。神の御前にあって、従順は全ての犠牲を合わせたものよりも高価なのです。他の所でも言われているように。[9] 預言者はこう言っています。——「『נדבה』、すなわち自発の献げ物をせよ、それを大声で触れ回れ」。これを言い換えれば——「あなたがたは朝夕のいけに

8　ロマ12・20を参照。
9　サム上15・22を参照。

えの務めを果たしている。掟によって命じられた通りに。祝祭日にはその他のいけにえも献げている。それだけでなく、時に応じた随意の献げ物もだ。残念だが、それらは私を喜ばせはしない。よって、『自発の献げ物を運んで行け、そして、それを大声で触れ回れ』」。つまりこういうことです。――「いけにえを献げるための厳かな集会を催すがよい。しかし、そうすることは、罪に罪を重ねること以外の何ものでもないのだ。罪を働くがよい。始まりが罪であったのだから［罪に罪を重ねることになるだけなのだから］」。

この［5］節の最後も大切です。こう言われています。――「イスラエルの子らよ、それがあなたがたの好んだことだ、と主なる神は言われる」。預言者は、「イスラエルの人々がそれを愛していた」と告げております。と同時に、彼らの厚かましさを非難しています。彼らが自分たちの判断に従って、自分たちのための新しい礼拝を考案してしまった厚かましさを、彼は非難しているのです。彼は次のように言っています。――「私はあなたがたのいけにえをはねつけたりはしない。ただし、エルサレムにおいて献げられるのならば。あなたがたは汚れた場所で私に献げているではないか。あなたがたのいけにえは、あなたがた自身の所に帰っていくのだ。私の所には届かない」。ご承知の通り、偽善者たちはいつもそうなのです。神に負い目を負わそうとする。自分たちに対する負い目を神に。すなわち、彼らの儚い儀式において、彼らが何らかの務めを果たす際に、彼らは思ってしまうのです。神は自分たちに負い目を負われたと。しかし、神は拒まれます。彼らが［ご自分の所に］持ち込もうとする浪費物を。よって、神は負債を負われることはありません。神ご自身の律法が、そういったものによって神を喜ばすようにとは命じておりません。神は言われます。――「あなたがたは自分たちを喜ばすために行っているだけなのだ。それならよかろう。あなたがたの思い通りにそれを行うがよい」。

以上、アモスがここ［5節］の箇所で言おうとしたことは理解できたことと思います。彼は言っています。――「イスラエルの子らよ、それがあなたがたの好んでいることだ」。これすなわち――「あなたがたは私に尋ね求めるべきだったのだ。私の言葉に従うべきだっだ。私が喜ぶこと、私が命じておいたことに心を砕くべきだった。ところが、私の言葉は後回しにされ、私の律法はないがしろにされ、代わってあなたがたは、自分たちの気に入ること、自分たちの心の中で生み出されたものを追い求め続けていた。あなたがたにとっては、あなたがた自身の思いが律法なのだろう。だから、あなたがた自身の中に解決策を見出すがよい。私はこれらの［いけにえに関する］ことを何一つ承認しないのだから。私が求めるのは、ただただ従順のみなのだ。その他はいらない。私の律法に従ってくれさえすれば。あなたがたと言えば、自分たちの心に適わなければ動こうとはしない。これは当然、私の御名による礼拝とは違う」。

祈り

全能の主よ、あなたは、私たちの生活があなたの律法の御教えによって形作られることを望まれました。そして、律法を通して、あなたが喜ばれることを、あなたは私たちのために明らかにしてくださいました。私たちが不確かなことの中で彷徨うことなく、あなたに従うことができるためです。主よ、私たちは、自分の全てをあなたに従わせることができますように。私たちの生活、そして、日々の業をあなたに献げるだけでなく、私たちの心の思い、私たちの知恵や判断に関わるもの全てを、いけにえとしてあなたに献げることができますように。霊をもってあなたを礼拝し、あなたの御名を正しく崇めることができますように。我らが主キリストによって、アーメン！

「だから、私はあなたがたの全ての町で、歯を清く保たせ、あらゆる場所でパンを欠乏させた。それでも、あなたがたは私のもとに帰らなかった、と主は言われる」。ここ［6節の言葉］において、神は民の癒し難き頑なさを嘆かれております。――「私は御言葉によっても、また、重い罰によっても、この民を正しき道に連れ戻そうとしてきたのだ。しかし、無駄だった」。この民の強情さは、彼らの罪を倍増させる。彼らは神の懲らしめに屈することはできませんでした。ところで預言者が言うことには、この民は飢えによって懲らしめられました。彼は言っています。――「歯を清く保たせた」。比喩的表現です。(10) つまり、アモスは欠乏を告げています。［食べることがなければ、歯は汚れません。］彼自身、「パンの欠乏」によってそれを説明しています。ご存じの通り、彼らは肥沃な畑を所有していたはずです。それなのに、彼らはどの町においても貧困と穀物の窮乏に苦しんできたというのです。こういった［飢えなどの］罰の目的は、人間が神に従うようになるためなのです。［肥沃な土地であったのにもかかわらず］実りがほとんどもたらされなかったとすれば、それは明らかに、彼らの頑なな悪しき心のせいなのです。ここ［6節］において、預言者が示していますことは、イスラエルの人々の一回限りの罪ではありません。むしろ、彼らが神に繰り返し反抗してきたことが示されているのです。彼らはどんな罰をもってしても、自分たちの悪徳を癒すことはできませんでした。

飢えについてはこれまでにいたします。別の種類の罰が続いています。

7 また、刈り入れにはまだ三月もあったのに、私はあなたがたに雨を与えなかった。ある町には雨を降らせ、他の町には雨を降らせなかった。ある所には雨が降ったが、雨のない所は枯れてしまった。

ここで預言者は別の種類の罰に言及している、と私は申し上げました。しかし、別の種類どころか、全く異なる罰なのです。先に彼が言及しました飢えは、干ばつ以外の原因によることがあるのでしょうか？　そして、他の［聖書］箇所でも確認したことですが、［その干ばつは］人間の食料を奪おうとされた神が天を閉ざされること

10 Figurata est loqutio.

によって起こるのです。地上［の叫び］を聞き取ることなく、鉄の扉を閉ざされるかのように。［7節の］預言者の言葉には意味があります。つまり、神が人間にもたらされる罰が、より真剣に受け取られることを神は望んでおられるということなのです。単に飢えを経験するだけでも、人は神の呪いといったものを感じ取る。無頓着な人でなければですが。干ばつが最初にあり、大地が農民［の働き］を奪う。そして、食べ物の欠乏が続く。［こういった］より長期間［にわたる時間］が与えられることによって、人は神の怒りについて熟考するに至るのです。だからこそ、預言者はこの民が受けた穀物の窮乏といった懲らしめを最初に語り、その後ここ［7節］において、雨不足を強調しているのです。つまり、彼はこう言おうとしたのです。――「あなたがたは、たとえ長い時間をかけてでも正気に戻るべきだったのだ。かりに、神があなたがたに怒りを覚えられたのが一日だけであったとすれば、あるいは、お怒りになられている証拠としてのしるしを示された日が、たった一日だけであったとすれば、その短い時間［に限って神がお怒りなられたこと］に対して、あなたがたは言い逃れできたかもしれない。だが、神が雨を閉ざされ、大地が干からび、不作が生じ、飢えに襲われるとすれば、あなたがたの鈍感さはどれほどのものだろうか？　神のかくも大きな怒りのしるし、しかも、長きにわたって［神が怒っておられたこと］のしるしに対して、あなたがたは全く思いを寄せることがなかったのだから」。

以上、ここ［7節］において、預言者が穀物不足に加えて干ばつに言及している理由について、つまり、彼が［干ばつといった］出来事を招く原因に言及している理由について、私たちは理解できたことと思います。要は、［6―7節は］この民の愚かさがより明瞭になるため［の言及］だったのです。

彼はこう言っています。――「刈り入れにはまだ三月もあったのに、私はあなたがたに雨を与えなかった」。一か月まるまる雨が降らなければ、大地は枯れます。人々も動揺するはずです。雨が全く降らないのは、何か不吉な出来事の前兆ではないかと。二か月も日照りが続けば、人は不安になり、恐れも抱くようになります。さらに三か月にもわたって日照りが続くのならば、これすなわち、何か悪い出来事の前兆です。ここ［7節］において、預言者は告げ知らせています。イスラエルの人々は、平凡な仕方で懲らしめを受けていたのではないと。そして、三か月の間も、己の罪を顧みることのなかった彼らの愚かさについても、彼は告げ知らせているのです。神はそんなにも長期にわたってご自身の怒りを燃やされて［その怒りの炎のために大地が干上がってしまって］、彼らを脅かされてこられたのに。しかし、このしるしをもってしてみても、彼らは全く目覚めることはありませんでした。ここ［7節］で私たちは気付かされます。［当時の］民の頑なさが［三か月といった］時の状況［説明］によって、さらに増し加わっているのを。

「刈り入れにはまだ三月もあったのに、私はあなたがたに雨を与えなかった」と言われた後で、別の状況説明が続いています。――「神は、ある町には雨を降らせ、他の町には雨を降らせはなさらなかった。ある所には雨を降らせたが、ある所には雨を降らせはなさらなかった」。［ある所には、他の所には、といった］これらの区別は、とても偶然のせいにできない区別です。人があえて自分から愚か者になろうとしたり、あらゆる理性［的な判断］を犠牲にしようとしなければですが。そうでなければ、彼らは認めざるを得なかったはずです。この出来事は、神がお怒りになられている明らかなしるしなのだと。ある場所には潤いがあり、別の所は枯れている。あるいは、隣接した二つの町に別々の状況が生じている。天の神が明らかにお怒りになっていたのでなければ、どうしてこういったことが起こるというのでしょうか？ つまり、預言者はここ［7節b］においても民の頑なさを告げ知らせているのです。こういった区別の中に、彼らは主の怒りを発見することはできなかったと。主がお怒りになっていたことは、十分過ぎるほど明白だったのにもかかわらず。この民は断固として自分たちの悪徳に執着し、どんな薬も当てられないほどでした。そして、もはや癒すことができないこの民と、神は最後の最後まで関わりを持とうとされてきたということなのです。それが全てです。

8　二、三の町が水を飲むために、一つの町に出向いて行ったが、満たされることはなかった。それでも、あなたがたは私のもとに帰らなかった、と主は言われる。

預言者は［水がある町とそうでない町といった］区別を設けています。二つないし三つの町が、水を求めて一つの町にやって来た、といったように。しかし、［渇きは］癒されないままだった。そこでも水が不足していたから。そしてそれは、人が多すぎたから。つまり、［「一つの町」と言われている町にあった］泉はその［町の］住民を満ち足らせることはできていたのです。それなのに、数え切れない人たちが至る所からそこに流れ込んできたので、その泉は枯れてしまった。要するに、預言者はイスラエルの人々が神から蒙った罰を強調しているのです。水の枯渇が広がり、ある町に水があるとの噂を聞いて、方々の住民がその泉に押し寄せてきたこと。こういったことは尋常ではありません。水を求めるがゆえに、住民が自分の町を捨てて逃げて来るとすれば。それはまるで、獲物を食べて満腹した獰猛な野獣が、［今度は喉の渇きを覚えて］水を得るために遠くに走っていくかのようです。水を求める人々が長い距離を旅していく。これは尋常ではありません。確かに、自然水を供給する川や泉が流れていなければ、人は井戸を掘り、労苦して飲み水を得ようとするものです。人が仕方なく家を捨て、遠くまで水を求め、［大勢が押し寄せてきた］その結果、泉が枯れてしまったこと。このしるしは、記憶されるべき一大事でした。あたかも見える神の御手［としてのこのしるし］を、一体なぜ、当時のイスラエルの人々は軽んじたのでしょうか？　それは、明らかに彼らの盲目的な頑なさのゆえであったのです。悔い改めることのなかったイスラエルの人々。［このしるしにおいて］彼らは恐れに捉われ、悲嘆し、憔悴し切っていたはずです。しかし、このしるしをもってしても、効果はありませんでした。彼らは罪に罪を重ね続け、自分たちの迷信に喜びを見出し続けていました。以前のままの生活を続けていたのです。自分たちの発明品を捨て去ることができず、なお引き続き神の怒りを招いていた彼ら。その彼らの頽廃かつ絶望的な頑なさが目立つばかりです。

こういった預言者の忠告は、更に続きます。

9 私は東風と赤さび病であなたがたを打った。あなたがたの多くの園とぶどう畑、また、いちじくとオリーブの木は、いなご（あるいはバッタ）が食い荒らした。それでも、あなたがたは私のもとに帰らなかった、と主は言われる。

もし一種類の罰によって人が説得されなければ――このこと自体、神の御前にあって、人が有罪であることを証明しています。一方、様々な仕方で人を動揺させる試みがなされても、あるいは、一つの仕方では人を確実に懲らしめることができずにいて、別の仕方で試して、しかしそれでも全く結果が得られないとすれば、さらに一層明らかとなります。愚かなままでそこから微動だにしない人が、いかに癒し得ぬ者であるかが。神は様々な手段を通して、人を悔い改めへと導こうとされておられるのに。こういったことを預言者は言おうとしているのです。ここ［9節］において、さらに次の言葉が語られています。――「あなたがたは東風で打たれた」。預言者のこの言葉から分かりますように、食料不足は必ずしも一つの原因によって惹き起こされるとは限りません。ところで、人間というものは、ある一つのことで不快を感ずるものならば、［たちまち］頑なになってしまうものなのです。一方で、ある地域において干ばつに見舞われるとしても、人はそれを運命だと片づけてしまうものなのです。では、神が様々な仕方で人間を懲らしめられる場合はどうでしょうか？　その際には、人は真剣に動かされ、心は呼び覚まされねばならなかったはずです。しかし、盲目的に全ての罰を見逃してしまうとすれば、その人は確実に忘恩の民なのです。悪魔に誘惑されている者と言っても過言ではありません。何も気付かず、何の区別もできないのですから。［イスラエルの人々が］こういった［存在であることを示す］ために、預言者はこの民を苦しめた様々な罰を想起しているのです。

こう言われています。――「大地は東風と赤さび病によって打たれた」。収穫に害を及ぼす赤さび病についてはご存じでしょう。冷たい雨の後、太陽が昇り、穀物の生命を焼き焦がしてしまい、その結果、穂は黄色づき、仕舞いには腐ってしまう。神はこう言われているのです。――「民の収穫はこの害によって打撃を受ける。先に起こった酷い干ばつに関しては、全ての土地が等しくそれに襲われたのではなかった。一つの町に、神は雨をお降らせになった。一方、雨が降らなかった周辺の町々は干からびてしまった」。このように［8節で］語った預言者でしたが、彼はここ［9節］で赤さび病についても言及します。こう言っています。――「いちじくの木とぶどうの木は食い荒らされ、畑は食べ尽くされ、オリーブの木はいなごによって、あるいは、バッタによって枯らされた」。イスラエルの人々は、これらの様々な仕方で訓戒を受けていたのです。だとすれば、彼らの盲目は驚くべき怪物の有様ではありませんか？　彼らはこれらの神の懲らしめに脅かされつつも、何とそれに耐えていたのですから。［これらの懲らしめによって］促されることを断り、正しき道に戻ることを断って。かりに最初の懲らしめは効果がなく、二番目の懲らしめも無意味であったとしても、いずれは悔い改めに至るべきだったのです。しかし、彼らは自分たちの慣習を守り続けてしまった。頑なさ――それについては既に語られてきました――の中で、彼らは自分自身を変えることはなかった。他に何が残されているというのか？［かの迷信の中で］神と戯れていた人たちが完全に滅びること以外に？

以上のように、預言者が言おうとしたことを私たちは理解いたします。さらに、この箇所で彼が教えていますこととして――他の箇所においても同様に捉えることができますが――季節は偶然によって巡るものではない、ということです。日照りが続く時であれ、長雨が大地の実りを腐らせてしまう時であれ、いなごの発生時であれ、それから、天が様々な害［虫］によって覆い尽くされる時も。これらのことは何一つ偶然によって惹き起こされるものではありません。そのことが、ここ［9節］の箇所において示されています。それだけに一層、神の怒りのしるしがこの私たちの前に示されているということでもあります。つまり、不信仰者はそう考えてしまうのですが、神は天地にある程度の支配権を分け与える仕方でこの世界を支配されているのではありません。そうではなく、時に雨を全く降らせず、あるいは反対に、たっぷり過ぎるほど降らせたり、時には暑さによって作物を枯らせ、空気［の温度］を変動させ、あるいは、人間に対し、慈しみ深いお方として相対され、あるいは敵意を示される。私たちは学びましょう、あらゆる自然の秩序は、神の特別な摂理[11]に基づいているということを！　預言者は［神の］特別な摂理について語っているのです。不信仰者が考えているような、一定の運動だとかいったものを夢見ることのないようにいたしましょう。むしろ、覚えておきましょう。日々の出来事を通して、神は御覧になられているのです。私たちが神の愛のしるしによって心を晴れやかにするかどうかを。一方、神の怒りのしるしによって、私たちが謙遜になり、悔い改めに至るかどうかを。こういったことを、預言者のこの箇所［の言葉］から学ばなくてはならないのです。アモスは私たちに教えています。風であれ雨であれ、雹、干ばつ、猛暑、寒さといったものは、神が私たちの罪に報いられる際の矢[12]であるということを。神が私たちに対して罰を下される際には、決まって神はこれらを矢として放たれる。すなわち、雨、あるいは、風、干ばつ、熱、雹、こういったものを［地上に］放たれるのです。そうであるならば、次のように考えてはなりません。雨が偶然降るとか、あるいは、日照りや熱その他のものは、単に天文学的な配置に従ってのものだと。こういった考え方は、不信仰な人たちの考え方です。私たちの考えは違います。自然は神の支配のもとにある。もし時に適って雨が［天から］落ちてくるのならば、それは、私たちに対する神の愛のしるしなのだ！　もしその反対ならば、私たちに対して神がお怒りになっておられる証しなのだ。猛暑、極寒、その他についても皆同じように理解されます。

預言者の言葉は続きます。

10　私はエジプトを襲った時のような疫病をあなたがたに送り、あなたがたの中の強い者たちを［も］剣で滅ぼ

11　specialem Dei providentiam.
12　arma.「武具、盾、戦士」といった意味。

し、あなたがたの馬も奪った。私は［死体が放つ］鼻をつく悪臭を陣営に立ち昇らせた（あるいは、それはあなたがたの鼻の所まで。[13]繋辞が省略されているのかもしれません）。それでも、あなたがたは私のもとに帰らなかった、と主は言われる。

この言葉において、神は嘆いておられます。［これまでの災いとは］別の罰をもってしても、この民の頑なさを和らげることはできなかった、と。そして、彼らを悔い改めへと導くことはできなかった、と。こう言われています。――「疫病によって殺した」。これまで預言者は大地の不作について語ってきました。また、その他の災い［つまりいなご等の災い］によって、［大地の］実りが食い尽くされた様を彼は語ったのです。これまでは飢えとそれをもたらした原因についての列挙のみでした。しかし、これらの災いは皆、同じことを告げていたわけです。一方、ここ［10節］において、彼はこの民をさらに襲った疫病について語っています。戦争についても。そして、彼らが相変わらず自分たちの悪徳に凝り固まっていたことについても。いずれにしても、神はこの民の悪を正そうとされてきました。今預言者は、それが無駄であったことを嘆き、悲しんでいるのです。懲らしめがもはや万策尽きた今、神はもはや容赦はされない、と彼は告げ知らせています。それほどまでに、彼らはどうしようもなく頑なさを持続していたのです。彼はこう言っています。――「エジプトを襲った疫病を送った」。「דרך」は「道」を意味します。また、「仕方」や「理由」といった意味でも用いられます。イザヤ書十章がそうです（イザ10・26）。［イザヤ書のその箇所においては］――「エジプトを襲った場合のように、私は彼を滅ぼす」［といったように言われています］。この場合、神は［ご自分が滅ぼそうとされている「彼」について］センナケリブのことを言っておられるのです。［イザヤ書のその箇所においては］神は次のように言っておられます。――「あなたがたは知

13　copula.

っているはずだ。かつてどのようにして、私がファラオの狂気を打ち払ったのかを。私はそれと同じ矢を構えている。その矢を放てば、私はあなたがたの敵センナケリブを遠くに追放することだって可能なのだ」。ところが、預言者［アモス］がここ［10節］で言っていますのは、イスラエルの人々に対する神の冷酷な罰なのです。そしてそれは、［かつて］神がエジプト人に対して用いられた罰に等しいものだったのです。つまり、［ここ10節では］こう言われているのです。――「あなたがたが頑ななゆえに、私はあなたがたに対し、私の権威を示さねばならなかったのだ。あなたがたは知っているはずだ。あなたがたの先祖に対する愛のゆえに、かつて私がエジプト人をどのように滅ぼしたのかを。エジプト人を滅ぼすために、私が威力を発揮した際に、私は教えたはずだ。あなたがたを救うことが、私にとっていかに大事であるかということを。ああ、［エジプト人を滅ぼすために私が用いた］その矢を、今度はあなたがたを滅ぼすために［あなたがたの方に］向けなくてはならないとは！　私はいつでもあなたがたの敵と戦う用意をしてきたはずだ。私は父親のように、惜しむことなくあなたがたを懐に抱きかかえようとしてきたのに。私にとって、あなたがたはエジプト人と化した。私は［矢の］向きを変えた。だがそれは、あなたがたの絶望的な悪徳が私にそうさせたのではないのか？」

以上、ここ［10節］において、預言者がなぜエジプト人について語っているのか、私たちは理解できたことでしょう。預言者はこう言っています。――「神はイスラエルの人々に対し、もはや好意を示されることはない。もし彼らが自ら扉を閉ざすことがなければ、神の恵みは永遠に続いたであろうに」。あるいは、こうも言われているのです。――「私は他の民の中からあなたがたを選んだ。しかし今、無割礼の民と同様、あなたがたにも懲罰を加える。それだけでない。私はあなたがたと戦うことに決めた。あなたがたがかつてエジプト人と戦［わねばならな］かったように」。

アモスはイスラエルの人々をエジプト人と同列に置いている――この点はとりわけ注目すべきです。彼はこう言ったのです。――「あなたがたの頑なな悪が、神の愛［の火］を消してしまったのだ。恵みによって［神の］

子とされた記憶を、あなたがたは忘れてしまった。だからこそ、『エジプトを襲った時のような疫病を、私はあなたがたに送り、あなたがたの強い者たちを［も］剣で殺した』」。

別の種類の罰が示されています。――「強い者たちは皆殺された。馬が捕えられ奪われた。鼻をつく死体の悪臭が立ち昇った」。これらは明らかに、神が尋常なくお怒りになっておられることのしるしです。これらのしるしをもってしても、この民は悔い改めに至ることはありませんでした。したがって、再び明らかとなります。彼らが不治の病にかかっていたということが。神が提供されたいかなる薬をもってしても効かなかったような不治の病に。こういった様々な種類の罰が、注意深く記される必要がありました。しかしそれは、主がこの民の奢りを裏付ける証拠を集めておられるからなのです。

こう言われています。――「死体が放つ悪臭が、彼らの鼻まで立ち昇った」。つまり、彼はこう言おうとしたのです。――「外からの兵は必要なかった。たとえあなたがたの敵が攻撃を仕掛けてこなかったとしても、あなたがたは自分たちが放つ悪臭によって息を止めねばなら［ず、したがって死なねばなら］なかったからだ。あなたがたの陣営から悪臭が立ち昇り、あなたがたの鼻をつき、あなたがたの命を奪うことになった。神は［あなたがたの陣営の］内側からの腐敗を惹き起こされた。［これほどまでの罰を受けたのだから］あなたがたは心を打たれ、正しい心に立ち帰るべきだったのではないか？　この罰をもってしても何の効果が得られなかったとしたら、誰であっても思うはずだ。あなたがたに対しては、［罰をもって］懲らしめるのは無理なのだと。そして、最後の滅びだけが残っているのだと。神はこれまであなたがたに対し、様々な罰をもって教えようとされてきた。しかし、無駄だった。たとえこれからも教え続けられたとしても、あなたがたはその［神の］労苦を嘲笑うだけであろう。神はこれまでご自身の鞭を用いてこられた。それが無駄だった今、あなたがたには生半可な懲罰では足りない。すなわち、あなたがたは完全に滅びねばならないのだ」。

以上がここ［10節］の大まかな趣旨です。彼は次の言葉を繋げています。

11　神がソドムとゴモラを（あるいは、ソドムとゴモラの中で）滅ぼされたように、私はあなたがたに破滅をもたらした。あなたがたは炎の中から取り出された、燃えさしのようになった。それでも、あなたがたは私のもとに帰らなかった、と主は言われる。

アモスは話を進めます。神は選ばれた民に対し、かつてのソドムとゴモラに対する処罰と同じ厳しさをもって相対されたのだと。ご存じの通り、この［ソドムとゴモラに対する］罰は記憶に留めるべき神の怒りのしるしでした。それは、全世代にわたって恐れを抱かせ続けてきたはずの出来事ですし、今日においても、そうあって然るべき出来事なのです。また、私たちに対し、聖書を通して神の怒りが絵画に描写される際には、［多くの場合においてて］ソドムとゴモラ［の例］が想起されるのです。ソドムとゴモラの町が天からの火によって滅ぼされたことは、神の恐ろしき裁きによるものでした。これらの町が焼き尽くされ、さらに、大地が引き裂かれ、五つの町がそこに呑み込まれてしまったのです。預言者は告げ知らせます。これと同じ大いなる災いが、イスラエルの民にも襲ったのだと。そして、少数の人たちだけが助かったのだと。あたかも、人が燃える火の中からくすぶる木を取り出すといったように。だとしますと、ここ［11節］の二番目［つまり中間］の部分は、［その直前の言葉の］訂正として理解すべきです。つまり、「イスラエルの人々がソドムとゴモラのように［完全に］破壊された」とアモスが断言したとするならば、それは［事実に反する］極端［な言い方］となってしまったはずですから。よって、預言者は自分が語った言葉を訂正し、あるいは和らげているわけです。「残った者は僅かだった。あたかも、人が燃える火の中からくすぶる木を取り出すといった程度に」といった言葉をもって。いずれにしても、ソドムとゴモラに対する永遠の敵意を、神はイスラエルの人々にも示されました。イスラエルの人々は、非常に重い過酷な罰［の告知］によって、せめて動揺させられねばならなかったはずなのです。

しかしながら、このように語り聞かせているアモスですが、彼は［聖書の］歴史を否定しているということなのでしょうか？　つまり、アモスが預言［活動を行いま］したのは、ヨアシュの子ヤロブアム二世の治世下でした。当時、この［北イスラエルの］民の［国の］状態は随分と良かったのです。聖なる歴史がそう証言しています。とすれば、それと次のこととはどうして合致しましょう？――「ソドムとゴモラのようにイスラエルの人々が滅ぼされた」。よくよく考えてみれば、答えは簡単です。聖なる歴史も告げていることなのです。すなわち――「神はイスラエルの人々を憐れまれた。そこには自由人から奴隷に至るまでの全ての人がいなくなっていたからである」[14]。このような悲惨な荒廃がこの民に広がっていました時に、神は一時的な慰めを与えることを望まれました。こうして、ヤロブアム王は神の祝福を受け、多くの町を奪い返すことができました。そして、ヤロブアム時代の民は再び繁栄を取り戻したのです。ですが、その繁栄は一時的なものに過ぎませんでした。こういうわけですので、ここ［11節］において、アモスは彼らが［実際に］蒙ったところの出来事を思い起こさせようとしているのです。かくも強情であった彼らに対し、神は様々な仕方で彼らを悔い改めへと導こうとされました。しかし、彼らは全く強情なままでした。繰り返しますと、［列王記下の歴史が告げていますこととして、第一に］ヤロブアムの時代、神が彼らに目を留められる以前、イスラエルの人々は憔悴しきっていたわけです。ここ［11節前半］ではっきりと記されているように、まさに自由人も奴隷もいなくなっていたほどに。しかし［第二に］、一時的ではありますが、彼らに対するその災いは遠のいたわけです。［それが11節の中ほどで言われていることなのです。］以上の二つは［アモス書四章11節においても］よく合致することなのです。さらに、覚えておきましょう。この民の残りの者に対して、契約を守られる神は、憐れみを施すことを厭われません。完全な滅びに価した民。けれども、神は残された民が生き続けることを望まれたのです。それは、ご自身が契約を忘れたとみなされないためでした。

14　王下14・25―26を参照。カルヴァンの指摘通り、この言葉はヤロブアム二世の治世の言葉である。

神は［当時のこの民の中の］ある者たちを守られました。しかしそれは、神がこの民の悪に立ち向かわれた証しであり、そして、ご自身の契約を決して［ご自分から］破ったりはなさらなかったことの証しなのです。言い換えれば、主は中間の道を歩まれたということです。つまり、偽善者に対しては決して容赦はされず、しかし同時に、ご自身の契約を無効とはなされない、といったような。たとえイスラエルの人々が不信仰で、契約の違反者であったとしても、契約は持続されるべきものでした。預言者は告げ知らせます。――「［「炎の中から取り出された燃えさし」に譬えられた］「取り出された者たち」［すなわち、生き残ったあなたがた］に対しても、神は真実なお方であられた。たとえイスラエルの人々全員がご自分から離れてしまったとしても、神はご自身の契約を守り通されたのだ」。

預言者は次のように［四章を］締めくくります。

12 それゆえ、イスラエルよ、私はあなたに対してこのようにする。私があなたにこのことを行うゆえに、イスラエルよ、あなたは自分の神と会う備えをせよ。

13 見よ、神は山々を造り、霊（あるいは、風）を創造され、その考えが何であるかを人に告げ、曙と暗闇（［「そして暗闇を」といったように、繋ぐ語［そして］を補うべき）を存在せしめ、地の高台を踏みつけられる方。その名は万軍の神である主。

これらの言葉において、アモスは神の代理としてこの民に告げ知らせます。――「［今後はもう］赦されると思ってはならない。［あなたがたに対する］いかなる種類の罰であれ、いかなる度合の罰であれ、いかなる目的を持った罰であれ、あなたがたはそれを期待せずともよい。なぜなら、そのようないかなる罰を受けても、あなたがたは神をはねつけるだろうから。いかなる鞭と懲らしめに対しても、あなたがたは絶望的な高慢をもって手向かうだろうから」。そして、こう言われています。――「それゆえ、私はあなたに対してこのようにする」。〔「このように」を意味する〕「כה」という短い語によって、何が言われているのでしょうか？　ある人たちの解釈によれば、神はこの〔「このように」という〕言葉によって、イスラエルの人々が経験してきた数々の罰について告げ知らせておられるのだそうです。しかし、そうではありません。預言者はもっと大きなことについて考えているはずです。すなわち、先程〔の11節〕の「取り出された者たち〔すなわち、生き残ったあなたがた〕」を神が抹殺されるということです。よって、次のように彼は言ったのです。――「この誤った民に対し、神は最後の罰を下すおつもりなのだ。それはもはや決定済みだ」。

「このように、私はあなた〔がた〕に行う、イスラエル〔の民〕よ」。〔つまり、こう言われています。〕――「あなた〔がた〕は思ってしまったことだろう。私のこれまでの様々な災いは、私の律法を軽んずる人たちに向けられていたと。しかし、私は今、あなた〔がた〕に対して、〔彼らよりも〕さらに厳しく扱うことにする。あなた〔がた〕の頑なさが、私にそうさせるのだ。これまで私はあなた〔がた〕のためにお役に立つことができなかった。だから、最終刑を執行することにした。哀れな人たち〔であるあなたがた〕には、もはやつける薬がないから」。

以上のように、預言者が言おうとしたことは理解されます。

続いて、こう言われています。――「このことを私があなたに行う。イスラエルよ、私がこのことを行うゆえに」。「עקב」は時に「報い」、あるいは「終わり」を意味します。よって、ここ〔12節〕において、次のように〔意味を〕変えることは可能です。――「私がこのことをあなたに報いる時がついに来た」。しかし、次のように理解するのがより的確でしょう。――「私はこのことをあなたに行うがゆえに、あなたは自分の神と会う用意をせよ」。〔この解釈を取る場合〕ここの箇所では〔さらに〕二通りに解釈できます。つまり、皮肉の言葉として捉えるのか、あるいは、悔い改めへと促す文字通りの率直な捉え方として。もし皮肉として受け取るならば、その意味は次のようになります。――「さあ、来るがよい！　私に会うがよい！　あなたがたの頑なさと一緒に。あなあなたがたは私の裁きから逃れられるだろうか？　これまでがそうであったように、私に今も刃を向けているあなたがたには、何が現れるだろうか？」　おそらく、ここ［12節b］において、預言者はこの民の最終的な滅びを告げ知らせているわけですが、その際に、この民にあえて皮肉を浴びせているのです。次の言葉をもって。――「さあ、あなた［がた］の神に出会うがよい。その備えをせよ」。これを言い換えれば――「あなた［がた］の全勢力、全軍、予備軍でさえも集結させるがよい。［あなたがたにとって］役立ちそうな全てのことを試みるがよい」。とはいいますものの、次章においてて預言者は再びイスラエルの人々を悔い改めへと促しておりますし、彼らに対して赦しの可能性を示してもいます。［よってむしろ］ここ［12節］においては、［皮肉としてではなく、語られている言葉に］衣を着せずに受け取ることも可能なわけです。［この場合］預言者は次のように言ったのです。――「見よ！　あなたがたは罪にからまっている。知るがよい！　あなたがたは逃げようとしても無駄だ。あなたがたの裁き主の御手から決して逃れることはできないのだから。だから、いい加減に学ぶのだ。あなたがたが自分の神に出会うために」。これを言い換えれば――「あなた［がた］に差し迫った最終的な滅びを回避せよ」。私たちが学んでいますこととして、確かに預言者たちは、選ばれた民に対して滅びを警告しました。しかし、その際には常に、預言者たちは［滅びを伝える］自分の辛辣な教えを和らげようともしたのです。それは、幾らかの子孫が隠された仕方で最後まで残るためでした。そういった箇所は、ヨエル書にもホセア書においても確認してきました。アモスの言葉もそのように理解することができるでしょう。すなわち、この民はたとえ絶望的な状態であったとしても、それでもなお、預言者は彼らに対し、神の怒りを免れるように促しているのです。よって――「備えをせよ。あなたの神と会うために」。この言葉によって、預言者は次のように言おうとしていたのです。――「たとえ終わりを迎えるに相応しい時であったとしても、たとえ主が扉を閉ざそうとされていたとしても、絶望的な状況に囲まれていたとしても、それでもしかし、あなたがたは神の怒りを宥めることができるのだ。『あなたが自分の神と会う備えをなす』とすれば」。

とはいえ、ここで言われる「備え」は、全き心の革新を伴うものなのです。つまりそれは、人が自分自身を憎み、心を入れ替えて神に従い、遜って赦しを請い願うことであります。こうして、ここ［12節］の言葉には、非常に大きな重みが込められていることになります。預言者は言います。――「備えをせよ」。出会いに関しては、パウロがコリント前書の第十一章［32節］で教えている通りです。――「私たちは、自分を裁くとすれば、主から裁かれはしません」。

私たちが自分を愛することがなければ、一体どうして、神が私たちを厳しく扱われることがありましょうか？　私たちを誘惑するこの［自分に対する］寛大さこそ、私たちに対する神の怒りを惹き起こすものなのです。私たち自身が自分を裁く者でなくてはなりません、神と出会うことができるために！　大いなる憂いをもって、私たちは自分の罪を断罪しようではありませんか。

以上のように、ここ［12節b］の箇所は、皮肉の言葉として受け取ろうとしなければ、預言者の思いにあったことはよく理解できるのです。

［この民の］怠慢な心を一層揺り動かすために、預言者は今、神の権能を最大限に誇示しています。また、人々から、いえ、とりわけ頑固で強情であった人々から、より多くの威信と畏れを勝ち取るために、彼は［13節のように］雄弁に言葉を飾っています。彼らの［固い］頭を変えることが難しかったからこそ、預言者は次のような賛辞を重ねつつ、神への畏敬をこの民に求めています。――「神は山々を造り、霊を創造される」。それから、「神は［人々の］心を知っておられる。神が人々に彼らの考えを示されなければ、人は［己が］感ずることを理解できないのだ。神は曙と暗闇と造られた」。それから、「地の高台を踏みつけられる。その御名は万軍の主」。以上のような賛辞が付け加えられておりますのは、何のためなのか。すなわちそれは、これまで理解する力がなかった彼らの心、あるいは、愚かさといった暗闇に浸っていた彼らの心が、揺り動かされるためであったのです。

以上のように、預言者の忠告は理解されます。話すべきことは残っておりますが、それは次回の講義にいたしましょう。

祈り

全能の主よ、あなたは御言葉によって、私たちを優しくあなたの所へと招いてくださいます。私たちがあなた［の招きの声］に耳を閉ざしてしまわないように、むしろ、私たちはあなたの懲らしめの鞭から免れる者でありますように。愚かさと怠慢によって、私たちは酔って［眠りこけて］しまいます。あなたは罰を与えられますが、それは、その罰を通して、あなたが私たちを悔い改めへと真剣に促されておられるからなのです。主よ、私たちが頑なさを手放すことができますように。そして、私たちは己の心をあなたの御用のために用いることができますように。あなたの御言葉の軛の下に繋がれますように。さらには、あなたが私たちに与えられた裁き、いえ、［日々］与え続けておられる裁きによって、私たちは教えられて、真実と真心をもってあなたに立ち帰り、いけにえとして私たち自身をあなたに献げるものとなりますように。あなたの御心のままに私たちを治めてくださいますように。あなたの聖霊によって、私たちの全ての思いを導いてくださいますように。日々の生き方全てを通して、あなたの御名を崇めることに私たちが努めることができますように。我らが主、御子キリスト・イエスの名によって、アーメン！

［前回の講義において］残されたこと、つまり、預言者が神を飾り立てているところの形容句について語れば、第四章の最後の節の説明は終わります。こう言われています。――神は始めに「山々を造られ」、そして、「霊を創造され」、さらに、「その考えが何であるのかを人に告げられ、曙と暗闇を造られ、地の高台を踏みつけられる」。

［イスラエルの人々の心が揺り動かされるため、といった］その目的が見落とされれば、これらの長い言葉は冗長なものと映ってしまうことでしょう。つまり、［前回の講義で］確認した通り、とりわけ怠慢であった人たちの心が揺り動かされねばならなかったのです。そして、彼らは自分たちに語られたことを真剣に受け取らねばならなかったのです。預言者はイスラエルの人々の惰眠を振り払おうとしたのでした。そのために、これらの形容句によって［飾られた］神を［彼らの］目前に指し示したのです。単に神の名だけが告げられたのならば、［預言者が語る言葉は］大部分の人たちに無視されてしまうものなのです。よって、［神の名に］何か［賛辞の形容句］が付け加えられる必要があったわけです。それは、眠りこけていた人が目を覚ますためでした。そして、神の力に対し、いかに大きな畏れを抱くべきか、彼らが悟るためでした。私たちがここ［13節］で読む全て［の言葉］は、以上のためにあるのです。

「רוח」は二通りに解釈されます。ある人たちは、それを「風」として、別の人たちは、それを人間の魂として関連付けます。もし「風」として受け取るならば、山々の創造といったことと重なります。なぜなら、風は山々の間から吹き下ろすものだからです。人間の魂として理解するのならば、後続の言葉［の意味］と一致します。私としましては、預言者が語っているのは人間の霊のことだと判断いたします。「風」を比喩的に捉えることによって、［風と霊との］両者を結び合わせようとする人もいます。［その人の理解によれば、精神という意味での］「霊」を告げた後に、［精神と概念的に結び付く］「考え」をアモスは語っているのだとか。

確かに、預言者は言っています。――「神が人々の思いを告げられる」。実に、様々な仕方によって［神は人間の思いを告げられるのです］。この預言［の言葉］は教えています。自分に対し寛大であったような人が、［神によって］自分の罪［に満ちた思い］について悟るようになる、ということを。神の御言葉は両刃の剣なのだ！　それは、骨の髄まで貫き通し、心の思いや考えを識別させる。[15] 神はこのような仕方でもって、人間を暗闇から光の下に引き出されます。一方で、神は言葉を伴わずに人々に罪を悟らせもなさいます。私たちはどんなに多く、無言の霊によって駆り立てられていることでしょうか。しかし、ここでは単に、イスラエルの人々と神との間柄について預言者は言おうとしています。すなわち、神はイスラエルの人々の心を知っておられる。神に隠されたことは何一つない。どんな隠れ場に潜んでいたとしても。人は誰でも、自分自身が自分の思いに対する最高の証人であります。ですが、預言者は神に帰するのです。より確かな証人としての地位を。神は一人一人が心に抱いているものを知っておられます。自分の考えを最も熟知しているとみなされている人[16]などよりも遥かに。人は狡猾に他人の目を避けようとするもの。ですがここ［13節］において、預言者はその行為が無益であると忠告しているのです。人が心に抱くことを、その人以上によく知っておられる神が［ご覧になって］おられるのですから。

以上、預言者が言っている言葉の趣旨は理解できたことでしょう。ある人たちは、「神が曙を光とさせる[18]」と説明します。光が暗闇に変わることをアモスが言ったのだと。[17] しかしむしろ、［「そして」を意味する］語句を補って［「曙と暗闇を」といったように］考えるべきなのです。ここ［13節］において、預言者は神の権能を賛美しているのですから。その昔世界を創造された神は、この世界の自然の秩序を支配されています。神は［暗闇と光、つまり、夜と昼といった］互いにはっきりと入れ替わる時の配分もなされているのです。

では、五章に進みましょう。

15　ヘブ4・12を参照。
16　哲学者たちのことか。
17　アモ5・20を参照。
18　copula. これは本来、主語と述語とを結ぶ繋辞「esse」のことだが、ここでは二つの言葉を繋げる「そして（ヘブライ語では「ו」」という小さな語のことを指しているかと思われる。繋辞に関しては、学会誌「カルヴァン研究　特集『ものとしるし』」、二〇頁などを参照。

第五章

1　イスラエルの家よ、私があなたがたの上に持ち上げるこの言葉、哀歌を聞け。

ある人たちは次のように意味を変えます。――「この言葉を聞け。なぜなら、私［アモス］があなたがたについて（あるいは、あなたがたのために）哀歌を歌うから」。［私の訳とこの人たちの訳、といった］両方［の訳］に関しては、後で詳しく述べることにいたします。［先にこの］主題について考えましょう。ここ［1節］において、預言者はイスラエルの人々に対して、彼らに相応しい罰――彼ら自身は［その罰が］差し迫っているとは思っていませんでした――を告げ知らせようとしています。しかし、彼らはその告知を完全に嘲ってしまいました。なぜなら、［当時はまだ］そのような滅びを予感させる［状況の］変化は何も見られなかったからです。よって、預言者も預言者の警告［の言葉］も共に嘲られてしまったのです。

ここ［1節a］において、預言者は神の裁きについてはっきり警告しています。当の彼らはその裁きを恐れていませんでした。だからこそ、預言者は「聞け」と［厳しく］言っているのです。［「聞け」という］前書きには意味があります。つまり、彼らが己を大切にする余り、正しき忠告に対して耳が閉じていた様子を、預言者［のその前書き］は告げ知らせているのです。［「イスラエルの家よ、聞け」という言葉を］このように理解しなければ、この警告［の言葉］は余計な言葉となってしまいます。ですから、ここ［1節a］において、彼らが横たわっていたところの彼らの誤った安穏について、預言者は遠回しに非難しているわけです。

ここ［1節］の言葉に関して、私は先程触れましたように、ある人たちによれば、ここの言葉は［神ではなく］

アモス自身の哀歌なのだそうです。つまり、この愚かな民が神の恐ろしい怒りに気付かないでいた様子を、アモス［自身］が嘆いている言葉なのだそうです。そして、この解釈者たちの考えによれば、ここ［1節］において、罪［に満ちた礼拝］によって［神に］媚びへつらっていたこの民に対して、預言者はその絶望的な彼ら［の有様］を嘆く泣き人のマスクを被って［次のように］言っているのだそうです。――「聞け。この言葉を。なぜなら、私はあなたがたのことを嘆いているのだから」。確かに、イスラエルの人々が頑固になればなるほど、預言者はより大きな苦しみに襲われたことでしょう。間違いないこととして、預言者は［ここ1節において］位の高い人たちを厳しく扱っています。また、預言者は見通していたはずです。頑ななこの民に差し迫った神の恐ろしき裁きを。ですから、ここ［1節］において、預言者がこの民に対する哀歌を取り上げて歌った自分自身について語っているとしても、不思議ではありません。さらに、［預言者が自分自身の様子について語り聞かせる］そういった語り方は、聖書でよく用いられてもおります。

　しかし、私はむしろ、現在の［1節の］箇所では［以上の解釈と］違った解釈の方がより的確だと思います。つまり、次のような解釈上の［「すなわち」といった］助詞を補ってみましょう。――「聞け。この言葉を。私があなたがたのために歌うこの言葉、すなわち、哀歌――」。「משא」は――彼らは「重荷」と訳し変えますが――「持ち上げる」を意味する「נשא」に由来します。また、［預言者が用いているこの「משא」という語は］ここ［1節］で扱われている主題にぴったりの言葉です。なぜなら、預言者はこの民に教えているだけではないからです。慰めているだけでもありませんし、訓戒を垂れているだけでもありません。彼は今、最後の罰を告げ知らせているのですから。「言葉を持ち上げる」――この語句が意図していることが理解されます。つまり、彼は次のように言っているのです。――「私はあなたがたにこの預言［の言葉］を［持ち上げて］積む」。実に、神の怒りが宣べ伝えられれば、人の肩には荷が積まれるものなのです。

　こう続いています。――「すなわち、哀歌を。イスラエルの家よ」。これを言い換えれば――「私はあなたがたの上に御言葉を持ち上げる。その御言葉は、あなたがたに涙と憂いをもたらす。あなたがたは今、神に真っ向から対抗し、全ての忠告をはねつけ、全ての警告を拒絶している。しかし、［私が語っている］この［裁きの］御言葉は、［裁きが］実現した暁にあなたがたを嘆かせることになるだろう」。

以上が、預言者がここ［1節］で言おうとした本当の意味なのだと思います。まとめれば、［「聞け」と言われている］［1節の］最初において、イスラエルの民に「聞くこと」が要求されているわけですが、その際に、預言者はこの民の愚かさを［御言葉によって］貫いているのです。その後で、全ての警告を軽蔑するといった［彼らの］嘲りを［御言葉によって］貫き、さらに、彼はこう告げ知らせているのです。――「あなたがたが神をもてあそんでいる限り、この預言はやがてあなたがたを嘆かせることになるだろう。私が今、あなたがたの上に積んでいるこの御言葉こそが、イスラエルの家の哀歌となるのだ！」

続けましょう。

2　「おとめイスラエルは倒れて、もはや起き上がれない。自分の地に投げ捨てられて、助け起こす者は誰もいない。」

当時のイスラエルに差し迫っていた裁きは、何とか助かる人がいたとしても、しかし、徹底した裁きとなるはずです。それは、彼らが神の警告を嘲笑ったからです。こう言われています。――「イスラエルのおとめが倒れた」。解釈者たちは、この「おとめ」という言葉を巧みに説明しています。つまり、彼らはこの言葉によって、イスラエルの民が呼ばれていると考えるのです。神は彼らと婚約されていたのだと。よって、イスラエルの民は神に対する霊的な貞節を守らねばならなかったのに、あらゆる不義に身を汚してしまったのだと。ですがご存じの通り、預言者たちは「イスラエルの民に対してだけでなく」多くの民に関して、頻繁に「おとめ」と呼んでいるのです。［この言葉が］優美な［響きを持つが］ゆえに。バビロンも、サマリアも、イスラエルの民と同じくらい［の頻度で］「おとめ」と呼ばれています。確かに［「おとめ」と呼ばれたとしても］、バビロン、エジプト、ティルス、その他の民の場合においては、［イスラエルの民に対するような、神の婚約者といった］正確な意味で用いられていたわけではありません。私も間違いなく、ここ［2節］で預言者はイスラエルを糾弾しているものと思います。彼らは自分たちの［富の］力を確信し、それに自惚れていました。彼らは自分たちの避難所で安らいでいました。あらゆる富に溢れていましたので、そこで優雅な暮らしを送っていました。[1] そのような優美な品々で一杯に飾られていましたので、預言者は彼らのことを「おとめ」と呼んでいます。こうして――「イスラエルのおとめが倒れた。助け起こす人は誰もいない」。

ここ［2節］の言葉は、［裁きが既になされた結果を描いているのではなく、裁きがこれから起こる］可能性を伝えている［言葉な］のでしょう。悔い改めの促しがすぐ後［4節］に続いているのですから。よって、補足を加えて次のように的確に言うことができます。――「イスラエルの人々が早く悔い改めなければ、彼らは回復の見込みがないほどに倒れてしまうだろう」。私たちはこの［「倒れる」という］ことについて、この民の体についての言及として捉えることができるでしょう。つまり、預言者が十分の一［の人々］が生き残ると［3節で］告げています通り、全員が滅びてしまったわけではありませんでしたが、しかし、おとめイスラエルは倒れてしまったのです！　私たちは後でそれを確認することになります。ここ［2節で「倒れた」と言われていますこと］に関しては、この民全体の状態に相応しい仕方でそう言われています。まさに、後で立ち上がることができないほどに、この王国は崩壊したからです。ユダ族の生き残った者たちは、［捕囚後］エルサレムに帰還しました。一方、［北］イスラエルの人々は、今日に至るまで諸国に散らされております。［今日でも］彼らはアルマニア山や、あるいはそ

1　サマリア、あるいはベテル神殿のことが言われているのか。

の他の東の地域にひっそりと暮らしています。いずれにしても、ここ［2節］で預言者が告げ知らせた出来事は、「北イスラエル」王国の全土で実現したことなのです。ですから、「おとめイスラエルが倒れた」といったここの箇所は、何の補足なしで［そのまま］受け取ることができるでしょう。［イスラエルの］全ての民に対するこの［裁きの］災いにおいて、たとえ神が憐れみをおかけになったとしても、すなわち、たとえ生き残った者がいたとしても、「この民の体は倒れてしまった」――この預言を反駁することはできないのです。おとめイスラエルが倒れ、誰も助ける人はおらず、したがって、立ち上がることはできない。あたかもこの王国［の人々］には［捕囚からの］帰還が果たされなかったかのように。はい、確かに［北イスラエルの人々の］帰還は起こりませんでした。

こう言われています。――「おとめイスラエルは自分の地に投げ捨てられて、助け起こす者はいない」。言い換えれば――「倒れたままだろう。たとえ、おとめイスラエルがこの地に留まったとしても、失われたものを取り戻すことはできないだろう」。

以上、預言者の思いは理解できたことでしょう。さらに、私たちは理解するのです。［預言者によって］告げられた通り、この民は倒れ、王国の状態の復興は決してなかったということを。

先に進みましょう。

3　主なる神はこう言われる。「イスラエルの家では、千人が出征した町で、生き残るのは（文字通りには、残るのは）百人。百人が出征した町で、生き残るのは十人」。

ここで預言者は、彼が先に語りましたこと――イスラエル王国は滅び、しかし、主が幾らかの生存者を残される――をより明確に述べています。この民の［全］体に関して言えば、イスラエルは倒れました。しかし、生き残った者に関して言えば、助かったわけです。生き残った人の数はとても少ない、と預言者は覚書を残していますが。私たちはここで学ぶのです。神が選ばれた人たちに対しては、憐れみの望みがまだあったと。一方、全ての民の滅びが今宣言されていることも、私たちは学ぶのです。これまで、私たちは［イスラエルの人々の］嘆かわしき悪徳について確認してきました。そして、その悪徳のために、彼らには最終的な滅びの判決が告げられることになったわけです。しかし、この［最終的な滅びが宣告される］ことは、大衆の中に潜んでいた数少ない信者をも絶望させるためになされたわけではありませんでした。

こうして――「千人が出征した町で、生き残るのは百人。百人が出征した町で、生き残るのは十人」。暴動が生じた際に、兵士は一部隊において、おおよそ十人に一人が犠牲になるくらいが普通でした。ここ［3節］において、神はイスラエルの人々に対し、それよりも重い裁きを警告されています。たった十分の一がこの災いから助かるだけなのだ、と。

以上、預言者の忠告を理解できたことと思います。［預言者が告げた］この［十分の一だけは助かる、といった］ことは、この民の悲しみを和らげはしなかったはずです。むしろ、「少数だけが助かる、だが、あなたがた偽善者の助かる希望は完全消え失せた」といったことを聞いた偽善者たちは、さらに立腹してしまったはずです。神のそれほどまでの厳しき扱いを聞き知った彼らは、［神に対する憎しみが］悲嘆を増幅させ、感情を激しく害してしまった［はずです］。しかし、預言者の狙いはそこにありました。神を嘲る人たちに対しては、慰め［を伝える言葉］が向けられても無意味であったからです。一方、神はこの民の間に［残った］幾つかの種をご存じであられました。［神の憐れみによる、苦痛の］軽減がなかったのならば、［現状の］百倍もの苦痛をなめることになったであろう憐れな人たちのことを、神は気にかけておられたのです。したがって、ここ［3節］において、［偽善者たちに対するというよりかはむしろ］預言者は［生き残ることになる］少数の［その憐れな］者たちに対して、次の御言葉を向けているのです。――「千人が出征した町で、生き残るのは百人。百人が出征した町で、生き残るのは十人」。

では続けましょう。

4 主はイスラエルの家にこう言われる。私を求めよ、そして生きよ。
5 しかし、ベテルに助けを求めるな、ギルガルに行くな、ベエル・シェバに赴くな。ギルガルは捕らえられて移され、ベテルは無に（あるいは、厄介［物］に）帰するから。
6 主を求めよ、そして生きよ。さもないと主は火のように、ヨセフの家を通り過ぎられ（あるいは、破壊され）、火が呑み込んでも、ベテルのためにその火を消す者はない。

ここでアモスは再びイスラエルの人々に悔い改めを促しています。もちろん、［以上の言葉は］イスラエルの全ての人に対する共通の教えであります。既に私が述べましたように、大部分の人たちは［悔い改めに対して］完全に絶望的でした。しかし、この民が［イスラエル王国として］まだ存続していた限り、預言者は彼らを悔い改めへと［絶えず］叫ばねばなりませんでした。彼らは決して［まだ神に完全に］拒まれてしまったわけではないのです。私たちが学んできましたこととして、預言者たちが説教する際に、ある人たちに対しては神へと招き、他の人たちにはもはや弁解を許さない、といった仕方で［説教がなされてきま］した。公［に告げられた預言者］の教えの目的と、そして、［その教えがもたらさねばならない］結果に関しては、等しく全ての人たちを相手にしています。ですが、神のご計画はそれとは別なのです。つまりです。［人には］隠されたご自身の御計画に従って、神は選ばれた民を［ご自分のもとに］引き寄せられ、一方、非難に価する人たちからは弁解の余地を一切取り去られます。［ですから、全ての人たちが神に等しく扱われるわけではないのです。］その結果、後者の人たちの頑なさは、［救いに選ばれた人たちとのギャップによって］さらに一層明らかとなってしまうのです。また、次のことはよく覚えておきましょう。イスラエルの民が存続する限り、悔い改め及び信仰に関わる教えは常にそこで生きていた、ということを。私が告げました通り、彼らがこれまで神の民に留まることができていたのも、私が［今］指摘した理由［つまり、悔い改めと信仰の教えがイスラエルの地に生きていた、といった理由］によっているのです。ですから、別に驚くことではありません。預言者が再び赦しの望みをイスラエルの人々に示したとしても。［赦しといっても］彼らが悔い改めればの話ですが。

「主はイスラエルの家にこう言われる。私を求めよ、そして生きよ」。この文［の後半］は［さらに］前半と後半に分けられます。「求めよ」という言葉によって、預言者はイスラエルの人々に対し、彼らが正しい心に立ち帰ることを促しています。続いて、神との心からの和解に努めさえすれば、神の憐みがもたらされ［て「生きる」ことができ］る、と彼は告げています。しかし、他の所でも私が述べたことですが、神が慈悲深く接してくださることを求めない限り、人は悔い改めへと至ることはできません。人は皆、神が和解を望んではおられないと思い込み、いつも神から逃れようとし、神の［和解の］お申し出に恐れをなして、自分は赦されないと思ってしまうのです。もちろん、たとえ生涯にわたって悔い改めを［外面的には］告白したからといって、［真の］信仰の教えに絶えず繋がれていなければ、何一つ役には立ちません。つまりです。［逆に］もし人が心から悔い改めさえすれば、神は赦そうとされている、ということを預言者は告げ知らせているのです。よって、［「生きよ」という］後半部分は［「求めよ」という前半部分と］切り離す必要はありません。預言者は入念でしかも的確な根拠をもって、ここ［の前後半の言葉］を繋げて言っているわけです。――「私を求めよ、そして生きるのだ」。言い換えますと、彼はこう言っているのです。――「私は今でも扉を開いているのだ。イスラエルの人々が頑なでさえなければ」。同時に、［ここ4節の言葉において］預言者は彼らが意識的に罪を犯し続けていることを非難しています。「救われようとしていないのは、あなたがた自身ではないか」と彼は告げています。神は彼らを恵みの内に招き入れようとされていました。それだけではありません。神はご自分から先んじて、和解のご提案を勧めてくださっているのです。それなのに、何ということでしょう、差し出された救いを拒絶するとは！　預言者は今、そのイスラエルの人々の狂気を咎めています。彼らは救いよりも滅びを選んでしまった。彼らは神に立ち帰ることはなかった。神はかくもご親切に彼らを招いておられたのに。こうして――「私を求めよ。そして生きよ」。

他の所でも言われていることですが(2)――神は罪人の死を望まれません。これは以前にも私たちが学んだ通りです。［罪人の死を願われない神の御心を伝えようと］預言者たちは民全員に語りかけました。しかし、その教えは大部分の人たちには効き目がありませんでした。主はご自分が選ばれた［少数の］者たちを引き寄せられました。その他の人たちに対しては、もはや釈明を許されませんでした。滅ぶことになった全責任は、イスラエルの民にありました。彼らは差し出された救いを断ったのですから。それは間違いありません。それにしても、滅びを招いたのは、頑なさ以外に有り得るのでしょうか？　そしてそれは、彼らの心に悪の根が生えていたからではなかったのか？　預言者が告げ知らせました通り、彼ら自身が滅びを招いた張本人でした。彼らは皆それを否定できまい。誰もが自分で納得して我が儘を貫き通したのだから。

この後、アモスは正しい悔い改めの在り方を明確にしております。彼はこう言います。――「ベテルに助けを求めるな。ギルガルに行くな。ベエル・シェバに赴くな」。ある人たちはこう判断しています。この言葉によって、預言者は偽善者が常にさらけ出す外的な装いを拒絶しているのだと。確かに、神が［偽善者に属する］人々を［御前に］召し出される際に、その人たちは回り道や横道を探してしまうのです。彼らは皆、誠実と喜びをもって神に立ち帰りはいたしません。神を避ける人たちが責められるのは当然でありましょう。繰り返しますが、彼らは神から召し出されても回り道をし、真っ直ぐな道を歩もうとはしません。彼らは神に尋ね求める振りをしますが、実のところ彼らは逃げ道を探していて、神に自分の身を献げ［切］ることはありません。それは確かです。けれども、預言者の［ここの］言葉はもっと深い。つまり、ここ［5節］において、預言者はベテルに旅立

2　エゼ18・32を参照。

つイスラエルの人々のふざけた労苦を指摘するに留まらず、神に対する彼らの多大なる侮辱について指摘しているのです。すなわち、［エルサレム以外の所で礼拝する、といった］かの迷信は、それ自体、断罪に価するのです。アモスがかりにエルサレムで説教したのならば、彼はこう言ったはずです。――「あなたがたは神殿に上ってはならない。私にいけにえを献げたとしても無駄だ」。実際、彼は後でこう言っているのです。――「あなたがたは家畜を連れて来てはならない」[3]。そこ［つまり五章22節］ではこうも告げられているのです。――「神を祭りで喜ばすことはできない」。［今私たちが扱っています］この第五章において、神は祝祭日もいけにえも拒絶されておられるのです。いえ、神はここ［4―6節の御言葉］において、高きに上られているのだ！　そして、［その高き所から］言っておられる。――「神を求めることと、ベテルに求めることとは全く別だ」。そして、次のようにも言っておられるのです。――「もし心から私に立ち帰るのならば、これまであなたがたが身を献げてきた迷信を全て捨てよ」。

罪人だった者が、後には自分の悪を愛することなく、これまでの［悪しき］喜びを憎み、心を入れ変えて神に身を献げること――これこそ、悔い改めに関する正しき掟なのです。そして、この掟に関することを、預言者は今扱っているのです。こう言っていたかのように。――「もしあなたがたが心を神に向けようとするのならば、まずあなたがたの迷信を全て捨てよ。実に、正しき宗教と偶像礼拝は、二者同時に成り立つことはないのだ。よって、あなたがたの慣れ親しんだ悪しき礼拝にあなたがたが拘り続けている限り、あなたがたは神から離れ続けているのだ。［神との］和解が果たされるためには、あなたがたの腐敗した礼拝と、あなたがた自身がお別れを告げねばならない」。

まとめれば、イスラエルの人々が彼らの迷信から離れなければ、神との和解は有り得ない、ということなの

3　アモ5・22を参照。

です。こう言われているではありませんか。――「ベテルから遠ざかれ。ギルガルから、ベエル・シェバから遠ざかれ」。ご存知の通り、ベテルには大きな子牛が建立されていました。また、確かなこととして、ギルガルは［ヨルダン川を］渡った記念［碑が建てられた所］として有名な場所でした。さらに、ギルガルにおいて、アブラハムの子らは再び割礼を受けたのです。[4] それはよくご存じだと思いますが。ベエル・シェバに関しては、アブラハムが長くそこに住んだ町でした。彼はそこで何度も神にいけにえを献げたのです。本当に、そういったκακοζηλία［悪しき熱意］は、いつの世でも蔓延しています。神を礼拝しようとする際には、根拠もなくあえて目新しいことに手を伸ばしてしまう。教皇主義者たちがそうであるように。しかしながら、神は私たちが礼拝するために、信頼すべき教えを設けてくださっているのです。神はご自身が我々の模造品と混同されることを望まれません。アブラハムの子孫たちは、［ベエル・シェバでいけにえを献げた］アブラハムの例に倣おうとしたり、あるいは、［ギルガルで行われた］割礼の記憶を美化していました。しかし、神はそういった模造品を全て拒まれたのです。神が望まれたのは、実にエルサレムにおける礼拝でした。神が望まれたのは、一つの幕屋にして一つの祭壇、すなわち、この民の間の一致と一性が培われることだったのです。

以上、アモスの忠告を理解できたことと思います。［ここでの］彼の忠告［の内容］は、この民がこれまでの悪しき儀式を含む全ての迷信に浸っている限り、彼らの回心はそれこそ模造品に過ぎない、といったことでした。したがって――「ベテルに助けを求めるな、ギルガルに行くな、ベエル・シェバに赴くな」。今日においても、純粋で正しき神礼拝の中に、教皇主義者たちの不純物を混ぜ入れようとする人は［果たして私たちの中に］いないかどうか。中間に立つ人たちも多いのです。彼らは私たちの教えを全面的には否定しません。それでいて、中途半端なものをでっち上げているのです。すなわち、教皇主義と福音の教えの統合を試みているのだ。預言者は告

4　ヨシュ5章を参照。

げ知らせる。そのような混合物は、決して神に受け入れられないと。その理由は？　光と闇は相容れないからに他なりません。腐敗物は正しい神礼拝を必ず腐らせてしまうのです。腐敗物は除去されねばならないのです。ですから、私たちは［神の言葉による］教えが持つ益についても理解しなくてはなりません。つまり、神の言葉に基づかない世の腐敗物が価値を持ったままならば、神の全き礼拝が取り戻されることはない［逆に、神の言葉に基づく礼拝ならば、神の全き礼拝は取り戻される］、ということなのです。

こうして――「ギルガルに行くな。ギルガルは捕らえられて移されるから」。預言者の言葉には皮肉が込められています。――「ギルガルは転ばされながら、転がっていく」。つまり、「ギルガル」という名は「転ぶ」という言葉に由来するからです。造語を用いてよいならば、こうなるでしょう。――「転ぶ者は、転ばせられながら、転がっていく」。このように訳せば［文脈の流れに］転がっていく［つまり、流暢に話が進んでいく］のです。神は告げ知らせておられます。イスラエルの人々が安全と見込んでいる［ギルガルなどの］砦は、間もなく滅ぶのだ、と。既にそこは陥落するように定められているのだ、と。――「ギルガルは捕らえられて移される」。場所というたものは移動され得ません。逆に、建物［が移されるの］だとしたら、［その建物は］全て破壊されてしまった［ことと同じ］はずです。後には何も残らなかったことでしょう。神の恐るべき裁きのしるしとして。

こう続いていきます。――「主を求めよ、そして生きよ」。［4節の］繰り返しがなされているわけですが、これには意味があります。つまり、預言者は私が今説明したことを断言しているのです。とりわけ次のことを。――「不調和あるのみ。真実で正しい礼拝と、迷信による偶像崇拝とには。イスラエルの民よ、あなたがたが己の腐敗物を手放さぬ限り、あなたがたは自分で証明しているようなものだ。言葉巧みに言い訳をし、いけにえで言い逃れしようとしても、あなたがたは神と共にいない、ということを」。彼は言います。――「主を求めよ、そして生きよ」。ここでの繰り返しは、実に大きな説得力を宿しています。すなわち、偽善者たちは悟るべきなのだ。完全に我が身を神に献げていないならば、そのこと自体が断罪に価するということを。彼らは可能な限り、いつも神に言い逆らう。次のように。――「なぜ神は我々をそんなにも厳しくあしらうのか？　なぜ我々には何も認めてくれないのか？　我々は神に［献げることを］拒んでいないのに。我々は自分が正しいと思うことを実践している。それなのに、なぜ我々の側の言い分を少しも聞き入れてはくれないのか？」　神は［預言者たちの］教えを通してだけでなく、数々の罰を通して、彼らに近付こうとされてきたのです。しかしその際に、偽善者たちは呟き騒ぎ立てたのです。よって、預言者は再び強く命令します。――「主を求めよ、そして生きよ！」　彼は次のように言っています。――「逃げ口を探しても無駄だ。真実と真心をもって神を求めよ。そうすれば、神はあなたがたに応えてくださる。恵みを施し、祝福してくださる。あなたがたは自分の悪の中で腐っている。あなたがたの強情な頑なさが原因だ。あなたがたは正しく神を求めていないということだ。あなたがたが己の腐敗物を大切にしている限り、繰り返すが、(5) これすなわち、私が先程言ったように、あなたがたは自分を愛しているということなのだ」。

続いて、こう言われています。――「さもないと、主は火のように通り過ぎられる」。「עבר」は「引き裂いて破壊する」という意味がありますし、時には「繁栄する」を意味することもあります。しかし、ここの箇所での預言者の言葉は、間違いなく私が訳した通りのものです。つまり――「主は火のようにヨセフの家を通り過ぎられ、火が燃え移っても、ベテルのためにその火を消す者はいない」。この言葉では、神の裁きが明瞭に語られているわけではありませんが、容易にそれを聞き取ることができます。［この言葉は］意味的には不明瞭なものは何もありません。預言者はこう告げ知らせています。――「イスラエルの人々［よ、あなたがた］が神に心を背けているのならば、火が生じ、あなたがたがいる所を走り通る。その火はあなたがたをなめ尽くし、呑み込むことになろう」。こうして――「火がヨセフの家を襲う（あるいは、通過する）だろう」。ある人たちは、［「通過する」

5　原語は「私が先に言ったように」。今6節だが、4節の「『私を求めよ、そして生きよ』と私は繰り返すが」といった意味。

と訳すべきところを」文字通りに「破壊する」と訳していますが、意味内容としては同じです。さらに、「ヨセフの家」によって預言者が告げていますことは、エフライムのことです。ご存じの通り、エフライムはヨセフの次男でした。一つでもって全体を言い表すお馴染みの手法によって、預言者たちは十の部族のことを「エフライム」と呼んでいるのです。よくご存じだとは思いますが、「イスラエル王国」は時たま「ヨセフの家」と呼ばれます。こうして――「ヨセフの家に火が上がり、それを呑み込み、その火を消す者は誰もいない」。このように言われていますが、それは、イスラエルの人々が自分たちは決して火に襲われて焼き尽くされることはないと思い込んでいたからなのです。いいや――「火がヨセフの家を呑み込むことになろう。そして、それを消す者は誰もいないだろう」。

私は前［5］節の一部を飛ばしてしまいました。それに今気付きました。預言者はこう言っていたのでした。――「ベテルは厄介［物］に帰する。あるいは、無に帰する」。お気付きになりますように、「ベテル」は別の所では「ベト・アベン」と呼ばれています。すなわち、［語源的には］「不義の家」です。「アベン」についてですが、このヘブライ語は「不義」とも訳されています。すなわち、「苦しみ」「重荷」「労苦」「困難」、そして「虚無」とも訳されます。ここの箇所では、この語を「不義」の意味に受け取ることは絶対にできません。むしろ、アモスが語っていますのは、その土地に待っていた罰についてなのです。そしてそれは、そこが神にとって忌まわしき所となっていたからです。よって、ギルガルの場合と同じように――預言者はこの土地が転がっていくものと告げていましたが――ここベテルについても、そこが間もなく厄介［物］、あるいは苦痛［を抱かせる所］、あるいは、無に帰するものとして預言者は告げているのです。［ギルガルとベテルに対する言葉の内容は］両者ともその意味するところは全く同じです。すなわち、ベテルについては、イスラエルの人々が［そこに助けを求めても］災いを防ぐ砦としては全く期待できないということ、したがって、［意味のない砦は維持するのに］厄介物となってしまい、さらには、滅びを招く原因となってしまい、行き着く果ては、ただの廃墟。彼はこう言っているのです。――「彼らの期待は妄想であり、無益なものに過ぎない。あなたがたはベテルに慰めを期待しているようなのだが」。

次に進みましょう。

7　公正を苦よもぎに変え、正義を地に投げ捨てる者よ。

これまでは、［十戒の前半、すなわち神礼拝に関わる］かの迷信について批判されてきました。ここで預言者は、十戒の二枚目の板に移行します。預言者たちは偽善者の欺瞞を打ち払うことを生業としています。偽善者は神の御前に外面的な装いを広げる。彼らに対し、預言者たちは言います。――「あなたがたの儀式は全て無効だ。全き心が伴わなければ」。ここの箇所において、預言者［アモス］はイスラエルの人々に対し、二つのことをきっぱりと非難しています。つまり［その一つ目は、十戒の前半に当たりますが］、彼らが正しき神礼拝を歪め、掟の教えから遠ざかり、不信仰な迷信によって自分を汚している、ということ、それから二つ目として、［これは十戒の後半に当たりますが］偽善者たちが人々に悪徳と不正を働き、正義と公正の務めを拒み、略奪と残忍及び詐欺行為に耽っている、とそのように預言者は咎めているのです。ここ［7節］の後半部分で、預言者は次の言葉によって、［十戒の］二枚目における条項について扱っています。――「公正を苦よもぎに変え、正義を地に投げ捨てる者よ」。

残りは明日にいたしましょう。

祈　り

全能の神よ、あなたは御覧になっておられます。私たちが歪んだ欲求と、そして、サタンの誘惑とに巻き込まれているのを。そして、私たちの無知と盲目――ああ主よ、あなたの御言葉によって、私たちを目覚めさせてください。同時に、学ばせてください。あなたがそれをもって私たちを招いておられる健全なご警告に対して、私たちが目を留めることの大切さを。しかし、このことはあなたの御霊なしには果たされません。あなたの御霊に伴われ、導かれて、私たちの目に光が与えられて、やがては真実と真心をもって、あなたに向き直らせてください。私たちは存じています。偽ることなくあなたを求める人たち〔の叫び〕を、あなたは喜んで〔聞いて〕くださるということを。キリストにおいて、私たちがあなたと和解されますように。私たちは存じています。私たちの父であるあなたが、私たちにあらゆる祝福を授けてくださろうとしておられることを。あなたが私たちを天の御国に招き入れてくださるその時まで〔あなたはあらゆる祝福を私たちに授けてくださいます〕。我らが主、キリストによって、アーメン！

「公正を苦よもぎに変え、正義を地に残す者よ」。昨日私たちが学びましたことは、預言者がなぜこの一文を加えたか、ということについてでした。つまり、預言者はあらゆる手段を講じながら、イスラエルの人々に対し、有罪の判決を下そうとしたのでした。迷信に関わる論駁の後で、彼らが人間に対して不正の限りを尽くしている、といったことを預言者は続いて付け加えています。とはいえ、彼は民の指導者としての任務を授かった高官たちに対して攻撃しています。それはもちろん、彼らだけに罪があったからではありません。しかし、彼らが全民衆を巻き添えにしてしまったからなのです。頭の病は体全身に行き渡るもの。よって、預言者は殊に矛先を彼ら指導者たちに向けています。彼はこう言います。――「公正を苦よもぎに変えた者よ」。〔「苦よもぎ」といった〕この比喩はよく用いられます。実に、平等より甘きものはありません。一人一人が持っている権利の中で。平等は平和を保たせる大きな力があります。正しさと公正とが生きている。――私たちにとって、そのことが最も感謝すべきことなのです。こういうわけで、預言者は〔公正と反対の〕不正のことを、〔甘味と反対の〕苦味と呼んでいるのです。不正とは、正しさと誠実が欠けていることです。彼はこうも言っています。――「正義を地に投げ捨てる者よ」、あるいは、「地に投げ出す者よ」。裁き人たちは、民の中で正しきことを実践すべきではなかったのか。そのことが彼らに課せられた義務であったはずなのです。預言者は裁き人たちを訴える。彼らが正義を地に残している、つまり、正義を寝かせたままにしている、と。

8　**すばる[6]とオリオン[7]を造り、闇を朝日に変え、昼を暗い夜にし、海の水を呼び、地の面に注がれる方。その名は主。**

ある解釈者たちは、この節を前〔7〕節と繋げます。つまり、彼らの理解によれば、ここ〔8節〕は預言者が先に語ったことの説明句なのだそうです。しかし、これは大きな間違いです。彼らは預言者〔の言葉〕の意味を壊してしまっています。私たちの理解によれば、この節において、預言者は次のことを明らかにしています。――「イスラエルの人々〔よ、あなたがた〕は不信仰であり、神との契約に違反している。正しき礼拝から遠ざかってしまったからだ。それだけでない。人に対しても、不正と悪で苦しめたからだ」。一方、先の解釈者たちによれば、〔7節において〕「神」が比喩的に「正義」と呼ばれ、「宗教」が「裁き」と呼ばれているのだそうです。ですが、これでは預言者の思いと全く異なります。はい、繰り返しますが、全然異なります。

では、今〔の8節において〕預言者は何を言おうとしているのか？　私はこの〔8節の〕文を〔7節と結び付けて考察するのではなく〕個別に受け取ります。といいますのは〔7節とは違い、ここ8節においては〕、何ゆえ預言者は神の壮大な権威を我々に告げ知らせているのか、といったことが理解されねばならないからです。本当に残念な

6　Pleades.
7　Orionem.

ことに、偽善者たちは神と戯れようとする。彼らの働きは、あたかも子供たちに対する［遊びの］ようだ。なぜなら、彼らは己の想像力に任せて神を作り上げているのですから。気に入らなければ何度もそれを作り変え、そして、くだらぬおふざけによって、神はご満悦だと思い込んでいる。彼らにとって、神を喜ばせることはとても簡単のようです。彼らは頻繁に神の怒りを挑発します。小さないけにえでもって［己の罪は］すぐに償うことができ、そして、神を満足させることができると彼らは思っている。偽善者たちときたら、神を死すべき偶像とみなしているのです。よって、この錯覚が消え去るために、［偶像とは］大きく異なる神の本質について、預言者は次のような言葉をもって告げ知らせています。――「あなたがたは神のことをどのようなお方だと思っているのか？　あなたがたは、あなたがたのくだらぬ無価値な罪滅ぼし［のためのいけにえ］を運んでいるが、神がそれらのガラクタに満足されているとでも思っているのか？　神は子供や愚かな女でもあるまいし。『神というお方は、すばるとオリオンを造られ、闇を朝に変えられ、昼を暗い夜とさせられ、海の水を呼び、それを地の面に注がれるお方なのだ』。出かけて生産せよ、あなたがたのおもちゃを！　必死におもちゃで神を喜ばそうとしているあなたがたにとって、神に近付くことはいとも簡単なようだから」。

以上のように、預言者の忠告は理解されます。では、この［8節の］文はどのように分けられるべきか、考えてみましょう。もちろん［8節を分けて考えるにしても］、預言者の全体の説教［内容］に結び付けてそうしなければなりませんが。預言者はこれまで、この民の膨れ上がった悪徳について非難してきたわけです。そして、彼は自分の相手が頑固な人たち、とりわけ神を誹謗する人たちであったのを見て取って、怒りを込めて厳しく叫んだのです。――「あなたがたは神についてどのような考えを思い描いているのか？」　こうして［今の8節において］、偽善者たちの頭の中で生み出されたものが、神の本質といかに隔たっているか、その隔たりを預言者は描いてみせながら、次のように言っているのです。――「あなたがたは［神について］どんな絵を描いたというのか？　ああ、あなたがたにとって、神は［偶像などのおもちゃを愛する］子供と映っているのだな。全然違います。

『神はすばるとオリオンをお造りになった』［お方な］のです」。

ある人たちは、［「すばる」のことを］「כימה」、つまり「牛飼座」の言い換えと考えています。しかし、このような［星座の］名［の特定］に骨折る必要はありません。といいますのは、ユダヤ人は［天文学を含む］自由学科を全否定する人たちですし、今日においても、彼らは星々の名の［正確な］意味を考えることができずにいます。草花に関しても、彼らが見せる知識は完全に欠けています。それぞれの単語が何を示すのか、そのことの特定がなされれば、彼らにとって十分なのです。それでいて、私が今言いましたように、ユダヤ人は己の無知をさらけ出すのです。ところで、我らが預言者は牧者でした。子供時代に天文学を学んだわけではありません。もちろん、青年期においても同様です。ですから、預言者は凡人の知識に沿った仕方で星について語りました。とはいえ、疑いないこととして、彼は星の中でも互いに対照的な二つの星を選んで語ったのです。ご存じの通り、すばる（六連星[8]とも呼ばれますが、この星座）は［それを特徴付けるとすれば］暖かい。つまり、［この星座が］観察され始めた頃、こわばる寒さは遠のいていく。そして［この時期］、春雨を運んできます。一方、オリオン［座］ですが、この星は［それを特徴付けるとすれば］より激しい。出現し始める時期も、そして見えなくなる時期も、オリオン［座］は荒々しく変動［する天候］をもたらします。こういうわけですので、ここ［8節］において、預言者は［彼が生きた当時の］人々の間でよく知られていた名前でもって、それらの星を名付けています。[9] 彼はいわばこう言っているのです。――「主が季節を変動されるのだ。厳しい冬の後には、暖かい春がやって来る。また、夜があり、日は巡る。暗闇があり、光がある。神は地下あるいは海上から霧を立ち上らせ、晴天を一瞬にして荒

8　Vergiliae.

9　旧約聖書における星座のヘブライ語名は、註解者を悩ませる問題の一つ。ヘブライ語の星座名は、ギリシア語の借用語である場合が多い。つまり、アモス書5・8に出てくる二つのヘブライ語が、果たしてすばる座とオリオン座のことを指すのかどうかは分からない。

模様に変えられる」。以上の［季節や気候］変動は、私たちが神の権威を畏れ敬うようになるためなのです。だとすれば、［イスラエルの人々がそうであるように］人は厚かましくも［天地を支配される］神と戯れることがどうしてできましょう？　それ［つまり、迷信によって神と戯れようとすること］は本当に愚かなことなのです。彼らとしましても、神の御業を見過ごすことなく、あるいは、神を名ばかりにさせたままに放置することなく、あるいは、彼らの目の前に示されたことに注意を払っていれば［迷信によって神と戯れることは本当に愚かなことであると、彼らは気付いたことでしょう］。よって、預言者はここ［8節］において、実に的確に神の権威を告げ知らせているのです。そして、実に首尾よく神の権威を説き聞かせているのが分かるのです。

こうして――「神はすばるとオリオンを造られ、闇を朝に変え、昼を暗い夜にされる」。ここで預言者は、時に関する様々な移り変わりに言及しています。夜が日に変わるのは、偶然によるのではありません。太陽が照り、暗闇が大地を覆うのも同様です。こういった変化は、否が応でも人々の［心の］目を覚まし、神を畏れ敬うようにさせるものです。ですから、どうして神の威信が人間の造ったおもちゃと比べられましょう？　彼らは意味のない罪滅ぼし［のためのいけにえ］を献げます。そして、神がもはや怒りを解かれたと安心する。くだらぬ子供じみたものを神の御前に置く。あたかも、乳母が赤子をあやしたてる際の子守唄のように［彼らはそれらによって神をあやしたてて眠らせることができると思っている］。私はもう一度言いますが、そういったことは非常に愚かなことなのです。はっきりとした［天候などの自然］現象に対して、自分から目を閉じなければ［誰でも神の威信に気付くはずです］。はっきりとした［自然］現象において、神はご自身を現されます、私たちが皆が神を畏れ敬うようになるために！

以上、ここ［8節］において、預言者が様々な時の移り変わりを描いて見せている理由は理解できたことでしょう。続いて、彼は海の水についても述べています。――「海の水を呼んで地の面に注がれる方」。ある人たちの解釈によれば、ここでは泉のことが言われているのだそうです。なぜなら、どんな水も海に発するのだから、

［また、ヘブライ語の「泉」は「目」という意味も持ちますので］よって泉とはいわば海の目なのである、と［彼らは考えます］。しかし、ここではむしろ、おそらく雨のことが言及されているはずです。地下水［が恒常的に湧き出る泉］においてよりも、急に現れた雲が空を完全に覆う時の方が、神の力をはっきりと確認できるからです。［つまり、雨について語る方が、神の力をより効果的に語ることができるのです。］先程空は明るかったと思えば、突然暗闇に覆われる、といったことが起こるのは、一体何のためですか？　すなわち、雲[10]が立ち昇るからです。では、それは誰の命令によって？　哲学者たちはそれを自然の法則に求めます。彼らによれば、大地からであれ、海上からであれ、雲は太陽熱に起因するのだそうです。けれども、ではなぜ本日は昨日よりも雲が多く出ているのでしょうか？　［昨日とほとんど太陽の位置は変わらないはずなのに］こういった違いがあるのはなぜなのでしょうか？［こういった違いを通して］神が告げておられるのです。水の成分［とか］は、ご自身の支配下にあるのだと。空気も雲と同じようなものですが、しかし、一見何もない所から［突然］生ずる［ように見える］雲とは一体何でしょうか？　それは、空気が膨張あるいは密集したものです。さらに、雲は海上から［上に昇るの］と同様、窪んだ地［下］から大地へと［そして天上へと］昇っていくのです。水はそれ自体、新しい要素を生み出すことは有り得ません。［下方に流れる］水は重い。一方、雲は高い所に昇ります。では、水が本来［の下に流れるはず］の性質に反することを可能にするのは、一体誰なのですか？　雲は空気と水から成り立っているとしても、その［水を含む］雲は大気に浸透する形で、［水自体の性質としては有り得ない仕方で］大地から天へと昇っていくのです。こういうわけですから、「海の水が呼ばれる」と預言者が言っていることには意味があるのです。つまり、「海から雲が［神によって］呼ばれる」ということなのです。そして、「その後、雲は大地の面に降り注がれる」と預言者は言っているのです。以上のことは、雲と同様、雨についても言えることでしょう。雨は大地に降り注がれるもの

10　Vaporibus. 厳密には「蒸気」。

なのに、［水分を含む］霧は大地に広がり、この私たちをも覆い隠してしまうほどです。いずれにしても、こういったことは、神の奇蹟の御業だということなのです。預言者はこうまとめています。――「その御名は主」。すなわち――「神は、あなたがたが虚構を企てる偶像ではないのだ。あなたがたの罪滅ぼし［としてのいけにえ］は、子供が相手ならば楽しませることができるかもしれない。しかし、神の裁き［を免れるため］の言い逃れとはなり得ないのだ。考えるのだ。あなたがたは神を相手にしているのだから。これらの偽り物によって、これ以上惑わされてはいけない」。

続けましょう。

9　主が強い者に破滅をもたらされると、砦の上に破滅がやって来る。

ここで預言者は、［8節のような］神の普遍的［あるいは日常的］な御業を議論しているわけではありません。そこ［つまり日常］においても、神の畏敬に満ちた威厳、そして、恐るべき御力は輝き出ているわけではありますが。しかし、ここで預言者は、自分たちの悪で凝り固まって従順を失っていたイスラエルの人々に近付き迫っているのです。ここ［9節］において、預言者は彼らの強情さについて、愚弄する形でこう言っています。――「あなたがたは何を期待しているのか？　あなたがた［の砦の守り］は強固だ。しかし、神はあなたがたに対し、略奪者を招き寄せられるだろう。彼らは［あなたがたに］勝り、あなたがたを打ち砕くだろう。あなたがたの頑なさも粉々にしてくれるとよいのだが！　今あなたがたが神に歯向かっているその頑なさを」。このように、預言者は先ず［8節において］、普遍的な自然の描写を通して畏れを惹き起こさせたわけですが、ここ［9節］において、彼はイスラエルの人々に対し、彼らが［非日常的な］神の御力に気付くようにと警告しています。彼らはいつでも無感覚に陥っていて、いつも神に対し厚かましく抗っていました。その彼らに対し、預言者は教える、神に抗っても無駄であると。なぜなら、と彼は言います。――「神の御手によって、破壊者が現れる。その者はあなたがたの頑なさよりも丈夫である。破壊者があなたがたの砦に上り、それを打ち壊すことになるだろう」。ここ［9節］において、預言者は間接的にイスラエルの人々の空しき誇りをけなしています。イスラエルの人々は、自分たちが町の城壁で囲まれているのを眺めながら、高慢になっていました。彼らは立派な軍隊も所有していました。預言者は言います。それらは何の意味もないと。なぜなら――「神が強力な破壊者を招き寄せられる。彼らは最強の砦を貫き、城壁の上を飛び越え、強固な守りの町に侵入することになる」。

以上、預言者のここ［9節］の言葉が意味するところは理解できたことと思います。また、以上の教えは、当然この私たちに対する教化に充てることができます。つまり、教えであれ、勧告ないし忠告であれ、もし私たちがそれによって心を十分に動かすことができない時には、預言者がここ［9節］で教えている次のことを思い起こしましょう。――「神と［偶像のように］戯れることは許されない。神にいけにえを献げる際の、偽善者たちの欺瞞に満ちた儀式は、彼らに何の益ももたらさない。偽善者たちが償いのいけにえを並べても、決して神を喜ばせはしない。それはなぜかと言えば、神の本性を考えてみれば明らかではないか。神［の本性］を［偶像の本性に］変質させることはできない」。ですから、私たちは学びましょう。そして、神の御前にあって、目を上げてみましょう！　四方を見渡し［神が支配されておられる自然を観察し］てみるのです。そうすれば、［まさに］自然と神の畏敬に満ちた力に気付くことでしょう。

続けましょう。

10　彼らは門で戒める者を憎み（憎しみを抱き）、真実を語る者を忌み嫌う。

この節において、預言者は再び裁き人たちを訴えています。もちろん、ここの教えは全民衆にも向けることができます。しかし、［預言者の］説教はほとんど全て、裁き人たちに向けられているのですから、預言者がここでもなお裁き人たちを訴えている、といった意見に私も同意いたします。そして、［預言者がここで裁き人たちを訴えていますのは］次のことなのです。――彼らは自分たち自身に与えていた大きな特権の傘の下で、［人々から］自分たちが非難されることは決して許さなかった。そして、［自分たちを］戒める人が誰であれ、彼らは激しく憎んでいた、といったことなのです。こういうわけで、「門で［裁き人たちを］戒める者たちに［裁き人たちは］憎しみを抱き」と預言者は言っています。次のように説明することができるでしょう。つまり、裁き人たちは門に座っていた。そして、法と正義を曲げていた。もし誰かが彼らの働きぶりに注文をつけようものなら、彼らは横柄な態度でその忠告を全面的に否定したのです。そして、忠告する人たちを憎んだのです。

「門で」とありますが、つまり、［裁き所があった町の門に座り］他人に指図する権利があった人たちは、もし民の中に不正が見つかれば、それを正すべきでした。［それなのに］彼らはどんな人からも自分が非難されるのを認めませんでした。彼らの悪こそ、厳しく矯正されるべきであったのに。

しかし今日において、この病が癒されていればよかったのですが！　諸侯たち、そして、この世の権力を司る人たちは皆そうなのです。自分がこの上ない尊いお方となることを望んでいる彼らは皆、どんな訴えも認めません。彼らの職務において、神の威信は実に傷つけられております。教師や神の僕が勇気をもって彼らの悪を露にしようとしても、彼らは文句の大声を上げ［その行為を打ち消し］てしまうのです。預言者が断罪している罪は、特定の時代に限られません。今日においてもそうなのです。裁判の職に就く人たちは皆、［彼らに対する］非難に一切耳を貸そうとしません。それどころか、自分たちの罪を犯す権利を主張する有様です。彼らは自分たちが普通の人たちとは位が違うと思っているからなのです。［裁き人である］自分たちは全ての裁きを免れていると思っているからなのです。彼らは正義による支配を好みません。彼らにとって、［民を導く］支配権は放埓な身勝手と成り下がっているのです。

以上、預言者が言おうとしたことは理解できたことでしょう。では先に進みましょう。

11 あなたがたは貧しき者を踏みつけ（あるいは、貢ぎ物を押し付け）、彼から穀物の貢ぎ物を取り立てている。それゆえ、切り石の（つまり、角ばった石材による）家を建てても、そこに住むことはできず、美しいぶどう畑を作っても、そのぶどう酒を飲むことはできない。

ここで預言者は、こう告げ知らせます。――「裁き人たちは略奪した物で富をなした。しかし、神は許されない。略奪した物が彼らのものになり、彼らが財を貯めていくことを。神は彼らに対し、ご自身が略奪されたことに怒っておられるのだ」。以上が［11節の］要点です。ここ［11節］において、預言者は一般の民衆を訴えているのではありません。彼は公然と高官たちに対して攻撃しています。彼らには悪い所しか見つからなかったからです。

［11節の］最初は――「貧しき者たちに貢ぎ物を押し付け、彼らから穀物の貢ぎ物を取り立てた」。この最初の言葉において、「あなたがたは貢ぎ物を押し付け」、あるいは、「［貧しき者たちを］踏みつけた」と言われています。(11) 元の言葉［בושסכם］は両者の訳し方が可能ですが、事の本質には影響を与えません。この四文字から成る言葉は、［旧約聖書に］めったに出てきません。翻訳者たちは、「踏みつける」あるいは「重荷を課す」と説明しています。つまり、ここ［11節］において、やはり預言者は裁き人たちを責め立てているわけです。彼らが貧しき者を労わらず、彼らに貢ぎ物と重い税を課していた、つまり、貧しき者に重荷を課していた、と。続いてこう言われています。――「あなたがたは、穀物の貢ぎ物を取り立てた」。この言葉において、預言者は間違いなく、最

11　現行のマソラテキストではヘブライ語「בושסכם」の六文字であるが、マソラテキストの註においても、幾つかの異本が存在することが確かめられ、カルヴァンはそれに従っていたものと思われる。

も嫌悪すべき、略奪における残忍な様子を指し示しているのです。つまり、裁き人たちが財産を没収し、あるいはその他の貢ぎ物を取り立てることは嫌悪すべきことでした。ですが、貧しき者から小麦［すなわち穀物］を取り立て、彼らの肩に背負わせて運ばせるといったことは、最も憎むべきことなのです。それはまるで、略奪者たちに己の命を献げるようなものではないか。ですから、裁き人たちが穀物を持って来るように指図していたことは、貧しき者の首を絞め、彼らの脈から血を吸い取るようなものだったのです。生活のために必要な物を彼らは搾取していたのですから。

以上、預言者の心にあったことは理解できました。彼は言います。――「あなたがたは貧しき者に貢ぎ物を課し、彼らから穀物の貢ぎ物を取り立てた」。［「穀物」を意味する］「בר」について、ある人たちはそれを「選ばれた」という意味の単語として理解していますが、これは不適切です。

「あなたがたは家を建てているが」。ここで預言者が告げ知らせていますことは、「彼らの望みは実現されない」ということです。彼らは至る所から略奪を繰り返し、それでもって御立派な宮殿を建てておりました。巨大な財を築き、己とその子孫を富ませておりました。預言者は言います。――「あなたがたは望んでいるがゆえに、［その望みが実現しないことによって］あなたがたは失望することだろう。奪い取るがよい！　略奪し、強奪するがよい！　しかし、主があなたがたからそれらの略奪品を全てお奪いになるだろう。［あなたがたが建てた宮殿は］競売にかけられる。あなたがたは自分の魂を売り渡しただけでなく、おまけに恥を支払うことになるのだ。建物のために多大なる労苦を犠牲にしておきながら、『あなたがた［自身］は自分が建てた宮殿に住むことはできないのだ』から。さらに、多くの費用と面倒をかけてぶどう畑を作っても、あなたがた［自身］は自分のぶどう酒を飲むことはできないのだ』。イザヤも言っています。――「ああ、略奪者たちよ！　お前自身も略奪を受けることになるのだ」（イザ33・1）。

日常的な経験もまた、こういったことを教えてくれています。私たちは［普段から］学んでいるはずなのです。

主はどのようにこの世の富を人から人へと回されるのでしょうか？　ある［莫大な富を所有していた］人が死んだ際に、その人の相続者たちに対し、永遠に尽きぬほどの富を残せるような人がいたとします。しかし、彼自身は一生涯を通じて己の富に与ることがない、といったような人を私たちは見たことがあるのではありませんか。多くの富に囲まれながらも、その人自身は飢えを凌ぎ、空腹のままでいるといったような。巨大な富が相続者たちの手に渡り、しかも、浪費癖の悪い相続者の手に落ちるとする。その人たちは、瞬く間に全ての金を使ってしまう。そういうことがよく起るために、［一家の］主人も対策を講じます。全財産が［特定の］相続者たちの手に渡ることのないように、あちこちに分譲して。こうして、その人の［家］名は忘れ去られてしまうのです。大きな財力を有する人たちにとって、［家］名は最も大切であるはずなのに。彼らとしては、自分の死後、百世代もの間、世に自分の影響を残したかったはずなのに。

以上、ここの箇所で預言者が言っていることをよく覚えておきましょう。彼は言っています。――「略奪者たちや、不正に掠め取る人たちは、こういった［不正で得た］利益を蓄えている。しかし、彼らが巨額な富を積み上げたあげく、主［なる神］がそれらを奪われることになるだろう。主は許されはしない。彼らが至る所、草の根を分けてでも奪い取ったその金に、彼ら自身が与ることを」。

では、先に進みます。

12　あなたがたの咎がどれほど大きく（あるいは、多く）、その罪がどれほど堅いか、私は知っている。あなたがたは正しい者を苦しめ、賄賂を取り、門で貧しい者を彷徨わせている（つまり、訴えを退けている）。

ここで預言者は神の立場に身を置いて警告しています。自分の言葉により一層権威を持たせるために。私たちがこれまで見てきました通り、預言者たちは傲慢な人たちから軽蔑されていました。よって、神ご自身が御姿を現されれば、きっと彼らにも恐れをもたらすはず。神の御名によって語られても、彼らの心は動かされず、彼らを遜らせることは無理だった。だとしても、［神の御名によって語られれば］少なくとも彼らはあれこれ傲慢な逃げ道を探すことはできなくなるものなのです。こう言われています。――「私はあなたがたの咎を知っている」。言い換えれば、彼らは［主なる神から］次のように言われているのです。――「あなたがたは、人に対するような弁解を果たす義務はない。というか、［人に対して傲慢な］あなたがたが［人に対して］弁解することなどないだろう。それにしても、なぜ思ったのだ？ 私の裁きの座から逃れられるなどと？ 私はあなたがたの裁き主である。支配権は私のもの。あなたがたは残忍に［貧しき者たちを］踏みにじっている。そして、この私に抵抗している。いずれにしても、あなたがたの罪は、この私によって裁かれねばならないのだ。『私はあなたがたの罪を知っている』のだから」。このように主は言われているのです。また、高慢な金持ちと言えば、どんな破廉恥な行いであったとしても、それらをお金の力によって隠していました。殊に、［ご立派な］公の職務に飾られている人たちがそうでした。神は言われる。――私は、あなたがたの卑劣な行いを知っている。これを言い換えれば――「好きなだけ逆らえ！ あなたがたの咎は、私に完全に知られている。あなたがたのお楽しみは、あなたがたに何の益ももたらさないのだ」。以上のように、彼らの罪が厳しく非難されているに留まらず、「あなたがたには愛想が尽きた」と神は言っておられるのです。最も高い権威［に就く裁き人たち］の中に、何か罪が見つかったとしても、いつも容認されてしまうものなのです。もちろん、［完全な人はおりません。裁き人であったとしても、完全無欠な人でなくてはならない、ということではありません。］どんなに重く大きな重荷に耐えることができたとしても、人にとって最も難しいことは、罪が全く見つからないほどの潔白を保つことなのです。しかし、主がここ［12節］で告げ知らせておられるのです。罪人であった［のは皆そうだから仕方ないにしても］彼らの罪は決して軽い罪などではなく、大罪であったのだ、と。耐えることができないほどの悪であったのだ、と。

以上、預言者の忠告の内容を私たちは理解いたします。大きな権力が傲慢な人たちの目を眩ませます。私たちは学びましょう。大きな権力にあるからといって、神の法を追いやることはできないのです。たとえ神が今日まで［教皇主義者たちを］裁かれていないとしても、しかし、神はいつの日にか御座に上られます。そして、神は［彼らに］悟らせてくださいます。今の時代において、大きな罪を覆うために用いられているけばけばしさは、消えゆく単なる影に過ぎないのだ、と。

　預言者は以上のような思いなのです。

　続いて、彼はこう叫んでいます。――「正しき者を苦しめ」。ここ［12節b］において、幾つかの罪が列挙されています。つまり、裁き人たちの冒瀆的かつ残忍な不正を垣間見ることができるような罪を、預言者はここ［12節b］で言及しています。こう言われています。――「あなたがたは正義を踏みにじっている」。これが一つの罪です。そして別の罪が続きます。――「あなたがたは『כֹפֶר』、つまり［「賄賂」と訳しましたところの］罪滅ぼし、あるいは［罪滅ぼしのための］代償を［民から］取り上げている」。私は思うのですが、預言者はここ［12節b］において、今彼が言った［「正しき者を苦しめる」といったところの］罪とは別の罪を指摘しているのです。解釈者たちは区別を設けていません。しかし、私は大きく異なると思うのです。つまり、利得に駆られた裁き人たちが、悪人と手を結び、殺人、あるいはその他の非行にまで及んでいた。そして、誰かが［その人自身の］重い罪［の罠］に巻き込まれるや否や、裁き人たちは「獲物が［罠に］かかったぞ」と見て取って、それを欲しがってよだれを垂らす始末なのです。彼らは、毎日のように死刑がたくさん執行されることを望んでいました。もちろん、［犠牲になった人が残した物の没収によって、自分が］利益を得るためにです。彼ら裁き人たちは、獲物に没頭していたのです。このため、預言者は彼らを訴えて言います。――「賄賂を取っている」。彼らは［本来］悪を罰しなければならなかったはず［の人たち］なのです。ところが、彼らはその務めを怠っていました。不正をそのまま見過ごしていました。殺人を容認していました。姦淫、盗み、悪魔払いも同様に。しかしその際には、ただで、ということではありませんでした。［これらの悪を行う］人たちは［自分が有罪の判決を下されないように、そして、自分が］無罪放免となるために、裁き人たちに賄賂を贈っていたのです。

以上、ここ［の言葉］で預言者が思っていたことは理解できたことでしょう。ですから、これらの悪が、今［の時代］でも広く行き渡っていなければよいのですが！　しかし実際、今日における多くの裁き人たちの中に、その残忍さを見つけることができます。彼らは［他人の］罪の行いから利益を儲けているわけですが、それはある種の賄賂なのです。元の言葉は「כפר」です。今日においてもこの悪は蔓延しています。なので、［預言者がこの悪について語ったとしても］別に驚くことはありませんが、預言者は彼の時代におけるその腐敗を非難して言っているのです。「裁き人たちが賄賂を受け取っている」と。

それから、こう続きます。――「門で貧しい者たちを倒れさせている」。ここ［12節］における三つ目［の罪の種類の指摘］です。預言者は嘆いています。裁き人たちが、貧しい人たちの権利を奪っていることを。貧しい人たちは金持ちとは違って、十分な金を携えて［裁き座に］上ることはできませんでした。しかし、貧しい人たち［がわざわざ裁き人の所に訴えに出かける際に］は自分たちが正しいと確信し、必ず自分たちに勝訴が下ると思っている［からこそ訴えに出かける］のです。［ところが、現実の判決はそうではなかったので］預言者は嘆いております。貧しい人たちの希望がついえ、しかも、「門において」、すなわち、裁きの場において、彼らの権利が逆に奪われてしまっていることを。ご存じの通り、裁き人たちは門の前に座り、そこで裁きの務めを果たすのが昔の習慣でした。アモスはここで「門」について［10節に続いて］再び語っているのですが、さらに酷かったこととして、［本来］裁き所は避難所の［働きを担う］聖所のような所のはずでした。見捨てられた人たちが不正から逃れ、そこに避難するための。そこが盗賊の巣窟と化していたのです。だとすれば、［貧しき人たちの避難所として］一体何が残っているというのでしょうか？

以上のように、預言者は一般の人々に語っているのではなく、むしろ、指導者たちに対して矛先を向けているのが分かります。続けましょう。

13　それゆえ、賢き者はこの時代に沈黙する。まことに、これは悪い時代だ。

ある人たちの解釈によれば、ここではイスラエルの民〔全員〕に対する罰が告げ知らされているのだそうです。つまり、主が彼らのもとから〔彼らに語る〕預言者や教師を奪われ〔したがって、誰も語ることのない沈黙の時代が始ま〕るのだと。確かに、主が健全な教えの光を消されることほど、恐ろしいことはないはずです。〔その場合〕私たちは暗闇にさ迷い、右往左往することになり、いずれ倒れてしまうことになるのですから。健全な忠告をはねつけている人たちが〔今、実際〕そのような状態〔つまり、倒れている状態〕であるように。しかし、私の判断によれば、〔13節を語った時の〕預言者の心にあったものは、〔彼らの解釈とは〕全く異なります。〔彼らの解釈が一番目の解釈だとすれば、それとは違う二番目の解釈として〕次のような説明が十分可能です。――「賢き者は、暴君の支配下にある時、あえて語ろうとしない」[12]。これまでアモスは裁き人たちに対して語ってきました。彼らは当時の支配者であって、〔自分たちに対するいかなる〕告訴も受け付けない人たちでした。よって、「賢き者はこの時代に沈黙せざるを得なくなる。なぜなら、悪い時代だから」。こうして、自由な教えが全て消えてしまうことになるのです。さらに、この〔13節の〕文は次のように拡大〔して解釈〕することも可能です。――「どんなに自分が侮辱を受けたとしても、彼らは沈黙を守り、不正に耐え、心で怒りを呑み込む。あえて嘆くこともしない」。とりわけ教師というものは、傲慢で暴力的な人たちが自分にうるさく抗議してくる際に、あえて対抗しないものなのです。ですが、この〔13節の〕内容は、〔次の解釈は三番目の解釈とさせていただきますが〕神の裁きに関するものと捉えることもできるでしょう。つまり、「賢き者が沈黙する。〔これから起こる裁きに〕恐れを抱いて」。実に、

12　イザ8・16を参照。

沈黙とは大抵の場合、恐れを伴うものなのです。ですから、賢き者たちが口を塞いで［何も語らなくなって］しまうということ、あるいは別の言い方をすれば、知恵ある者が己の口に手を当てて［何も語らなくなって］しまうことは、［それ自体］神の恐ろしき裁きなのです。さて、最初［に紹介しましたところ］の［一番目の］解釈についてですが、私はそれを否定いたしますし、なにせそれは、決して褒められたような解釈ではありません。一方、二番目［の解釈］ならば、預言者の文脈に適しているかもしれません。つまり、「賢き者がこの時代に沈黙する」のは、［彼らが自由に語ることができるその］自由を［心の中に］抑えるようになるからなのです。他の人たちはそうであるかもしれませんが、しかし私としましては、たとえどんな場合であっても、［言葉を語ることを］抑えたくはありません！　なぜなら、賢明な人というものは、重い罪を前にして、それを黙って見過ごすことはしないものだからです。たとえ暴君が脅かしてきても、死刑を百回脅かしてきても、彼らを教える必要がそこにあれば、賢者は決して黙り込むべきではない。けれども、預言者はここ［13節］において、賢者がなすべきこと、あるいは反対に、行なうべきではないこと、といったようなことについて議論しているのではないのです。むしろ、彼が告げ知らせていますことは、「賢者たちが語る度に、傲慢な裁き人たちはその非難［の言葉］を退けるだけだった」ということなのです。こうして――「賢き者は沈黙する」。好き好んで黙り込むのではありません。私が申し上げた通り、黙り込むことは、［本来］賢明な人にとって相応しくありません。また、預言者はここ［13節］において、「賢き者たち」と敬意を表していますが、その「賢き者たち」とは、正しきことを判別し、腐敗物の後を追いかけることもなく、正しくあり続けるような人のことです。たとえ［目の前の］全秩序が崩壊しているのを目にしても、そう、たとえ天地が逆転しているのを目にしても、彼らは健全な判断を保っているような人たちなのです。そのような人たちを、預言者はここ［13節］で語っています。よって彼は、喜んで賢者たちが黙り込むことになる、と言っているのでは決してありません。真実を明らかにし、良きことを告げ知らせることが、［彼の時代は逆に］恥ずべき愚かなこととみなされてしまっていたからなのです。要するに［13節で］、預言者は何を言おうとしているのか?——暴君の圧政です。暴君たちが賢者に絶対に許さなかったということなのです。言葉を語ることを。賢者が公の場に現れ、悪を非難しようとしても、そうすることは決して許されなかった、ということなのです。

こういうわけで——「まことに、これは悪い時代だ」。この言葉には、「賢き者たちの〔語る〕権利を封ずる横柄が行き渡っている」といった預言者の思いが込められています。賢き者たちが沈黙させられていたわけですが、それは確かに、語ることによっては〔もはや〕何も生み出されなかったからではあるのですが、しかしそれよりも、賢者たちが語ることを禁じられていたからなのです。賢き者たちがその〔語るという〕務めを果たそうとするや否や、暴力的な君主の力によって抑えつけられてしまっていたのです。それはちょうど、ロトが「邪な権力者たちによって」責め苛まれて苦しんでいたことが書かれてあるように[13]です。彼はソドムの住民に対し、繰り返し率直な非難を語っていたものと思われますが、ついに黙るように命令されてしまいました。[14]沈黙の命を彼は受けていたはずです。本当に、〔自分の娘さえも引き渡そうとした〕彼は、ソドムの住民を戒めるために、多くの危険を冒していました。よって、私が思いますに、ここ〔13節〕においても、預言者はそういった意味で語っています。——「賢き者たちが沈黙するだろう」。なぜならそれは、暴君が黙ることを強要するからなのです。そして、教師たち〔の教え〕を封ずるからなのです。彼らを牢獄に追いやってしまうからなのです。ある人たちを追放し、ある人たちには死を宣告し、ある人たちにはその他の多くの罰を与え、あるいは、誹謗を浴びせ、嘲り、恥をかかせるからなのです。

以上、預言者の忠告は理解できたでしょう。私たちは気付かねばなりません。イスラエルの人々がついに悪の果てに辿り着いたことを。そこには健全な忠告の教えが入り込む隙間もありませんでした。自由、つまり、賢き

13　おそらく、創19・4—9のことかと思われる。
14　創19・9を参照。

人たちが危険を冒してでも悪を訴えようとする自由は、完全に消え失せていました。悪はそこら中に広がっていました。〔彼らの悪は大きすぎて〕子供でもそれに気付いたことでしょう。目の見えない人でも感ずることができたでしょう。放埒がこのような〔極限〕状態に至った時、全てが滅びる定めにあります。そこには悔い改めの望みも、改善の余地もありません。

以上のようなことも預言者は忠告したのでした。

祈り

全能の神よ、私たちは目であなたの栄光を目撃するのではありません。あなたの栄光は無限で捉え難く、私たちには隠されております。ですから、せめてあなたの御業を通して、あなたの御力と権能とを学ばさせてください。そして、あなたの力強い御手によって、私たちが遜ることができますように。偽善者たちがそうであるように、あなたを決して軽んじることのないように、全き真実の心を〔あなたに〕献げることができますように。清き業をもって、そして、生活の中で証しすることができますように。あなたの御名に対する正しき畏れを心に宿すことができますように。主よ、私たちはあなたに従うために、我が身を献げることができますように。ますます勇敢になって、挫けることを知らぬ心をもって、方々から取り囲む腐敗に立ち向かうことができますように。主によって約束された天の安らぎに至るその時まで、私たちが闘い続けることができますように。我らが主イエス・キリストによって、アーメン！

14 善を求めよ、悪を求めるな。あなたがたが生きるために。そうすれば、あなたがたが言ったように、万軍の主なる神は、あなたがたと共にいてくださるであろう。

預言者は再三にわたって繰り返します。イスラエルの人々に恵みが与えられないとしても、それは彼ら自身の責任であると。神のお気持ちとしては、彼らに恵みを与えられたかったのです。ただし、彼らが自分から悪に近付かない限りにおいて。偽善者というものは、災いに関する責任から逃れようとするものです。そして、惨めな自分たちを嘆くだけなのです。まるで主が彼らに酷い仕打ちをされたかのように。預言者はイスラエルの人々に対して言います。彼らを襲う災いは全て、彼らが自分の罪によって招いたものなのだと。一方で、預言者は最後［の裁き］に至らないようにと、彼らに対し悔い改めを迫り、まだ赦される希望を伝えています。彼は命じます。――「善を求めよ」。そして、［「善を求める」ことの］強調表現として、こう付け加えています。――「悪を求めるな」。彼はあたかもこう言っているのです。――「あなたがたは、あなたがたの悪徳とべったりで、それから離れることができないでいる」。要するに、預言者がイスラエルの人々に言いたいことは――「あなたがたは、自分たちが恵みに与っていないからといって、神に不平不満を訴えることはできないのだ。ましてや、神があなたがたを［必要以上に］とりわけ厳しく扱われている、と訴えることはできないのだ」。預言者は［神の彼らに対する厳しい扱いに対する］原因を突き止めているわけです。つまりそれは、彼らが誠実を失い、反対に、全勢力をかけて悪を愛していたからでした。

預言者は彼らに悔い改めを促しているわけですが、彼らを鼓舞するために、彼は次の約束も告げています。こう言われています。――「善を求めよ、生きるために」。そして――「そうすれば、あなたがたが言ったように、神はあなたがたと共にいてくださるであろう」。ここ［14節］において、この民の不正が暴かれています。彼らは神を自分たちの支配下に置こうとしていました。偽善者たちが［神の］約束を悪い仕方で利用していたように。偽善者たちは神を遠くに追いやりながら、それでいて、神を自分たちに従属させようとしていたのです。さらに、イスラエルの人々は、自分たちがアブラハムの子であること、そして、神に選ばれた民であることを誇っていました。彼らにとって、割礼は王冠でした。彼らは他の全ての民の上に立とうとし、そのために神の御名を利用していました。神の言葉と預言者たちに対し、彼らは傲慢に扱ってもいました。彼らは繰り返し豪語していたものです。神が自分たちの間におられると。よって、預言者は言います。――「その時には、あなたがたが言っているように、神はあなたがたと共におられる。ただし、あなたがたが善を求めれば、つまり、善き行いを尋ね求めるのならば」。なぜなら、善を求めることは、善き行いをなすことに他ならないからであります！　彼はこう言おうとしたのです。――「あなたがたの生き方を変え、行いを改めよ。これまであなたがたの所には不正しか見当たらなかった。暴力と盗みを働き、偽証をなすばかりであった。これからは正しく生きるのだ。そうすれば、神はあなたがたと共におられる」。

［「そうすれば」と訳しましたところの］「כן」という小さな語に、強調がよく込められています。――「そうすれば、神はあなたがたと共におられる」。［「そうすれば」と］預言者は彼らに思い起こさせているのです、律法でしばしば言われていますことを。――「あなたがたは聖なる者となれ。私が聖なる者だからである。私があなたがたの間に住むために」[15]。これらの言葉を通して、神が告げておられます。イスラエルの人々が聖なる者とならない限り、ご自分は彼らと共に住まうことはもはやできない、と。［神と彼らとの間の］相互の取り決めがなされていたのです。ところが彼らの方は、聖なる者となることの義務を放棄し、それでいて、神に義務を果たさせようとしていたのです。こういったおかしな自信について、預言者は軽蔑しながら言うのです。「律法で命じられたことが果たされたならば、神は彼らの間に住まわれる、といった取り決めが律法にしっかりと定められているではないか」と。――「そうすれば、神はあなたがたと共にいてくださるだろう」。これを言い換えれば――「あなたがたが真っ直ぐに生き、善き行いに努めているのを神が御覧になられれば」ということなのです。

15　レビ11・44を参照。

以上から、「あなたがたが言ったように」といった言葉の意味について［も］、私は既に説明してしまったことになります。つまり、イスラエルの人々がいつも口にしていた次のような愚かな自慢話を、預言者は［認めつつ、同時にそれを遠回しに］退けているわけです。――「主は我々を選ばれ、ご自分の民とさせてくださったではないか？　契約の箱こそ、神の臨在の証しではないのか？　ならば、どうして神が我々を拒絶することがあろうか？」確かに、神が約束の誓いを守られなかったとすれば、神はご自身を拒まれたことになってしまいます。なぜなら、神は約束してくださったからです。私たちの先祖たち、そして、神の群れである私たちと、世の終わりまで共にいてくださると。[16] 当のイスラエルの人々は、自ら契約の違反者であったのにもかかわらず、愚かな過信を身にまとっていました。預言者は彼らに対してこう告げているのです。――「あなたがたは自慢げに言っている。神が自分たちの中におられると。しかし、思い出せ。神があなたがたとどのような契約を結ばれ、神があなたがたに何を求めておられるのかを。もしあなたがたが神の招きに応えようとするならば、その時にはきっと、［あなたがたが言うように］神は約束の誓いを果たしてくださる。それなのに、あなたがたは自分から離れてしまった。だから、神があなたがたと共におられるはずはないのだ」。

以上のように、預言者のここ［14節］の言葉の意味を受け取ることにいたしましょう。続けます。

15　悪を憎み、善を愛し、門で正義を立たせよ。あるいは、万軍の神である主が、ヨセフの残りの者を、憐れんでくださることもあろう。

預言者は［14節と］全く同じ命令を下しています。それは、意識的にそうしているのです。なぜなら、預言者

16　マタ28・20を参照。

は極めて難しいことだと知っていたからです。この民を悔い改めに導くことが。彼らは生まれ持った強情さの上に、悪徳に長く携わることによって、より頑なになってしまっていた。サタンは知らぬ間に人の心の支配を広げ、しまいには人の心を完全に硬直させてしまいます。その暁には、善と悪とを見分けることさえできなくなってしまう。このような盲目が、イスラエルの民に広がっていました。よって、彼らを事あるごとに［正しい方向へと］刺激する必要があったのです。今のアモスがそうです。

　アモスはこう命じています。――「悪を憎み、善を愛せ」。神に立ち帰り、あるいは、悔い改めようとするならば――私たちはこの［悪を憎んで、その後で善を愛せ、といった］順序に注意しましょう。アモスがここ［15節］で語っている相手は、己の悪によって汚れ、もはや光と闇をも区別できなくなっていた、つむじ曲がりの人たちでした。その彼らに対し、「悪を憎め」という言葉を［最初に］彼が告げているのには、やはり意味があるのです。彼はこう言ったのです。――「これまでのあなたがたは、神と不仲な神の敵であった。よって、あなたがたは向きを変え、神に立ち帰らねばならない。自分を整えて神に従うことを既に決意している人ならば、悪を憎めという勧告は余計であろう。しかし、今なお己の悪に没頭している人ならば、［まず］悪を憎むようにと諭されねばならないのだ」。ここ［15節］において、このように預言者は彼らを戒めているのです。彼らは［自分たちが聖なる者だと］自負していました。預言者はその彼らに告げるのです。あなたがたは罪科の奴隷であると。

　続いて――「善を愛せ」。預言者は［悪を憎むことをなし終えた後になされるべき］新しきことを告げています。つまり、彼らが正しき行いに励み、誠実を熱心に追い求める、ということです。これを言い換えれば、「イスラエルの人々［よ、あなたがた］が新しき人と［生まれ］変わらぬ限り、あなたがたは神と平和を結ぶことはできない」ということなのです。彼らは今、善を忌み嫌っていたからです。また、歪んだ悪に身を献げていたからです。ですが、ここ［15節］において、アモスは［信仰に関わることの全体の］一部分である悔い改めについて告げています。といいますのは、「טוב」は善行を意味するわけですし、反対に、「רע」は、確かに悪が指し示されているわけですが、ここ〔15節〕において、アモスは信仰について語っているわけではありませんし、また、神への祈りについて語っているわけでもありません。むしろ、彼は〔信仰や祈りといった〕それらの実りがもたらす悔い改めについて語っているのです。これは他の箇所でも確認できることなのですが、私たちの信仰とは、私たちのお互いにおける誠実と公正が活気づいていること、あるいは、私たちが互いに愛し合い、愛の御業を繰りなすことによって始めて証しされるものなのです。ですから、ここ〔15節〕の悔い改めについても、提喩法(17)、すなわち分かりやすく言うのならば、一部分をもって全体を言い表す手法でもって言及されているのです。

預言者はこう続けています。――「門で正義を立たせよ」。昨日の講義で私は十分語りましたが、この言葉で預言者が触れていますのは、〔当時のイスラエルの〕国の状態についてです。つまり、不正が洪水の如く溢れ出ており、裁きの場においても、またその判決に関しても、どこにも正義はなく、どこにも真理が見られなかったほどでした。そういった腐敗が、彼らの〔裁きが行われる所としての町の〕門を塞いでおりました。よって、預言者は勧告し言っています。――「門で裁きを立たしめよ。そうすれば、あるいは神が憐れんでくださるかもしれない。ヨセフの残りの者を」。この言葉で預言者が告げ知らせましたことは、「もはやこの民を救うのはほとんど不可能に近い、あるいはむしろ、完全に不可能だ」ということでした。荒れ狂う嵐のように、〔裁き人といった〕公の〔立場にあった〕彼らの堕落〔が惹き起こす暴風〕が、全ての善をまき散らしてしまっていました。したがって、この言葉においては、たとえその数は少なかったとしても、信仰ある人たちに向かって彼は励ましているわけです。決して落胆しないようにと。そして、神に立ち帰り、他の〔信仰を失った〕人たちを滅びるに任せ、しかも、彼らが頭から真っ逆さまに落ちるに任せるように、と。さらに、彼ら〔信仰ある人たち〕自身は、たとえ火を逃れるようにしてでも、自分の救いに心を配るように、と預言者は〔信仰ある人たちに向かって〕励ましているので

17　synecdochen.

す。

以上、ここでの預言者の忠告は理解できたことと思います。大部分の人たちが、あたかも己の破滅のためにあくせくしていたかのように、救われるための対策を全て放棄していたのでした。一方、残された少数の［信仰ある］人たちがいました。彼らは嵐が我が身を運び去ることのないようにと、必死に耐えていたのです。これは私が先程言ったことです。いずれにしましても、ここ［15節］において、預言者は善き［行いに励もうとする］人たちを慰めています。もしこの時までにそういった人たちが残っていればですが。預言者はその人たちに告げ知らせます。たとえこの民が滅びる定めにあるとしても、しかし、そのために絶望することのないようにと。なぜなら、主の約束は続いているのですから。ご自分が彼らに対して憐み深くあられることを。よって、ここでの教えは次の通り。――［生き残る］十人[18]［つまり少数となっても、あなたがた］は千人［つまり、滅びることになる大多数の者］の行いを見習ってはならない。神が語られることに聴け。どんちゃん騒ぎにうつつを抜かしてはならない。もしあなたがたが、盲目のまま滅びに突進する人たちを目撃したのだとすれば、彼らを追いかけてはならない。神に聴き従え。差し出された救いを拒絶してはならない。たとえ自分たちの仲間が少数であるゆえに心が挫けそうになったとしても、そのために神の約束から離れようとしたり、遠ざかろうとしてはならない。神の約束を大切にせよ。

「あるいは」と言われていますのは、何も[19]［預言者自身の］疑いが差し込まれているわけではありません。それは、他の箇所においても確認したことです。預言者は信者たち［の心］を激しく掻き立てようとしたのです。また、預言者は彼らに勇気を持たせようとしたのです。いいえ、預言者にはそうする義務がありました。しばしば「מי」、あるいは「אולי」を私たちは目にいたしますが、これらは人間の心の不安や当惑を取り除くための言葉で

18　アモ5・3。
19　ヨエ2・14を参照。

す。疑ったり、あるいは疑惑の念に駆られて神に近付かないようにと。しかしまた、これらの言葉［がわざわざ置かれていること］によって、［言われている事柄を実現する上での］困難［の大きさ］が提示されているわけですから、より熱心に心を搔き立て［ることによって、その困難を乗り越えていか］ねばなりません。このことは、混乱した［時代の］最中にあって[20]［とりわけ］必要なことです。私たちの体は何と怠慢であることでしょう。神に立ち帰ろうと志す者であっても、［神に］望まれるような熱心さを見せることはなく、［大地を］ゆっくり這うような、あるいは、少しずつ前に進んでいくものに過ぎません。何らかの妨げに出くわすものならば、普段は勇気旺盛な人であっても、一歩前に進むことにも全希望を失ってしまうほどです。よって、［そのような人たちは］次のように刺激されねばならないのです。――「注意せよ！　火によって囲まれた人がいるとすれば、その人はぐずぐずしている暇はない。どのようにすれば何の傷も負うことなく、あるいは、どのようにして何の災いも身に負うことなく逃れることができるか、などと心配する余裕もない。時間を費やしている間に出口が塞がれてしまうよりも、ある程度の危険を身に負うことを選ぶことだろう。それと同様に、あなたがたも至る所から不正が攻撃してくるのが分かっているのだから、各々素早くそこから逃げることを考えよ。それ以外にすべきことは何があるというのか？」　以上のように、預言者の忠告を理解することにいたしましょう。

「あるいは、憐れんでくださることもあろう」。この言葉の要点は、［第一に］これまで悪徳に没頭していた人が、完全に新たに生まれ変わるためには極めて大きな回心が求められる、ということ。続いて［第二の要点として］、［救いに与る］少数の者たちに求められることは、他の群衆と歩を合わせようとしないことである、ということ。なぜなら、かりにこの民［の大部分］が滅びを選んだとしても、神に聴かねばならないのだから。神はどんなに少数であっても、彼らをご自分へと招いておられ、その人たちがまさに炎の渦中から逃れることを望んでおられ

20　あるいは、心（霊）と体が混合された人間として、といった意味か。

るのですから、その神の言葉に聴かねばならないのです。さらに第三として、どんなに困難な状況――多くの努力なしには、とても［その難事を］切り抜けることができないと分かっているとしたら――にあっても、まだ癒される可能性があるならば、神に近付くことを先延ばしにすることなく、いかなる障害にも立ち向かい、素早く［神に向かって］走るべきだ、ということ。つまり、徐々に神に近付こうとするのではなく、あらゆる障害を切り抜けて神に急ぐべきだ、ということなのです。

では続けましょう。

16 それゆえ、万軍の神である主はこう言われる。どの広場にも嘆きの声が起こり、どの通りでも人々が「ああ、ああ」と言う。人々は嘆くための農夫を呼ぶだろう。そして、哀歌は全ての泣き男に上ることだろう。

ここ［の言葉］に見られる［「それゆえ」を意味する「לכן」という］結果や原因を表す語句は、これまで［預言者によって］語られてきたことの強調のために置かれています。つまり、イスラエルの人々は最悪な状態であったのにもかかわらず、空しくも自分たちを良く見せていた、ということが強調されています。預言者は知っているのです。彼らの言い訳には際限がないことを。偽りの偽善者とはそういうものです。よって、預言者は彼らの言い逃れに先鞭をつけ、こう言っています。――「神があなたがたに言われているのだ。あなたがたはあれやこれやと反対するが、あなたがたは神の裁きを遅らせることなどできないのだ。あなたがたの不正は、あなたがたが有罪であることを確定するに足るのだから」。

「それゆえ、万軍の神である主はこう言われる」。［15節に続き］再び神の［「万軍の主」といった］形容語が用いられています。それは、神の崇高な支配を際立たせるためです。こう言われているのです。――「イスラエルの人々［よ、あなたがた］はあなたがたのやり方で神と戯れようとしているが、それは無益なことだ。最も権威ある裁き主こそ神であられるのだから。神を訴えることはできないし、神の判決は取り消されることはないのだ」。このように、ここ［16節］において、イスラエルの人々を惑わす張本人としての、彼ら自身の自尊心が、［預言者によって］切り捨てられているわけです。彼らは神に［反抗して］叫び続けていました。よって――「主はこのように言われる」。それは、主が彼らに対し、彼らの誤った生き方を悟らせ給うためです。また、彼らが死に至る腐敗と悪とに耽溺し、善の欠けらすら持っていないことを、主ご自身が悟らせ給うためなのです。

「それゆえ、神はこう言われる。どの広場にも嘆きの声が起こり、どの通りでも人々が『ああ、ああ』と言う」。この言葉において、預言者はイスラエルの人々と議論を交わしているのでもありませんし、彼らの面前で彼らの罪を指摘しているのでもありません。むしろ、［彼らに対して下される］裁きについて語っています。彼はこう言ったのです。――「［あなたがたに対する］告訴は受理された。あなたがたを咎める必要はもはやなくなった。なぜなら、もう確定しているからだ。神があなたがたに対し、裁きを執行されることが。神はもはやこれ以上あなたがたと議論されるおつもりはない」。こういったことを預言者たちは頻繁に教えてきましたが、それは、私たちが悟るためなのです。主が私たちを有罪と認められたのならば、私たちがいかなるものによって詭弁を弄しても意味がないということを。ですから、私たちは裁きを恐れましょう。裁きは［私たちの］不従順や反抗によって［既に］準備が整っているのです。こう言われています。――「どの通りにも、ああ、ああ、という［泣き］声が上がる」。おしゃべり好きな彼らは、自分たちが話し上手だと今なお思っているようです。そして、自分たちの弁論によって、神を言い負かすことができると考えている。［実際は］神に文句を垂れているだけなのに。彼らはおしゃべりによって、［裁きの］遅延をもたらすことができると、さらには、神は裁きを執行されることもないだろう、と思い込んでいるのです。しかし、とんでもありません。神の裁きの手続きは［滞りなく］進んでおります。よって、彼らは［やがて］叫ぶことになるでしょう。「ああ、ああ」と。もはや猶予の時間はなく、彼らは悲嘆に暮れることになるのです。

こう言われています。――「嘆くための農夫が呼ばれるだろう」。ある人たちは、［「農夫」を意味する］「אכר」に関して、この語は「知覚する」あるいは「離脱する」を意味する「נכר」に由来すると考えています。よって、彼らは［「אכר」を］そのような［語源に沿った］意味に取るのですが、彼らが主張する唯一の根拠として、続いて預言者が「泣き男」(21)のことを付け加えているからなのだそうです。ですが、ヘブライ人は皆、［「呼ばれるだろう」と訳されるような］呼びかけの意味に取っていますから、私もよほどの根拠がなければ［意味を］変えようとは思いません。［私の訳が］最も預言者の言葉に合致します。さらに、泣き男たちが農夫に対して「嘆くように呼びかけるだろう」といったように［各々の単語の］順序を置き換えて理解すべきだと考えるヘブライ人の解釈者たちもいますが、それは間違っています。預言者が考えていますことは、「全ての人が共に嘆くだろう」ということなのです。つまり、［嘆くための］理由は人それぞれであったとしても、最初に嘆く人として、預言者は農夫を挙げているのです。その後で、泣く仕方は農夫と異なっていたかもしれませんが、泣くことを生業としていた人たちが共に嘆くことになる、と預言者は教えているのです。

では、預言者が言っているところの「全ての泣き男の上に哀歌が」について取り上げてみましょう。東国の人々は嘆く演技を身に着けていたようです。今日でもそのようです。大胆なジェスチャーでもって。私たちはそうではありません。たとえどんなに悲しくとも、少なくとも平静は保つものでしょう。この［泣き男の］慣習は、その昔ヨーロッパ中に広りました。ローマには泣き女がいたようです。至る所に泣き人が存在していたわけです。彼らは泣くことをもって糧を得ることを生業としていました。その悪しき慣習を、預言者は指摘しています。しかし、ここ［16節］において、その行為［自体］が正しいものであったのか、あるいは誤ったものであったのか、そのことについて論じられているのではありません。ここでは単に、預言者はよく見られた慣習に触れているだ

21　おそらく、職業的な泣き人は恍惚状態、すなわち我を失い、離脱しつつ嘆くものだからか。

けなのです。彼は言います。――「哀歌が全ての泣き男に上るだろう。つまり、嘆くことを専門とした人たちが、今や泣くことに専念することになるだろう」。高い位から最下層の人たちに至るまで［泣き人と化す］。その中間に位置する人たちももちろん。こうして、［一見］異なる［と思われる］二つ――農夫たちが嘆くために連れて来られること、そして、どの通りも嘆きで満たされ、全ての人が泣き男となること――は一致することになります。預言者は「嘆くために、嘆くことに長けた人たち全員が［自分の泣く仕事に］忙しくなる」と言っているわけですが、その理由［つまりその根本的な原因］は、彼ら全員を嘆かせるような災いのゆえなのです。預言者はこういう意味でも言っています。――「［その時の］彼らの嘆きは、決して見せかけ［だけ］の嘆きではない。大いなる災いが、町から野原に至るまで襲うことになるのだから。それを逃れる人は誰もいないような。農夫はその［泣き男の］ような儀式ばった泣き方には馴れていなかっただろう。しかし［その時には］、農夫たちもまた［泣き男のように］泣くことになる。彼らは新しい泣き方［つまり泣き男のように激しく泣く仕方］を学ぶことになるのだ」。以上のように預言者は言っているのです。［16節の］これらの言葉が告げていますことは理解できたことと思います。しかし、次節も同じような意味なのです。

17　どのぶどう畑にも嘆きの声が起こる。私があなたがたの中を通り過ぎるからだ、と主は言われる。

続いては、［イスラエル］全地域がなぜ嘆きと苦悩に覆われたのか、ということについてです。すなわち、「主が全土を通られるから」です。実に、［本来］神がご自分の土地を訪問されること以上に、喜ばしいことはなかったはずです。しかし、預言者はここで告げ知らせます。敵意のこもった［神の］攻撃を。かりに敵が領土に侵入してくれば、敵が通過する所には荒廃が等しく広がることでしょう。預言者もそのような「通り過ぎ」について警告しています。――「あなたがたは、あなたがたの間に神がおられると誇っている。しかし、神が来襲されれば、全土を踏みにじられ、荒廃がもたらされる。敵が壊滅的な被害をもたらすように」。「神が通り過ぎられる」ということに関して、預言者はおそらく、モーセの出エジプト記十一章を［思い起こして］言及しています。すなわち――主はエジプトの真ん中を通り過ぎられた。神の怒りが［エジプト］全土に行き渡った。どの街角も、それを免れて助かった所はなかった。神の復讐が至る所を貫いたからである。これと同様のことを、ここ［17節］において、預言者は告げ知らせています。イスラエルの地が、［かつての］エジプトの土地のようになると。そしてそれは、主によるのです。主はかつてアブラハムの子らに愛を示されました。今度は逆に、敵意を［大地に］残されつつ、イスラエルの人々の中を通られようとしています。また［ここ17節の言葉によって］預言者は、彼らの［「神は我々と共におられる」という］誇り――神の御名を口に上らせていたイスラエルの人々は、この誇りによってこそ盲目となってしまったのですが――を間接的に蔑んでもいるのです。そのことは次の言葉からもはっきりといたします。次のように言われています――

18 災いあれ、主の日を待ち望む者に。主の日があなたがたにとって一体何になるのか？　それは闇であって、光ではない。

［17節において］預言者は端的に、しかしぼやかした形で「神が通り過ぎられること」について触れましたが、ここ［18節］において、預言者はよりはっきりとそれについて語っています。つまり、預言者はイスラエルの人々の誤ち、とりわけ、神の御名を盾のようにかざし、それを口実としている彼らの誤ちについて告げ知らせています。彼らはたび重なる災いで苦しんでいました。それにもかかわらず、彼らは今なお期待を描いていたのです。神が我々を守ってくださると約束されたのだから、と。よって、預言者は言います。彼らのこの期待がいかに空虚なものであるかを。傲慢な彼らに対し、預言者は激しく非難し言っています。――「災いあれ、主の日を

待ち望む者に」。こう聞きますと、非常に厳しい〔言葉だ〕と思われるかもしれません。けれども、私たちは驚きません。預言者が偽善者たちに対し、このように厳しく怒りをぶつけているとしても。偽善者から安穏を追い払うことは、本当に容易なことではありません。その安穏によって、彼らは神に歯向かうのです。私たちは知っています。どこの箇所においてであれ、聖霊が最も嫌っているのは偽善者であるということを。公然と不信心な罪を犯す人たちに対してよりも。といいますのは、神を嘲る人たちは、もちろん愚かな人たちには変わりませんが、しかし、彼らは自分の罪を言い逃れしようとはいたしません。一方、偽善者とは、常に神と争う構えを見せながら、それでいて己の悪行を隠すために、神の〔御名という神の〕庇護を求める人たちだからなのです。よって、彼らに対しては、よりハードで厳しい処置が必要です。ここでの預言者〔の言葉〕がそうであるように。

彼は言っています。――「災いあれ、主の日を待ち望む人たちに」。ある人たちの説明によれば、ここでの「主の日」は「死〔が訪れる日〕」の言い換えなのだそうです。彼らのこの説明は、預言者〔の言葉〕の意味を曲げてしまっているのですが、それは彼らがこう考えているからなのです。――預言者はここで、〔既に〕見捨てられた人たち、すなわち、〔彼らが主の日を願うことは、自分の死を願うことですので〕自死を願い、あるいは〔自分を〕殺すための手を自分にかけることを願っているような人たちを相手にしている。よって、「災いなる主の日を待ち望む人」とは、万策尽きたと見て取った人で、他人の手による絞殺、毒殺を求めている人たちのことが言われているのだ。しかし、私が言いましたように、ここ〔18節〕において、預言者は偽善者たちに論駁しているのです。〔ですから、今の解釈は有り得ません。〕また、別の人たちによれば、ここ〔18節〕において、これまでも告げられてきたところの、イスラエルの人々の〔神に対する〕嘲りがアモスによって非難されているのだそうです。これは間違ってはおりません。けれども、預言者の思いを十分に汲み取ってはおりません。ここの箇所における特記すべきことが見落とされているからです。つまり、うわべを装う偽善者たちのことです。彼らは誤った原則を打ち立てていました。自分たちは神の民であるのだから、神は我々の言うことを聞いてくれるはずだ、といった原則を。イスラエルの人々は、神に対し、［他の民よりも］百倍もの不信仰を宿した人たちでしたが、それでいて、受け継いだ割礼を鼻にかけ続けていたのです。それから、犠牲に関する掟、さらに、あらゆる儀式を旗印に掲げていました。彼らは口々に叫んでいたのです。――「幸いだ！　なぜなら、我々は聖なる民にして、神の嗣業であるから。我々はアブラハムの子孫にして、主によって贖われた者、祭司の王国である」。よって、預言者は言い放ちます。――「災いだ！　主の日を待ち望む人は。なぜなら、主はあなたがたの罪に報いる裁きに［既に］取りかかられているのだから。それなのに、あなたがたはまだ考えていたというのか？　主は我々の存続を望んでおられるなどと。我々がどうして滅ぼされることが有り得ようなどと。［もし神が我々を滅ぼすというならば］約束違反となってしまうではないか。神がご自身の契約を破られることは有り得ないのだから、我々は助かることになっているのだ。［確かに今、裁きらしき災いは続いているが］間もなく神は我々に対して態度を変えてくださるに違いない、といったようにあなたがたは考えているが」。実際のところ、彼らが望んでいましたのは、憐み深い神ではなかったのです。むしろ、彼らは自分たちの悪によって埋め尽くされていましたから、［その悪によって自分たち悪人が隠されることを彼らは望んでいたのです。そして、以上のような言い訳を］薬のようにして、自分たちの苦しみを和らげようとしていただけなのです。

イスラエルの人々が傲慢に自分たちを慰めていた様子を、預言者は目撃していました。そして、彼らが愚かにも間違った仕方で神の御名を盾とかざす様子も見ていたのです。よって、預言者は言います。――「災いだ！　主の日を待ち望む者は。主の日はあなたがたにとって何か？　主の日は闇であって、光ではない」。これを言い換えれば――「あなたがたにとって、神は敵であられる。よって、神があなたがたに近付いてこられるのならば、あなたがたがさらに苦しむことになるのは必至だ。神があなたがたに持ってきてくださるものは、荒廃だけだ。神は武装してやって来られる。あなたがたを滅ぼすためにだ。それなのに、なぜあなたがたは自慢するのか？　自分たちが選びの民であるなどと。祭司の王国であるなどと。あなたがたは神の恵みから［既に］漏れているのに。しかしそれは、あなたがたの罪のせいなのだ。神はあなたがたを破滅させるために立ち構えておられる。神が［あなたがたの前に］現れる度に、神は厳しい扱いをもってあなたがたを攻撃されることだろう。［万軍の神として］武装された神が、あなたがたを滅されるためにやって来られるだろう。［それにしても］何度主［なる神］がやって来られても同じだ。その度に、あなたがたの悪は復活してしまうのだから」。

以上のような意味において、「主の日は暗闇であって、光ではない」のです。続いて預言者は、この意見を固めています。

19 人が獅子の前から逃れても熊に遭い、自分の家にたどりついて、手で壁に寄りかかると、その手が蛇にかみつかれるようなものだ。

20 主の日は闇であって、光ではなく、暗闇であって、そこに輝きはない。そうではないか？

ここでは前［節］に［おいて］預言者が言ったことが、よりはっきり語られています。［たとえば、「獅子から逃れることができた」といったように］たとえ［目の前の］状況が様々に変化したとしても、偽善者たちにとって、［彼らに対する裁きの］軽減は許されない、ということなのです。偽善者というものは、周囲を巡回する際に、「時勢が変われば今よりも良くなる」といったことを触れ回るものなのです。サタンは光の天使を装うと言いますが、偽善者たちも神の真の僕の振りをするもの。しかし、それは偽りの姿なのだ。そうしたところで、［彼らは］中身のない［外面的な装いとしての］花に過ぎず、そこから何の実りも得られないのですから。彼らは命を運ぶ根から生えてきた人たちではありません。［一方］神の子であれば、かりに逆境に苦しめられていたとしても、信仰を保ち、忍耐をもって信仰を養い育てていくもの。霧は間もなく晴れる、といった希望を抱いて。確かに、主が時に適った罰でもって人々を懲らしめられたとしても、主は後で彼らに恵みを与えられるのです。こういった希望を、偽善者たちもまた語り聞かせました。が、［こういった希望を抱く真の］信者とは程遠い存在だったのです。信仰者ならば、恵みの結末を思い描くとしても、同時にまた、自分自身の罪を忘れることはできないものです。だからこそ、神との和解に努めるのです。一方、偽善者たちはどうでしょうか。彼らは己の悪徳にどっぷりと浸かりながら、そして、神を厚かましくも軽蔑しながら、あちこちに逃げ道を探すのです。さらに、［目の前の］状況の変化を見て取るや否や、これでもう全ての災いから逃れ得たと思い込んでしまうのです。この空しき慰めによって、彼らは自分を欺いているのです。そこで預言者は言います。――「あなたがたは災いの一つを切り抜けたからといって、あるいは、首尾よく［この度の］災いを切り抜けることができたからといって、［状況が］改善されると思ってはならないのだ。同様の災いが［次々と］あなたがたを襲うことになるのだから。譬えれば、『人が獅子の前から逃れても熊に会い、熊から逃れ、家にたどりついても、そこで蛇に出くわすことになる』のだから。そして、手で壁に寄りかかるとすれば、蛇がその手を噛む。つまり、主は時を置かず様々な仕方であなたがたを苦しめられることだろう。一つの戦いに勝ち残ったとしても、あるいは、一度敵が退いたとしても、直ちに別の敵との戦いは再開される。かりにイスラエルの国内で外［国］の敵が暴れ回ることがないとしても、主は内側から悪を惹き起こさせられる。飢え、食物の不足、あるいは疫病によって」。

［以上のように理解すれば］預言者の［言葉の］文脈の流れはよくなるでしょう。「あなたがたは、主の日から［流れ出る日の］光を期待することはできない」と言われているのですが、しかしなぜでしょうか？［その答えは］――「あなたがたの所にやって来られる主は、武装されているからなのだ。あなたがたが神に敵意をもって反抗しているからこそ、神は復讐を果たされるのだ。神があなたがたに光を届けられるとすれば、あなたがたに対する［怒りの］雷［が放つ閃光］だけだ。［見よ］神のご表情は恐ろしい。それは、闇と暗黒のご形相だ。神が一つの道からあなたがたを追うのを諦められたとしても、別の道からあなたがたを攻撃される。たとえ［獅子や熊などで譬えられた］外敵があなたがたを赦したとしても、神は心得ておられる。あなたがたを人の手によらず、［家の

中で忍び寄る蛇などによって］内側から崩壊させていく手段を。あなたがたは大地の不作が何を意味し、疫病が何を伝えているか、これまでに経験済みではないか。そうだ。これらの［災いとしての］裁きは、神の御手の内にあるということだ。だから、たとえこの世［の情勢］が何度も変遷し、時代は移り変わっていくとしても、あなたがたは［裁きが］緩められるなどと決して考えることのないように」。

もちろん、預言者はここ［19―20節］において、重い罪の自覚を覚えている人をも全てひっくるめて絶望に追いやろうとしたわけではありません。彼は偽善者の欺瞞を打ち砕こうとしたのです。こういった［預言者の］訓戒を受けた彼らが、神は常に変わられない［つまり、神を宥めて裁きをやめさせようとしても無駄だ］ということを悟るために。よって、もし彼らが神との和解を望んでいたのならば――預言者は［彼らに］告げたのです。［あなたがたが］変わることこそ必要なのだと。そして、あなたがたがこれまでの頑なさを捨てれば、神はいつでも赦してくださるのだと。逆に、あなたがたが悪を行い続け、あるいは、頑なな邪悪に留まり続けるのならば、あるいは、これまでと同様頑なに反抗し続けるのならば、あなたがたにとって、主の日は相変わらず雲に覆われた暗い日のままである、と預言者は言っているのです。本当に、主が用いられる鞭は一種類とは限りません。様々な仕方でもって、主は頑なな民を滅ぼされるのです。この［アモスの］時代のイスラエルの民のような頑なな民を。

祈り

全能の神よ、私たちは己の罪に誘惑され、眠り込んでいました。私たちの［頑なな］本性を揺り動かすことほど、困難なことはありません。私たちが身に着けた悪を捨てることも、本当に困難なことです。あなたに促されて、私たちが真実に目覚め、真剣にあなたに立ち帰ることができますように。私たちの［頑なな］本性が完全に変えられますように。全ての悪を捨て去ることができますように。真実と真心とをもって、あなたに従うことができますように。あなたの御子の来たり給う日を待ち望み、心から喜んで御子を待ち望むことができますように。鍛練しつつ、行状を改め、私たちの朽ちる体を脱ぎ捨てることができますように。あなたの似姿においてて新しくされるその日まで、私たちがあなたの栄光にあやかるその日まで。その栄光は、あなたの独り子なる御子の血によって、私たちに用意されております、アーメン！

21 私はあなたがたの祭りを憎み、退けた。あなたがたの集いにおいて、［献げ物の香りを］私はかぐことはない。（ある人たちは、このような読みをします。――「あなたがたのいけにえを退け、あなたがたの集会において、私は［献げ物の香りを］かぐことはない」。この言い方に関して、後で私は触れることにいたします。）

22 たとえ、私に焼き尽くすいけにえを献げても、［穀物の］供え物を献げても、私は喜ばない。あなたがたの肥えた感謝の献げ物も、私は顧みない。

23 あなたの数々の歌を私から遠ざけよ。竪琴の音も私は聞かない。

ここで預言者は、［未来を見通す］先見でもって、イスラエルの人々の過ちについて告げ知らせています。つまり、彼らは信じ込んでいました。神はいけにえによって宥めることができると。預言者は言います。それは無駄であると。私の判断によれば、［献げ物が神に受け入れられない理由は］彼らが汚れていたからであり、そして、彼らのいけにえが腐っていたからなのです。私たちはこれまで何度も確認してきましたが、預言者たちは信仰と真心が伴わないいけにえを非難してきました。神は何のために、いけにえの献げ物について、律法でお定めになられたのでしょうか？　それは、［いけにえが］敬心の行いとしてなされるためでした。ですから、悔い改めと信仰が伴わなければならなかったのです。偽善者たち自身は、自分たちがそうしていると思っていました。これまで私たちが確認した通りです。［実際は］彼らのいけにえは神礼拝に対する冒瀆であったのに。［南王国］ユダの人々は、［いけにえに関して、律法の戒め通り、シオンの山で献げていたのですから］外面的には律法の規定から逸れてはいませんでした。とはいえ、ユダの人々のいけにえも汚れていて、神から拒絶されてしまったのです。――「私は耐え得ない。私はそれに飽きた。私はそれを拒む。私はそれを嫌悪する」。以上のような言い方を、イザヤ書の多くの箇所で目にすることができます。［ユダの］偽善者たちは、自分たちの礼拝を律法に適ったものとして評価さえしていたのです。心の汚れは、どんな行いであっても、それを汚染させてしまいます。だからこそ、神は拒まれたのです。ユダの人々自身にとっては、神聖な価値を帯びていたもの全てを。とはいえ、私が思いますに、私たちの預言者［アモス］の［イスラエルの人々に対する］思いは［ユダの人々のいけにえを拒まれた神の思いとは］異なるものでした。なぜなら、イスラエルの人々の場合、犠牲において神の御名を間違って利用していたことと、そして、彼らが背教者であったこととを、預言者は咎めたのですから。つまり、彼らは律法の教えに背いていたということです。自分たちのための偽の神殿を建てていたのですから。

また、彼らはいけにえによって自分たちの罪が償われると思っていました。この誤った観念によってこそ、彼ら自身が欺かれてしまっていたのです。この大きな過ちにユダの人々も侵されていました。ですが、［ここで］神に非難されている対象のイスラエルは、その大きな過ちに加え、［律法の規定に適った］正しき真の礼拝を拒んでいました。つまりです。イスラエルの人々は［礼拝場所とかに関する］外面的な事柄に関しても、十分非難に価していたということです。シオンの山とは別の所に、犠牲を献げる場所があってはならなかったはずです。イスラエルの人々は契約の箱も疎かにし、［シオンとは］別な所で新たな礼拝を考案してしまいました。そして、彼らはそこで子牛を拝んでいたのです。

以上、預言者の忠告は理解できたことでしょう。よく覚えておくべきこととして、解釈者たちは［この21節を私とは］別の視点で考察しているのですが、つまり、彼らによれば――ここではイスラエルの人々の誤った過信が非難されている。なぜなら、頑なな悪から離れようとはしなかったイスラエルの人々は、神を物質的ないけにえでもって満足させることができると思っていたからだ、といったことが非難されているのだそうですが、しかし〔私の考えによれば〕、これにもう一つのことが付け加えられるべきなのです。すなわち、〔場所など〕外面的においても、彼らが真の神礼拝を壊してしまっていた、ということです。

さあ、私たちの預言者の思いは汲み取れたことと思いますので、次の言葉に移りたいと思います。――「私は憎み、退ける」。「חג」は「踊る」、あるいは「楽器を奏でながら踊る」といった意味です。この語の語源である「חג」は、「犠牲」あるいは「祝日」といった意味を持っています。よって、ある人たちはここ〔21節〕の意味を意訳し、「私はあなたがたのいけにえを退けた」といったように、つまり、このすぐ後の「あなたがたの集いにおいて〔いけにえの香り〕はかがない」と〔いう言葉と〕同じような意味に理解しています。「集い」に関しては、様々な訳となっています。〔「集い」と訳させていただいた語の元の言葉〕「עצר」は、「禁止する」、あるいは「集める」を意味することもあります。「עצרת」は「集会」「集まり」という意味です。一方、「עצרת」は「祝日」という意味です。この日には全ての労働が禁じられ、民は聖所に集まりました。それはよくご存じだと思います。しかし、〔ここ21節の〕主題に関して言えば、「集い」と読むにせよ、「祝祭日」と読むにせよ、あまり違いはありません。預言者が伝えていますことは、次のようなことなのです。――「神は全ての儀式を拒まれる。イスラエルの人々がそれをもって神を宥めることができると信じ込んでいた全ての儀式を。最上の償いの犠牲であれ、神の御前にあっては全て無価値である」。このように預言者は告げていますが、さらに厳しく語り聞かせます。――「神は拒まれ、神は忌み嫌われる。『私はお前たちの祭りを憎む』」。

続けて、焼き尽くすいけにえについても――「たとえ、あなたがたの供え物、焼き尽くすいけにえを献げても」〔と言われています〕。〔「供え物」と訳させていただいた〕「מנחה」の本来の意味は、「小麦の献げ物」です。これは〔動物のいけにえに〕添えられた贈り物でした。しかし、この語は献げ物全般に関するものを意味することもあります。きっと預言者は、ここ〔22節〕で次のように告げようとしたのです。――「イスラエル〔よ、あなたがた」がどんなに多くの儀式を重ねたとしても、神を宥めるために何の役にも立たないのだ。なぜなら、あなたがたは神の戒めに仕えていないどころか、犠牲を別の目的のために変更してしまったのだから」。彼らは神を礼拝しつつも、真実と霊によってではありませんでした。いえそれどころか、彼らは神の御前に覆いを掛けていたのです。［自分の］罪を全て隠すために。偽りの装いで礼拝を飾りながら、彼らは自分たちが神の御目に気付かれずに済むと思っていたのです。

預言者は以上のような思いで、「それを神は受け入れられない」と言っているのですし、また、［「私は嗅がない」という意味の］「לא אריח」と言っているのです。実に、預言者は今、律法［の書］で頻繁に語られている約束［の言葉］について仄めかしているのです。前［21］節において、「לא אריח」と言われていますが、「ריח」は「嗅ぐ」を意味します。この語はモーセ［の書］でよく用いられています。「神はいけにえが放つ香りを喜ばれ、それを香として喜んでくださる」と［いった約束の言葉が］。しかし、香りを受け入れると言ってくださる主ではありますが、主の御心は、民が犠牲を正しい仕方で献げることにありました。つまり、民が［犠牲を］献げる際に、自分の罪を隠すために偽装せず、真理と真心とをもって信仰を証しし、悔い改めを見せるということです。この時始めて犠牲は良き香りとなるのだ、と神は約束してくださったのです。逆であれば、［つまり、真理と真心が伴っていなければ］神は香りを受け入れられることはありませんし、いけにえ自体も喜んでくださることはありません。確かに、いけにえは神に受け入れられるものでありましたし、神を喜ばせるものでした。主はご自身の民に対し、いけにえが運ばれる際に、いつでも憐み深くあられることを約束してくださいました。だからこそ、神に不誠実に相対していたイスラエルの人々の過信が、きっぱりと打ち破られねばならなかったのです。彼らが真心をもって神に近付こうとしていたならば、神は彼らを受け入れられたことでしょう。神はご自身に対する礼拝者を落胆させられたりはしなかったでしょう。偽善者たちこそ神を欺いていたのです。よって、彼らの願いは挫かれる定めにありました。預言者は今、そういったことを告げているのです。

「あなたがたの肥えた感謝の献げ物を私は顧みない」。このように言われていますが、神は律法においても約束してくださっています。献げ物を顧みてくださることを。もちろん、律法に適った献げ物ですが。ところが、イスラエルの人々は二つの仕方で、正しき神礼拝から遠ざかっていました。まさに神がここで言われているように。――「私はあなたがたの献げ物を顧みない。あなたがたの肥えた感謝の献げ物も同様だ」。「肥えた感謝の献げ物」と呼ばれています。つまり、「選り抜かれた最上の家畜であっても、私には受け入れられない」ということです。主は肥えたものには拘られません。食べ物や飲み物を必要とされるお方ではないのですから。要するに、「肥えた献げ物」について、それを預言者は真の信心、あるいは真の従順とは真逆なものとして示しているのです。先に私が言いましたように、二つの仕方でイスラエルの人々は間違っていました。つまり［第一に、エルサレムで犠牲を守っていたユダの人々とは異なり］、イスラエルの人々は外面的にも律法の戒めに逆らっていました。そして［第二に］、彼らの心は不純で偽りに満ちていました。こうして、彼らの献げ物は全て汚れ、その腐敗は必至だったのです。

続きます。――「あなたがたの数々の歌を私から遠ざけよ」。「数々の」と言われていますが、預言者は偽善者たちを牽制しているのです。彼らは［偶像］製品を造るのに本当に多くの労力を見せていましたから。今日の教皇主義者たちもそうです。彼らには際限がありません。彼らは数えきれないほどの礼拝様式を膨らませ、朝夕構わずあくせくしています。昼も夜も儀式に明け暮れています。ある人が新しいものを考案すれば、皆がそれに同調する。本当に、人が真の神の言葉から離れ始めるや否や、途端に様々なおふざけに興じるようになってしまう。預言者はそういった愚かな勤勉さを、間接的に非難して言っているのです。――「あなたの数々の歌を私から遠ざけよ」。「あなたの歌は私を喜ばせない」とこのように言えば済むことでしたのに、預言者は「数々の歌」と言っているのです。それは、やはり偽善者たちのせいなのです。彼らが打ち立てる外的な儀式には切りがありません。彼らはあれこれ考案する自由を［お互いに］認め合うものですから、巨大な堆積物が後に残ってしまうのです。神はここ［23節］で証しておられる。彼らが支出する労苦は泡と消えるのだと。神がお定めにならなかったもの、あるいは、間違った仕方で［ご自分の所に］運ばれるものは、それが何であれ、神は吐き捨てられるのですから。

そして、「竪琴の音」とありますが、これは楽器の何かです。「נבל」は楽器であることは確かですが、今日の私たちにとって、その楽器の種類を特定することはできません。よって――「その音を私から遠ざけよ」。［この「遠ざけよ」という語は、この言葉の］前後［すなわち、前は「数々の歌」、後ろは「竪琴の音」という両方の言葉］にかかると考えられます。ある人たちは、［「竪琴の音」という言葉を］「私は聞かない」という意味の「לאאשמע」と繋げ［て考え］ます。［ですが］大した違いはありません。［「竪琴の歌」及び「私は聞かない」との］二つの部分を繋げた人たちの考えにあったものは、おそらくこういうことなのでしょう。――「私から数々の歌と［竪琴の］音を遠ざけよ。あなた［がた］としては、私がそれを喜ぶと思っているだろうが」。［この後に］続いて、「לאאשמע」、つまり「私は聞かない」といったように彼らは切り離して考えているのでしょう。いずれにせよ、私はこういった些細なことに拘るつもりはありません。預言者の思いは十分に理解できたでしょうから。

では続けましょう。

24　公正を水のように、正義を大河のように流れさせよ。

この節に関する解釈者たちの意見は様々です。ある人たちは、［この節の言葉を］勧告として受け取っているようで、彼らによれば、預言者は次のように言ったのだそうです。――「あなたがたは私にいけにえの家畜を押し付ける。その他の儀式もだ。しかし、私はこれら全てに手をつけない。私が喜ぶのは内なる清い心だけなのだ。私にとって価値のないこれらのものを遠ざけてくれ。そして、私が最も必要としているものを持ってくるのだ。

純粋で誠実のこもった心を」。多くの人たちが［この解釈に従い、ここでは］実りとしるしを伴う新しき生き方が記されていると考えています。つまり、ここ［24節］において、預言者は節制［の生活］を呼びかけているのではなく、また、信仰や悔い改めについて語っているのではなく、むしろ、実りを伴う革新[22]について告げているのだそうです。実りを伴う革新こそ、神が絶えず求めておられるものであり、それゆえに、神は律法でいけにえを定められたのだ、と。要するに、ここ［24節］においては、偽善者たちが真の礼拝へと呼びかけられているのだそうです。［自分たちの考案による］作り事のために、無益に、そして愚かに浪費していた彼らに対し、預言者は公正と正義、清き聖なる生活、一言で言えば、義を求めているのだそうです。

［さらに、二番目の解釈となりますが］別の人たちによれば、ここ［24節］において、預言者は身を低くして、キリストの恵みを讃えているのだそうです。福音書に示されたキリストの恵みを。［「流れさせる」を意味する］「יגל」という言葉について、多くの人たちは「明らかにされるだろう」と解釈しています。しかし［次の解釈は三番目の解釈となりますが］、「転がる」を意味する「גלגל」という語源を元に考える人たちの方が正確です。つまりこの場合、正義が転がっていくイメージです。その前に、先の二番目の解釈に戻りましょう。つまり、これは最も多くの人たちが考えている解釈であるわけですが、ここ［24節］において、キリストの到来を通して、神が［新約時代の人々に］明らかにされることになった正義のいけにえ、という考えについてです。さらに、［この二番目の解釈を取る人たちの中の］ある人たちによれば、［「転がる」を意味する］「גלל」が持つ本来の意味をも残そうとしています。つまり、ここでは［転がっていくように］滔々と流れる川ないし激流として福音が譬えられているのだと。なぜなら、「サタンがたとえどんなに多くの障害物を持ち込もうと企てても、主［の福音］はそれを突き抜け、貫かれるのだから」なのだそうです。しかし、この考えは預言者の言葉に相応しくないと思います。また、余りに

行き過ぎた解釈だと私は思います。

さらに［三番目の解釈を取る］別の人たちは、ここの言葉を脅しとして理解します。神のイスラエルの人々に対する抗議として。預言者は次のように言ったのだと。――「イスラエルの人々は悪ふざけをし、神をもてあそんでいる。だから、今や神は示される。何が本当の正義で、何が本当の公正であるのかを」。偽善者たちは、自分たちの儀式によって隠れてさえすれば、自分たちが完全無欠であると思い込んでいました。自分たちの恥を完全に隠そうと、彼らはそういった避難所に逃げ込んでいたのです。彼らは自分たちが罪人であるとは思ってもみない。彼らは自分たちの儀式の下に、それがあたかもアイアスの［鎧の］盾の下のように、(23)自分たちの罪を隠蔽している。このように、彼らは神に対し、おふざけに興じていましたから、そのことを理由に、［三番目の解釈を取る］何人かの解釈者たちはこう考えます。――ここで神は、彼らの大きな過ちを厳しく指摘され、真の正義がどのようなものかを明らかにされようとしたのだ。こういうわけで、「神は正義を流れさせ、あるいは、正義を流転させられる」［という理解になるのだ］。――確かに、これらの［24節の］言葉の中に、強調［表現］を見て取ることができるわけですが、「איתן」(24)によってそれはよりはっきりといたします。「激しく、公正は大河のように」といった感じに［訳せます］。本当に、偽善者たちは子供のように、自分たちの人形で馬鹿騒ぎする。彼らには真面目さが足りません。それどころか、彼らは自分たちの玩具で神を喜ばせようと努めるのです。よって、ここ［24節］において、預言者はそのような幻覚を振り払いつつ、こう言ったのです。――「あなたがたは神のことを子供として扱おうとするのか？ これらのガラクタを並べているのだから。あなたがたは正義に関して、それが実在しないものと思っているのか？ 公正に関して、それが形なき像であると思っているのか？ 主はあなたがたに教えてくださる。いかに正義が尊いものであるかを。『正義は奔流、あるいは、激流のように流れる』。公

23 Ajax. アキレスの鎧を得ようと試みたが、失敗して気が狂い自殺した。
24 正確には、「尽きることなく」という意味。

正はあなたがたに押し寄せ、あなたがたを呑み込むだろう」。このように預言者は言っているのです。

以上が、［24節に関する］三番目の解釈でした。

ですが、ここ［24節］の言葉はさらに別の解釈が可能なのです。つまり、神が［神に対する］反抗を封じられる、という解釈です。本当に、偽善者たちは絶えず次のような［文句の］荒声を上げ、争いを中断する姿勢を見せません。「今何と言った？　我々の働きは無駄だと？　我々はずっと神礼拝の御業を大切にしてきたのだ。それが無意味だと言うのか！　我々はいけにえを献げてきた。それだけでない。我々は証ししてきたつもりだ。神の栄光こそ、我々にとっての関心事であると。敬虔に熱心に励んできたのに、神はそれを否定なさるおつもりか？」　預言者は［こういった彼らの言い分に対し］次のように答えているのです。――「もしあなたがたが真の正義を運んでくるならば、［あなたがたの］道は開けるだろうに」。言い換えれば――「正義あるいは義［による実り］であれば、神はあなたがたにそれを押し返されることはない」。すなわち、［我々がもたらすべき］実りと、そして、［それに対する神の］報酬のことが言及されているのです。預言者はこう言ったのです。――「神を真剣に礼拝せよ。そうすれば、神はあなたがたを落胆させられることはない。あなたがたには報酬が与えられるだろう。あなたがたの正義を流れさせよ、大河のように」。別の言い方をすれば、「あなたがたの正義を輝かせよ、曙の光のように」。ここ［24節］――「あなたがたの正義を洪水のように流れさせよ」――はこういった意味なのです。いずれにせよ、「我々は神から不正がなされている。我々の働きは正当に評価されていない」とかいった、偽善者たちの言い分は成り立ちません。なぜなら、神は惜しみなく与えようとしてくださっているからです。正義のための場所、奔流の如く自由奔放に正義が流れるための場所を！

以上が、預言者の心にあったことなのだと思います。私は他の解釈を否定するつもりは全くありませんし、軽んずる気持ちもありません。しかし、私にとって最適な解釈をお伝えしました。

預言者はまがい物の汚れた礼拝を全て遠ざけるように命じました。しかし、ある人たちが考えているような、イスラエルの人々に対する勧告、つまり、「あなたがたは正義と義を見せよ」といった勧告だけを預言者は与えているわけではありません。むしろ、約束なのです、預言者が語っているのは。――「あなたがたの正義を洪水のように流れさせせよ。正義を正しくならしめよ。ただ口先だけではなく。神があなたがたの真心の義をお認めくだされば、必ずあなたがたには十分過ぎるほどの報酬が与えられるだろう」。

続けましょう。

25 イスラエルの家よ、あなたがたは荒れ野にいた四十年の間、いけにえや供え物（「מנחה」）を私に献げたことがあったか？

26 そして、あなたがたは自分の王として仰ぐシクトや、自分の神々としての星（あるいは、自分の神々として）、自分の［偶］像ケワンを担ぎ回った。それはあなたがたが自分のために造ったものだ。

この箇所において、預言者はこれまで以上に超然として言い放ちます。先ず、彼はイスラエルの人々の偽善を非難します。心に真の信仰が欠けていた状態で、彼らがけばけばしい装いで神を飾っていたからです。また、預言者は彼らが律法の戒めから逸れていたことを断罪します。と同時に、預言者は次のようなことも告げているのです。――「イスラエルの民［よ、あなたがた］にとって、この病は決して真新しいものではない。この病は、あなたがたの父祖たちが神礼拝を汚す菌を混ぜ合わせてしまった以来のものだ」。よって［これを言い換えれば］、彼はこう告げていることになります。――「イスラエルの人々［よ、あなたがた］はいつの時代においても、かの迷信に浸っていた。いついかなる時も、あなたがたは真正な神礼拝に留まり続けることはできなかったのだ」。「あなたがたはいけにえ、そう、犠牲のいけにえを、あるいは、犠牲そのものを、私に持って来て献げたことがあろうか、荒れ野での四十年の間に？」とあります。預言者は彼らに対し、あたかも次のように語り聞かせているかのようです。――「あなたがたは荒れ野において、神礼拝［の仕方］を曲げてしまった」。待ってください、［預言者が語り聞かせている相手は、荒れ野時代より］何世代も後に生まれてきた人たちでした。これはどういったことなのでしょうか?――すなわち、預言者は［イスラエルの民が贖われた後の］始めの時代からの［全イスラエルの］民を、［一つの］統合体として扱っているのです！　彼はこう言おうとしたのです。――「あなたがたを［あなたがたの］父祖たちと一緒の束でくくることができる。なぜなら、あなたがたの本性及び行いは、父祖たちと変わらないのだから」。このように、イスラエルの人々が被告として立たされているのです。イスラエルの民は、［エジプトから贖われたばかりの］最初からそうだったのです。「しかし」、と預言者は問い正します。――「あなたがたは［荒れ野において］神にいけにえを献げていたのか?」　この忠告［の中身］として、［荒れ野時代の］イスラエルの人々が神を拒んでいた、ということでは決してありません。それは、彼らが［エジプトから］贖われたばかりだったことにもよるのでしょう。私たちが学んできましたように、確かに［荒れ野時代の］彼らも神の掟に反する数々の忌まわしきものを作成してはいました。けれども、彼らは次の原則に留まり続けたのです。――「［神に］贖われた者は皆、神を礼拝すべきである」。［当時の］彼らも、「自分たちの父祖はアブラハムである」という傲慢な自慢話に明け暮れていたのです。しかしそれだけに、彼らは決して離れようとしませんでした。父祖アブラハムを選ばれた神から、そして、彼らを聖なる民と選んでくださった神から。さて、少し前［の23節］で預言者は言っていました。――「私から遠ざけよ」。そして――「あなたがたが私にいけにえや小麦の献げ物を献げても、私は受け取らない」。私たちが学んできました通り、イスラエルの民は汚れたまがい物の祭壇に、もちろん間違った仕方ではありますが、［いけにえを］献げていました。よって、確かに矛盾が見られるわけです。神はいけにえが献げられることを拒まれる、ということと、イスラエルの民に献げるようにお命じになった、ということの両者の間には。しかし、その［矛盾を解く］答えは簡単です、もし神にいけにえを献げ続けてきたこの民の心を、私たちが見通すことができさえすれば。つまりです。世間でよく言われる「善の意志」といったものが、かの迷信――彼らが核心的に神と戯れていたこと――に気付かなくさせてしまうのです。彼らを敬わねばならないのだとしたら、私たちは認めます、彼らが神に犠牲を献げていたと。しかし、神のお立場に立つのならば、預言者はまさに正しく語ったのです。正しく献げられてはいないものを〔神に〕献げてはならない、と。

さあ、私たちは理解できたことでしょう。神がここで言われていることを。つまり――「荒れ野にいた時、彼らは神にいけにえを献げていなかった。なぜならそれは、この民が〔純粋ないけにえに〕偶像崇拝といった菌を混ぜ合わせてしまっていた〔がゆえに、たとえ彼らが荒れ野でいけにえを献げていたとしても、神にとっては、彼らはいけにえを献げてはいなかったことになる〕からだ。神は彼らの〔菌による〕腐敗物を忌み嫌われたのだ」。以上が〔25節の〕要点です。

しかしまた、別の疑問が生じます。イスラエルの民の離反は長く続いたわけではないし、この民の全員が偶像崇拝に陥ってしまったわけではないのではないか、といったような。さらに、かの偽善者バラムが言ったことを、私たちは覚えているはずです。――「ヤコブ〔すなわちイスラエル〕の中には偶像は存在しない」。バラムも預言者の霊に導かれてこう語ったのです。民数記二十章の所です。(25) バラムの証し。それは――「ヤコブ〔すなわちイスラエル〕の支配者は、真実の神お一人である。その〔イスラエルの〕地に偶像の神は存在しない」。だとすれば、〔バラムもまた、荒れ野時代の民に対してそう語っているわけですから〕預言者〔アモス〕が〔やはり荒れ野時代の民について〕、「イスラエルの人々の中に偶像が満ち溢れていた」と語っているとしたら、どういうことになるのでしょうか？　この〔矛盾を解き明かす〕答えも簡単です。つまり、〔荒れ野時代のイスラエルの民における〕指導者たちが〔偶像崇拝に〕惹かれていたことによって、〔今アモスによって、当時の〕民全体が断罪されているということなの

25　民数記20章にはこれに該当するような記述はない。おそらく、次の箇所がカルヴァンの念頭にあったのか。「ヤコブのうちに災いを認めず、イスラエルのうちに悩みを見ることはない」（民23・21）。

です。［モーセたちによって］この悪徳に対する矯正がなされても、よくご存じだとは思いますが、すぐさま彼らは自分たちの迷信に舞い戻ってしまったのです。娼婦たちと戯れるために、彼らは他の神々を拝んでいたのです。そういった事情でありましたので、「彼らは神にいけにえを献げなかったではないか」との預言者の非難は驚くに価しないでしょう。彼らは誤った迷信によって、身を汚していたのですから。よって、いかなる高価な物であれ、［実際は献げていても］彼らは［本当に］神に献げたことにはならなかったのです。神の律法が命じ給う神のための礼拝こそ、本当に大切なことなのです。つまり、ヤコブ［すなわちイスラエル］において、神を礼拝するようにと律法は命じております。キリストも言われました。――「私たちは知っているものを礼拝している」。[26]［キリストが生きられた当時の］ユダヤ人の中には、永遠の命への希望を魂に培う人は、百人に一人もいませんでした。彼らは皆、［快楽を求める］異教徒エピクロス派でした。とりわけ、［貴族階級から成る］サドカイ派が民を広く支配していました。宗教は完全に地に落ちていました。少なくとも、ほとんど崩壊していました。聖なるものは何も見つかりませんでした。いわんや、全きものなど。それにもかかわらず、キリストは言われるのです。――「私たちは知っているものを礼拝している」。律法を尊べばこそ、［つまり、エルサレムで礼拝を守ることこそ］正しいことなのです。

以上、［アモス、そしてバラムを含む］預言者たちの［荒れ野時代における］イスラエルに関する各々の言及については理解できたことと思います。預言者たちはこの民を観察し、彼らが不信仰な異教者であると告げています。彼らは最初から正しき律法に適った神礼拝から遠ざかっていたのです。しかし、預言者たちは神の恩寵を褒め称えつつ、イスラエルの人々の中において、神礼拝［のともし火］は［まだ］光り輝いていると告げているのです。たとえこの民の多くが道を踏み外していたとしても、主はご自身が［ご自身に対する真の礼拝に関して］お命

26　ヨハ4・22。

じになられたこと［の正しさ］を守ってくださるのです。［たとえば］洗礼に関してもそうです。洗礼は聖にして汚すことならざる、神の赦しのしるしであることをやめません。たとえサタンによってそれが管理されていたとしても[27]。あるいは、洗礼に与る者が皆、個々人の本性に関しては不信仰で汚れた者たちであったとしても。洗礼はその効果を永遠に保つのです！　たとえ人間が悪によってそれを汚そうとしても。ですから、いけにえに関しても同様のことが言えます。［たとえそれを行う人が罪人であったとしても、主が律法で定められた正しきいけにえによる礼拝自体が汚れてしまうことはありません。］

さて、預言者のテキストに戻りましょう。「かつて四十年の間、荒れ野にいた時、あなたがたは私にいけにえを献げただろうか？」　預言者はその［荒れ野］時代における［イスラエルの人々の］罪を際立たせています。荒れ野において、彼らは固い厳重な［神の］見張りの下に置かれていたはずなのに、自分たちの迷信の後を追いかけてしまっていたからです。本当に、これは驚嘆すべき事件でした。神は［荒れ野時代の］彼らに毎日のようにマナを降らせ給いました。ですから、彼らはそれぞれの［食事の］時間になれば、どんなに気が進まなくても、天を見上げる必要がありました。神は普通の仕方ではない恩恵［すなわち天からのマナ］によって、文句を垂れる人たちを導かれたのです。当時の彼らは、岩の裂け目から水がほとばしり出た奇蹟を覚えていたはずです。［その記憶を頼りに］神は彼らに対し、ご自身に目を向けるように求めておられたのです。それなのに、なぜ彼らは自分たちの幻影に溶け込まれていってしまったのか？　私が申し上げましたように、驚嘆すべき盲目さによっていたのだ！　預言者はかつての四十年間と、そして、荒れ野について言及します。恐ろしき罪――主はいかなる手段をもってしても、情欲に溺れたこの民を鎮めることはおできにならなかった――が明らかとなるために。

続いては――「あなたがたは自分たちの王としてシクトを担いだ」。この箇所はステファノが引用した箇所で

27　おそらく、教皇主義者のことが念頭にあると思われる。

す。使徒言行録第七章［42から43節］です。しかし、彼はギリシア語［七十人］訳に従っています。［ヘブライ語聖書から］ギリシア語に翻訳した人は、それが誰だかは分かりませんが、「シクト」[28]という言葉を誤って［「御輿」とも訳すことができる］「スコト」と読んでしまいました。その翻訳者は、その［シクトという］言葉を［スコトの］複数形だと判断してしまったのです。さらに、彼は「幕屋」を意味する「סכת」にその語源を求めました。つまり、彼は［「幕屋」を意味するギリシア語］「σκηνὴν」と訳したのです。この場合――「あなたがたは、契約の箱の代わりに、あなたがたの王の幕屋を運んだ」という読みになります。しかし、これは明らかに間違いです。「シクト」とはおそらく偶像の固有名詞であったのでしょう。よって――「あなたがたは、あなたがたの王として『シクト』を担いだ」との非難を込め、預言者は「あなたがたの王はそれだ」と呼んでいるわけです。なぜなら、彼らは祭司の王国を汚していたからです。神が彼らのもとに建てられた祭司の王国を。神は［祭司の王国の］王として彼らに君臨されることを望まれました。神はイスラエルの王とみなされることを望んでおられました。神はこの［王の］名称をご自身に求められたのです。そして、神は［荒れ野時代に］前もって約束されていたように、彼らにこの王国を［約束の地イスラエルとして］与えてくださいました。ですから、彼らが偶像を王として担ぎ回ってしまったことは、甚大なる忘恩だったのです。これは決して赦されざる神への拒絶でした。彼らは神に支配されることを許さなかったのです。ですから、私たちは理解できるのです。預言者が厳しく彼らを非難することに。――「あなたがたは神に対し、神の王国を否とした。偽の王シクトを造り上げてしまった」。

続きます。――「そして、あなたがたの［偶］像ケワン」。ある人たちは、「כיון」を［女性の］胎盤と考えています。また、「כוה」は「焼かれた」を意味しますが、彼らはこの語を語源として考えてもいるようです。しかし、固有名詞［ケワン］として捉える人たちの方が正しいです。ここ［26節］において、預言者は「シクト」に続いて、それとは別の架空の神の名を挙げているのに違いありません。よって、私も同格に取ります。――「あなたがたの［偶］像、すなわち、ケワン」。ある人たちは、「あなたがたの［偶］像、すなわち、胎盤」と理解します。もちろん、「あなたがたの［偶］像、すなわち、ケワン」と文字通りに正しく取っている人たちもいます。ですが、解釈者たちは［皆］預言者の思いを十分に汲み取ってはおりません。なぜなら、ここ［26節］において、おそらく、預言者はこの民の狂乱を愚弄していると思われるからです。この民は［偶］像やそれに類した仮面に神々が宿っているなどと夢見ていた。彼はこう言っているのです。――「あなたがたはシクトや、あなたがたの［偶］像ケワンを担ぎ回った。私は神の称号をなくしてしまった。あなたがたが嫌ったからだ。私があなたがたの王であることを。あなたがたは自分たちの王シクトと遊んでいる。では、シクトであれ、ケワンであれ、それらの力がどんなものか確認しようではないか。――それらは偶像に過ぎない。それらには信頼できるものは何もない。生命もない。これらの品々を拝めるとは、何たる愚かなことか？」

一方、ケワンのことを［偶］像サトゥルヌス(29)と考える人たちもいます。ヘブライ人によれば、この偶像はペルシア伝来のものだそうですが、彼らの言い分には根拠がありません。なぜなら、ペルシア人は肖像であれ立像であれ、そういったものを使用しなかったはずですから。ペルシア人は「聖なる火」のみを拝んでいました。ペルシア人は像を用いませんでした。よって、ケワンが［偶］像サトゥルヌスのことであったという考えは、ユダヤ人［つまりヘブライ人］のお馴染みの虚構話によるものなのです。一方、ユダヤ人が全ての星々を神と思い描いていたことは確かです。彼らは星々のために［偶］像を作成していたのです。よって、すぐ後にこう言われています。――「あなたがたの神々としての星、あるいは星座を［あなたがたは担ぎ回った］。星であれ、［偶］像であれ、これらがあなたがたの神々なのだ」。よって、ここでも σαρκασμός［皮肉］が用いられているのです。つまり、預

29　土星のこと。

言者はイスラエルの民に見られた愚かさを愚弄しているのです。彼らは天地の創造主に満足していなかった代わりに、実体なき朽ちる神々を自分たちのために祭り上げていたのでした。こうして、「あなたがたの神々は〔偶像や星々である〕と言われているのです。

しかしまた、「像」[30]と言われていることにも注目しましょう。他の箇所とは違って、ここでは「偶像」と呼ばれてはいないのです。私はこのことに注意を促したいのです。といいますのは、その〔「像」という〕言葉をもって、今日にあって、かの迷信に明け暮れている教皇主義者たちの愚かさと、その子供じみた発想とが言及されているからです。彼らは偶像を否認します。いえ、彼ら〔自身〕の作り物が偶像であること〔自体〕を否認するのです。では、彼らはそれを何と言っているのか？　すなわち、像です。彼らは自分たちの悪行を、〔その実態は偶像と何ら変わらないのに、あえて「偶像」とは違う言い方の〕「像」といった名称の下に隠すのです。預言者〔アモス〕も「偶像」とは言っていません。憎しみが込められたその〔「偶像」といった〕称号、つまり、「苦しむ」あるいは「厄介」〔という語〕に由来するその称号[31]を彼は用いていません。むしろ、彼はこう言っているのです。――「それらは像だ」。この〔「Imagines」という〕語は、「愚行」あるいは「不吉」という意味を持ち合せてはいません〔が、それらもまた、断罪されるべきものなのです〕。なぜなら、主はご自身がいかなる形でもって表されることを拒まれたのですから。〔そのことを再度戒めるために〕ここ〔26節〕において、預言者は「シクト」「ケワン」、とはっきりと名指しで断罪しているのです。ステファノが引用したところのギリシア語訳〔旧約聖書〕では、「形」という意味に訳されています。つまり、〔軽蔑の意味が含まれた「偶像」という言葉ではなく、教皇主義者たちが利用しているところの言い方である〕「像」といった意味なのだ。教皇主義者たちに対し、「あなたがた〔が作成するところ〕の『形』や『像』は、神の御目に悪と映っている」と誰かが言おうものならば、教皇主義者たちはそれらについい

30　Imagines.
31　「偶像」は「Idola」。「dolere」は「苦痛を感ずる、悩む、苦しむ」の意。

て［「確かに偶像は禁止されているが、像ならば許されている」と］激しく否定することでしょう。当然ですが、私たちにとって、彼らの弁解は聞くに価しません。

続いては――「それはあなたがたが自分たちのために造ったものだ」。私は関係詞「אשר」を中性的に訳したいと思います。なぜなら、預言者は以上のような神々を全て虚構の絵［に過ぎない］と考えて［おり、男性神、女性神は有り得ず、あえて言うとすれば、中性の物として考えて］いるからです。「あなたがたが自分たちのために造った」［物に過ぎない］のですから。聖なるものを「物」で表そうとすることは、それが何であれ、そのものは罪なのです。神を礼拝する際に、私たちは自分自身［が造ったところ］の物を持ち出すべきではありません。むしろ、いついかなる時も、私たちは神の言葉に依り頼むものでなくてはなりません。そして、神が命じられたことに私たちは従わねばならないのです。神を礼拝する私たちのその行いは、常に受け身としてのものなのです。言い換えれば、「せざるを得ない」から［こそ、私たちは神を礼拝するの］です。［神を礼拝する際の］私たちの行いは全て、神の戒めに対する応答なのだ！　ですから、神がお認めになられていること以外のことを、私たちが試みることのないようにいたしましょう。人が神の戒めを抜きにして、あれやこれやと取り掛かるとすれば、神の憎しみを募らせるばかりです。かの迷信に関心して、ギリシア語では「ἐθελοθρηίας」という言い方です。この語は［受け身の礼拝ではなく、むしろ］人が自発的になすところの「任意の礼拝行為」といったような意味なのです。

以上、預言者の忠告は全て理解できたことでしょう。では続けます。

27　そして、私はあなたがたをダマスコのかなたに連れ去らせる、と主は言われる。その名は万軍の神。

ついにここ［の言葉］において、預言者はイスラエルの人々に対して捕囚を告げ知らせます。彼はこう言ったのです。――「聖なる土地は、律法に則ってあなたがたが真の一つなる神を知るための、あなたがたに与えられた嗣業なのだ。それをあなたがたが汚していることに対し、神はこれ以上赦されない。神は長きにわたり、イスラエルの人々〔よ、あなたがた〕に寛容であられた。あなたがたの迷信によって、あなたがたがこの地を汚し続けてきたのにもかかわらず。今や、神は〔この地を〕清めるために降りてこられる。神は言われる。『私はあなたがたをダマスコのかなたに連れ去らせる』と。あなたがたは思っていた。敵はこの〔サマリアという〕要塞によって、〔イスラエルの〕全土から遠ざけられると。そこ〔サマリア〕を静かな寝床として、あなたがたは隠れていたつもりだったのか」。以上のような言葉以外に、〔ここでの預言者の言葉の〕説明は成り立たないでしょう。それなのに、解釈者たちはこの〔私のような〕説明を受け入れようとはしません。その解釈者たちはこう言っているのです。――「あなたがたをダマスコのかなたに連れ去らせる」とは、「遠い土地〔に移される〕」ということだけなのだ。

では、何のために預言者はダマスコに言及しているのか？　その理由は次のように言うことができるでしょう。すなわち、イスラエルの人々は、たとえ諸国の民にとっての難攻不落の町ダマスコを相手にしても、〔全ての〕敵の攻撃は一切自分たちには届かないと信じていたからなのです。彼らはそのように考えていましたので、主は言われるのです。――「いかなる要塞も、あなたがたが連れ去られることを防ぐことはできない。この私があなたがたをアッシリアまで運んで行ってあげるから」。

以上、預言者が思っていたこと、そして、なぜ彼がはっきりとダマスコの名を付け加えたのかについては理解できたことでしょう。

続いて――「その御名は万軍の主」。この言葉によって、預言者は自分の警告を核心付けているのです。そしてそれは、偽善者たちが〔預言者によって〕言われたことをこれまでのように軽んじないためでした。彼らは本当に悪ふざけの自惚れ上手。主の〔御名という〕稲妻が光っても、彼らは恐れずにいるまま。よって、預言者は恐れを掻き立てようとしたのです。――「語っているのは〔私ではない〕万軍の主なのだ」という言葉を通して。

言い換えれば、彼はこう言ったのです。――「あなたがたは、神が今あなたがたに宣告される裁きから、なぜ逃げられると見込んでいるのか？　〔万軍の〕神の権威は偉大なり！　神は万軍の主。あなたがたは知らねばならない。早く悔い改めなければ、あなたがたは滅びる定めにあるということを」。

以上が全てです。今日はもう先に進むことはできないでしょう。

祈り

全能の神、あなたはご覧になられています。私たちが歪んだ迷信へと傾きかけてしまうのを。私たちにとって、あなたの御言葉に留まるのは容易いことではありません。ああ主よ、あなたの御霊によって堅くさせられ、私たちが右に左に逸れたりすることがありませんように。ただあなたにのみ心を向け続け、誤った仕方であなたを礼拝することがありませんように。また、外面的な派手な装いをもって、あなたの礼拝を汚すことがありませんように。全き心をもってあなたを呼び求め、あなたに寄りかかり、困難の時はいつでもあなたに逃れ場を見出すことができますように。あなたの聖なる御名を悪のために用いることがありませんように。あなたは、あなたの御名を私たちに刻むことを望まれました。あなたの御子の似姿に私たちはかたどられて、あなたが本当に私たちの御父となり、私たちがあなたの子供となりますように、キリストの名によって、アーメン！

第六章

1　災いあれ、シオンに安住し、サマリアの山を頼みとする者らに。イスラエルの家が入ったところのそこら［つまり、シオンとサマリアの町］は［共に］諸国民の頭として有名な町であった。

ここで預言者は、ただイスラエルの人々に対してのみ説教しているのではありません。確かに、彼はイスラエルの人々にとっての教師であり、また学者でした。しかし、彼はユダの人々に対しても語っているのです。とはいえ、彼は［イスラエルとユダの人々］全員に対して区別なく迫っているのでもありません。高官たちに対してなのです。彼らこそが、己の享楽に専念していた人たちでした。貧しき民衆の世話を忘れていたかのような。多くの人たちが考えてしまっていることなのですが、ここ［1節］では、豪奢と傲慢さが非難されているだけではありません。つまり、この時代の［彼らの］状況に注目することが必要です。彼らは主の裁き［に備えるため］に目を覚ましてはいませんでした。神はこの民の罪を厳しく罰せられてきたわけですが、［とりわけ］高官たちは相も変わらず己の屑籠の中で眠り続けていたのです。我らが預言者は今、この安住を咎めています。とはいっても、この安住はとりわけ普遍的な悪であり、今日でもそれを見ることができます。かりに、主がある地域に戦争の苦しみをもたらされたとしても、あるいは、飢えによっても同様ですが、それから利潤を儲ける金持ちが存在するのです。彼らは神の鞭を乱用します。実に、戦争時に商売で稼ぐ人たちがいるものです。至る所から［金目になる］物を掻き集めることによって。実際、戦争に駆り出される人たちは借金を背負わされ、小作人や職人は税を納めるため、そして生きていくための［様々な］不運を背負わされています。一方の金持ちは豪華を嗜んでいる真っただ中。一級の豪宅に恵まれた権力者たちは、戦争のおかげでさらに蓄えを増すのです。飢餓やその他の災いにおいても、平和時以上に蓄えが増すのです。平和の時代が続けば、貧富の差がなくなってしまう［と彼らは考える］のです。反対に、貧しい人たちに圧が加われば、他の人たち［つまり、自分たち］が［ますます］肥え太ることができる［と彼らは考える］のです。こういった罪が、今預言者によって指摘されています。

ですから、彼が怒りをぶつけていますのは、平和ボケした平穏な［生活を送っていた］人たちでした。［預言者が告げていますこととして、もちろん］のんびりとした余暇を楽しむこと自体が悪いのではありませんし、また、そのこと自体が神を不機嫌にさせてしまうわけでもありません。むしろ、主が明らかに怒りと敵意を示されているのにもかかわらず、あるいは、主の鞭が［しなる］音を響かせているのにもかかわらず、それでも動かされることがなければ、それどころか、さらなる喜悦に浸ってしまうのならば、あなたがたは自覚しつつ神を挑発していることになるのだ、とこのように預言者は彼らを非難しているのです。本来、彼らは神が自分たちに対して敵意を抱いておられることを悟り、謙遜にならねばなりませんでした。［上に立つ］彼らは群衆よりも責任がありま す。神が［度重なる災いを通して］ご自分の民に対し、そんなにも厳しく扱われているとしたら、上に立つ人たちこそ自分たちを内省し、そして、自分たちの生き方を顧みるべきだったのではないのか？　しかし、彼らはそうしませんでした。それどころか、自分たちの娯楽に酔いつぶれて、［神に対する］恐れを遠くに追いやり、神の鞭と自分とは関係なし、といった按配でした。彼らのこの［神に対する］嘲りに報いる形で、預言者は彼らを厳しく忠告しています。［この箇所と］同様にイザヤ書において、神が激しくお怒りになられたお姿を私たちは学んできました。つまり、悲しみの日と呼ばれるべきであったのに、彼らは普段のように竪琴をかき鳴らして歌い、晴れやかな宴を催していたのでした。(1) この時と同様、［アモスの相手の］彼らも己の楽しみに耽っていましたので、

1　イザ22・13を参照。

主は激怒されるのです。主ご自身が公然と嘲られ、神の忠告が侮られていたからです。

以上のように、預言者の忠告を私たちは理解いたします。解釈者たちは十分に［ここの］預言者の忠告［の言葉］を把握できてはおりません。私たちの目の前には、常に神の鞭が置かれていなくてはならないのです。その鞭は、神がこれからこの民の罪に報いる際に用いられるためのものでした。繰り返しますが、神はもはやご忍耐できないのです。ご自身に対する侮蔑を。人々は言い逃れし、罪を犯し続けている。自分に対する裁きに心を配ることなく。いかなる罪の自覚もなく。よって、預言者は言い放ちます。――「災いあれ、シオンに安住し、頼みとする者らに」。つまり――「恐れることなく、サマリアの山にいるあなたがたは」。ここの言葉において、預言者は「シオンの山」及び「サマリアの山」と記しています。それは、シオンとサマリアが［ユダとイスラエル］両国の首都であったからなのです。これはよくご存じでしょう。両者の町は、様々な災いによって徹底的な破壊を受けました。エルサレムの市民も、また、荘厳な町サマリア市民も。彼らは自分たちの要塞に依り頼みながら、神を軽蔑していました。神の裁きも。彼らの軽蔑的な安住を、預言者は断罪します。

続いて、忘恩について言われています。シオンとサマリアの山々は、諸国民の頭としてもてはやされていた所でした。イスラエルの人々が［エルサレムから］移り去って行ってしまった所［つまりサマリア］もまた。ここ［1節］において、神はユダの人々に対しても、そして、イスラエルの人々に対しても非難されています。彼らが［皆、神とは］別の所有者の手に移ってしまわれたと。彼らが自分たちの力によって、これらの町を手に入れたのではありません。主が彼らの面前から、かつての先住民を追い出してくださったからなのです。それなのに、彼らは忘れてしまったのだ。そこが主によって与えられた格別なる住まいであるということを。そして、彼らにその住まいが与えられたのは、彼らがそこで正しく神を礼拝するためであり、主の命に従うためでした。よって、［そのことを忘れてしまった］彼らの忘恩は全く赦されるものではありませんでした。預言者はそういった無骨で寝ぼけた無頓着さ――［イスラエルとユダの］二つの王国における高官たちこそ、その無頓着さに埋没していました――を責め立てました。そして、預言者は彼らの忘恩について、加え［てこう言っ］たのです。――「あなたがたは元々この土地の所有者であったのではない。むしろ、あなたがたはこの地に移民したのだ。神の御心によって。神があなたがたにこの嗣業の地を与えることを望まれたからこそなのだ。それなのに、なぜあなたがたは神に対し、傲慢に振る舞っているのか？　あなたがた［がシオンとサマリアのそれぞれの町に入った時］の以前から、これらの町は有名な町であったのだ。とはいえ、かつての先住民はその恩恵に与ってはいなかったのだが。だがなにゆえ、あなたがたは主の裁きを恐れないのか？　なぜ悔い改めないのか？　神があなたがたに忠告されているのに。あなたがたに対し、神はご自身の鞭をちらつかせておられるのに」。この［1］節に関する預言者の考えは、以上のようなものであったのでしょう。

では続けます。

2　カルネに赴いて、よく見よ。そこから、大ハマトに行き、ペリシテ人のガトに下れ。あなたがたはこれらの王国に勝っているか。彼らの領土は、あなたがたの領土よりも大きいか。

この言葉でもって、アモスは間接的にこう告げています。――「ユダの人々であれ、イスラエルの人々であれ、彼らが自分たちの罪に眠っていたことは、決してあってはならないことだった」。なぜなら、彼らは神の裁きを認識できたはずだから。異邦人に対する神の裁きを［悪しき］お手本とすることによって。これは［イスラエルとユダの人々だけが］特別に与ることができた恵みでした。つまり、他人の破滅を通しての神の教育のことです。私たちが過失を犯すとすれば、神はそれに報いる罰を私たちに与えることがおできになるはずです。しかし、［私たちが罪を犯していても］神が罰を下されないとしたら、それは私たちに対する［神の］思いやりからなのです。一方、神は私たちのためのお手本として、他人を示されます。これこそ、今申し上げましたように、［選ばれた者にのみ与えられる］格別なる［神の］ご慈愛なのです。私たちの預言者は、実にこの教授の仕方を心得ている！彼はこう言っているのです。――「カルネ、ハマト、ガト。これら［の町々］こそ、神の怒りの確固とした証拠である。それなのに、イスラエルの人々はそこから学ぼうとしない。富によっては平安は得られないということを。彼らは自分たちの城壁を見て、自分たちはあらゆる危険から免れていると信じ切っている。それは有り得ないということをあなたがたは学ばない。［カルネ、ハマト、ガトなどの］これらの町は、難攻不落な町と［人々からは］思われていた町だった。これらの町を神は滅ぼされた。だとすれば、エルサレムであれ、サマリアであれ、神の御心ならば、神によって［その町の命は］断ち切られてしまうのだ」。預言者の思いはこうであったのです。

ある人たちは、次のように否定的な読み方をしています。――「あなたがたの国は、これらの町よりも優れているのか？　いいや、優れてはいない」。しかし、この読み方は預言者の言葉とは相容れません。別の人たちも、預言者の忠告［の真意］に気付いておりません。この人たちによれば、ここ［2節］において、神の［イスラエル及びユダに対する恩恵と、これらの三つの町に対する］恩恵が比較されているのだそうです。彼らによれば、預言者は次のように言ったのだそうです。――「神はバビロンやアッシリアや、その他の民に対するよりも、あなたがたに対してはより寛大に扱われたのだ」。つまり、［バビロンとありますのは］カルネがバビロン平野にあったからですが、それは創世記十章からも十分確認が取れます。(2) ハマトに関して言えば、この町もとりわけ有名な町でした。［創世記の］同じ章でそう言及されています。またその他の箇所でも。一方、ガトはペリシテ人の町でしたが、この町も有名な町でした。多くの解釈者たちが次の見解に同意しています。――ここ［2節］では、ユダとイスラエルの人々に対する神の寛容について語られている。なぜなら、神はユダとイスラエルの人々に対し、豊かで肥沃な土地を与えられたからだ。他の国々よりも、神は彼らを大切にされたからだ、と。ですが、この見解

2　「カラ」のことか（創10・12）。また、創10・18を参照。

は正しくないと私には思われます。なぜなら、もしカルネとエルサレムとの比較がなされるのならば、［聖書の］歴史書からも十分明らかなように、［カルネ、すなわち］バビロンの方がより肥沃で魅力を呈する土地であったことは明らかだからです。よって、ここ［2節］において、預言者はこれらの町々における、かつての［繁栄した］状況［の比較］について語っているのではありません。むしろ、彼が告げ知らせていますことは、私が今言ったことなのです。つまり――「［カルネなどの］これらの町々にとって、富は何の役にも立たず、城壁が巡る防塞も全く意味がなかった。彼らに対する神の裁きを前にしては」。このように、ユダとイスラエルの人々に待ち構えていた［カルネなどの町々に下った裁きと］同じ裁きを、預言者は告げ知らせているのです。

さらに、彼はこう言っています。――「あなたがたを破滅に追いやろうとされている神の御手を遮ることは不可能だ。人の手による城壁によって、神の怒りを逸らすことができたならば、カルネも助かったはずだ。ハマトも、ガトもまた、腕には覚えがあった町々だった。しかし、頑丈な城壁を備えたこれらの町々も、結局は神の裁きを防ぐことはできなかったではないか。あなたがたには自信があるようだが、その自信はただの酔いどれに［よる昂ぶりに］過ぎない。その酔いによって、あなたがたは惑わされているのだ」。これと同じようなことをエレミヤも言っています。――「シロに行って見よ」（エレ7・12）。エレミヤとしても、「主はシロ［の人々］以上にあなたがた［の町］を荘厳に飾り立ててくださった」などということをユダの人々に示しているのではもちろんありません。彼の思いは他にありました。つまり、シロは秀でた町でした。契約の箱が長く置かれてきた場所として。そこには神の聖所がありました。それなのに、［エレミヤが生きた］その時代には、その場所は荒れ野だったのです。その哀れな荒廃した情景を、エレミヤは同胞の目前に提示しているのです。そしてそれは、彼らに次のことを悟らせるためでした。――「恐れよ。悔い改めなければ、［シロの憂き目と］同じことがあなたがたの身にも起るのだ。あなたがたがうなじを硬くしたままならば、必ず神の御手は下る。かつてシロの住民を襲われたように、あなたがたにも神はそうなさるのだ」。

以上、預言者［アモス］の考えは理解できたことでしょう。彼はこう言っているのです。――「行け。カルネに赴いて、よく見よ」。彼は「よく見よ」と命じています。そこ［つまり華やかな町であったはずのカルネ］が蒙った恐ろしい変わり様について、彼は教えようとしているからです。かつてカルネは鉄壁な町でした。選りすぐりの軍隊を揃えていました。その近郊も魅力的であり、かなり肥沃な地域でした。しかし、［アモスの時代］そこは寒村となっていたのです。カルネはバビロンに併合されてしまったのです。それはよくご存じだと思いますが。そこが［今］そのような悲惨な状態であったからこそ、預言者は言っているのです。――「カルネに赴くがよい。そして、よく観察するのだ」。つまり――「その有様を鏡とするのだ。よく考えよ。人間は傲慢や自惚れでは何も得ることがない。神に対して頑なになるだけだ。そしてそれゆえに、かの有名であった町々は滅びを迎えたのだ」。

　カルネに続いて、「ハマト רבה」が言及されています。「רבה」は「大きい」という意味ですが、そこはアッシリアの有名な町でした。――「そこでよく見よ！　名高い［大きな］町であった所が転覆したのを。なぜそれが起きたのか？　主が彼らの嘲りに耐えきれなくなられたからではないのか？　彼らは主の寛容を乱用した。だから、主は裁きを加えられたのだ。また、［大ハマトに降りかかったのと］同じ裁きがあなたがたの近隣諸国［であるガト］にも降りかかった」。［大ハマトはサマリアから遠いアッシリアの地にありましたが］ガトはユダとイスラエルから遠く離れてはいなかったのです。したがって、神の怒りを示す多くのしるしが、イスラエルとユダの人々の目の前に示されていたということなのです。それだけに、ここ［2節に］おいて、預言者は彼らの愚鈍に怒りをぶつけています。彼らは神の恐ろしき裁きに対して、恐怖を抱いていませんでした。その裁きは、彼らの［硬い］うなじに迫っていたのに。

　こうして――「勝っているのか？」　つまり――「ユダとイスラエルよ、あなたがたの王国よりも、これらの町の方が［力や富に関しては］勝っていたのではないのか？」　そして――「彼らの領土は、あなたがたの領土よりも大きいか?」これらの［かつては大きな領土を誇っていた］町々は［今］、狭い領域に狭められてしまっていたのです。これらの町々は、それぞれの本国［つまり、アッシリアやペリシテなどの本国］に対する税を課せられていました。かつては非常に大きな領土を保有していたのに。あたかも大きく広げられた翼の下に支配を固めていたのに。ですが、主が彼らの領土を取り払われたのです。そして、これらの町々は［今］、税が課せられ［るまでに落ちぶれ］ていました。預言者は言います。——「見よ、あなたがたの領土は、これらの町々の領土よりも大きいのか［そうではないだろう。これらの町々の領土よりも小さなあなたがたは、なおさら云々］」。続けましょう。

3　あなたがたは災いの日を追い払おうとして、暴虐の支配を引き寄せている。

ここで預言者は、ユダとイスラエルの人々に対し、もう一つ別の罪について責め立てています。つまり［これまで彼が責め立ててきた罪は］、彼らが再三にわたって神の怒りを挑発し、そして、新たな裁きを招き寄せてしまう罪を、彼らが放棄しようとはしなかった［といった］罪でした。一方［「もう一つの別の罪」として］彼らが自惚れによって堅くなって、全ての忠告を無視し、もはやいかなる忠告といえども［彼らにとっては］冗談に過ぎず、［預言者が忠告する裁きは、決して］彼らに降りかかることはないものとして彼らは無視していたのでした。次のことは覚えておいてください。以前も私は言いましたが、預言者は今、全ての民に対して語っているのではありません。高官たちに対してのみ語っているのです。といいますのは、ここでの「暴虐の支配を引き寄せている」という言葉は、民衆には当てはまらないからです。ここでの語りかけは、専ら裁き人たちや顧問官ら［つまり高官たち］に向けられています。彼らは当時の権力を牛耳っていました。ユダ王国、イスラエル王国それぞれにおいて。

彼らに告げられている次の言葉はとりわけ注目に価します。――「災いの日を追い払おうとしている」。さらに、「暴虐（あるいは、暴力）による支配を引き寄せている」。預言者は次のように言ったのです。――「あなたがたは［体を熱くさせる］深酒の力を借りて、熱［つまり災い］を身に帯びようとしている。あなたがたとしては、それ［つまり災い］を追い払おうとしているようだが。しかし、それは酔いの回った人たちの言い分だ。節度なくぶどう酒を飲み飽かしているような人の。医師がやって来て、あるいは、少なくともしらふの人がやって来て、酩酊［をもたらす過度の摂取］を控えるように忠告したとしても、あなたがたはその忠告を嘲笑うのだ。『何だって？　僕が熱に冒されているだって？　僕は熱なんか持っていないよ。なぜなら、ほら、僕はぶどう酒には耐性を持っているんだから』」。このように、俗なる人たちは自分から神の怒りを身に招いてしまっています。それどころか、忠告と聞けばそれを笑い飛ばし、自分たちは何か安全に関わる特約を握っているかのような按配なのです。ではさて、考えてみましょう。預言者はどのような思いだったのでしょうか？　彼はこう言っています。――「あなたがたは災いの日を追い払おうとしている。しかしながら、暴虐の支配を引き寄せている」。預言者の理解によれば、裁き人たちが暴君のように我が道を行くこと、あるいは、彼らが自分たちの搾取、略奪、虐待といった権利を主張していたことこそ、「暴虐の支配を引き寄せること」でありました。［預言者の理解通り］彼らがそれらの権利を固辞するのならば、もうそれでよし。彼らは暴虐による支配を引き寄せているだけなのです。彼らは災いの日を遠ざけようとしています。しかしそれは、彼らが［悪に対する］感覚を全て失っていた、という意味においてなのです。預言者が神の裁きを告知するといたしましょう。彼らと言えば、それを寓話だとみなしてしまうのです。

まとめれば、預言者はここ［３節］において、イスラエルとユダの国の高官たちに対して、二つの罪を訴えています。つまり［その一つ目は］、彼らが正義を曲げて地に落とし、傲慢な暴君として民を支配し、神の怒りを挑発し続けてしまった、という罪。そしてもう一つ［の罪］は、［またこの罪は、先に私が申し上げた「もう一つの別の罪」に該当しますが」彼らが泰然と警告を無視し、［裁きが差し迫った］時を意に介せず、確信的に安穏を貪っていたこと。さらに、神が彼らをしきりに掻き立てようとされても、彼らは「災いの日」が差し迫っているという思いには至らなかった、という罪のことです。繰り返し預言者たちはこういった言葉を伝えたものでした。これらの言葉を通して、預言者たちは彼らの怠慢に激怒をぶつけてきたのです。ところが、偽善者たちは痛みの感覚を喪失していました。彼らは魔法にかけられていたのだろうか。預言者たちを皆笑い飛ばしてしまったのです。彼らは神の御手を遠く感じていました。イザヤが言った通りです。――「彼らは言っていた。『宴を催そうではないか。飲もうではないか。我々は死ぬ身なのだから』」（イザ22・13）。彼らは預言者たちの警告が真剣そのものであったことに気付きませんでした。近付きつつある滅びを伝える預言者たちの警告を、［不用意に］恐ろしがらせる見世物として彼らはみなしてしまったのです。

以上、預言者が言おうとしていたことは理解できたことでしょう。続けます。

4 あなたがたは象牙の寝台に横たわり（あるいは、寝ころんで）、長椅子に寝そべり（ある人たちは、「有り余った物の上に」と考えていますし、またある人たちは、王冠を被った人たちのことと考えています。しかし、どちら［の解釈］も私には強引［な解釈］だと思われます。）、羊の群れから小羊（つまり、選りすぐりのもののことです。）、牛舎から（あるいは、「最上の牧場」から。ある人たちはそのように［「肥えた牛」を意味するところの］「מרבק」の意味を取っています。）子牛を取って食べている。

ここでもアモスは告訴を続けています。この章の始め［1節］と同様、イスラエルとユダの高官たちに対して語られており、彼らが［民に対して］配慮に骨折ることがなかったと、そして、彼らが享楽に明け暮れていた結果、全土が嘆かわしいほどに抑圧を受けていた、といったことの告訴が続いています。私の指摘は常に覚えておいてください。つまり、預言者はただ豪奢［それ自体］を責めているのではありません。そのように考えている人も多いのですが、それは間違いです。その人たちには十分な思慮が足りず、これらの［預言者の］文を破壊しているのです。預言者は単に豪奢を責めているのでは決してありません。むしろ、彼がイスラエルの人々を責める際に、彼らが神の裁きに対して鉄のようなうなじをもって相対していたこと、さらに、神としては彼らを悔い改めへと導こうとされ続けていたのに、彼らが不埒にもその神をもてあそんでしまったことについて、預言者は「それらのことはあなたがたに何の益ももたらさない」と嘆いているのです。

最初に彼はこう言っています。――「彼らは象牙の寝台に寝ころんでいる」。象牙の寝台の使用自体は、別に悪いことではありません。確かに、余りの豪華さは非難されるべきものです。けばけばしい娯楽に身を投じているとしたら、それは確かに悪いことです。限度を超えた欲求は、それが何であれ、非難に価します。派手な贅沢に執着する人たちは、野心と強欲を愛する好事家です。これらの罪悪は、神の御前にあって、常に断罪されるべきものです。象牙の寝台を使用する人がいると思えば、これまた一方で、地に横たわらざるを得ない人たちもいるわけです。当時、もちろん象牙は非常に高価なものでした。また、［元々］象牙はアジアにおいて用いられていました。かつてのイタリア［つまりローマ］においては、象牙の寝台を用いた人は、［カルタゴ領の］占領に成功したルキウス・スキピオ(3)が初めてです。それ以前のイタリア人に関しては確認がとれません。むしろ、アンティオコス王が敗北を帰した後、イタリア［つまりローマ］においても豪華な象牙の寝台の使用が広まったのです。そして、これらの［豪奢への］誘惑に負けることによって、彼らの心は挫かれ、軟弱にさせられてしまったのでした。

では、我らが預言者［の言葉］を考えてみましょう。当時、象牙はユダヤにおいて、とりわけ高価なものでも

3　前二五九年にローマの執政官に就いた。

なかったらしい。よって、［多くの］人々が象牙の寝台を普通に使用できていました。しかし、アモスは当時の時代の貧しき人たちのことをいつも考えているのです。もし金持ちたちが神の敵意に気付いていたのならば、そして、神の裁きの炎が目に映っていたのならば、彼らは全ての贅沢品を［貧しき人たちのために］売り払い、塵と灰に身を投じなければならなかったはずなのです。

以上、私たちは理解いたします。象牙の寝台に寝ころんでいた人たちに対して、なぜアモスがかくも大きな怒りをぶちまけているのか、ということについて。

続いては――「長椅子に寝そべっている人たち」。「סרח」は本来「広がる」という意味ですが、「悪臭を放つ」という意味も持っています。さらに、「有り余る」という意味もあります。このため、ある人たちは、「象牙及び有り余った物の上に」と訳し変えています。しかし、これは強引です。続く語句の「長椅子の上に」と合致しませんから。私の確かな考えによれば、預言者はこの言葉によって、彼らの振る舞いを描いて見せているのです。つまり、怠慢に身を横たえていた人たちの。こう言われているのです。――「あなたがたは手足を長椅子で伸ばしているが、それはだらしのない、娯楽に退屈した人たちのする仕業だ。主はそんな［長椅子で揺れている］あなたがたを、新しい仕方で揺り動かされるだろう。つまり、あなたがたは主の鞭によって、揺り動かされねばならないのだ。あなたがたは眠り続けている。神はご自身の［鞭としての］枝によって、あなたがたの中から恐れ「る心」をえぐり取ることがおできにならなかったとすれば、もはや何が残っているというのか？　あなたがたを処刑場に連れて行かれること以外に」。「彼らは長椅子に寝そべっていた」と言った預言者の心中は、以上のようであったのです。

「羊の群れから小羊、最上の牧場から子牛を取って食べている」。［「最上の牧場」と訳させていただいた］「מרבק」に関して、私はできれば、「囲い」と理解したいです。いずれにしても、彼らは最上の［家畜の］肉に目がありませんでした。預言者は彼らのその贅沢三昧を非難しています。既に私たちは確認してきましたが、預言者は［当時の時代が］災いの度重なる時代だと見通していました。それなのに、金持ちたちは宴を頻繁に催していて、そこでは霜の降った肉が振る舞われていました。この［宴会や霜降り牛といった］こと自体が裁きに価するということではありません。しかし［今は神の怒りの時代であるのだから］、主は彼らに対して、嘆くように促されたのです。恐ろしき神の怒りのしるしが、そこら中に行き渡っていた。彼らは相も変わらず贅沢を続けていた。それを捨てるべきだったのに。［彼らの］この強情さは、［神にとって］耐えられないものだったのです。また、ここ［4節］の箇所は、先に私が触れましたイザヤ［の22章で言われていること］と全く同じです。

先に進みます。

5 竪琴の音に合わせて歌に興じ、ダビデのように自分たちのための楽器を考え出す（ある人たちは、「פרט」を「分ける」といった意味に理解しています。［「歌に興ずる」と訳させていただいた］この語は、本来ぶどうの収穫の後に残る「［ぶどうの］房」に由来します。［そして、ここでの房は］実の詰まったぶどうの房のことではなく、そこかしこに［一粒一粒地に飛び散った］房のことです。［ぶどうの詰まった房と、後者の房の］両者には大きな違いがあります。彼らの解釈によれば、この語は比喩的に取るべきであって、つまり、分詞「הפורטים」は、「区分する」といった意味に取るべきなのだそうです。音楽がそれぞれの［音の］「違い」を有する、という意味において［の「区分」のことですが］。［楽器は］明瞭に［つまり、配分された音階でもって］奏でられなければ、音は入り乱れ、［聞く者に］不快をもたらします。ここでは、竪琴を奏でる人たちが、ダビデの例に倣って楽器を発明していた、といったことが言われています）。

預言者は話を続けます。自分たちは一般［の民衆］の階級とは異なるかのように［考えていたのか］、高貴な身分の人たちは神に敵対し、自分たちの楽しみに明け暮れていました。普段の平凡な生活［において遊んで楽しみ暮らすこと」では飽き足らず、［楽器の発明といったような］目新しさを求める楽しみに熱中していました。あたかも、結婚式がずっと続いていたような、あるいは、己の誕生日をずっと祝っているような有様で。贅沢を追い求め［続け］ていた彼らにとって、悲しみの時といった時間は存在しなかったのです。そういったことを、ここでも預言者は非難しています。もし［5節の］これらの言葉によって、音楽が禁止されていると考える人がいるとすれば、その人は大いに間違っています。文脈からもそれははっきりしています。預言者はこの民にそのような厳しすぎることを求めてはおりません。むしろ、彼はこれまでの主張を続けているのです。つまり、誰もが持つ良識を欠いたような彼らの頑なさについてです。彼らは神の怒りを感じ取ることができないでいました。神の怒りは、彼らが直ちに悔い改めのしるしを見せるためにありました。よって、神の怒りは、彼らが救われるための手段でした。さらに、神の怒りは、［自分の罪に］嘆きつつ遜り、神の怒りが取り払われるようにと彼らが願い求め始めるための手段でした。本当に、彼らにはそうすることが求められていたのです。神の怒りが提示されるとすれば、それは必ず、ユダとイスラエルの人々を遜らせるためであったはずです。しかし、その都度彼らは神に対し、断固とした怠慢を提示してしまいました。

こう言われています。――「ダビデのように自分たちのための楽器を考え出した」。この［ダビデの楽器と彼らの楽器との］比較によって、預言者は彼らの罪をさらに重く［描き出］しています。ユダとイスラエルの人々が、次のような口実を持ち出していたとは考えられません。その口実とは、偽善者たちのそれです。偽善者たちは己の罪を隠そうとする際に、聖なる者を傘にして誇るものなのです。偽善者たちはこう言うのです。――「［楽器を作って］何が悪いのか？　ダビデだって楽器を作ったではないか？」あるいは――「ソロモンは壮大な神殿を造ったではないか？」さらに――「アブラハムだって家に僕をたくさん引き連れていたではないか？」このように、それぞれの者が自分の言い訳に利用できるものに手を伸ばそうとするのです。偽善者たちは厚かましくも聖なる者たちを例にのせるのです。しかし、このような［偽善者の口に上る］弁解が、イスラエルとユダの人々からなされていた、ということではおそらくありません。預言者は［今］イスラエルとユダの人々に向かって話しかけているわけですが、彼らを次のように痛烈に批判しているのでしょう。――「あなたがたは自分たちの娯楽によって神の怒りを招いてしまった。あなたがたは頑なな態度を見せ［続け］てしまった。ダビデはそうでなかった。ダビデは信仰的実践のため、そして、神に向かって心を高く上げるために楽器を用いたのだ。確かに、ダビデは度重なる危険を脱した後、逃亡の後の平穏が訪れた一時の間、心が安らかとなっていたその時に、［楽器を奏でたりして］楽しんだこともあったかもしれない。しかし、彼は［あなたがたのそれと］違う目的のために楽器を用いたのだ。つまり、［エルサレム］神殿において、神への賛美の歌声を響かせるといった目的のために。そしてそれは、敬虔な人たちが共に信仰の熱意を高めるためにあったのだ。ダビデという人は、どんなに平和で繁栄を極めていた時代にあっても、不要な娯楽に魂を向けることはしなかった。［一方、あなたがたはどうか。］神の怒りが示されているのに、また、あらゆる裁きの兆候が恐れを掻き立てているはずなのに、あなたがたは自分たちの生き様を変えようとしない。相変わらず傲慢なままだ。あなたがたは普段通りの豪遊と、もう癖になった快楽とに関して、何一つ捨てることができないでいる」。

以上、預言者が告げている［ダビデの楽器との］比較の意味は理解できたことと思います。私は疑いません。預言者は彼らの罪を誇張して見せているのです。彼らはダビデの模範に見習うことはありませんでした。彼らは楽器を野蛮な獣の快楽に充てていました。そしてまた、神に対して反抗するために、彼らはそうしていたのです。裁きへの恐れを彼らに掻き立てられ始めていた神に対して。

続けましょう。

6 大杯でぶどう酒を飲み、最高の香油を身に塗るが、ヨセフの破滅に心を痛めることがない。

7 それゆえ、今や彼らは捕囚の列の先頭を行き（転がされて行き）、寝そべる者たちの悲しみがやってくる

（「寝そべる者たち」と訳しました語は、先に出て来た「סרח」の派生語です。この語は「有り余る物」を指し示すことがある、と私は申し上げましたが、ここでは「広がる［つまり、身を伸ばす］」といった意味として私は理解しています。また、意図的に［4節で言われたこの言葉が］繰り返されているのでしょう）。

ここで預言者は、［イスラエルとユダ］両国の高官たちを非難しています。彼らは大杯、すなわち、優雅に精巧に仕立て上げられた高価な器をもって、ぶどう酒を飲み飽かしていました。ある人たちは、［大杯のことを］「銀で出来た器」と補って考えていますが、ここでの預言者の言葉に補足を加える必要はどこにもありません。要は、彼らの獣のような愚かさが非とされているのです。主がどんなに恐ろしい裁きを告げ知らされても、彼らは自分たちの楽しみから身を引くことはできませんでした。主は彼らを謙遜にさせようとなさいました。主は彼らの中に、［何も見通せないほどの］狂気の盲目を見通されていたのです。彼らは楽しみに明け暮れ、これまで通り、ぶどう酒を飲んでいました。私たちが確認してきたように、本来彼らに求められていましたのは、断食であり、喪に服することであり、［己の罪を］嘆くことであり、塵と灰に身を投ずることであったのに。

こうして――「彼らは大杯でぶどう酒を飲み」、続いて――「最高の香油を身に塗っている」。キリストは少なくとも二度油を注がれたはずです。[4] つまり、ここではダビデ［における油注ぎ］、あるいは、聖なるヒゼキヤ王、その他の人物［における油注ぎ］に関して非難されているわけではありません。油注ぎはそれ自体、決して断罪されるようなものではありません。ですから、［ここ6節において］預言者［アモス］によって、何か特別なことが言われているのでしょう。つまり主が怒りのしるしを示されているこの時、他に何が求められていましょうか？　彼らが良心にやましさを感ずること以外に。そして、被告人として哀願し、全ての楽しみを控え、断食と

4　ルカ7・38、及びマタ26・7を参照。

涙をもって神の憐みを叫び求めること以外に。しかし、彼らはそうする気配がなかった。よって、預言者は彼らを訴えるのです。この［6節の］箇所に関して、以上の解釈と異なる解釈を探す必要はありません。

すぐ後にこう続いています。――「ヨセフの破滅に心を痛めることはなかった」。ここ［の節］は［すぐ前の節と］繋げて読まれるべきです。もちろん、この節は全体の会話［の流れ］に適合させ［て考え］るべきです。実のところ、預言者がユダとイスラエルの人々を非難していますのは、彼らが「大杯でぶどう酒を飲んでいた」ゆえに、そして、「彼らが高価な最高の油を身に塗っていた」ゆえに、さらに、「象牙の寝台に寝そべっていた」ゆえに、「長椅子で羽を伸ばしていた」ゆえに、「極上肉を味わっていた」がゆえに、といったそういった理由ではないのです。［こういったこと自体が大罪とされるのではありません。］むしろ、彼らが安心しきってそのような娯楽に専念していたゆえなのです。そして、彼らが兄弟の破滅に心を痛めることがなかったゆえなのです。神は全国土に［災いによる］苦しみをもたらされていました。［預言者はこう言おうとしたのです。］――「［東西南北といった］四方全体にわたって、どんな報いを受けていたのか？ 畑は、田舎の人たちは、どれだけ被害を蒙ってきたのか？ ［どこでも、どんな人も、酷く苦しんでいるはずだ。］だとすれば、あなたがた高官［だけ］に神が恩赦を与えられなければならないということがあろうか？ いや、間違いなく、［蓄えや頑丈な守りのおかげで］これまで生き延びてきたあなたがたこそ、罪の首謀者なのだ。あなたがたは神の怒りに心を留めることがなかった。神の怒りはあなたがたの目の前に示されていたのに。［それに気付かなかったのは］断じて言う、あなたがたの狂った怠慢のせいだ。神は教えておられる。これまで享楽に耽ってきたあなたがたは、愚か者以外の何ものでもないということを」。

このような預言者の思いを十分汲み取ることにいたしましょう。さらに、こう言われています。――「それゆえ、捕囚の列の先頭を行く」。つまり、［捕囚として］連れ去られる際に、彼らは最初に連れて行かれることになる、ということです。――「これまで私はあなたがたを甘やかしすぎた。私が寛容であることを理由に、あなたがたは他人の支配者であったようだな。だったら〔支配者らしく〕、捕虜としても先頭を行け！　私は今後あなたがたを冷たくあしらうことにする。これまで私自身も遊び過ぎてしまったようだ。父親の暖かさをもって、優しくあなたがたを悔い改めに導こうと思っていたがゆえに。こうして、あなたがたは『捕囚の列の先頭を行く』ことになる」。

続いて――「『סרוחים』〔つまり、寝そべる者たちの〕悲しみが訪れる」。つまり――「あなたがたは休んでいる――言い換えれば、彼が少し前に言ったところの――『長椅子に寝そべっている』」ということです。彼らに悲しみが訪れるのです。――「あなたがたは自分たちが裁きから逃れられると思っている。だからだな！　寝台でゆったりと寝転んでいるのは。たとえあなたがたが寝室〔の扉〕を閉め、〔扉を開けるために〕指一本動かさずとも、悲しみの方があなたがたを訪れてくれるのだ」。このように理解すれば、〔今の7節における〕「〔悲しみが〕訪れる」という言葉が、〔先の4節における〕「怠けた遊びをしながら寝転んでいる」といった〔言葉の〕意味と接点を持つことが分かるでしょう。確かに、「סרח」は本来「倒れる」(5)という意味ですので、よってある人たちは、「悲しみが〔あなたがたの上に〕倒れかかる」と訳し変えています。しかし、次のような意味に取った方がよいでしょう。――「悲しみがあなたがた寝そべっている人たちを訪れる」。彼らは自分たちの寝台の上で〔手足を〕伸ばしていました。静かに、穏やかに安らいでいました。そんな彼らを悲しみが訪れる。つまり、寝室〔の扉〕を〔悲しみといった来訪者が〕侵入することになるのです。

祈り

全能の神よ、あなたは今日、私たちに教えておられます。私たちがあなたを苦しませていることを。それは

5　recumbere. 倒れる、仰向けになる、落ちる、といった意味。

確かに本当なのです。私たちの良心も、私たちを責め立てています。［あなたの裁きを感じさせる］恐ろしきしるしが、目の前に示されております。しかし、それをもって、私たちは学ぼうとしております。私たちがいかに多く、いかに多くの仕方で、あなたの怒りを身に招こうとしてきたかということを。主よ、私たちが自分の罪に正しく気付きますように。心に痛みを感じ、謙遜になることができますように。たとえ目に見える災いが降りかからずとも、私たちは［あなたによって］罪を指摘され、そして、あなたに完全に身を明け渡すことができますように。しかしそれは、憐みに逃れることなのです。私たちには憐みが注がれています。我らが主キリスト・イエスを通して、あなたが毎日憐みを私たちに注いでくださるその憐みに［私たちが逃れ場を見出すことができますように］、アーメン！

8　主なる神はご自分の命にかけて誓われた。万軍の神なる主は言われる。私はヤコブの誇りを忌み嫌い、その宮殿を憎む。私は町とその中の全てのものを［敵に］引き渡す。

この言葉において、これまで多くの恵みでもってご自身の民を飾り立てておられた神はもはや躊躇されない、といったことが宣言されています。神は既に決心されており、もはや彼らを赦すおつもりはありません。また、これらの言葉は、預言者によって意図的に付け加えられたのです。ご理解していただけるものと思いますが、偽善者というものは、まさに彼らに相応しい点が指摘されたと気付くや否や、彼らはますます頑なになっていくのです。彼らは自分たちの持ち物が永遠不滅と思い込んでいます。だからこそ、彼らは神に対し、傲慢になるのです。[6] 偽善者たちには実に分別が足りません。その彼らに対し、ここ［8節］において、預言者はこう告げています。――「あなたがたはこれまで多くの賜物に秀でていたようだが、もはや宝の持ち腐れだ。なぜなら、もはや神はあなたがたの賜物に目を配られることはないから」。

［「誇り」と訳しました］ヘブライ語「גאון」は「傲慢」、あるいは「誇り」といった意味です。しかし、他の箇所でも時たま該当しますが、ここでは良い意味です。イザヤ書二章においても間違いなく良い意味であり、神を言い表すための「威厳」といった意味です。[7] 詩編四六編も同様です。「愛するヤコブの誇りとされた」[8]といったように、神の嗣業として位置付けられたものとして。いつの時代におきましても、神の賜物は賛美に価します。ですから、この箇所でも同様に、預言者［アモス］は傲慢を責めているのではありません。むしろ、［神から与えられた賜物としての］卓越と高貴をいわば武器にして神に抵抗していたイスラエルの過ちについて、預言者は語っています。まるで、［賜物としての］卓越と高貴によって、全ての裁きから免れることができるかのように［彼らは思い込んでいたのです］。そこで、神は言われるのです。――「確かに私はあなたがたに与えた。しかし、その高貴な位は、私が既に取り捨てた。それは、イスラエルの人々［よ、あなたがた］が賜物を悪いことに用いたからなのだ。あなたがたは何の申し開きもできまい」。要するに、「神の御前での προσωποληψίαν［つまり彼らが持つ尊厳］はもはや失われている、あるいは、イスラエルの民が特別恩恵を受けていたその地位は、今では何の価値もない」ということなのです。もはや、［彼らのかつての威光は、中身のない］仮面と成り果てていました。彼らは［神の］子とされるに相応しくなく、祭司でもなければ王でもなかったのです。預言者は次のように言ったのも同じです。――「私はあなたがたのことをただの群衆、いや、異邦人とさえみなす。私のもとには、あなたが

6　一コリ4・7を参照。
7　イザ2・10。
8　詩47・5。七十人訳だと四六編。

たの座席はもはやない。撤去されたのだ」。彼らがとうの昔に、神から離れてしまっていたからです。神がご自身の嗣業として認めておられた彼らは、もはや存在しなかったのです。

それゆえ――「私はヤコブの誇り、そしてその宮殿を忌み嫌う」。すなわちそれは、これまで彼らが飾り立てられてきた全てのもののことでした。ですが、悪い意味において、預言者は「宮殿」あるいは「誇り」と言っているのではありません。むしろ、彼はこう告げているのです。――「罪深い者たちにとって、神の恩恵は要塞とはなり得ない。あなたがたに似つかわしいのは裁きだ。あなたがたはその裁きを免れることはできないのだ」。

続いては――「私は町とその中の全てのものを［敵に］引き渡す」。これを言い換えれば――「たとえ今、あなたがたが巨大の富を保っていたとしても、あなたがたの持っているものは何であれ、私がそれを空にする。『私は町をその中身、つまり富もろとも［敵に］引き渡す』」。そして、この警告が真剣に受け取られるために、預言者は［主の御名にかけた］誓約を挿入し、この警告を強めています。彼は言っています。「［私ではなく］神［ご自身］が誓われたのだ」と。当然ですが、神ご自身にとって、神の御名は尊いはずです。神の御名をみだりに用いることは許されません。それなのに、頑なで傲慢であった彼らは、あらゆる［神の］預言を軽視してしまいました。いえ、彼らは［神の預言による］全ての警告を無に帰してしまったのです。こういった事情がありましたので、預言者は自分が語る言葉に聖性を付そうとしたのです。そしてそれは、偽善者たちに対し、［一度］告知された裁きは決して免れることができないことを悟らせるためでした。ここ［8節］にある［神が神のお命にかけて誓われている］誓いの形は、一見おかしく思われるかもしれません。しかし、神はここでの箇所のように、時たま人格を身にまとわれるのです。神はあたかも一人の人間であるかのように、ご自身のお命にかけて、つまり、そのご生命にかけて命じられているのです。［一見おかしな誓い方に思われるかもしれませんが］こういった［神の］誓い方を私たちは心得ておく必要があります。つまり、神が私たちの家族であられるかのように、私たちの状態に適合されている仕方の誓い方に。ヒラリウスが命について哲学を論じる際に、彼は父なる神がご自身の知恵にかけて誓われているかのように記していますが、これを真に受け取る必要はありません。かの善人は、アリウス派の人たちを論駁する際に、［仕方なく］健全な教えを笑われるよう［な表現］に譬えざるを得なかっただけなのです。彼はこう言いました。――「父なる神はご自身の知恵にかけて誓われる。神はご自身よりも劣った者にかけて誓われはしなかった。神は常にご自身にかけて誓われるのだ。だが、［神の］知恵とは、神の独り子であられる。よって当然、御子は御父に全く等しいのだ」。こういった主張は、一見もっともらしく聞こえますが、しかし実際のところ、子供のお遊びに過ぎないのです。［ヒラリウスも、アリウス派を論駁するためにそのように説明しただけなのです。］覚えておくべきこととして、［ここ8節では］人間の誓い方によって、神が誓われているということなのです。神はこう言われたのです。――「もし人間が、やがて煙のように消え行く己の命にかけて誓うのならば、その誓いに信用が増すというのか？　ならば、いかに重いものではないだろうか？　私の命にかけられた私の誓いは？」　神がこのように語られるのならば、きっと恐れの余り全地が揺れ動く！　以上、預言者の忠告は理解できたことと思いますので、続きを見てみましょう。

9　もし一軒の家に十人残ったとしても、彼らは死ぬ。

ここで預言者は民に差し迫っていた災いについて、より深刻に語っています。彼はこう言ったのです。――「この悪しき民に対して、神はもはや中途半端な罰を被らせられることはない。そのような扱いは、もはや何も生まない。最も重い裁きが近付いている。民が全員滅ぼされるほどの」。預言者のここの言葉――「もし、一軒

9　四世紀の教父、ポワティエのヒラリウスのことかと思われる。

の家に十人残ったとしても、彼らは死ぬ」――には、以上のような意図が込められています。また、「十人の生存者」の言及によって、預言者はこの時以前に起こっ［てい］た［はずの］災いを仄めかしています。その災いとは、十人「生き残った」と言われているほどですから、全体の半分か、あるいは、少なくとも家族ごとに何人か、といった割合で滅ぼし去られた［ような］災い［であったはず］なのです。この「十人」といった数によって、預言者は教えています。いかに残酷で恐ろしき神の復讐が、この民を待ち受けていたかを。「十人一緒に取り去られる」。ペストが猛威を振るったとしても、家中の人が皆死んでしまうといったほどの悲劇は滅多に起こるものではありません。四人の内三人、八人ならば六人か五人、こういった［割合の］減少でも、人々を驚愕に陥れるものなのです。十人いれば皆が取り去られる。そして、一人も残らない。――これは神の恐ろしき裁きのしるし以外には有り得ません。

よって、私たちは理解しましょう。ここ［9節］において、預言者はこの民の完全なる滅びを宣言しているのです。もはや彼らを緩やかな罰では懲らしめることができませんでした。神はこの民に対し、正しき道に立ち帰るようにと呼びかけてこられました。しかし、無駄だと分かった今、死の病を癒す薬は尽きました。治癒が不可能な人たちは、取り去られなければなりませんでした。こうして――「一軒の家に残った十人は滅びるだろう」。続けましょう。

10 そして、父方母方の伯父（あるいは、遺体を焼く者）が彼を運び出す。家の中から骨を運び出すために。そして、彼が付近の建物に入っていく者に対し、「あなたと一緒にまだ誰かいるのか？」と尋ねると、「これで終わりだ」（文字通り訳せば、誰もいない）と答え、「声を出すな、主の名を思い出すことは許されない」と言うであろう。

預言者はこの節の始めにおいて、彼が先程告げましたことをより鮮明に語っています。つまり、猛威を振るうペストのことです。それが家中を食い尽してしまうのだと。死者を葬るためにやって来る伯父について預言者は言及しています。要するに、もし近親者が葬りの義務を果たさねば、遺体は敬意をもって葬られることがないままであった、ということが示されているわけですが、しかし、遺体の放置は最悪な状況下においてのみなされ得たことでした。ある町において、毎日のようにペストが大勢の命を奪うとしても、死者を葬る人たちは残っていたわけです。伯父がこの務めを果たさなくてはならなかったということは、この災いの被害の大きさを物語っています。そしてその大きさを、預言者は「伯父がそれを運び出す」、つまり、「全ての死者はその伯父によって運び出される」といった言葉で表現しています。繰り返しますが、この務めは本来［家の］従者に任されていた務めですし、雇われ人たちがなすべき務めなのです。ですから、父親や伯父がこの務めを担うといったことは、混乱［した状況］が広がっている証拠なのです。

「伯父がやって来て、それを運び出す」。［最初の文字が］「ש」である「שרף」は、「焼く」という意味です。ここ［10節］では、［その頭文字「ש」が］「ס」と記されています。［ヘブライ語の］「ש」と「ס」とは互換性があることはよくご存じでしょう。このため、多くの人たちが［「שרף」、つまり「焼く」といった意味に取り］、「遺体を骨として運ぶために焼く」と読んでいますが、この解釈は妥当でしょう。よって、「遺体を焼き、そして、骨を家から運び出す」となります。当然のこととして、葬送及び火葬は、公の手を借りて遂行されるのが普通でした。遺体は一人で運べるようなものではありません。高齢者ならばなおさらです。アモスは「伯父」に言及していますが、彼はこう言っているのです。――［「遺体の埋葬のために］他の選択肢が必要だ。伯父が甥を［その甥の］家で焼くといったことは、遺体のままではとても［重くて］運ぶことはできないからだ。つまり、［公の人手も足りないために、そして、伯父は高齢者であるために］他の選択肢が必要ということだ。まず伯父が甥の遺体を家で焼く。そして、骨にしてから運び出すのだ」。以上のようなことが、預言者の本当の思いであったのだと私は思います。

［次の語、つまり、「遺体を焼く者」と訳すべき語を］「母方の伯父」として解釈する人がいますが、根拠を全く欠いています。人間の数は非常に少なくなっていたわけですから、［伯父］一人だけが言及されれば足りるはずです。もし父方の伯父に加えて母方の伯父も加えられて記されているのならば、まだ［この時］たくさんの人間が残っていることになってしまいます。一方、父方の伯父のみが言及されているとしたら、私の説明は十分［文脈に］適合するでしょう。「父方の伯父がやって来て、遺体を運び去り」、そして「焼いて骨にして外に運び出す」。遺体が火葬された後に残った骨は運びやすい。そんなに重くないのですから。このように［預言者の］言葉の意味を汲み取りましょう。

続きます。――「彼が付近の家に入っていく者に」。［「付近の家」と訳しました言葉は、字義的には］「家の側面」という意味ですが、隣家のことです。そして、こう尋ねられています。――「あなたと一緒にまだ誰かいるのか?」　つまり――「あなたの隣人の中に、生き残った者はいるか?」「家の側面」に関してですが、「家の奥」と解釈することはできません。この場合、［尋ねられている人は］客人か、あるいは寄宿人として受け取らねばなりません。この場合、預言者はこう言ったことになります。――「もし寄宿人がいたのならば、彼は［つまり伯父は、その寄宿人が暮らしている］家の隅の奥まった部屋を訪ねてくる」。しかし、むしろ［このように受け取る方がよいでしょう。］伯父が家中を隈なく探していた際に、［その家の隣の、伯父にとっては］見知らぬ人を見かけて、伯父はこう叫ぶ。――「あなたの他に誰かいないのか?」　尋ねられた者は答える。――「いないのです。皆いなくなってしまいました」。いずれにしても、ここ［10節］の言葉にはいささか曖昧さが残っていますが、預言者が言おうとしたこと、あるいは預言者の意図については、私たちは理解できるのです。つまり、預言者は神のお立場に立って、これまで自分が語ってきた言葉に念を押しているのです。――たとえ一軒の家に十人が残っているのなら、彼らも皆死ぬことになる。一人も残らないほどに。伯父が必死になって、彼の甥たちを探していた。その伯父が、［見知らぬ人に対し］「［あなたの他に］誰か残っていないのか［あなたの他に、私の甥たちはあなたと一緒ではなかったのか」」と尋ねる。しかし、伯父は知る。誰もいない、全員が死んだということを。

以上のように、［預言者の］こういった言葉は、イスラエルの人々に対し、恐れをさらに掻き立てるための言葉だったのです。本当に、彼らの愚かさは計り知れません。神が彼らを赦し続けるのをやめられるその時まで［彼らは愚かであり続けました］。彼らが神の御手に気付いた時、彼らは確かに恐れました。しかし、［恐れるだけで］彼らはいかなる警告によっても動かされることはありませんでした。こういうわけで、預言者は長々とした言葉によって、神の復讐劇の恐ろしさを告げ知らせているのですが、イスラエルの人々はそれを恐れることはありませんでした。この時に至るまで、なお完全に安心しきっていたのです。そのことについては、これまで私たちが見てきた通りです。

続いては――「彼は言う。声を出すな、主の名を思い出すことは許されない、と」。この箇所は様々に解釈されています。ある人たちの考えによれば、ここでは絶望的とも言えるほどの悪意が記されているのだそうです。今際の息の際にも神を思い出すことなく滅んでいく人たちの悪意が。彼らの説明によれば、ここの「声を出すな」という言葉は、［神に］敵意を抱き、［神を］拒む者の声なのだそうです。また、「声を出すな」とありますのは、神の御名を思い出さなかった人たち［の言葉］なのだそうです。さらに、神は彼らが遜ることをお望みなのに、その人たちは悔い改めることなく傲慢なままだった。その人たちにとって、死すらも正しき道に立ち帰らせることはできなかった、ということなのだそうです。別の人たちによれば、［ここの箇所の訳は］――「黙れ。なぜなら、神の御名なんか思い出すことはできないのだから」、言い換えれば――「我々と神の御名とに何の関係があるというのか？　我々はそれを呪う。不吉な災いのしるしとみなして。何でかって？　神は我々に何の楽しみもくれなかったからさ」。このように、邪悪な人たちが神の御名を忌み嫌い、それを封じようとした［言葉な］のだそうです。しかし、私としましては、預言者の思いはそうではなかったものと思います。これらの解釈者たちには十分な考察が足りません。思い起こしてください。預言者は偽善者に対し、彼らが神の御名によって誇らしげであったことを非難していたのです。［災いが度重なる］逆境の時代にあったのに、偽善者たちは主の日について、まるで［主の日が来れば、時代］状況は改善されるのを見通していたかのように、その通り言い触らしていたのです。よって、預言者は言います。――「その日はやって来る。しかし、その日とは、あなたがたの［神の御名に対する］誇りがやむ時のことだ。その日には、［これまで神の御名を誇りにしてきた］あなたがたは［逆に］神があなたがたに敵意を持っておられると感ずるようになる。そして、その日までは神の御名を飾り――［この行為自体］誤ったことですが――としてきたのに、その日には、［飾りとしての］神の御名を［自分たちから］捨て去ることになるだろう」。このように解釈すれば、［彼らが神の御名を拒んでいる］ここの箇所と、［彼らが神の御名を誇っていた］先の箇所との対照がよく浮かび上がってくるのです。以前には、預言者は彼らの倒錯した自慢を罵倒しました。彼らが神の御名を何の恥じらいもなく、［己の］口実のために用いていたからです。――「ああ［幸いだ］！　我々は神の民なのだ。聖なる種族なのだ。神の嗣業とは、我々のことなのだ」。このように大胆不敵になっていた彼らは、それでいて、神ご自身のことは遠く追いやっていました。よって、ここで預言者は言っています。――「その日には、あなたがたの自慢話は聞けなくなる。あなたがたは今、目が眩んでいるだけなのだ。神はご自身の名が誤った仕方で用いられることを許されない。これまでずっと突き進んできたあなたがたとも、もうこれまでおさらばだ。その日には、あなたがたは沈黙に入る。神の御名に対して、あなたがた自身が嫌悪する［つまり、神の御名を思い出すことはない］だろう」。このように言われているのです。

以上、預言者の忠告は理解できたことと思います。預言者は恐ろしき究極の災いについて告げ知らせています。しかしてそれは、イスラエルの人々が真の認識に至るためなのです。――「あなたがたに対し、神は敵意を露にされている。あなたがたは誇りによって膨れ上がっている。その誤った誇りを捨て去るのだ。そして、神の御名を畏れる者となれ。神の御顔から隠れたとしても、あなたがたにとって何の良いこともないと悟れ」。［こういった言葉は、神に］見捨てられた者たちについて、次のように言われている御言葉と同じです。――「彼らは山に向かって叫んだ。『我々を覆ってくれ』。丘に向かっては、『我々を埋め尽くしてくれ』」。[10]この箇所も同様です。預言者は言います。――「神の裁きに打ち砕かれ、驚愕させられたその時には、あなたがたの間違った奢りは消え失せることになるだろう。しかしそれは、あなたがたがようやく気付くからだ。確かに、あなたがたが神の近くにいるとしても、滅びの近くにいる［からこそ、自分たちは裁くために近付かれている神の近くにいる］のだ、ということをあなたがたは気付くことだろう」。こうして、「［神の御名をもう］声に出すな、なぜなら、我々には［もはや］主の御名を思い出しても意味がないのだから」。続けましょう。

11 見よ、主は命じられて、大きな家を打って混ぜ合わせ（あるいは、粉々にし）、小さな家をみじんにされる（あるいは、粉砕し、引き裂け、逆さにし、分離し）。

ここの言葉は、先の文［で言われたこと］の強調のための付加に過ぎません。預言者は告げ知らせています。――「高官も民衆も、皆が己の平和を確保していると思っているようだが、それは偽なのだ」。なぜなら、主が大きな者も小さな者もひっくるめて滅ぼされるからです。こう言われています。――「見よ、主が命じられる」。「命じる」という言葉が使用されていますが、それは、彼ら全てを外に連れ出し、そして、滅ぼすための明確な根拠を神はお持ちである、ということを指し示すためです。さらに、預言者は核心に迫り、彼らの滅びが専ら神のご指令のもとになされると語っています。彼はこう言ったのです。――「主は僕たちを用いて裁きをもたらされるのではない。大きな力もいらない。ただ御言葉さえ発せられれば、あなたがたは皆消滅する」。

10 ルカ23・30、黙6・16を参照。

預言者が「命じる」という言葉で告げ知らせようとしたことは、以上のように理解されます。

続いてこうあります。――「大きな家を打って混ぜ合わせ」。ある人たちは、［この言葉を］「砕かれる」と訳し変えています。「רסס」は本来「混ぜ合わせる」という意味です。荘厳な宮殿は大きな倒壊を蒙るものです。つまり、小さな小屋が壊される際には、それは重い建物ではありませんので、大破壊は惹き起こされません。おそらく大抵の場合、崩れ始めても、小規模の破片が落ちてくるだけです。特に大きな力も必要とされず、建物全体が崩れていきます。私が言いたいことは、倒壊は小さな家にも、そして貴族の家にも起こるけれども、まさに重みがある［壮大な］建物は、壮大な壊滅をその住人にもたらすものだ、ということなのです。よって、私は「混ぜ合わさって」と訳したいのです。こうすれば、［単一資材から成る］小さな家と、［金銀などいろいろな資材が混ぜ合わさって造られた］大きな家との区別がはっきりとするからです。――「大きな家を打って混ぜ合わせ」。一方、小さな家は、打たれれば切り裂かれ［ていく仕方で倒壊し］ます。いずれにしても、私が指摘しましたように、預言者は貴族、群衆如何にかかわらず、共通の滅びについて告げようとしています。小さき者から最も大きな者まで全ての人が滅びるような。ここ［11節］において、私たちが学ぶべきことは、この民［全体］が陥っていた腐敗の広がりについてです。といいますのは、冒瀆者が相手でなければ、神は罰を下されることはなかった［はず］からです。どこにでも等しく壊滅が行き渡ることになる。これを裏返せば、当時全ての階級の人たちが悪に染まり、腐敗していたということです。

続けましょう。

12　馬が岩の上を駆けるだろうか？　牛で耕すだろうか？（あるいは、牛を用いて耕す人がいるだろうか。しかし、動詞［の主語］は不明確ですので、［主語を］人間とせずに訳すとしますと、牛にとって農耕が可能だろうか、しかも岩の上で？となります。）あなたがたは公正を胆汁に、正義の実を苦よもぎに変えた。

ここの言葉も解釈者たちを悩ませる言葉です。ある人たちの判断によれば、これらの譬えによって預言者が告げようとしましたことは、あらゆる良きものに対するこの民の無能だそうです。(〔諺になっている〕誰かの言葉のように――「『怠けた牛は〔本来荷を積むための〕鞍を愛用し〔つまり、汚れるのを嫌って、使用させず綺麗なままで〕』、そして、〔耕すことができない動物である〕雌馬が農耕を愛する」。) 彼らはここ〔12節〕の言葉を次のような意味に受け取っています。――「あなたがたは、正しく生きることへの適応性が何と欠けていることか。岩の上に走る馬や、岩の上で耕す牛の方がまだましだ」。別の人たちの考えによれば、自然の秩序が捻じ曲げられていることについて、預言者が嘆いているのだそうです。〔彼らの考えによれば〕預言者はこう言ったのだそうです。――「何とまあ、あなたがたは正義と聞けばそれを掻き乱す。節制、義、道理と聞けば、それをなぎ倒してしまう。それはまるで、絶壁の岩の上にいち早く走り、そこで農耕を営もうとするかのようだ。こういったことは、自然の秩序に反することだろう。しかし、あなたがたの様子はそれなのだ」。また、他の人たちもここ〔12節〕を預言者の嘆きとして理解しています。つまり、自分の働きはあたかも耳の聞こえない人たちを相手に歌を聴かせるような無駄な労苦に過ぎなかった、といったことを預言者が嘆いているのだと。次の民衆の諺で言われているように。――「私に何の得があろう、この鋼のような人たちを相手に?」これと同様〔無意味〕なのです。岩の上に馬を乗り入れる、つまり、駿馬で崖を登ろうとすることは。そして、岩の上で農耕を営もうとすることも。そういったことは、不可能なことなのです。私が愚かな人たちを咎める際も同様です。私の労苦は無駄となり、何の益もありません。

しかし、もっと的確で相応しい意味が拾えないものか考えてみましょう。これまで私たちが学んできましたことは、イスラエルの人々の大いなる安穏についてでした。彼らはこう思い込んでいたのです。――「神は我々に責任を感じておられるのも同じだ。なぜなら、我々の父であることを誓われたのだから」。このように、神の子とされたことが彼らの心を高慢にさせていました。預言者は彼らのこういった落ち着きぶりが偽りであることを暴き立てます。いみじくもこう正しく指摘ながら。――「馬は岩の上を走るものだろうか？　牛も岩石ばかりの所で耕そうとするだろうか？　そのように、あなたがたは神の恩恵の通り道から外れている。あなたがたは主のぶどう園、主の畑ではなかったのか？　あなたがたは公正と正義によって支配されるべきであったのだ。それなのに、『あなたがたは公正を胆汁に、（あるいは）毒草に変えてしまった』」。［「毒草」とも訳せます］「ראש」はいろいろな訳語が可能ですが、意味の違いをもたらすことはありません。よって――「『あなたがたは公正を胆汁に変え、正義を苦よもぎに変えてしまった』。かくも邪悪なあなたがたにとって、神の恩恵が通る道は完全に塞がれている。［主は頑固なお方ではなく、本来柔和なお方だ。だが］あなたがたに対して、神が本来の［柔和な］お姿通りに相対されることは、もはや無理なのだ。柔和な者に対しては、神も柔和であられる。しかし、頑固とした［頑なな］あなたがたに対しては、神も頑固たるお方であらねばならない」。私には預言者がこのように言おうとしていたのだと思われます。また、偏見なしにここの節を考えれば、私の言ったこと［の正しさ］を認められるでしょう。ここ［12節］において、預言者はイスラエルの民の誤った自惚れを論駁します。彼らは考えていました。神が自分たちに［恩恵を与え続ける］義務を負っておられると。彼らは自分たちから神の怒りを身に引き寄せていたような人たちだったのに。預言者はこう言ったのです。――「あなたがたは、神が永遠にあなたがたに対し憐み深くあられると考えている。だが、その保証はどこから手に入れたのか？　神があなたがたを子とされたからか？　あなたがたの父祖との契約があるからか？　確かにそうだ。しかし、その契約はどのような契約だったのか？　あなたがたには何が求められていたのか？　神の御目に、あなたがたが全き者となることではなかったのか？　それなのに、『あなたがたは公正を胆汁に変え、正義を苦よもぎに変えてしまった』。あなたがたこそ契約に違反している。ならば、神はどうされよう？　あなたがたは［あなたがたに対して］神が祝福を引き続き与えてくださることを望んでいるのか？　あなたがたがそのための道を塞いでいるのに。あなたがたはまるでごつごつとした岩になっている。神がどうしてそこを駆けることがあろう？　神はあなたがたに祝福を与え続けることがおできにならないのだ。神は素早いお方だとしても、馬が岩の上を駆ける方がまだ易しいだろう。あるいは、牛が岩の上で耕すことの方がまだ容易いだろう［ごつごつとした岩のあなたがたの上を、神の恩恵が走り通ることよりも］」。

以上のように、ここの箇所の預言者の思いを汲み取りましょう。これまで［の預言者］の考えを証拠付け［る言葉］がここでも続いているわけです。また、これまでの文脈［を思い出すこと］によって、私が述べたことがよりはっきりと証明されるでしょう。

13　あなたがたは無（つまり、虚無）を喜び、「我々は自分の力で角を手に入れたではないか？」と言っている。

私が述べました解釈を思い出してください。この言葉は前節と非常によく結び付いています。預言者は再び非難を加えています。イスラエルの人々を高慢にさせてしまっていた、彼らの思慮を欠いた侮蔑に対して。彼はこう言っています。――「あなたがたは虚無を喜んでいる」。彼らが他人に対して、また自分自身に対しても装っていたところの偽りについて、預言者はそれを全て「虚無」と呼んでいます。偽善者たちは、神の御名をみだりに唱えるものなのですが、それだけでなく、彼らは教会の名、［神の子とされる］養子といった空虚な称号、その他のものを剥奪しておきながら、それらに惑わされて自分自身を欺いている人たちなのです。今日の教皇主義者たちも同様です。彼らは空虚なものによって高慢になっています。彼らは無謀にも聖なるものを盗み取り、神の言葉を捻じ曲げて私たちに刃向うのです。彼ら［の教会こそ］が真の教会として見られたいがために。しかし、彼らは自分たちを頑なにしているだけなのだ！　彼らは自分たちの悪［しき病］を認識しつつも、次のような錯覚を子守唄に眠りこけているのです。――「神はご自身の教会が彷徨うことをお許しにはならない。我々は使徒たちの後継者なのだ。だから、たとえ我々の所に悪徳や賄賂がまかり通っていたとしても、神は我々と共におられる。我々と考えを異にする者がいたら、その者は背教者なのだ。理由なんていらない。背教者たちは絶対に赦さない。我々は我々の地位を譲らない。主が我々の［使徒の後継者としての］階級職をお認めになっておられるのだから」。このように、今日の教皇主義者たちは無知な人たちを欺くために詭弁を弄しています。それだけではありません。彼らは神に対しても、己［の立場］を固辞します。それは、かつてのイスラエルの民の盲目さとまるで同じでした。ここ［13節］において、預言者はイスラエルの民を非難する。彼らが［本来］虚無［に過ぎないもの］にご満悦であった姿を。彼はこう言い放ちます。――「言葉にならない」[11]。まさにその通り！　ですが、［あえて私は言葉にさせていただきます。］預言者はこう告げ知らせているのです。――「あなたがたは虚無を楽しんでいるだけなのだ。あなたがたは単なる偽りに過ぎないものに身を任せ、神とその裁きに対し、価値のないあなたがたの自慢話を言い訳に用いている」。

「あなたがたは言っている。『我々は自分の力で角を手に入れたではないか？』」　周知の如く、ヘブライ語の「角」は「誇り」、あるいは「強さ」「高さ」、さらに、要塞に関するあらゆる物事を言い表します。よって、ここ［13節］の言葉に関して、彼らは次のように言ったのも同じです。――「我々は、我々の力によって十二分に守られている。そうではないか？」　彼らは確かに公然とはそのように語らなかったことでしょう。しかし、預言者は聖霊によって洞察を得ていたのです。預言者は彼らの心を覗き、彼らの奥底に潜んでいたことを露にしたのでした。［神の］言葉が持つ力について、私たちは認識しているはずです。ヘブライ人への手紙の第四章において、使徒が教えていることを。[12]言葉は神ご自身の本性を身にまとわれ、言葉は神から来られた。神［ご自身］は心を見抜かれる。神の言葉も同様に、心の髄を見通され、人の心の最も奥底に入られ、感情であれ思考であれ、

11　ヘブライ語「ロ・ダバル」は、文字通り訳せば、「言葉でない」「言葉にならない」という意味。
12　ヘブ4・12―13。

それを知り尽くされる。この霊的な裁判官に注目せよ！　このお方を通して、預言者は不信心な人たちの［心に潜んでいた］誇張された自慢話を［聞き取って、それを］非難したのです。確かに、預言者が［13節で］表現している言葉を彼らが［実際に］語っていた、ということではありません。しかし、次の言葉において、彼らの傲慢がよく言い表されているのです。――「彼らの力によって、彼らは角を勝ち取った」。言い換えれば、彼らは主から離れていたということです。自分の力で救われることを願っていたのですから。これは一体どういうことなのか？　彼らは神から離れてしまっていたのです。それでいて、危害を蒙ることは嫌っていて、さらに、彼らは全ての危険から免れていると思っていました。この特権は、どこから来たというのでしょう？　救われることを願う者ならば、神の陰に宿らねばならなかったはずです。彼らは神を自分たちから遠ざけていた。そして、神の御教えをいつも嘲っていた。彼らは明らかな神の敵だった。だとすれば、彼らが彼ら自身に約束していた救いは、一体どこからやって来たというのでしょうか？　彼らは自分たちの力を頼みにすることを決してやめようとしないのに。

以上、預言者の忠告は理解できたことと思います。預言者のイスラエルの人々に対する非難。それは、彼らが偽りの空虚な称号に満足していたこと、彼らが厚かましくも神を軽蔑していたこと、彼らが真実のものとして見せびらかすものは、単なる敬虔の装いに過ぎなかったこと――こういった彼らの大きな罪を、預言者は断罪しています。さらに、預言者は告げ知らせます。彼らが彼らの角を構え、それで神を攻撃していたと。そしてそれは、彼らが神から離れ、自分たちに対し、平和で祝福された状態を宣言していたからでした。

では、続きは最後［の節］です。

14　しかし、聞け、イスラエルの家よ、私はあなたがたに対して、一つの国を興す。彼らはあなたがたを圧迫する。ハマトの入り口から、荒々しき急流へと至るまで、と万軍の神である主は言われる。

最後にこの告知が続いています。また、この告知でこの〔六〕章は閉じられます。この時〔までには既に〕、神は真剣に明らかにされてきました。イスラエルの民に行き渡っていた奢りについて。預言者が少し前に言及した神の裁きが、ここでも宣告されています。ここでの新たな点としましては、神がイスラエルの人々に下そうとされていた罰の様相を、神が指し示されているということです。先に預言者はこう言っていました。――「見よ、主が命じられる」。その後に、災いの言及に至ったのです。しかし、彼はその災いがどこからやって来るのかは告げていませんでした。今、それについて告げ知らせるのです。次のような特徴的な語りかけをもって。―― 「聞け、イスラエルの家よ、私はあなたがたに対して一つの国を興す。ハマトの侵入に始まり、川に至るまで云々」。この言葉において、預言者はアッシリアについて語っています。それは間違いありません。またこの言葉において、間近に迫っていたアッシリアとの戦いが、いかに大きなものであるのかを、預言者は誇張して記しているのです。つまり、「どんなに広大な平野が広がっていた地域（あるいは、どんなにたくさんの〔逃げるための〕出口を持った広々とした所）であったとしても、主がアッシリアの民を立ち上らせた後には、どこでも狭き所と変わるであろう」とこのように預言者は告げているのです。こうして――「私はあなたがたに対して、一つの国を駆り立たせる」。

彼は再び「万軍の神」の御名を呼んでいますが、それは、これまでと同じ理由、つまり、彼らに対し、アッシリアの全兵力は神の御支配のもとにあることを悟らせるためでした。アッシリア人は戦争を仕掛けてくることになります。神の合図をもらえばすぐにでも。「主は一つの国を興される。その民は、あなたがたを圧迫する」。どこで？　偏狭な場所で戦いが繰り広げられるのではありません。広大な地域で繰り広げられるのです。ここで言われているような、たくさんの〔逃げ道としての〕出口が開けていたような。しかし、主があなたがたに対して、アッシリア人に武器を持たせ給うた結果、広々とした土地は全て、あなたがたにとっては狭き場所へと一変することになるのだ。すなわち、あなたがたはどこにいても［アッシリア人によってぎゅうぎゅうに］縛りつけられ、死を逃れるための出口は塞がれることになるのだ」。

祈り

全能の神よ、聖なる御忠告に対して、私たちは本当に耳の聞こえない者であります。あなたは絶えず私たちをあなたへと呼んでくださっておられるのに。さらに、私たちはあなたの警告を受ければ頑なになってしまい、あなたに恐れを抱くことはありません。あなたのご警告は、私たちの頑なさを打ち砕くためにあるのに、少なくともそれを和らげようとするためにあるのに。主よ、遅くなってしまいましたが、しかし、今この時、あなたの最後の裁きの到来の前に、私たちがあなたの御言葉に心を向けることができますように。そして、あなたに従い、あなたの御教えを受け入れることができる者となって、あなたの軛を負わせてください。私たちを恵みの内に受け入れてください。御父としてのあなたの愛に対し、私たちを相応しい身分とならせてくださって、私たちとの和解がなされて、どうぞ私たちに対し、あなたの祝福に与らせてください。あなたがあなたの子供たち全員に約束してくださったその祝福を！　我らが主、独り子に繋がらせていただく神の子供たちのために、アーメン！

第七章

1 主なる神はこのように私に示された。見よ、主は草の生え始める頃、いなご（つまり、いなごは草が生え始める頃に出て来ます。しかし、「לקש」は本来「二番草」を意味します。私たち［のフランス語で］は「regain」[1]と呼びます。）を造られた。それは、王が刈り取った（ある人たちは、「剃られた」と訳しています。）後に生える［二番］草であった。

2 いなごが［大地の草を］食べ尽くそうとした時（いなごは大地のほとんど全ての草を食い尽くしてしまう）時、私は言った。「主なる神よ、どうぞお赦しください。ヤコブはどうして立つ（あるいは、回復する）ことができるでしょう。彼は小さいのです」。

3 主はこれを思い直され、「このことは起こらない」と言われた。

この章でアモスが告げ知らせていますこととして、［その大まかな趣旨を述べますと］――神は民に裁きを下すことをお決めになっていました。しかし、神はその罰をこれまで幾度となく思い直されてきました。また、イスラエルの人々は神の憐れみを利用していましたので、アモスは彼らのそういった頑なさを訓戒してきました。長きにわたって［預言者による］警告が続けられてきましたが、彼らは悔い改めには至りませんでした。神は確かにご自身の裁きを猶予してくださいました。しかしそれは、彼らが自分たちから正しき道に立ち帰るためであった

1 「二番草」という意味の他に、「よみがえり」「回復」の意味を持つ。

のです。あたかも神のそのお姿は、御教えに対し順応を示すことができる人に対し、優しく御もとに引き寄せられようとされているかのようでした。それなのに、神のご忍耐が成功を結ばなかったからこそ、アモスはイスラエルの人々を責め立てるのです。さらに、預言者にはもう一つ別の思いがありました。つまり、私たちは経験から知っているのですが、神が不信仰な人たちに容赦を掛けられ、当然なされて然るべき裁きをすぐには下すことはなさらない時に、彼らは［裁き自体を］嘲笑い、将来に対して目を背け、恐れを抱くことを忘れてしまう。どんなに主が彼らに警告を与えられても、主がすぐには裁きを実行されない場合には、彼らはこれまでの警告を全て単なる脅迫に過ぎないものと思ってしまうのです。頑なな彼らは心をどっぷりと落ち着かせてしまい、神をもてあそんでも叱られないと思ってしまうのです。こういったイスラエルの人々の頑なさ、そして彼らの奢りの空しさを、預言者はここで様々な言葉を連ねて暴き出しています。心を痛めることなく神の裁きを軽蔑していた彼らのことを、主はこの時に至るまで赦してこられました。とはいえ、最終的な復讐［自体］が遠のいてしまったわけではありません。

以上が大まかな趣旨ですが、これから一つ一つ順を追って考察していかねばなりません。

こう言われています。――「私は主によって幻を示された」。その幻とは、「神ご自身がいなごを造られた［つまり、発生させられた］」といった幻でした。［「造ること」という意味の動名詞］「יצר」に関して、ある人たちはこれを名詞と捉え、「創造」を意味する「יוצר」と訳し変えています。別の人たちは、「多数」「群衆」と解釈しています。が、これらは強引な解釈です。私は確信をもって言えます。――「主が預言者の目の前にいなごをもたらされ、それらが全ての草を食い荒らしてしまう」［という意味が正しいのです］。こう言われています。――「草が生え始める頃」。さらに――「王が刈り取った後」。この箇所も色々な解釈が可能です。解釈者たちの中には、「王が刈る」とは、王が羊の毛を刈ることを意味しているのだと考えています。別の人たちは、干し草の刈り入れについての言及だと解釈しています。この人たちによれば、王の飼い馬やその他の家畜のえさとするために、この時、最上の草が王の御用のために刈り取られたのだ、とか。しかし、彼らのこの推測には根拠がありません。私は確信します。ここ［1節］において、預言者は王の命令による刈り入れのことを言っているのです。つまり、公の命が出され、人々が牧草を刈り取り始めた後のこと［が1節で言われていること］なのです。当時にも［刈り入れに関する］何らかの規則は設けられていたはずです。私たちの場合もそうなのですが、ぶどうの収穫の開始は、［収穫者］各々が自主的に決めるのではなく、何らかの法令を待たねばなりません。「王の刈り入れ」とは、公になされた刈り入れのことが言われているのです。このように、王の行いが公のそれとして言及されることはよくあります。しかし、私は思うのです。預言者はこれら［の言及］を比喩として用い、以前の災いについて述べているのではないかと。その災いとは、民がそれによって数を激減させられた［敵の侵略といった］災いのことです。

当然ですが、私たちはこの託宣、あるいは、この幻について、その「時」についても合わせて考えなくてはなりません。私は断言します。私は確信をもってこう判断するのですが、ここ［1―3節］において、預言者は二つの時代の比較を立てているのです。つまり、ヨアシュの子ヤロブアムの治世に先立つ時代と、そして、その後に続く繁栄を極めた時代と［の二つの時代］を。といいますのは、ヤロブアム二世の統治が始まる前は、この王国は敵の侵略のせいで荒廃していました。さらに、干ばつ、猛暑、極寒、疫病など、そういったものによっても。当時の民の状態は悲惨なものでした。聖なる歴史が告げている通りです。こういったために、預言者は言っているのです。「私はいなごを見させられた」と。そのいなごは草という草、さらに穀物を食い尽くしていたのです。彼はいなごの発生に関してのみ言及しているのではありません。それが何も残らないほどに草を食い尽くしたことについて、彼は言及しています。――「いなごが大地の草を食べ尽くそうとした時、私は言った。『主なる神よ――』」。このように、当時神が怒っておられることを示す確かなしるしについて、預言者は告げ知らせています。この民は厳しい状況に置かれ、かなり苦しんでいました。しかし、［預言者の執り成しによって］神はこの後しばらくの間、悔い改めの期間を彼らに与えられたのです。

以上が、「第一の幻」の要点です。いなご［の災い］に関しては、私はそれをとりわけ厳しい裁きとはみなしません。他の箇所においても、私たちは学びました。当時この国において、いなごやバッタその他によって［草が］ほとんど食い尽くされ、枯れ尽くされてしまっていたということを。しかしです。ここの箇所においては、預言者は比喩的に敵の侵略について告げているのです。敵は一瞬にして全ての大地を荒廃させることはありませんでしたが、かなりの規模は害したのです。当然ですが、これらの出来事は全ての人の目に明らかであったはずです。が、神の裁きについての内省に至ったのは少数でした。よって、主は嘆いておられるのです。［ご自身の］御手によって撃たれることを気に留めぬ彼らの頑なさを。イスラエルの人々は、自分たちの土地が食い尽くされているのを目の当たりにしていました。それなのに、彼らは自分たちに対する神の敵意について考えることもなかったのです。彼らは不信心な人たちで、自ら進んで自分について内省することなく、どんなに主が彼らを懲らしめられても、彼らは目を天に上げることはありませんでした。彼らは逆境にあって、神の裁きに身を委ねることよりも、ますます頑固さを増すことの方を選ぶのです。真剣に悔い改めようとすることもありません。彼らの内ほとんどの人が、当然といった感じで悔い改めを避けている。預言者は言います。「このように私は示された。私だけに特別に」と。

災いに関して言えば、［預言者だけでなく］全ての人の目に明らかだったのです。民の目にそれは明らかでした。しかし、預言者だけがその情景を通して悟ったのです。この民の罪に対する、こういった災いを通して放たれる神の裁きについて。しかしながら、この幻［が示されたこと］の本当の目的は、［伸ばされた］神の御手が［再び］引っ込められたことに、イスラエルの人々自身が気付くためにありました。いわば［裁きの執行］途中であったのに［神は裁きの御手を引っ込められたのです］。つまり、彼らは知っていたはずなのです。敵の来襲を。彼らは感

2　ヨエ1・4を参照。
3　イザ10・4を参照。

じていたはずなのです。多くの被害を。しかし、敵が引き返していった際に、彼らはそれを幸運が巡ってきたせいだと思い込み、あるいは何らかの［その他の］理由に帰してしまいました。まさか彼らに対する神の猶予であったとは思いもよりませんでした。これこそが問題だったのです！　よって、預言者に幻が示されました。神は全地を滅ぼされることを決めておられたのにもかかわらず、神が［思い直されて］ご自身の民を赦される、といった幻を。さらに、預言者は自分の嘆願と執り成しを通して、神との和解がなされたことをはっきりと告げ知らせています。こうして、私が先程述べましたことが確認されます。つまり、ここ［1―3節］において、預言者は神を酷くもてあそんでいた不信心な人たちを非難しているということです。彼らはアモスやその他の預言者たちの口を通して聞かされていた警告を、一笑に付してしまいました。預言者は告げ知らせる。――「このこと［つまり、最終的な裁きの到来がやって来ないの］はなぜか？　神があなたがたのために思い直されたからだ」。――このこと［つまり裁きの遅延］がどこに由来するのかを、預言者は知らせようとして言っているのです。――「主はあなたがたを滅ぼすと以前にお決めになられた。しかし、今なおあなたがたに期待をお持ちなのだ。主は最後の裁きを猶予されている。それは、神があなたがたをご自身のもとへと優しく引き寄せようとされているからなのだ。また、これは私の嘆願によっていた［ことも忘れてはならない］。あなたがたはこの私のことを、あなたがたの敵対者とみなしている。私が毎日のようにあなたがたを注意するものだから。だが、私は迫られてそうしているのだ。私はいわば［あなたがたへの］戦いを宣告するために、天から遣わされた伝令者である［に過ぎない］のだ。私［自身］はあなたがたに憐みを抱く者だ。あなたがたが救われることこそ我が望み。だから思ってもくれるな。私があなたがたへの憎しみによって駆り立てられているなどと。あなたがたを厳しく咎めるからといって、私は情を無くした者ではない。私はやむを得ず、私に委ねられた務めを果たしているだけなのだ。あなたがたの救いのために私は動いている。私はあなたがたの救いのことが心配。そのことは主が証ししてくださる。そして、私が今、公に語っている［主の猶予を伝えるための］この幻こそ、そのことの証しなのだ」。

私たちはこれまでにも、神の僕たちが感情を抑え、冷静を保っていた様子を学んできました。憐みこそが、［逆に］彼らを厳しくさせてしまっていたのです。彼らの天職が、彼らに対し常にそれを要求したのです。そして、彼らがどんなに厳しかったからといって、彼らがその心から優しさの感情を無くしてしまったわけではないのです。私たちがこれまで見てきましたように、アモスはこの民に対し、とても厳しく攻撃してきました。罪に対する辛辣な批判をなし、毎日のように、もはや赦されざる人たちを神の［裁きの］座に召喚してきました。罪に対しては激しく憤りを見せ、断固とした忠告を繰り返してきた彼は、優しさというものをすっかり忘れてしまった人物と見られてしまったかもしれません。しかし、そうではない。この箇所が示しているのです。［預言者としての］己の務めを忠実にこなしている際においても、彼は憐みを捨ててしまったのではないということを。と同時に、己の務めを忠実にこなしている彼は、邪まで強情な人たちを相手にしなければならないと悟った時には一切妥協しません。アモスは厳格な人だった。［彼がそのような人だったのは］神がそう命じられたからなのです。彼［自身］はこの民に憐みを抱いていましたが、彼の天職が彼を厳格にさせていたのです。

教会の教師たちは皆、この二つの感情を身に着けることを学ばねばなりません。［その一つ目の感情として］激しく怒ること。神の礼拝が荒らされているのを知った際には、あるいは、正しい秩序が乱されているのを見る時、神の熱情によって燃え上がり、預言者たちが見せたような激しさを示さねばなりません。一方［二つ目の感情として］、憐れな人たちに対しては、心を痛めねばなりません。憐れな人たちが破滅に陥るのを目にすれば、彼らの惨めさを嘆き、自分のできる限り［彼らのために］神に執り成さねばなりません。しかしまた、こういった優しさは、憐れな人たちを無知なままに、あるいは、人間の罪に対して無自覚な寛容にならしめるためにあるのではない。言ってみれば、私が述べたことの中庸が大切なのです。預言者たちは［神に］嘆願するために、神の御前に進み出で、憐れな人たち、あるいは、失われた人たちのために恵みを祈り願いました。反対に、この民の前に進み出る際には、彼らは［まるで］新たな人格を身にまとうかのように、厳しく、厳格に一変していたのです。預言者たちは自分が誰から遣わされているかを忘れませんでした。そして、どんな言葉をもって告げねばならないのかも。彼らは自分が神に仕える身であることを知っていました。さらに、預言者たちは知っていたのです。この世の裁き主であられるその神は、人に容赦されないということを。

以上のことを私たちは心に覚えていなくてはなりません。また、「思い直し」に関する言葉に関してですが、覚えているでしょうか、他の箇所でも言われていた通りですが、神は一度決定されたことを〔自分本位に〕翻される仕方で、ご自身の思いを変えられることはありません。つまり、神の預言者アモスにこの幻を示されるよりもずっと以前から、神はご自身が何をなされるおつもりなのか、神ご自身が知っておられたのです。それにもかかわらず、神はご自身を〔心を入れ替えることができる〕人間の本性に合わせてくださり、思い直すことを約束してくださるお方なのです。民への戒め、裁きのしるしの提示、そして、裁きの時刻を引き延ばすことなど、こういったことは、神の永遠なるご計画の内にありました。しかし、この民の頑なさはますますもって赦し難いものとなってしまうだけでした。これらのこと〔つまり、裁きの予兆のしるしを示すことや、裁きを引き延ばすことなど〕が全く効を奏していなかったので、神は別のことを示されます。すなわち、ご自身が既に裁きの執行のために身構えておられる、ということを。とはいえ、この段階において〔つまり1―3節において〕神はご自身が〔既に〕決定されたことを告げておられるのではありません。むしろ、神はこれからイスラエルの人々に待ち受けていたこと、つまり、〔このまま悪に突き進めば〕彼らが受けねばならなくなったはずの裁きの報いについて告げておられるのです。神が〔本当に〕罪人に対し裁きを開始されるとすれば、これすなわち、神がご自身の裁きを終焉まで成し遂げられたのも同じことなのです。もちろん、神が決定される裁きは、私たちには隠されています。よって、〔裁くために〕神の指が上げられれば、私たちはいかにして自分に神の憐れみがもたらされるのかを思い巡らすべきなのです。もし、私たちが直ちに滅ぼされてしまわないとすれば、それはいわば、神がその思いを変えられ、あるいは、〔伸ばされた〕御手を神が元に戻されたということなのです。ここでの預言者の言葉において、こういったことを私たちはよく覚えておきましょう。預言者は言っています。――「神はいなごを発生させられ、それは草を全て食い荒らした。しかし、私は必死の執り成しを試みた。神によるこのいなごの災いをもう終わりにしてくださるようにと」。続いて、彼はこう付け加えています。――「何と、神は思い直された」。もちろん、神に感情の移り変わりといったものが存在するからではありません。むしろ、神は［私たちにとっては］突然に、［私たちの］思いを越えて、目の前に迫っていた裁きを猶予された、ということなのです。

「どうぞお赦しください。ヤコブはどうして立つことができるでしょう?」この節に関することです。預言者にとって、［イスラエルの人々には］あるいは、「誰がヤコブを立たせるでしょう?」［主の］赦しを願い求めています。しかしまた、預言者が教会のために祈ったことが示されているのです。彼はこう言っています。――「主よ、あなたの御手はまだ諸国の民に降ってはおりません。それなのに、あなたご自身の選びの民に対しては、そうなさるのですか?」預言者は「ヤコブ」という名のもとに、神がアブラハムら父祖たちと結ばれた契約の尊さを告げています。こう言ったかのように。――「神よ、この民はあなたがお選びになり、養子とされた人たちです。あなたは彼らの父であられます。それなのに、彼らのことを退けなさるのですか? 彼らはバビロニア人ではなく、エジプト人でもなく、アッシリア人でもありません。彼らは王国の祭司なのです。彼らはあなたご自身の聖なる民ではありませんか」。神に対し、無償でなされた契約の記憶に訴えかけるよりも、神の同情を誘うことを選ぶとすれば、それは何も生み出しません。このことは、私たちが以前にも学んだ通りです。

続いてはこう言われています。――「ヤコブは小さいものです」。彼はヤコブについて、価値ある者として、あるいは、名高く優れた者として告げ知らせているのではありません。むしろ、小さな者と言っています。彼は次のように言ったのでしょう。――「主よ、あなたは今、弱く小さな者たちに対して権威を行使されています。

彼らはもう既に息絶え絶えです」。彼は「小さい」と呼んでいます。それは、彼らが既に多くの災いによって消耗しきっていたからでした。私が［以前に］申し上げた通り、ここでは［先の］貧しい時代のことが言及されているのです。またそれは、聖なる歴史が告げていることでもあります。それによれば、ヤロブアム二世が実権を握る前は、自由人も奴隷も、極度な困窮に陥っていたのでした。その後に、神はこの民を回復させられたのです。しかし、その祝福された時代は長く続きませんでした。ヤロブアム王が死んだ後すぐにクーデターが起こり、王国全土を震撼させました。彼の子ザカリアはシャルムによって殺害されました。これは［皆様も］よくご存じでしょう。(4)

「ヤコブはどうして立つことができるでしょう？」ある人たちは、［「立つだろう」という意味の］「יקום」を他動詞として捉えます。つまり、「誰がヤコブを立たせるのか？」と。別の人たちは、中動詞として理解します。つまり、「何によってヤコブは立つのか？」、さらに、「どのようにしてヤコブは立つのか？」と。「מי」は本来［「誰が」という意味に加え］「どのようにして」「どのような」という意味です。よって、「どのようにしてヤコブは立つのか？」と［いう訳に］もなるわけですが、これらの議論は事の本質にほとんど影響をもたらしません。この言葉において、預言者はこの民の無力さについて言及しています。この民の無力に目を留められた神が、少しでも早く［彼らを］赦してくださるために［預言者は民の無力さについて言及しているのです］。このことを［私たちが］理解しておけば十分です。

では続けます。

4　**主なる神はこのように私に示された。見よ、主なる神は火による争いを呼びかけられた。火が大いなる淵を**

4　王下15・8—10を参照。

なめ尽くし（あるいは、食い尽くし）、その実り（ある人たちは、「חלק」を「畑の一部分」として理解していますが、しかし、私は「全ての実り」として理解する方を選びます。）を焼き尽くしてしまった。

5 私は言った。「主なる神よ、どうかおやめください。ヤコブはどうして（つまり、どのようにして）立つことができるでしょう（あるいは、先程の箇所と同様、誰が立たせるでしょう?）。彼は小さいのです」。

6 主はこれを思い直され、「このことも起らない」と主なる神は言われた。

ここで預言者は告げ知らせます。――「神がご自分の民を赦されたのは、ただ一度だけではない。神は再三にわたって裁きのご用意をされながら、神ご自身が今なおそれを引き延ばされている。それは、あなたがた民が自分たちから立ち直ることを願われてやまないからなのだ。それなのに、あなたがたは皆、癒し難い人たちだ。神の忍耐さえも何の効果がないほどに」。預言者のこの言葉に関して、私たちが気付きますことは、いなごについて彼が語った先［の箇所］よりも重い裁き、すなわち、「火」に譬えられた裁きが明記されていることです。私は以前に申し上げましたが、いなごは日常的に起る中規模の裁きとして捉えるべきでした。よってそれを考えますと、いなごの災いはそれほど恐れを抱かせるようなものではありませんでした。実りを含んだものを全て食い尽くしてしまういなごによって、いかに深刻な飢餓や食料不足がもたらされるとしても、それでもやはり、［人々が］度々見舞われた火の［災いの］方が、より大きな恐れを人々に抱かせるものなのです。「火」によって、預言者は神が十分に怒っておられたことを告げています。それは、頑なこの民に対して、日常的な普通の仕方の矯正では正すことが不可能であることを、彼が見て取ったからでした。主は次のような仕方で行動なさいます。また、それは聖書の至る所で告知されていることでありますが、つまり、主は先ず、人が健全となれるかどうかを確かめられ、その際には重い罰を差し控えられます。むしろ、寛容な罰を下されます。続いて、罪人たちの中に頑なな強情さを確かに見届けられた際には、罰を当初の二倍、三倍にも引き上げられるのです。とりわけ、七倍

（モーセの書で記されていますように）にその裁きを重くさせられるのです。[5] アモスがここで語っていますのも、まさにそういったことなのです。神は先ず、いなごを発生され、その次に火を放たれた。その火は大いなる淵をなめ尽くし、その実りを食べ尽くしたのでした。

この分詞形［つまり、「呼ばれた」と訳した「קרא」のことですが、この語］には［長母音記号「オー」、すなわち］「ホレム」が付されていますので、先程私が述べましたように、［1節の］「יצר」［も「造られた」と分詞として訳すべきであって、この語］を「創造」という意味に読み変える人たちの誤りが証明されます。ここ［4節での］「קרא」に付された「ホレム」は、［1節の］「יצר」と対応します。どちらの箇所においても、その主体は主であられ、主ご自身が裁く権利を持っておられることが告げられています。どちらの裁きも、得てして偶然のせいにされてしまうものなのですが。人間というものは、災いが神に発するのではなく、何か違うところに由来すると考えてしまうものなのです。よって、預言者も記していますように、次のことがはっきりと明記される必要がありました。彼は言っています。いなごが「神によって」創造され、火が「神によって」点じられたのだと。

「神は呼びかけられた、火によって、争いのために」。ここで［「争い」と訳される］「רב」という言葉を預言者は用いていますが、それは意味あってのことでした。しかし、解釈者たちはその重要性に目を留めません。つまり、彼はこの民の頑なさを［この語によって］間接的に厳しく叱っているのです。主はこの民の罪を懲罰された際に、邪まで頑固な人たちと争われたのだ、と。［たとえば、人々の中に］公正がどこにも見られなければ、その時には［人々の間における］争いは必死です。預言者はここでもそういった意味で［「争い」と］告げているのです。神は火を携えながらやって来られ、頑なな民と争われる、と。彼は言います。――「大いなる淵はこの火によってなめ尽くされる」。この語によって、先程私が述べましたこと――ここ［4節］において、先の［いなごの］

5　申28・25を参照。

情景よりも、さらに過酷な罰が記されている――がよりはっきりといたします。いなごの大群は草を食べ尽くしただけでした。一方、火は深淵にまで達するのです。火は大地の面を傷つけるだけではなく、［植物の］根をも焼き焦がすのです。地球の中心まで降り、全地をなめ尽くしてしまう。「חלק」を「［畑の］一部分」と訳す人たちがいますが、彼らは預言者の思いを十分に汲み取ってはおりません。なぜなら、預言者の心中は、深淵ですらこの火災を免れず、大地の面が荒廃した［ことを告げる］ことにあるのですから。火は地球の胎にまで達するのです。だとすれば、大地の実りは無害でいられるでしょうか？　太陽の灼熱に［すら］耐えられないような実りが？　実に、真夏の太陽の熱さですら、その熱によって大地を焼き焦がしてしまうほどなのに。

以上、預言者の思いは理解できたことでしょう。

彼が付け加えていますのは、神が再び［預言者の執り成しによって］宥められたことについてです。私たちは次の重要な点をいつも心に留めておかねばなりません。つまりです。預言者たちに告げさせた裁きを、神ご自身が直ちに執行されない時、不信仰な人たちは、その預言者たちを偽預言者とみなしてしまうのです。しかし、ここ［4―6節］において、そういった不信仰者に呼応して、アモスは次のように忠告しています。――「もし神が裁きを引き延ばされるとしても、神のご警告は地に落ちない。神は人が悔い改めるのを待っておられるのだ。もし神のご忍耐を軽んじ続けるのならば、その人たちは最後に知ることになるだろう。恐ろしき復讐劇を。それは、神の善意を踏みにじる人たち、そして、ご自身へと優しく招いておられる神［の言葉］に聴かない人たち全員に待ち受けているのだ」。

以上が［4―6節］の要点です。続きます。

7　主はこのように私に示された。見よ、主は測り鉛の城壁の上に立っておられた（立っておられる）。その手には測り鉛があった。

8 主は私に言われた。「アモスよ、何が見えるか？」 私は答えた。「測り鉛です」。主は言われた。「見よ、私は、我が民イスラエルのただ中に測り鉛を下ろす。もはや、彼らを見過ごしにすることはできない。
9 イサクの高台は荒らされ、イスラエルの聖所は廃墟になる（取り除かれる）。私は剣によってヤロブアムの家に立ち向かう」。

以上の第三番目の幻によって、私たちはより確信を持ちます。これまで預言者が言おうとしていたことについてと、彼の教えが何のためにあったのかについてを。この民は学ばねばなりません。彼らの頑なさは神に敵意を抱かせるだけであると。そして、これまで赦してくださっていた神の赦しを断つことになるだけなのだと。要するに、こういうことです。──「神は今まであなたがたのことを堪えてこられた。神は慈愛深いお方だからだ。しかし、期待することなかれ、あなたがたに対する変わらぬ神のご慈愛を！ あなたがたの頑なで強情な姿に、神はお冠だ。神はあなたがたの頑なさが極限まで達したのを御覧になった。よって、今や神は、あなたがたに対する最後の審判を下される。あなたがたのための赦免のご用意はどこにもない。あなたがた癒し難い人たちよ。主はそんなあなたがたに対応なさるために、ご自身の裁き［の座］から一歩も動かれることはないだろう。もはやこのお方の同情を誘おうとしても無駄だ」。

この［第三の］幻は、解釈者によって様々に受け取られています。彼らは「測り鉛」という言葉に関して、緻密な哲学議論を交わすのです。彼らの屁理屈は面白味が全く欠けています。ここの箇所を私に扱わせていただけば、おそらく、「測り鉛」は神の掟のことなのです。なぜなら、神の掟こそ、いわば測り鉛として、神の民の秩序を測っていくものなのですから。この最も優れた測りによって、全ては整えられていったのです。預言者はそのような意味で言ったのでしょう。──［いえ］私は何を言ってしまったのでしょうか。私はこのような［寓意的な］詮索議論を好みません。断言できますことは、神はこの［測り鉛という］語を、「最後の余地」を意味するものとして示そうとされただけなのです。ご自身の民に対する裁きを、神は執行なさいます。もはやいかなる軽減も有り得ず、いかなる猶予も有り得ません。

以上のように、預言者の思いを汲み取ることにいたしましょう。文脈を考慮すれば、以上のことはよりはっきりとするはずです。

「主はこのように私に示された。見よ、主は測り鉛の城壁に立っておられた」。「測り鉛の城壁」と呼ばれていますが、これは計測のために設けられたものでした。つまり、預言者が言いましたものは、［測りのために］垂直に立てられた壁といったようなものだったのです。こう言われています。――「そして、主の御手には測り鉛があった」。解釈者の中には、「測り鉛が神によって放たれた」と教える人たちがいますが、これは誤りです。民を支配される神は、何も煉瓦職人の仕事を演じようとされたわけではないからです。彼らの解釈は馬鹿げています。預言者はここ［7節］において、神の手に測り鉛があったと、はっきり証言しているのですから。

続く箇所の方は、［鉛のような重い］重みを含んでいます。神はご自身の預言者に対し、こう尋ねられます。――「アモスよ、何が見えるか?」 預言者が呆然としていたとしても、無理はありません。不可思議なことに遭遇していたのですから。いなごの発生、そして、火による争い、といったことに関して、それらをもって神が何を言おうとされていたのか、預言者は容易く理解することができました。［先の］二つの幻は、それほどぼやけたものではありませんでした。しかし、神が測り鉛を持って城壁に立っておられるという。これはいささか不明瞭。預言者がびっくりさせられていたのは本当でしょう。しかしそれは、［預言者もびっくりさせられたということを聞いた］この民が預言者の見た幻について、より注意深く聴くようになるためでした。隠された事柄については、私たちはより熱心に注意を向けるものなのです。対して、容易に理解が可能と思われるものに対しては、淡泊になってしまうものなのです。不明瞭で難解なことが、我々の熱意と意志を掻き立てるのです。ですから、私は断言できます。この時、神は預言者の心を驚嘆させられたわけですが、それは、この民の注意を向けさせられるためであったのです。こういうわけで――「アモスよ、何が見えるか？」彼は答えました。――「測り鉛です」。けれども、彼には分かりませんでした。その測り鉛が何のために存在し、何の目的を持っていたのかを。よって、神は答えられた。――「見よ、私は、我が民イスラエルのただ中に測り鉛を下ろす」。これを言い換えれば――「私は決めた。これが最後の基準、これが最後の測定［結果］だ！『もはや、私は彼らを見過ごしにすることはできない』」。神は［この民に］猶予を与えられるために、二度も裁きの実行を見送ってくださいました。［しかし］神は今、限度の限りを尽くされたと言っておられるのです。こう言われているかのように。――「私はもうこれ以上、あなたがたを赦すことはできない」。まさに、測り鉛としての城壁が築かれるとすれば、それを基準として、一つ一つ［の壁］は均等に揃えられねばなりません。その決定的な基軸に合わせて、一つ一つは等しく整えられるのです。これと同様のことが、「最後の基準」にも該当します。この「最後の基準」こそ、真実と公平という名の測りであります！　神はこう言われる。――「私はもはや、見過ごすことはできない」。

以上が、ここ［7節］における預言者の本当の思いであったのだと私は確信します。さらに、先の二つの幻が何のために示されたのかも、私たちは理解できるのです。それは、イスラエルの人々の奢った過信を封じるためです。［確かに、これまで］神は彼らに対して優しく、そして憐み深くあられました。それだけに、もし彼らが正しくあれば、神は［これまで通り優しくあられ］この最後の裁きを下されることはなかったはずだ、ということが示されているわけです。けれども、神は既に、彼らに対する裁きに着手されていました。彼らは数々の災いを既に蒙っていました。そして、それらの数々の災いこそ、彼らの罪に対する証言者だったのです。神は理由なく人に対してお怒りになることはありません。選びの民に対してはなおさら。彼らは［いなごの災いによって］一度、いや［火の災いによって］二度も打たれていたのに、彼らにはさらに大きな罰が待ち受けていたことが、預言者によって告げられています。また、彼は次のことも言っているのです。――「先の災いが緩く、弱かったとすれば、それは神の憐みにこそよっていたのだ。神がご自分の民を赦そうとされたからこそなのだ。しかし、時既に至れり。もはや神はこれ以上赦すおつもりはない。絶望的な頑なさを相手にすることを決められたからだ」。

以上が全てです。続いては――「イサクの高台は荒らされ、イスラエルの聖所（ある人たちは、「宮殿」と訳しています。）は取り除かれる。私は剣によってヤロブアムの家に立ち向かう」。この言葉で預言者は断言しています。――「この民は己の神殿と、そして、かの迷信に頼っているが、それは無駄だ。これらのものは、ますます神の怒りをもたらすだけだ」。高台とか神殿とかについて、預言者はきっぱりと警告しています。なぜなら、これらのものによってこそ、イスラエルの人々が神の裁きを身に招いてしまったからでした。そのことについて、私は触れたことと思います。これらのものを通して、彼らは真の神礼拝、正しき神礼拝を汚していたのです。

だからこそ――「イサクの高台は荒らされる」。疑問に思われるかもしれません。なぜここでイサクの名が提示されているのか、と。預言者たちにとって［イサクの名に言及することは］珍しいことです。一文字だけ文字の置き換えが必要です。つまり、イサクの名が記される際には、［「イサク」の「サ」に当たる］「צ」と明記されるのが普通です。しかし、ここでは「שׂ」と記されています。ですが、「צ」と「שׂ」は置き換え可能です。もちろん、これは学習済みでしょう。ここ［9節］において、預言者が聖なる人イサクを扱っていることに関しては、異論の余地はありません。また、私には［イサクの名が記されている］理由ははっきりとしています。つまり、イスラエルの人々は掟を破っておきながら、かの迷信によって、父祖たちの真似をしていたからなのです。ご存知の通り、イサクが神を礼拝した場所には［後に］礼拝所が設けられました。彼の父アブラハム、そして、ヤコブの場合も同様でした。イスラエルの人々は、そういった聖なる父祖たちが残したものを誇っていました。よって、預言者は今、彼らのその空しき中身のない自慢話を切り捨てているのです。イサクの名に関して、預言者が警告を与えている相手は、［イサクの子エサウ、つまり］エドム人と、そしてイスラエルの民であると考える人たちがいますが、この見解を敬う必要はないでしょう。私が今申し上げましたことをもって、［ここ9節において］イサクの名が言及されている理由については十分でしょう。

本当に、イスラエルの人々はいつも口にしていたものです。父祖たちの先例を。あのサマリアの女がキリストに言ったように。――「私どもの先祖はこの山で礼拝しました」(6)。彼女と同様でした。かつてのイスラエルの人々も、聖なる父祖たちが彼らの所で神を礼拝したことを常套句としていたのです。また、ベテルにおいて、聖ヤコブが神にまみえたことも。こうして、様々な所に高台を立てていました。彼らは父祖たちの先例を武器とし、それを盾とみなしていました。今日の教皇主義者たちも同様です。父祖たちによって建立されたものと聞き知れば、彼らはすぐにそれに飛びつく。しかし、これらのものは役に立たない口実［に過ぎ］な［い］のです。［当時の］イスラエルの人々は、今日の教皇主義者のようでありましたので、預言者は言っているのです。――「見よ、このような偽りじみた口実は何の意味もない。それどころか、『イサクの高台は荒らされる』。言い換えれば――「イサクの高台は今、名碑の下に埋もれている［ような、建造物が存在しない］もの［に過ぎないの］である。［今現存する］イスラエルの［領内にある］神殿であれ、宮殿であれ、それらも壊されることになるのだ」。

そして、「私は剣によってヤロブアムの家に立ち向かう」。この［9節］後半部分から、私たちはもう一度学び知るのです。当時のイスラエルが繁栄した状況にあったことを。ヤロブアム［二世の治世］以前には、神は様々な仕方でこの王国に損害を被らせられました。しかし、彼らは頑なままでした。その後、神は彼らの状況を立て直され、この時までに至っていました。ヤロブアムの治世において、この民のもとには物が満ち溢れていました。幾つかの町を取り戻し、王国の領土を広げていました。そして同時に、この民は豊かさの内に、神に対する態度を変え始めていったのです。預言者は見届けました。彼らが神の優しさに付け込んでいたのを。こうして、彼は告げ知らせています。ヤロブアムの終わりについて。彼は言います。――「私は剣によってヤロブアムの家に立ち向かう」。すなわち――「私は裁きにとりかかることにする。そして、この王の家系を断つことにする。

6　ヨハ4・20。

ヤロブアム本人は容赦するとしても、しかし、その子孫たちは、私の手を逃れることはできない」。

祈り

全能の神、私たちに罰を与えるための御手を、あなたはまだ抑えていてくださいます。私たちが完全に視力を失った愚かな者とならないために。私たちは学ばねばなりません。私たちが赦されていますのは、私たちが自分からあなたに立ち帰るためであるということを。あなたの甘美な優しさにいざなわれて、私たちは喜んで身をあなたに献げることができますように。主よ、私たちが心を頑なにせず、あなたが最後の裁き［の日の到来］を引き延ばされているからといって、私たちは怠慢にならず、不熱心に陥ることなく、悔い改めを怠らず、むしろ、最後の判決に先んじ［てそれから逃れ］ることに励むことができますように。私たちが身を完全にあなたに献げ、その時が来ても、私たちはあなたの赦しが与えられる者とさせられますように。全き真実の魂をあなたに献げることに勤しみ、最後の災いによってせかされて、悔い改めをなしつつ、私たち自身、心の内部に偽善を隠すことなく、己の心の奥底までも隈なく探索し、そして、あなたご自身が、私たちにとっての真実の正しき証人となってください。あなたは、あなたに立ち帰ろうとする全ての者に対して、それぞれ潔白を求めておられます。しかしそれは、私たちが赦されるためなのです。我らが主キリストを通して、アーメン！

10 それからベテルの祭司アマツヤは、イスラエルの王ヤロブアムに人を遣わして言った。「イスラエルの家の
ただ中で、アモスがあなたに謀反を企てました。この［国の］土地は彼の全ての言葉に耐えられません。
11 アモスはこう言っています。『ヤロブアムは剣によって死ぬ。イスラエルはその土地から必ず連れ去られる』」。
12 アマツヤはアモスに言った。「先見者よ、行け。ユダの地へ（あなたのために、とありますが、この「あな

たのために」は冗長です。）逃れ、そこでパンを食べ、そこで預言するがよい。

13 だが、ベテルでは二度と預言するな。ここは王の聖所、王国の家だから」。

預言の活動をやめよ――これを預言者はサタンの提案として言及しています。サタンはこの提案を掲げて、彼の心を揺り動かそうとしたのでした。こう言われています。――「アマツヤが自分のもとから王に人を遣わし、アモスに対する断固とした処置を王に要請した。アマツヤは王に対する事〔すなわち謀反〕が運ばれていると報告した。アモスが謀反を企む言動を繰り広げ、〔民衆を〕掻き乱す声を上げている、と。王よ、速やかに手を打たねばなりません」。さらに、このアマツヤは預言者に向かって言ったのです。――「ユダの地に逃げよ。お前にとって、これ以上の道はない。そこならば、安心して暮らせるだろう。お前は余りに危険を身に招いてしまった。厚かましくも〔ヤロブアム〕王に向かって預言したものだから」。このアマツヤという人物は、明らかな不信仰者にして、狡猾な人でありました。あるいは〔一つの可能性として〕、彼は公の場で〔語る〕預言者の命に手をかけようとするような血に飢えた人ではなかった、ということなのか。いや〔二つ目の可能性として〕、このことと〔つまり、預言者の命に手をかけること〕が無理だと思ったからこそ、彼はアモスに〔ここから去るようにと〕忠告したのではないのか。この場合、彼には優しさなどどこにもなく、実際は、自分の思い通りに〔王を説得することが〕できなかったからこそ、彼はアモスに対して〔ここから去るように〕忠告したのではないのか。文脈からは、後者〔つまり二つ目の可能性〕の方が合っていそうです。

最初の箇所の預言者の言葉――「アマツヤは王に遣わした」。〔自分から直接王に尋ねず、予め人を遣わすことによって〕アマツヤは試してみたのです。果たして、王の心にアモスを迫害する気持ちを起こさせることができるかどうかを。おそらく、この目論みは成功しませんでした。だからこそ、アマツヤは次の箇所で言及されている通りのことに着手したのでした。つまり、預言者を自分のもとに呼び寄せ、預言者を怯やかそうとし、恐れを抱かせ、イスラエルの地から追い出そうとし、厄介払いを試みたのです。しかし、最初の［10節の］箇所に注目しましょう。彼はどんな思いに取りつかれていたのでしょうか？　彼は何が何でも預言者をイスラエル王国から追い出してやろうと必死でした。確かに言えますことは、彼は決して、自分が王に告げた通りのこと――謀反の可能性がある――を信じ込んでいたのではないということです。それは御立派な口実もいいところでした。アマツヤが心配していたのは、己の利益でした。今日においても、そういった人を目撃することができます。教皇の御膝元の司教たちは、王侯に次ぐ席を独占しているのですが、彼らは自分たちの思いを正直に［王に］言えずにいます。彼らと言えば、福音を犠牲にしなければ暴君を立たせることは無理だと考えている。彼らは私たちの教えの警告を聞いているのです。そして、私たちの警告が、彼らの食卓を冷えさせ、いや、凍らせる［ように厳しい］ものであるゆえに、彼らは私たちを迫害するのですが、私たちを叩き潰さなければ、自分の存在がこの世から消えてしまうのではないかと彼らは思っているのです。彼らが［私たちを迫害するための］口実として持ち出すものは何か？　それは――「天地がひっくり返らなければ、お前たちの教説は受け取れない。お前たちの教説を受け入れてしまえば、国家の秩序は失われる。王の権威と尊厳は失墜する」。このような歪曲された弁論技術によって、彼らは［国家、あるいは王の］好意を得るのです。この姿こそ、アマツヤの本性でした。そして、このような狡猾さによって、彼は預言者アモスを攻撃したのです。

　アマツヤは王にこう告げています。――「聞いてください、アモスはあなたに対して謀反を企てました」。「קשר」は「結ぶ」という意味ですが、転じて「共謀する［つまり謀反を企む］」と受け取ることができます。よって――「謀反です。あなたに対して。アモスが」。しかし、この言葉は誰の言葉なのでしょうか？　アマツヤです。また、預言者はアマツヤの職名も忘れず告げています。――「彼はベテルの祭司だった」。もっと単純に言えたのではないでしょうか？　「アマツヤがヤロブアム王に遣わした」と。預言者は祭司の職名に言及しています。しかしそれは、アマツヤが民衆の平和のために動いてはいないことを示すためなのです。アマツヤ［自身］

としては、そう見せかけていたのですが。アマツヤの言葉は偽りの口実でした。彼は自分の女神のために戦っていたのです。言い換えれば、彼は自分の食卓のために、自分の生活のために奮闘していたのです。預言者アモスを追い払う必要が彼にはありました。そうしなければ、［ベテル神殿の批判、そして、その祭司批判を預言者から受けた結果］彼は自分の名誉もろともに祭司の職を追われ、無一物になり、乞食に成り下がってしまうわけです。アモスが追放されなければ、自分には全くの不幸が待っているだけだと彼は悟っていたのです。彼はアモスを追放するために、別の理由［つまり、アモスの謀反といったあらぬ疑い］を立て、王に人を遣わし、そして言わせたのです。――「アモスが謀反を企てました」。彼はその罪を大きく見せようとし――「イスラエルの家の真ん中で」、つまり――「どこかの片隅でもないし、界隈のどこかでもありません。彼は全ての公道が集まる十字路で、教えを大声で告げ知らせています。全ての町に、彼の教えは広がってしまいますよ。王国の中心、王国のど真ん中で火が燃えているのですよ。あなたの家に火が燃え上がるのはもうすぐです。早く手を打たねばなりません。その火を消してしまいましょうよ」。アマツヤはこのように言っているのです。

以上、ここ［10―11節］において、アマツヤが何のために行動しているのか、私たちは理解できたことと思います。また、彼がどんな目的でもって、預言者アモスをこれ以上許さないようにと、熱心に王を説き伏せようとしたのかについても、私たちは理解できたことと思います。

続く［節］に関して。こう言われています。――「この［国の］土地は彼の全ての言葉に耐えられません」。この節に関して、二通りの解釈が考えられます。［その一つ目として、アマツヤは次のようにヤロブアム王に進言したのでしょうか。］――「民衆が預言者の教えによって不安に掻き立てられ、そしてそれに憤慨しています。民衆がそれを憎み、預言者アモスを謀反人とみなして忌み嫌っています」。ちょうど今日の君主たちがそのような理由で心を騒がせるように。――「何をあなたたちは躊躇っているのですか？　あなたたちの臣下が望んでいるのは、かの疫病［をもたらすカルヴァンたち］が消えることそれだけです。必ず皆があなたたちを支持します。あなたたちが躊躇している間、民衆はあなたたちの対処の遅さに苛立っています。伝統ある儀式、母なる教会の取り決めを滅びるに任せている今、権力を司る王の品位が失われていると民衆は考えているのですよ」。このように、今日の王たちは唆されているのですが、アマツヤの言葉もそのようなものとして理解いたしましょう。アマツヤは、民衆が後ろで支える手はずは整っている、といった策略の言葉を用いて［ヤロブアム］王を唆したのです。あるいは［二つ目の解釈として］、「この土地は彼の全ての言葉に耐えられません」ということは［次のような意味であったのか。］――「アモスが民衆を掻き乱し始めています。もしこのままアモスの扇動をこの地で許してしまえば、大勢の人が彼の後を追い、王国全土は滅んでしまいます。［アモスの］裏切り行為が人々に明らかになってしまえば、彼を制するのが難しくなってしまいます。だから急がねばなりません。アモスが力をつけない内に。既に大きな危機が迫っているのです」。これは、ファリサイ人たちが相談した時のようです。――「ローマ人が来て、我々の土地も国民も奪ってしまうだろう」(7)。アマツヤもこれと同じような仕方で王を駆り立て、不安を抱かせたのでしょう。――「この土地、つまり、この地域の住民が、アモスの説教に震撼しています。封じるのなら今しかありません」。アマツヤの王への伝言はこういった内容だったのです。

ヤロブアム王の返答はいかに？――我らが預言者はそのことに関して沈黙しています。考えられることとして、王は［アマツヤの進言を］気にかけなかったのか、あるいは、表立ってはアモスの命を脅かさなかったということなのか。そしてそれは、民に対するある程度の権威を、アモスに認めていたからなのか。つまり、たとえどんなに憎らしかったとしても、預言者の名とその働きは重んじるべきであったという理由で。あるいは、アマツヤと王との二人の間に、［アモスの］健全な教えに敵対するための取り決めがなされていたのか。それはちょうど、王に媚びへつらう人たちが、己の地位を守るために、王に物を差し出たり、あるいは告げ口を叩いたりする時のよ

7　ヨハ11・48。

うな。以上の［いくつかの］推測は、どれも［文脈に］十分当てはまるものです。つまり、王が動かなかったとすれば、祭司アマツヤによる説得は実現されなかったわけでありますし、またそれは、王が民衆を恐れたからでもありますし、あるいは、宗教心が王の心を抑えたのかもしれません。不信仰者たちも、時には自分を制し、平静を保つことができるものなのです。しかし、彼らは神への正しき恐れに捕らえられてそうするのではなく、真の神礼拝に包まれることを願ってそうするのでもありません。彼らは神を天から引き下ろそうとする。そして、信仰に関わる知識を全否定するような人たちなのです。反対に、彼らは自分たちの狂信を曝け出すことには控えめ［で、あるいは躊躇うの］だ。ヤロブアムの心はこういった躊躇いによって縛られて、預言者アモスに対して残忍に手酷く扱うには至らなかったのです。

アマツヤの言葉が意味するところは把握できたでしょうか。彼は預言者アモスの死刑が一刻も早く執行されることを望んでいたのです。なぜなら、［アマツヤが理由に挙げている］謀反といった罪は、死［刑］に価する大罪でした。さらに、自分一人の力では果たし得なかったことでも、恐れが王を動かし、その結果、直ちに聖なる預言者は滅びに至るだろう、とこのようにアマツヤは期待していたのです。そして、狐のような狡猾さがついに正体を見せた。彼が預言者を呼びつけた時に。彼の忠告は、預言者がユダの地に引っ込むように、というものだった。私が始めに申し上げましたように、おそらくそれは、ヤロブアム王を動かすことができなかったからなのです。この不信仰者ベテルの祭司の目論みは外れたのだ。彼は元々残忍な猛獣でした。しかし、人々の前で、アモスの殺害に踏み切ることができなかったので、獅子の凶暴さをもってしては益がないと［察知し］、別のマスクを被り、［狡猾な］狐に変身したのでした。そして、次の手段として――「アマツヤはアモスに言った」。

私はその前の一節を飛ばしてしまいました。――「アモスはこう言っています。『ヤロブアムは剣で殺され、イスラエルはその土地から必ず連れ去られる』と」。要するに、［ヤロブアムとイスラエルの］この二つが責任者として責められています。ある解釈者たちの考えによれば、ここの預言者アモスの言葉において、アマツヤは預言者アモスの言葉を捻じ曲げて［ヤロブアム王に］告訴したのだそうです。といいますのは、預言者は［これまで］ヤロブアム王［自身］の死を告知していたのではなく、ヤロブアムが治める［イスラエルの］民とその子孫の死を告知していたからなのだそうです。ですが、私はこのような議論には拘りません。おそらくですが、アマツヤは意図的にアモスの言葉を曲解したというよりも、単に王の妬みを惹き起こそうと望んでいただけなのです。「ヤロブアムが剣によって殺される。あるいは、その子供たちが殺される。さらに、イスラエルがその地から必ず連れ去られる」。――この［アマツヤの］言葉に関して私たちが理解すべきこととして、アマツヤは預言者アモスの先の［9節の］言葉によって刺激されたのではない、ということです。むしろ、アマツヤが長く温めていた［アモスに対する］憎しみが、この時になってついに明らかとなったのでした。ですから、はっきりしています、アマツヤはあたかも［アモスのことをいつも］見張っていて、毎日アモスの教えを聞いていたことは。そして、時は今だと悟り、王に人を遣ったのですが、この道が功を奏さなかったがゆえに、アマツヤは次の手段に進んだのでした。

では、私たちは吟味してみましょう。アモスに対してアマツヤが語ったことを。アマツヤは最初の試みが結果を得られなかったので、つまり、自分が期待していたことがヤロブアム王に聞き入れてもらえなかったので、彼はアモスにこう言ったのでした。――「行け。ユダの地に逃れよ」。アマツヤは「行け」と言ったわけですが、つまり、預言者に自主的な避難を呼びかけているのです。彼はこう言ったのです。――「なぜ自分から死を選ぶのだ？ 我々の所で？」 また、最初の「行け」という言葉と、次の「逃れよ」という二つの部分は、結び付けて考えなくてはなりません。今私が言いましたように、「行け」という彼の言葉は、「もし避難したければ、誰も止めはしない」という忠告です。よって――「行け、お前にとって道は開けているではないか」。しかし、彼は

8　アモ7・9を参照。

こう付け加えているのです。――「逃れよ」。アマツヤはこう告げています。――「このままでは無傷でいられないぞ。お前［自身］がお前の命を気にかけないとしたら、もう決まったようなものだ。早く我々の所から逃げて行け。さもなくば、お前は死んだも同然だ」。このアマツヤという人物が狡猾に神の預言者に迫っている様子を、私たちは見て取ることができるのです。彼は［先ず］命を救うための自主的対策を提案しています。と同時に、彼は預言者に対し、危険に対する恐れを抱かせ、直ちに逃げない限り、救いは保証できないと迫っています。この二つをいわば強力な武器として用いながら、彼は聖なる預言者の心を萎えさせようとしたのでした。

続いて、［「行け」「逃れよ」に続く］三つ目の内容となりますが――「そこで糧を得よ」。つまり――「祖国で生きよ。そこで生活の糧を得よ」。思えば、アモスはテコアの牧者でした。彼はユダ族出身だったのです。ユダの地に住居があり、その地に親戚もいたのです。また、［ヤロブアム時代のユダの王］アザルヤは、別に不信仰者であったわけではありません。もちろん、完全に正しい人ではありませんでしたが、しかし、アザルヤは神の僕たちを畏れ敬った人物でした。(9) したがって、アマツヤの「ユダの地でお前のパンを得よ」との言葉は、次のような指示であったと考えられます。――「ユダ王国だったなら、預言者が暮らすのに安全だ。そこでなら、王の覚えもよく、民の支持も堅いだろう。そこでなら生きていけるはずだ」。以上が、［預言者に対するアマツヤの助言の］第三番目の内容です。

続いて、［預言者に対するアマツヤの助言の］四つ目［の内容］となりますが――「もしお前が私に向かって預言者の意地を貫き通すのならば、許さないぞ！　放任は約束できない。お前はあっちで預言せよ。お前は知っているはずだ。ユダの国では預言者の聴衆がいるということを。だから、そこでお前の仕事をなせ。そこでなら怯えることもなく自由に生きていけるのだから」。以上のように、アマツヤが預言者アモスの説得に努めた際の［言

9　王下15・1以下を参照。

なのです。

葉の」四つ目の内容は理解されます。つまり、イスラエルの民を後にし、アモスの同胞の所に行け、ということさらに、五つ目の内容となりますが――「だが、ベテルでは二度と預言するな。ここは王の聖所、王国の家だから」。この言葉において、アマツヤは別の口実を持ち出し、預言者を狼狽させています。あるいは少なくとも、彼は預言者の心を不安にさせています。イスラエルの国で騒動を起こすことは忌むべきことだ、と告げて。また、「お前は神を怒らせている。ヤロブアムは神によって立たせられた王なんだよ。彼には全権が委託されているはずだ。王には法令を出し、儀式を新設する権利があるのだ」、とこのようにアマツヤは論を組み立て、「イスラエルにおける」これらの普及した儀式が、名も知れぬ人［アモス］の独断によって廃止されるなんて［とんでもないことだ］と、むしろ、王の命令によって承認されたものは文句も言わず受け入れるべきだ、と論証しています。以上が、全体としての趣旨です。

さらに、これらの箇所から学ばされることがあります。つまり、私たちが用心すべきものは、目に見える暴力や残虐な敵意に対してだけではなく、［目に見えない］陰謀に対してもそうすべきだ、ということです。サタンは最初から［つまり昔から］人殺しでありました。(10) サタンこそ偽りの源泉。神と教会のために、常に多大なる労力を賭して励もうとする人は、覚悟して次の二つと戦わねばなりません！　すなわち、［アモスがそうであったように、サタンがもたらす］あらゆる恐れに打ち勝ちつつ、［しかも］目に見えないあらゆる陰謀に抵抗せねばなりません。皆様は知っているはずです。たとえ百回死の宣告を受けたとしても、恐れを知らなかった人たちのことを。しかし、そういった人たちであっても、敵が狡猾に忍び寄って来る際には、十分に気付かない場合があるのです。私が述べたことは無駄ではありません。つまり、神の僕たちは［先の］二つに対し、［防御のための］壁をめぐら

10　ヨハ8・44を参照。

しているべきなのです。［その一つ目として］死の恐れに対して身構え、たとえ死を迎える際においても屹然とし、恐れることなく首を差し出し、務めを遂行し、必要とあらばその度に、己の血をもって己の教え［の書］に確認［印］を押さねばならないのです。そして第二として、［狡猾なサタンに対して］賢くあることが大切なのです。真理にとっての敵対者たちは、事あるごとにへつらいとうわべを装って押しかけてくる。このことは、私たちの時代を見てみれば十分理解できます。私自身、こちらの方［つまり陰謀の方が］がより深刻な危険を惹き起こしてきたことを知っています。［真理に対する］敵対者たちは、恐れを抱かせようとし、また次のような恐怖を私に掻き立ててきたものでした。――「お前たちの言いたいことは何だ？　だって、結局は全世界が様々な災いを経験する羽目になるのだろ。宗教が広く生命を保つこと、健全な教育が尊重されること、平和が遍く栄えること、といったこれらのことを求めているお前たちだが、これらのこと以外に、お前たちは何かを求めているのではないか？　だが、激しい戦争に脅かされているのを我々は知っているのだ。もし一度戦争の火ぶたが切られれば、被害はどこまでも広がり、野蛮で深刻な残虐行為が残るだけだ。宗教も後には残らないだろう。これらの［悲惨な］結果は、お前たちの不屈の精神がもたらすものではないのか？」このようなことが、私たちの耳によく届くのです。ですから、ここ［12―13節］の箇所を読む際には、私たちはよくよく注意しましょう。サタンは巧妙な熱心さをもって、敬虔な人たちの努力を掻き消そうとし、そして、神の僕たちの土台を揺り動かそうとするのです。

始めの内容［つまり、「行け」という言葉］に関しては、「あまり長く留まるべきではない」という意味です。これらの言葉に隠された意味について、誰でも十分よく理解できるはずです。アマツヤは最初にこう言っていました。――「先見者よ、行け」。この言葉によって、アマツヤは敬意をもってアモスに呼びかけています。辱めるような言い方でもなく、流刑者や扇動家に対するようでもなく、あるいは無学な人間、あるいは牛飼いや、［その他］卑しき仕事を持つ人に対するように命じているのでもありません。これらの者に対するような言い方は避け、彼は「先見者」と呼んでいる。つまり、預言者の敬いある称号を彼は容認しています。彼は［「先見者」と訳される」「ｺｺｺ」と呼びかけながら、次のように指図しているのです。――「私はお前が神の預言者であることは認めよう。お前が預言者でいたいなら、それは可能だ。しかし、我々の所ではそうはいかない。だから、『先見者よ、行け』」。アマツヤは預言者の名誉を傷つけないでおきました。そうすることによって、彼は［預言者に］取り入ることができる［と考えた］からです。戦いを避け、お互いの間の論争が始まらないようにと。以上のように私は理解するわけですが、いずれにしても、彼はあらゆる諍いを避けているのです。

一方、［先見者と呼びかけている］アマツヤ自身は、「なぜあなたは［先見者とは真逆の］盲人であるのか？」と［預言者から］責められているようなものです。祭司の務めは見張ることにありました。しかし、預言者たちが［見張る務めを授かっていた］祭司の後を継いでいたのです。神が祭司の代わりに預言者たちを［見張る務めに］立たせられていたこと自体、祭司たちの怠惰、及び怠慢に対する神の暗黙なご非難なのです。本当に、祭司たちは何のために立たせられていたというのでしょうか？　マラキ書で言われているように、彼らは万軍の主の使者ではなかったのか？――「人々は祭司の口から教えを求める。彼こそ万軍の主の使者だからである」（マラ2・7）。よって、［本来としては］祭司であったアマツヤ自身が、預言者に固有な務めを果たしているべきだったのです。私に言わせれば、彼はいわばまがい物の祭司でした。彼は預言者の敬いある称号を指し出しました。だとしても、せめて祭司としての自分の務めを彼が果たしていてくれたら！　彼自身は祭司の務めを放棄しておきながら、アモスには預言者の称号を認めている。今の時代の権力の座にある司教たちと言えば、何と簡単にこの称号を手放してしまっていることでしょう。――「先生がた教師たちよ、あなたがたは多くのことを知っていて、また理解していることとお見受けいたします。ですから、民衆の平和のことはお任せいたします」。彼らは［本来］公の務めを何ら負ってはいない人たちのことを「先生がた教師たち」と呼ぶのです。一方、そう呼ばれた人たちは、［本来司教の務めであったところの］他人の世話を引き受けねばならなくなる。教師たちも、権力の座に着く司教たちが物の言えない犬であると知っているから。こういったように、アマツヤも預言者アモスに相対したのです。彼は己のけばけばしき装飾品と財産に満足していました。豪遊を営んでいた彼は、［民衆からの］たくさんの分捕品の益に与り、かの素晴らしき迷信によって、己の食卓を温めていたのです。よって、預言者の称号なんかは、いとも容易く他人に譲ることができた。それでいて、祭司の御身分を鼻にかけていたのです。

では、二番目の内容に関してですが、これはさらに熱がこもった要請でした。――「逃げよ」。私は繰り返しますが、アマツヤが「行け」と告げた際に、彼は預言者の心を唆したわけです。「危険からお前の命を助けることを考えよ、逃げるのは簡単だ」と。しかし、彼は次のように預言者をせかし、差し迫った危機をちらつかせて迫っているのです。――「行け。もしお前がここ我々の庭に長く留まるのならば、お前の命は長くないと思え。だから、『逃げるのだ』」。「逃げよ」という言葉によって、彼はこう告げています。――「お前はここに留まりたいのかもしれないが、お前にとって必要なのは、逃げることなのだ」。以上のように、この［「逃げよ」という］二番目の［言葉の］内容は、必要性といった観点から発せられたのです。つまり――「預言者よ、お前を認めるのはもはやこれまでだ。もしお前が自分の務めを自由に続けたいというならば、『ユダの地へ逃げよ。そこで糧を得よ』」。

三つ目の内容について考えてみましょう。アマツヤはあたかも預言者アモスに対し、アモスがいかに頑なに己の考えに固執していたかを指摘しているかのようです。――「祖国で安心して静かに暮すことを選べ。外国で独り危険に囲まれて暮らすことよりも。だから、行けって！ どこへ『行け』だって？ お前の国さ。そうだろ？ お前はここでは外国人さ。自分が憎まれているのに気付いているだろ。なんでぐずぐずしているのか？ お前の祖国に戻り、そこでお前の宗教を大切にすればいいじゃないか？」 よって、預言者アモスに対するアマツヤの語り方は、今日における大部分の異教徒たちのそれとは異なっています。彼らはエピクロス派よりもたちの悪い豚、不浄の犬。私たちに非難を飛ばすのです。――「お前の国に帰れ。何で来たの、我々の所になんか？」 私たちを追放する彼らですが、彼らは逆に知っているのです。我々の祖国こそ、我々にとって安全に暮らす場所はないということを。一方、当時のユダの地においては、正しき宗教が生きていました。そのことも鑑みて、アマツヤは言ったのです。――「なぜお前は同胞と一緒に暮らそうとしないのか？　お前の祖国では、お前を養ってくれる人はたくさんいるはずだ。王だって、お前の味方になってくれるだろう。皆がお前を歓迎し、助けてくれるだろう」。

四つ目の内容に関してです。本当に、狡猾な教師はサタンであります。「あっちで預言せよ」。この言葉を語ったのは誰か？　アマツヤです。彼はエルサレム神殿を酷く憎んでいました。彼だったら、自分から率先してそこに放火の種を植え付けかねません。喜んで敬虔な祭司たちを一掃することでしょう。しかしながら、彼は聖アモスに対し、預言する権利は自由に認めていたのでした。といっても、聖なる預言者が行っている働きを、公の場ですぐに封じこめることができなかったからではありますが。だからこそ、彼は預言者を遠くに追放しようとしているのです。ですが、かのサタンたちといったらどうでしょうか。彼らは様々な策略を駆使しながら、神の僕を誘惑してきます。彼らは驚くべき策略と口実を宿し、そして、時には光の天使を装うのです。パウロの指摘通り。[11]この［12節の］箇所において、私たちはこういった典型的なサタンのしるしを発見するのです。このアマツヤこそ、光を装う天使ではなかったのか？　彼は預言者アモスに忠告しています。――「祖国で自由に神に仕えよ。そこで預言せよ、自由に何でも語れ。神の礼拝であれ、正しき宗教であれ、そこで大切にすればよいのさ。だが、イスラエルの土地ではだめだ」。私は繰り返しますが、この［七］章で着目すべきことは、サタンの老獪さについてです。

では、五つ目の内容についてです。ここは特に立ち止まって考察すべきです。こう言われています。――「ベテルでは二度と預言するな。ここは王の聖所、王国の家だから」。ここでついに、アマツヤの思いが露にされ

11　二コリ11・14。

ていたのです。自分の祭司としての立場を守ることでした。――「この預言者を追放しなければ、それを保つことはできない」。彼は議論を交わして預言者と戦うことはできなかった。よって、彼は預言者を遠く追いやることを通して、自分の利益を図ろうとしたのです。前の［12］節では、彼は否が応でも様々なマスクを被り、多くの覆いで自分を隠していました。今や、諺にある通り、［他人の振りが得意な］猿が本性を顕したのです。アマツヤは自分が［本当に］思っていたことを告げてしまっています。とはいえ、ここでの彼は、暴君の威圧を加えつつも、［表面的には］平静を保ち、アモスによって［自分たちが］これ以上煩わされないようにと、そして、かの受け継がれた迷信をアモスが覆さないようにようにと［アモスに迫っています］。しかしそれは、アマツヤが［かの迷信に携わることによって糧を得ていた］祭司だったからなのです。一方、アモスの務めは、ベテル神殿を毎日非難することなしには有り得ませんでした。そこは狼の巣と成り果てていたから。そこにおいて、神の威厳が失われていたから。本当に、かの迷信［が蔓延るところに］は、放蕩［も一緒に蔓延るもの］なのです。さて、アマツヤは偽りに満ちた心を露に見せています。――「ベテルでは預言するな」。彼は平静を保つのに必死です。彼はイスラエルの地において、神の言葉が響くのを好みませんでした。繰り返しますが、彼が願っていたことは、天の御教えの光を完全に消すことでした。しかし、それが無理だと分かっていましたので、彼はせめて己の立場を穏やかな状態に保ちたかったのです。それはまるで、私たちの時代における教皇主義者たちの態度です。権力の座に着く司教たちも同様ですが。彼らと言えば、ドイツにおける多くの町々とその諸侯の世情が慌ただしいことを耳にすれば、狂気に陥るのです。また、［自分たちに対して］諸侯たちが恭順するのを放棄したことを耳にした際もそうです。なぜなら、彼らの支配権が失われてしまったからです。――「やつら未開人［の諸侯たち］にくれてやろう。何のためにだって？　やつらは有益であるどころか、災いをもたらすだけだからさ。これまでいつもそうだった。［所詮］そこは痩せた不毛の地さ。ヒスパニアと、あとフランスとイタリアがあれば、我々にとって十分だ。ドイツにいれば、我々はそこで得たものよりも、これから失うものの方が大きい。そこはやつら［諸侯たち］の自由に任せ、勝手気ままにさせておけ。いつの日にか、［それらの土地は］我々のもとに戻ってくるから。それまでは、それらの土地のことは全く考えないことにしよう。しかし、やつらの影響をフランスにまで持ってこさせるな。我々は片腕［つまりドイツ］を切り落とす［つまり諦める］のだ。ヒスパニアとイタリアにも、やつらを入れさせるな。そうすれば、［たとえ片腕を失っても］我々の命は助かるだろう」。かのアマツヤ［の内心］は、以上のようなものだったのです。「ベテルで預言するな」という言葉にそれがよく表れています。

さらに、彼は狡猾な語り口をもって言っています。――「ベテルでは二度と預言するな」。彼はあたかも認可を与えているかのようではありませんか。――「さあ、聞け。お前はこれまで王に逆らってきた。民の気持ちも逆なでしてきた。しかし、私はお前を厳重に処すようなことはしたくない。全て許そう。お前が犯した罪は全て、なかったことにしてやろう。だから、やめてくれ。『今後は一切［預言］なしだ』」。彼の「続けるな。二度と」といった言葉には、強調を見て取ることができます。言い換えれば――「私は過去を振り返らない。アモスよ、お前の反逆の罪を、私は訴えないことにする。だから、今後一切慎んでくれ。そうすれば、私アマツヤは満足だ」。彼の「二度と預言するな」との言葉に関して、私たちは以上のように理解いたします。

なぜならば――「ここは王の聖所だから」。これが第一の理由。このように、彼は王の権威を借りて教えようとしたのです。「［これまで］受け継がれてきた儀式は、ベテルでは有効なのだ」と。なぜならば、「王がそれを設立したのだから。王に向かって物申すことは許されない。王自身が決めることができるのだ。王の権威は神聖なり」。この［13節後半の］言葉が意味するところは理解できました。ところで、今日において、いかに大勢の教皇主義者たちがいることでしょうか。彼らは王の権威と力にまかせて、自分たちの欲望を積み上げていく。そして、宗教に関して文句を言わせないようにする。しかし、一人の国王にだけ全権があるといたしましょう。王だけが自分の裁量で何でも決められるのです。論議を交わすことは許されず、全ては王の決定事項のまま。イングランド王ヘンリー［八世］は、最初大いにもてはやされた人物でした。しかし、もてはやした人たちは、明らかに思慮が足りない人たちでした。なぜなら、［イングランド王に対し］全てに関わる至上権を認めてしまったからです。このことが、私を痛く悩ませているのです。彼らには冒瀆［者として］の責任があった。キリストの支配にあるはずの教会の頭として、イングランド王を置いてしまった彼らには。これは行き過ぎ！ しかし、このことは不問に付しましょう。彼らも熱意に駆られ、思慮を失った状態でこの過ちを犯してしまったのですから。一方、かの詐欺師といったら！ ［私が言う］この人は後に、今日におけるイングランドのプロセルピナ[12]――つまり、全サタンの頭――の枢機卿[13]となってしまいました。彼がラティスボン[14]にいた時のことですが、彼は何の根拠もなく争い事を持ち出し（私は先の枢機卿にして、ウィンチェスターの司教だった人のことを言っています。）――今私は口に出してしまいましたが、彼は聖書の証言に注意を払うことなく、王の御判断だとかいって、一切の法令の廃止を宣言してしまいました。そして、新しい儀式を新設したのです。断食に関しても、これこれの日に肉を食べることについて、イングランド王は民に禁じたり要求したりすることができるのだと。また、王は司祭に結婚を禁じることができるのだと。王は民衆に対し、聖餐の杯の使用を禁止する権利がある。王にはあれこれの国内法を定めることができる。何でだって？ 王に至上権があるからさ。とこのようなこじつけ方だったのです。預言書に今記されていますところのアマツヤといったら。――「ここは王の聖所だから」。続いて言われていますことは――「王国の家だから」。これらのアマツヤの言葉は一考に価します。彼が最初に言っているのは「王の聖所」、次に「王国の住まい」です。アマツヤは王に対し、二倍の職権を認めているかのようです。王の裁断によって、宗教を望み通り変更するための職権を。それから、アマツヤが言うことには、アモスは公の平

12 Proserpinae. ギリシア神話の登場人物。
13 Cancellarius.
14 Ratisponae. おそらくレーゲンスブルクのこと。この町で一五四一年、プロテスタントとカトリックの神学者たちとの会議が行われたが、その対話は失敗に終わった（マクグラス著『宗教改革の思想』、三四七頁）を参照。

和を乱していると、さらに、王の命に逆らっているがゆえに、アモスは王に対し、不正を働いているのだと。最初の方［つまり王の聖所］に関して確かに言えますことは、王たちがそのなすべき務めを［忠実に］果たしている限りにおいて、王たちは宗教のパトロンと認められ、教会の養父となるということです。それは、イザヤが王に関して言っている通りです（イザ49・23）。王が最も心得ていなければならないことは、剣を帯びてそれを［実際に］用いるとしても、それは神の礼拝を守るためであるということなのです。しかしながら、［王を祭り上げる］彼らは思慮が足りない人たちなので、王たちに霊に関することも委ねてしまうのです。この悪徳はドイツ領内に広がっています。諸侯たちのもとから、どんな実りが育っているかを私たちは知っています。支配する彼らは皆、自分たちが霊的［に優れた人物］だと思い込んでいます。その結果、もはや教会の統治は地に落ちています。この聖物窃盗が私たちの所で助長されておりますが、それは、諸侯たちが法律で定められた限度内で己の務めを抑えることができないでいるからなのです。それどころか、教会の全権威を残したままでは、自分たちの支配は不可能だと彼らは考えている。教えに関してであれ、霊に関わる領域であれ、彼らは自分たちが最高裁判官であろうとする。「王はベテルで神殿を建てた」。この時のこのアマツヤの忠告は、まさにサタンの提案でした。［彼はこう言ったのです。］──「『これ［つまりベテル神殿］は王の聖所である』のだから、個人が中止することはできないし、誰であれ、個々人がこの宗教の持つ価値に対し、異議を申し出ることは許されない。これは既に［王の］承認済み。王のお気に入り」。偽善者たちによっておだてられ、そして利用されていた諸侯たちは、［偽善者たちの］甘い歌声に誘われて、一切全てを自分たちの支配下に治めることを望んでいます。諸侯たちは率先して干渉に乗り出してくる。彼らは始めこそ熱意を示すものなのです。しかし、彼らは単なる野心によってそうしているのに過ぎず、入念にあらゆるものを自分たちのために略奪する。本当に、節度を保つことは大切ですよね。いつの時代においても、諸侯たちはこういった病にかかってきました。そして、彼らは己の判断と欲望に則って宗教を変えようとしてきたのです。己の利得のために。自分にとって役立つものを探している彼らは、神の霊の導きのもとに動いてはいない。そういう時はほとんど稀。むしろ、己の野心が彼らを駆り立てているのです。私たちは見届ける、当時こういった隠れ身の術によって、サタンが神の預言者と対決した様子を。それにしても、今日の時代、我々が置かれた状況はいかに酷く、いかに嘆かわしいことでしょうか。相応しく生きようと心掛けるならば、この悪〔魔〕に十分気を付けましょう。

続いては――「ここは王国の家だから」。この言葉において、アマツヤはもはや王の特権のために戦っているのではありません。この言葉は〔王はどんな権威を持っているのかといった〕抽象的な意味での権能に関してではありません〔むしろ、次のような実地的側面を突く言葉なのです〕。――「いいだろう。もし、〔お前の言う通り〕王が新しき儀式を設けるべきでないと認めるにしてもだ。お前は実際、公の平和を乱しているのだ」。今日において、諸侯たちの大部分の者が、自分〔の領内で〕の平和を保つことに一際苦労しています。彼らはいつも、死に至るまで勇敢であり続けることをきっぱりと誓い、そして、最初に立てた誓いを守り通すと誓うのです。ですが、彼らが自分たちのために招聘する教師たちといったら！　彼らは十字架〔を背負うこと〕から逃れ、教皇主義者たちに貢ぎ物を献げ、あるいは少なくとも、教皇主義者たちを宥めるために、教皇主義者たちの願いを叶えるために、自分というものを曲げてしまうのです。私たちが普段から目撃しています通り、諸侯たちの魂は、こういった〔教皇主義者たちを宥めるための〕熱情によって駆り立てられてしまっています。彼らにはサクラメントに対しても容赦はありません。彼らと言えば、議論〔のための会議〕に招集されることに我慢ができず、その結果、彼らはキリストの体の現臨に関しての無骨な見解、いえ、愚かで誤った見解を主張することになってしまうのです。しかも、〔キリストの体は〕パンそのものに含まれるのだとか。〔諸侯たちはこう言うのです。〕――「もし我らがやつらと敵対しているのを〔教皇主義者たちに〕見せつければ、あるいは、我らはやつらとは違うということを見せつければ、あるいは、我らがやつらにとっての一番の敵であることを見せつければ、我々は教皇主義者と一致することができる。教皇主義者たちに近付くこともできる。少なくとも、教皇主義者たちを宥め、彼らの怒りを削ぐことができる。我々に対し、教皇主義者たちは機嫌を直してくれる。その後で、我々は［やつらと教皇主義者たちとの間の］中立の立場を取れば済むことだ」。こういったことが世にまかり通っている今日、私たちの時代状況にあって、預言者［の取った行動］を模範として捉えること以上に有益なことはありません。預言者がそれでもって闘ったところのものと同じ［神の］武具をかざしつつ、私たちも自分に与えられた務めを果たしましょう。決してサタンの狡猾によって揺り動かされることのないように。［アマツヤや諸侯たちのような］国の内部に潜む敵こそ、最も争い好きで、しかも［私たちに］公然と立ち向かって来る人たちなのです。

こうして――「王国の家だから」。アマツヤはいわば世俗の領域を話題にしています。彼はこう告げています。――「宗教が滅びることよりも、その百倍も大切なことは、アモスよ、お前自身が気を付けることだ。ヤロブアムの王国［の秩序］、そして、その民の慣習を揺り動かしてしまわないように」。

14 アモスは答えてアマツヤに言った。「私は預言者ではない。預言者の子供でもない。私は家畜を飼い、いちじく桑を集める（あるいは、必要とする）者だ。

15 主は羊の群れを追っている（私の羊を追っている際に、ということです。字義的には、「羊の群れの後から」です。）私を取り、『行って、我が民イスラエルに預言せよ』と私に言われた。

預言者アモスは始めに自己弁護しています。――「アマツヤよ、私はあなたの忠告に従う義務はない。なぜなら、私は自分が受けた召命を拒むことは許されないからだ。私は神から遣わされた者。私は宣言するが、この使命、すなわち、イスラエルの地でも預言することの使命を、私は負わされている」。最初、彼は穏やかに言っています。――「私は預言者ではない。預言者の子供でもない」。この言葉は何を意味するのか？　彼は己を卑下しているのか？　断じてそうではありません。確かに、この言葉はそのように聞こえてしまいがちですが。しかし、預言者はこう告げています。――「自分には特別な召命に基づく権威が委ねられている。だから、預言者の学校で教育を受けた生徒よりも、自分にはそれ以上の権威が委ねられている。私は奇蹟によって預言者とさせられたのだ。だから、私は人間によるのでもなく、世の慣習によるのでもないものによって、この預言者としての務めに繋がれているのだ。言ってみれば、それを背負わされたのである。よって、この教える務めを放棄することは許されないのだ。この務めを放棄することは、神によって与えられた軛を人々の前で振り落とそうとすることなのだから」。こういったアモスの心中を聞き取りましょう。

「私は預言者ではない。預言者の子供ではない」。かりに、「私は預言者ではない」と預言者が言っただけならば、彼はその無思慮さを攻撃されたかもしれません。「では、何で［預言しているの］？」と。神の教会における［預言者といった］栄誉［の称号］は、誰であっても自分から請求できるようなものではありません。召命が求められるのです！　たとえもし、天から天使が舞い降りてきたといたしましょう。しかしながら、その天使によって、公の秩序がひっくり返されるべきではありません。全ては秩序正しく運ばれるべきですし、また、教会においても合法的秩序をもって事は運ばれるべきです。これはパウロが教えていることでもあります。(15)　もちろん、我々の平和を守ってくださるのは、神であられます。アモスは自分が預言者であることを否認していますが、もしそれが本当のことならば［つまり、アモスが本当に預言者でないのならば］、召命が欠けているわけですから、教授の務めは彼から取り上げるべきなのかもしれません。しかし、彼が意図していますのは、自分は子供の頃から神の律法を教育された者としての預言者ではない、ということなのです。彼は聖書を翻訳できるような人でもありません。これと同じ意味において、彼は自分が預言者の子ではないと言っています。分かっていますこととして、当時には預言者たちの学寮が存在していました。聖なる歴史を通して、それは十分はっきりしていることで

15　ガラ1・8を参照。

す。この学寮が建てられていたことの意味は何か？　これすなわち、いつの時代においても、神の教会のための神学校が存在しなくてはならない、ということであります！　良き善良な教師たちが見捨てられるようなことがあってはなりません。ですが、アモスが言うことには、彼自身はそのような階級の出ではありませんでした。彼は正直に告白しています。自分は無学な人間なのだと。ですが、繰り返しになりますが、彼には［職業的預言者に増して］より多くの権威が委ねられていました。言ってみれば、主が強制的な御手によって彼を捉えられ、彼を民の教師と任じ給うたのです。――「さあ、あなたは私のための預言者となるのだ。確かに、あなたは子供時代に預言者のための教育を受けたわけではない。しかし今、この私があなたを預言者として立たせる」。キリストは始めの使徒として、律法［の知識］に長けたパウロや、彼と同等の人たちをお選びになったわけではありません。むしろ、キリストは粗野で無教養な人たちを使徒としてお選びになったのです。だからこそ、より奇蹟の度合いは高まるのです。もしキリストがパウロのような人たちを最初の弟子として立てられたのだとしたら、その最初の弟子たちの権威はより小さいものとなってしまったことでしょう。反対に、キリストがご自身の御霊によって［使徒として］立たせられた人たちは、元々は無学な人たちでした。そのことを通じて、その者たちが神によって呼び立たせられたということが明らかにされたのです。私は繰り返しますが、預言者が用いています言葉に関して、つまり、「主が私を取られた」という言葉に関して言えば、彼は自分の特別な召命について告げ知らせているということなのです。

残りは明日にいたしましょう。

祈り

全能の神よ、あなたがサタンを抑える手綱を緩めておられる間、サタンはあらゆる仕方をもって、あなたの僕を揺り動かそうと唆してきます。神の僕たちとは、あなたによって立たせられ、あなたから遣わされた人たちのこと、滅びることのない、力強きあなたの御霊によって教え諭され、最後まで託された務めを果たし続ける人たちのことです。彼らの敵たち［つまりサタン］が陰謀を企んで立ち上がったとしても、あるいは、公然と暴力に訴えてくるとしても、神の僕たちは自分に定められた道から逸れることなく、勇気をもって、しかも賢く、あなたに自分の全てを献げる人たちです。彼らが最後まで堅く従い続けることができますように。そして、真理が明け染めるその日まで、彼らが全ての［サタンの］煙を追い払い、サタンが無知な人たちを陥れるために駆使する、あらゆる策略を追い払うことができますように。真理こそ、サタンに対する勝利者、全世界の勝利者であります。あなたの御子、義の太陽が昇り、この地球に支配を行き通らせてくださり、私たちがあなたの勝利に満ちた御支配に与って、その御支配のもとで私たちが安らぐことができますように。この勝利は、私たちの敵に対する絶え間なき日々の闘いを通して与えられます。あなたの御子によって、アーメン！

16
今、主の言葉を聞け。あなたは、『イスラエルに向かって預言するな、イサクの家に向かって［愚痴を］こぼすな（あるいは、語るな）』と言う。
17
それゆえ、主はこう言われる。あなたの妻は町の中で遊女とさせられ、あなたの息子、娘らは剣に倒れ、あなたの土地は縄で分けられ、あなたは汚れた土地で死ぬ。イスラエルは必ずその土地から（字義的には、その土地の上から）連れ去られる」。

教える務めの命を受けた者として、私は神に従わねばならない――こう告げ知らせた後、アモスはアマツヤに向かってさらに語り聞かせます。――「［アマツヤよ］あなたは横柄な態度に出て、厚かましくも天の使者なる預言者に対し、神がお命じになられていることの告知を禁じようとしているが、全て無駄である」。軽率というよりかは、むしろ、狂人の姿でアモスの前に登場したアマツヤに対し、アモスは反論を浴びせています。――「今、あなたは主の言葉に聞くべきである」。アマツヤの禁止命令に対抗し、アモスは今、神ご自身の言葉とその御意志を示しています。この不信仰な祭司が、神の僕に対し、イスラエルの地でこれ以上語るなと命じた。［アモスはそれに答えます。］」――「［アマツヤよ］あなたは［私に対し］『お前は何者なのか？』と言うのか。だが、神が［私に］代わって答えてくださるのだ」。さらに、アマツヤの言葉と［アモスが告げる］神の言葉との相違点について、アモスは教えています。

つまりです。この詐欺師が試みたことは、聖なる人の恐怖を煽ぐことでした。この聖なる人にその務めを放棄させるために。しかし、彼の試みは失敗に終わりました。一方、アモスが告げ知らせていますことは、神の御言葉には必ず結果が伴う、ということなのです。彼は言います。――「たとえ私が黙そうとも、あるいは反対に、私が語るとしても、この罰はあなたの目の前にある」。さらに［16節において］、預言者はアマツヤ［自身］の指示［を引用する形］でもって、それを神による裁きと結び付けて［語って］います。なぜなら、この不信心な祭司に悟らせねばならなかったからです。どんなに［預言者に対する誘惑を］試みたとしても、神による罰を倍増させていくだけだということを。

預言者が告げました次の言葉には、重要な意味が込められています。――「今、主の言葉を聞け。あなたは、『預言するな』と言う」。アマツヤは百代にもわたる彼の子孫もろとも、神によって滅ぼされるに価した人でした。アモスはこう告げ知らせています。――「アマツヤ［よ、あなた］は神［の言葉］に対して手綱をかけようとした。［あなたの］この横暴のために、そして、神の御霊に対して、『勝手に全民衆に対し、罪を告訴することは許さない』と命令したために、神の怒りはより激しく燃え上がったのだ」。本当に、アマツヤはそういったことにまで手を染めていましたので、アモスは告げます。――「あなたは神に対して刃向った。言ってみれば、あなたは神から至上権を奪おうとしたのだ。あなたのこの暴挙、また、あなたの気が狂ったような厚かましき聖物窃盗の廉によって、あなたは当然罰を受けねばならない」。神にとって独占的なことと言えば、何と言っても、世界の裁き人であられる、ということです。しかし、神はこの働きをなされるために、御言葉と、そして、預言者たちを用いられるのです。アマツヤが試みたことは、神から裁き人としての権利と職権とを剥奪することでありました。そしてこのことが、［彼に対する］罰を助長させてしまったのです。預言者は告げます。――「あなたは、『イスラエルに向かって預言するな、語ってもいけない』と言う。［その］あなたこそ、主の御言葉に聞け」」。

ここ［16節］の箇所において着目すべきこと。ここから私たちが最も学ばなくてはならないこと。それは、神が私たちを責め立てられるとすれば、必ず私たちは己の良心を顧みなくてはならない、ということです。そして、神ご自身が語り聞かせてくださることに聴き従うこと。神が私たちを断罪されれば、すぐにでも私たちは赦しを哀願し、赦しを切に求めねばなりません。私たちが頑固である限り、神は語られ続けます。たとえ私たちがそれが嫌で百回拒もうとも、神は［語り］続けられるのです。考えてみれば、私たちは幾度、冒瀆の言葉を［神に対して］吐き捨てたことでしょうか？　しかし、私たちのその騒ぎ声が、何か効果をもたらしたでしょうか？一方で、主が語られれば、必ず効果が生み出されます。主のご忠告は、空に飛び散るようなものではありません。主の御口から放たれることは何でも、必ず実現されるのです。また、パウロも言っていますように（エフェ6・17）、天の御教えは剣に譬えられます。その剣は、嘲る人たちに対して構えられた裁きのことなのです。

預言者のここ［16節］の言葉において、私たちは次のことに着目いたしましょう。つまり、汚れた人たちは全ての教え、全ての警告を遠ざけようと試みます。しかし、頑ななこの人たちは［彼ら自身］何もできません。なぜなら、主がご自身の［御教えを語る］権利を用いられているからです。さらに、差し迫った裁きの執行には――そうです、主の言葉が伴われております。――「あなたは言う、『預言してはならない』と。しかし、そう言うあなたこそ、主の言葉に聞かねばならない」」。これを言い換えれば――「たとえあなたが［神に対し］どんなに叫んで［神を］抑え込もうとしても、神はあなたの指図を聞かれることはないのだ。神の全き権威は常に変わらず永遠だから」。また、「［主の］言葉」と言及されているわけですが、既に私たちが確認しましたように、預言者はこう告げようとしたのです。――「不信心な人たちは、神の御教えに抗おうとする。だが、神の御教えは、神の力を［必ず］伴うものなのだ。たとえお言葉を発せられずとも、神は沈黙をもって不信仰者を全員滅ぼすことがおできになる。にもかかわらず、神はご自身の言葉に重きが置かれるのをお望みだ。そしてそれは、不信心な人たちが悟るためなのだ。彼らが神の御言葉に反抗し、暴言を吐き捨てたとしても無駄だということを。彼らは結局、痛感することになろう。神の御言葉の中に、彼らの滅亡［についての裁きの言葉］が含まれているということを」。

続いてこう言われています。――「イスラエルに向かって預言するな。イサクの家に向かって語るな」。イサクの名が出てきますこれらの言葉から再び理解させられることなのですが、おそらく、預言者は仕方なくこの名に言及しています。［つまり、預言者がアマツヤの言葉から引用したであろう「イサクの家」を、預言者自身が肯定的に考えていたわけではありません。］当時のイスラエルの民は、聖なる父祖たちが残したものを見せびらかしていました。彼らはかの迷信に取りつかれた人たちとして、神の律法と、及び一般慣習法とを疎かにし、事あるごとに聖なる人たちの残したものに頼り、しかも、分別を無くしてそうしていました。彼らは［物事を］逆さま［にしか見ることができ］な［かった］のだろうか。彼らの父祖たちは、つい誤って［高台とか記念碑とかを］建ててしまったのですが、イスラエルの人々はそれらを素早く我が物としていました。神が父祖たちに対して認めておられた特別な物が存在したにせよ、そうです、神はそれら自体にご自身が引きずられることは好まれません。迷信に取りつかれた人たちは、神に楯つく際に、自分たちには［そうするための］強力な根拠があると思い込んでいるものなのです。当時のイスラエルの人々は、ベテルやその他の場所で、つまり、律法の掟に反する誤った仕方で神を礼拝してきたわけですが、その際に、彼らは父祖イサクの名を口に出していたのです。よってアモスは今、あえて「アマツヤが主張する」イサクの名を繰り返しています。おそらく、アマツヤによって言われた言葉を

μιμητικῶς［つまり、真似て］。

次の告知が続きます。——「それゆえ、主はこう言われる」。この［「それゆえ」と訳される］「לָכֵן」によって、預言者は次のことを告げています。つまり、アマツヤが裁きを受けることになった原因をつきとめれば、彼が［普段から］神礼拝を汚していたこと、そして、この民を偽りによって騙していたこと、さらに、［普段から］信心を口実として利得を得ていたことなど、そういったことだけではなく、むしろ、頑なに神の権威に真っ向から反抗していたこと、そして、預言者に対し忍び足の陰謀によって、しかも、［王の名を持ち出して］明らかに強引に預言者の務めをやめさせようとしたこと、といったこれらのことが［本当の］原因でした。アマツヤは預言者の務めを封じようと試みました。よって今、アモスは彼に対し、来たる裁きを告知します。本当に、破滅は倍になってしまうのです。頑なで鉄のうなじをもって神に刃向うとすれば。神が望んでおられることは何か。それは、神に責められた際に、私たちが素直になることです。少なくとも、罪を犯したことを告白する、といった慎ましさを私たちが見せることを神は望んでおられます。逆に、もし私たちが逃げ回ろうとしても、あるいは、どんなに遠くに離れて行こうとしても、同じ結末が待っているだけなのです。いえ、私たちの頑なさによって、神は二倍の裁きをもたらされることでしょう。こうして、「それゆえ、主はこう言われる」。ああ、主が言われることが、人間の心に深く刻まれますように！　そうすれば、今日の時代にあって、反乱の支配は終わりを告げることでしょう！　しかし、人間がいかに厚かましい存在であるのかを見てみるといたしましょうか。主が彼らを厳しく懲らしめ始め給うや否や、彼らはわめき立てるのです。さらに、彼らは何らかの権威を掌握した際には、全身全霊によって神から裁判権を奪い取り、そして、神の僕たちから自由を奪い取る。私たちは見ています。邪まな人たちが見えていないことを。彼らは自分に迫り来る裁きに気付かない。預言者がここ［17節］で告げ知らせていますような裁きについて、彼らは気付かないのです。それを恐れもしない。けれども、ここで預言者が告げ知らせていますことは、私たち［自身］がよくよく考えてみるべきことなのです。何度も私が申し上げてきましたように、頑固とした態度を取る人たちが頑なさを貫き通すとすれば、ますます神の熱情の炎が増すだけなのです。

裁きの内容に関して、こう言われています。――「あなたの妻は町の中で――文字通り訳せば――娼婦として買われる」。この言葉において、預言者は自らの意志を伴う放蕩について言及しているわけではありません。つまり、彼は次のように告げています。――「アマツヤ〔よ、あなた〕はこの裁きから逃れることはできない。敵がイスラエルの土地を占領した暁には、あなたの妻は娼婦に身をやつすことになる」。ご存じの通り、戦勝者が女性に暴力を加えることが頻繁になされていました。今日にあって、この〔最悪な〕慣習が廃れていれば、どんなによいことでしょう。しかしながら、かつての時代において、このことがまかり通っていました。勝者となった者は、他人の妻も娘も奪い取っていたのです。こういった事情を、預言者の次の言葉は物語っています。――「あなたの妻は遊女となる」。ところが、「町の中で」と言われているのです。これはアマツヤにとってさらに衝撃的なことでした。彼の妻が遠くに連れ去られ、見知らぬ国で辱めを受けること以上に。かりに、「敵があなたの妻を我が物とする」〔とアモスが告げただけ〕ならば、彼の心の傷は少し浅かったかもしれません。また、距離が離れているために、この恥辱は〔彼に直接〕知られることはありません。一方、公の場において、彼の妻が大勢の目の前に引きずり出され、卑劣な汚辱を受けるのならば、より一層耐え難く、より大きな苦しみを〔彼に〕もたらすことになります。「あなたの妻は、あなたの町で遊女となる」。このように言う預言者ですが、この文に記された〔「町の中で」といった〕状況から、より重い罰を私たちは把握できるのです。

続いては――「あなたの息子、娘らは剣に倒れる」。〔アマツヤに対する〕二つ目の罰です。預言者が告げ知らせていますことは、この不信心な祭司の息子や娘が、敵の手にかかって殺されるということです。もちろん、民衆の中にも、まさにこういった不幸に見舞われた人たちはいたでしょう。いずれにしても、はっきりと言えますことは、神がアマツヤの傲慢さとその狂った振る舞いに対して復讐なさる、ということです。そしてそれは、彼が聖なる忠告、聖なる警告に対し、抗おうとしていたからです。

さらにこう続きます。――「あなたの土地は縄で分けられる」。この短い語が意味するところは、アマツヤの土地を継ぐ者は出ない、ということです。彼が所有していた畑は全て敵に分捕られる。その結果、「あなたの土地は縄で分けられる」ことになる。ですが、この言葉において、アモスは［アマツヤの所領に関してではなく、むしろ］イスラエルの土地全般のことを指し示しているのかもしれません。私にはそう思われます。私は断言できますが、アマツヤだけでなく、その他の祭司たちもまた、神の律法を重んじてはいませんでした。さらに、ご存じだとは思いますが、本来の祭司職と、ヤロブアム一世が導入した偽の祭司制度とには[16]、ある類似性が見られたわけです。よって、私は思うのですが、［本来祭司に認められていた］庭と、そして、動物のための放牧地[17]以外のものを、アマツヤは所有していなかったはずです。祭司たちは畑を耕すこともありませんでした。ですので、［17節において］この一人の人間［つまり、アマツヤ］の土地に関して言われていますことを、全ての民に関して［の事柄として］広げ［て解釈す］ることに私も同意いたします。そして、以上の［私の］見解は、すぐ後に続く文によっても確かめられます。

「あなたは汚れた土地で死ぬ」。「アマツヤの土地」と預言者は呼んでいるわけですが、そこはアマツヤがその他の［イスラエルの］人々と同様、そこで暮らすことになったところの土地のことです。他の民と一緒に投げ出されるその土地を、「汚れた土地」とアモスは呼んでいます。この裁きが一人の人間［つまりアマツヤ］に向けられたものとして受け取らない限り、［この文が意味することは］容易に理解できるでしょう。つまり、神が望まれたことは、この［「汚れた土地で死ぬ」といった］特別なしるしを通して、［イスラエルの全ての人々に］等しく降りかかることになる裁きが［アマツヤの心に］刻まれることでした。そしてそれは、アマツヤに悟らせるためでした。彼があたかも神の裁き［の到来の時刻］を加速させてしまっていることを。その彼と言えば、これまで私たちが

16　王上12・32を参照。
17　民35・2以下を参照。

ですが。

見てきました通り、預言者アモスをユダの地に追い払いつつ、同時に神の裁きをも遠ざけようと思っていたよう

続いて最後は――「イスラエルは必ずその土地から連れ去られる」。この言葉から分かりますように、預言者はアマツヤ本人に対し、個人的な警告を放っているのではありません。彼の妻、息子、娘に対してでもありません。むしろ、彼は全ての民へと広げて説教しています。神が全ての民に対して裁きを執行なさることは確かです。とはいっても、この不信心な人アマツヤの頑なさに対する主の復讐の思いもまた、決して揺るがぬ事実なのです。

以上です。では続けます。

第八章

1 主なる神はこのように私に示された。見よ、夏の果物の籠（あるいは、果物籠）があった。主は言われた。
2 「アモスよ、何が見えるか」。私は答えた。「籠（あるいは、果物籠）の夏の果物です」。主は私に言われた。
「我が民イスラエルに最後が来た。もはや、見過ごしにすることはできない。

ここの言葉、すなわちこの幻によって、これまで私たちが学んできましたこと――イスラエルの民に対する、御父による矯正はもはや終わった、ということ――が、預言者によって確言されています。神はこの民に対して、非常に大きな災いを下してこられました。しかしその際においても、神は彼らに対し、これまでずっと赦しを与えられてきたのです。神がこれまでご自身の民を赦されてきたということは、神の［裁きの］御手は、これまでずっと［振り下ろされずに］高く上げられたままでした。しかし、数々の［災いといった］試みを経た今、もはや治療の余地が見込まれないほどの彼らの頑なさが明らかとなりました。そして今、以上［1―2節］の記述をしたためている預言者アモスですが、しかし、ここで示された幻は、神の裁きをより確かなものとさせる幻です。少なくとも、この幻はより大きな衝撃をこの民の心にもたらしたことでしょう。

神がアモスに示し給うものは、夏の果物一杯の「果物籠」でした。「夏の果物」に関して、はっきりと理解できますことは、裁き［の時期］が熟した、ということです。彼はこう言おうとしたのです。――「この民の罪［の実り］は熟した。これ以上裁きを遅らせることはできない」。すぐ後にこの幻の説明が続きます。こう言われています。――「この民の終わりが来た」。このこと［つまり、この民の滅び］に関しては、先の第三番目の幻においても私は説明いたしました。ここではヘブライ語のもじりが見られますが、ギリシア語においても、ラテン語においても、このもじりの再現は不可能です。つまり、「קיץ」は「夏の果物」の意味です。一方、「קץ」は「終わり」という意味です。〔前者は後者の〕一単語の真ん中に「י」が挿入されているだけです。神が示し給うたものは、果物籠の夏の果物。続いて言われています。「קץ」、すなわち、「終わり」がやって来たと。いずれにしても、〔言われている〕事柄の趣旨に関しては、曖昧な所は見られません。

では、〔1節の〕始めに戻ります。――「神はこのように私に示された」。これまで私が論じてきましたことを繰り返す必要はありません。この言葉によって、預言者は始めに断っています。自分は何の根拠もなしに述べているのではなく、神から命じられたことを忠実に告げ知らせているだけなのだと。これはよくよく覚えておきましょう。神は常にご自身の預言者たちを用いられます。しかし、教えることの全権は、神ご自身のものだということです。権限に関して言うならば、神はご自身の〔権限のもとにある〕責任を、人に委ねられることはありません。こうして、アモスは言っています。――「主なる神が、私に示された。見よ、夏の果物の果物籠があった」。「夏の果物」に関して、それをサクランボとして捉えることは可能です。サクランボは長く持続する強き生命力を持っていません。ですが、これには隠された意味があります。単純に考えれば、「裁き〔の実〕が熟した」ということです。この民は再三にわたる忠告を受けても、悔い改めることはありませんでした。よって、いわば〔裁きの時を象徴する〕夏になっていたのです。――「主は私に示された。夏の果物の果物籠を」。ですが、神は預言者に尋ねられました。「何が見えるか」と。なぜこのような問いがなされたのか？　私は以前にも説明したはずです。つまり、〔幻を見せられた際に〕始め預言者自身ほとんど仰天してしまったことでしょう。しかし〔預言者を仰天させたであろう幻を彼が伝えていますのは〕、この民がより熱心に耳を傾けるためだったのです。私たちも、神と預言者との間の会話〔がなされた、といった預言者自身の報告〕を耳にすれば、精神はより研ぎ澄まされるのではないでしょうか？　聞かねばならないことがそこにあるとすれば、直ちに私たちに知らされねばならないのです。よって、神はこのような仕方で、ご自身の民の心を呼び覚まされるのです。以上のことは、繰り返し「明記し」ても、決してし過ぎることはないでしょう。

続いてこの幻の説明がなされています。――「主は私に言われた。『我が民イスラエルに終わりが来た』」。預言者の思いは理解できることでしょう。つまり――「この民はこれまで中規模の罰を通して警告を受けてきた。しかし、彼らは頑なになってしまった。最後の裁きが近付いた。この裁きにおいて、神はもはや父として、あるいは医師としての働きをなされるのではない。むしろ、これまで耐え忍ばれてきた人たち全員を、神は滅ぼされるのだ」。

覚えておられる通り、この時まで既に、イスラエルの民は数々の大きな災いを蒙っていましたが、その際においても、神はこれまでずっと寛容を示してくださっていたわけです。しかし、彼らは真の悔い改めに導かれるには至りませんでした。よって――「あなたがたは今後、神の寛容を期待してはならない。偽善者のようなうわべだけのへつらいによって、時を引き延ばすこともできない」。このように、預言者はきっぱりと終わりの到来を告げています。いわば彼はこう言ったのです。――「あなたがたの不義は熟した。その実りを収穫せよ！　あなたがたの命はここまでだ。一日たりとも「引き延ばすことはできない」。そうでないと、実りは「地に」落ちてしまうから。『最後が来たということだ。もはや、私は見過ごしにすることはできない』」。この「見過ごす」に関してですが、以前にも私が説明しましたように、「この文脈では」裁きに関連しています。ところで、神がこの民を懲らしめられるにしても、何のための懲らしめなのか？　それは、神がこの民の救いのことがご心配であられるゆえの懲らしめなのです。今、「終わり」がもたらされると言われています。だとしますと、神は今後一切、この民を正すための働きを担ってはくださらなくなるわけです。しかしそれは、「懲らしめでは」何の意味がないと、神がご判断されたからなのです。こうして――「あなたに関しては、私は見過ごすことはしない」。つまり――「私は最後の裁きを執行する」。私たちの言語、フランス語での言い方をすれば、「もはや後には引き返せない」

のです。

続けましょう。

3 その日には、彼らは神殿の叫び声を上げる、と主なる神は言われる。屍はおびただしく（つまり、多くの死体が）、沈黙の内に、至る所に投げ捨てられる」。

4 このことを聞け。貧しい者を呑み込み、地の苦しむ者たちを滅ぼそうとする者たちよ。

ここの言葉において、アモスはイスラエルの人々に対し、遠回しな皮肉をぶつけています。つまり、彼らがかの迷信に喜び溺れていたこと、そして、まるで神のご好意［による許し］を得ていたかのように、物に満ち溢れて歌に興じていたことを皮肉っています。信仰を持たない人たちは、神の憎しみであれ、あるいは、神のご好意であれ、目に見えていることをもって判断してしまいがちです。トルコ人と言えば、［目に見える］物質的な豊かさを味わう際に、神が自分たちの側に立っていると豪語するのです。ご存知の教皇主義者たちも同様です。いえ、人間の本性なのです。自分自身を見つめることよりも、外面的なものを見てしまうのは。どんなに邪まな人たちであっても、場合によっては、神が彼らに寛大であられることもあります。その際に、彼らは神が自分たちに対して好意的であられると思い込んでしまうのです。ソドムの人々もそうでした。彼らには突然の破滅が訪れましたが、その時に至るまで、自分たちは天の平和を享受していると彼らは思い込んでいたのです。[1] こういった背景をもとにして、イザヤもまた言っています。――「不信心な者たちは、死と陰府と契約を結んでいる」。[2] また、キリストが言われたことも忘れてはなりません。キリストがノアの時代についてお知らせした際に、キリストは

1　創19・14を参照。
2　イザ28・15。

当時の人たちが安心して飲んだり食べたりし、豪華絢爛な邸宅を建てていたと言われました。(3) こういった無頓着が、ほとんどいつの時代においても蔓延していました。しかし、ここ［3節］において、預言者は特別な悪徳について記しています。すなわち、イスラエルの民が、神殿において叫び声を響かせていたことです。あたかも、神を意図的に嘲ろうとしていたかのように。毎日のように、預言者たちの［非難の］声が叫ばれていたはずなのに。その預言者の叫び声は、深刻かつ恐れを呼び起こすための警告でした。一方、神殿で叫んでいたこの民。彼らと同じく、今日の教皇主義者たちも、声を合わせて唱和する際に、彼らは思ってしまっています。［彼らの歌声に比例して］神は二倍あるいは三倍お喜びだと。何度であっても、さらに、物が豊かである限りずっと、彼らは神殿において、自分たちに拍手喝采を送っています。この過ちを、今預言者は明記し、そして言っています。――「彼らは神殿の叫び声を上げるだろう」。さらに、預言者は［裁きの日における］彼らの歌のメロディーについて、それを嘆きの声として言及しています。彼は次のように言ったのです。――「神はあなたがたの歌、今は喜びに満ちたその歌を、哀歌に変更される」。

この後、こう続いています。――「多くの屍を、至る所に投げ捨てる」。このようにありますが、私は受動態に置き換える訳を選びます。よって――「至る所に、多くの屍が投げ捨てられ、放置されている」。この言葉において、遺体の埋葬が妨げられるほどの大いなる災いが告知されています。別の箇所でも私が申し上げたことですが、たとえ敵同士であっても、［敵側の屍を］埋葬する慣習は、大抵の場合健全でした。死者を荒々しく扱うことは、敵対心だけでは済まされないことです。誰であっても、［屍を放置するほどの］野蛮人であるとはみなされたくないものですし、よって、たとえ敵であっても、その屍を埋葬し、あるいは、埋葬の許可は与えるものなのです。この点に関して、敵同士であっても［暗黙の］取り決めがなされていました。さらに、これはいつの時代

3 マタ24・38。

においても慣例となってきました。全ての民にとって、埋葬は神聖な義務だったのです。屍が投げ捨てられ、放置されている。このしるしは、最も深刻な災いのしるしです。よって、理解できたことでしょう、預言者のここでの言及が意味することについてを。はっきりと彼が告げることには、多くの屍が投げ捨てられていた。至る所で放置されていた。それはつまり、死者の埋葬がなされていなかったということです。本当に、人間というものは、たとえ百回罪を指摘されたとしても［悔い改めに至らず、それどころか］、神がそれまでのよりも重い裁きを執行なさろうとする際には、神に向かって戦いを挑もうとする。彼らイスラエルの人々はこういった状況にありましたので、預言者は彼らに対する訴訟を続けています。また、私たちが先に学びましたことを、預言者は再び繰り返しています。すなわち、神は［彼らに対して］残忍なお方ではないということです。たとえこの民全員が滅び、［その屍が］遺棄されるとしても、それは正しいことだったのです。なぜなら、この民の罪は極限にまで至っていたのですから。

さらに、とりわけこの民の指導者たちが攻撃されています。こう言われています。――「このことを聞け。あなたがたは貧しい者を踏みつけ、あるいは呑み込んでいる」。確かに、民衆のほとんど全員が同じ過失を犯していました。しかし、私は既に語ってきましたが、預言者はこの説教を、あえてとりわけ高官たちに対して向けているのです。当時のイスラエルの民の状態が腐敗していたことは間違いありません。位の高い人たちを始めとして、小さなものに至るまで、全ての人たちが過ちを犯していて、罪と無縁な者は誰一人いませんでした。しかしながら、必ずと言ってよいほど、指導者たちの中により大きな罪が見られたのです。だからこそ、指導者たちに対して、預言者たちはより厳しく、より厳格に立ち向かったのでした。平民の多くが怠慢と過ちに事欠きませんでした。彼らはお互い［の罪に］引きずられてもいました。しかし、上に立つ人たちが法を曲げ、掟を歪めていたのです。彼らこそ、数々の身勝手な行為の張本人です。ですから、主がご自身の預言者たちを通して、彼らに特別厳しくされたとしても、別に驚くことではありません。では、ここ［4節］での預言者の忠告ですが、彼はこう言っています。――「このことを聞け」。この言葉は強調［の働き］を担っています。つまり、預言者は彼らに対し、聞くようにと命じているわけですが、それは、彼らが自分たちの悪をよく見てはいなかったからなのです。耳も全く聞こえていませんでした。さらに、彼らが空しく神と争っていたからなのです。偽善者というものは、逃げ口上を告げ回り、自分たちは裁きを逃れることができると思い込んでいるのです。こう言われています。――「聞け。憐れな人たちを食い尽し、地の貧しい者を滅ぼす者らよ」。この言葉において、はっきりとした区別を見て取ることができます。その区別とは――預言者は平民も高官も区別せず、神の裁きの座に等しく召喚しているのではないということです。むしろ、指導者たちに対して、ここでの説教は向けられています。

では続けましょう。

5　あなたがたは言う。「新月祭はいつ終わるのか？　穀物を売りたいものだ。安息日はいつ終わるのか？　小麦［が入った納屋］を開きたい（つまり、取り出したい）ものだ。いつエファ升を小さくし（つまり、「量りを小さくし」ということです。ご存じの通り、エファ升は共通の量りでした。よって、「いつ我々は量りを小さくしようか？」ということです。）、「שקל」（貨幣の単位です。）を重くし、偽りの天秤を使ってごまかそうか？

これらの言葉で、預言者はこれまでと同じ内容の話しを続けています。そうしますと、これまでの内容は、民全体に対して適応することはできなかったわけですから、ここでの言葉も略奪者たちに対してのみ向けられています。その略奪者とは、憐れな人たちを圧迫し、一般民衆の中のとりわけ無力な低貧層の人たちを圧迫することが可能であった人たちのことです。彼らは大量の小麦を取り抑えていました。今日においても、穀物の価格が高騰する際、少数の人たちが自分の貯蔵庫の扉に錠を下ろしているのが見られますよね。それだけでなく、彼らは人々を虐げ、ほとんど破産させ、飢えに追いやっています。当時においても、少数の富裕層がほとんど全ての民を飢えた状態にさせていました。これを見た預言者は、今言っています。——「思ってもみるなかれ！　神が厳しすぎるとか、あなたがたに対して残忍な仕打ちをされているとか。これまで憐れな人たちを破産させ、飢えたままにさせておきながら」。ですが、先に預言者が警告した災いは、この民全員に等しく向けられたものでもあったはずだ、と問われるかもしれません。だから、少数の［富裕層の］人たちによる民への不正のこと［がここ5節で告げられているの］だ、という［私の］主張は間違っている、と。私はこれに対して答えます。これまで私たちが見てきましたところの、民衆もまた非難されて然るべきであったその罪とは別の罪［が、ここ5節では言及されているの］だと。民衆もまた非難されるべき罪について、私たちは後で再び聞くことになるでしょう。しかし、最初に扱われる相手は、高慢な人たちでなくてはなりません。それは、己の権威によって、共通の法からは免除あるいは解放されていると確信していた人たちのことです。この人たちの口は塞がれる必要がありました。預言者自身、彼らに［口を開かせて語り出させる］暇を与えません。私たちは学びましょう。高慢な人たちがどのようなおかしな屁理屈を並べ立てているのかを。また、この世の富と権力に弾みをつけている人がいるとしても、それは主がその人たちを厳しく抑えつけ、制せられるその時までのことだ、ということについても「私たちは学びましょう」。以上の［ことを私たちが学ぶ］ために、預言者はここ［5節］において、専ら傲慢な人たちを相手にしているのです。

　彼らがいわく——「新月祭はいつ終わるのか？　穀物を売りたいのだが」。「חדש」という月［の名］に関して、ある人たちはそれを「新月」として受け取っています。多くの人たちがそのように受け取っていますが、すぐ後に「安息日」の言及が続いていますから、この解釈は妥当でしょう。よって——「新月祭はいつ終わるのか？　安息日はいつ終わるのか？　我々の小麦を売りたいのだが」。安息日であれ、新月祭であれ、あるいは、仕事をすることは許されていませんでした。よって、何もせずに過ごすその日が来る度に、彼らはその分の時間が無駄になってしまうと考えていました。あくせくしている吝嗇家を見たことがあるでしょう。彼らの欲望が、彼ら自身を休むことなく駆り立てているのです。彼らの欲望は、まるで暖炉のように燃えたぎっておりますので、かりにたった一時［間］でも失えば、彼らは一年を喪失したと思ってしまうのです。ほんの短い時間であっても、彼らにとっては勘定の内なのだ。彼らはこう主張する。――「［この時間に］商人が訪れてこないと、どうしてそう言えよう？ ああ、俺としたことが、一日も休んでしまった！ たった一ポンドも損することはできなかったのに」。このような貪欲まみれの勤勉さであります。この病が預言者によって記されているのですが、おそらく彼はこう言ったのです。――「あなたがたは休むことなく、止まることもない。だが、神は民にお命じになられたはずだ。新月の一日には休むようにと。(4) また、神は望まれたはずだ。七日目には、あなたがたが全ての業を休むことを。それを稼げないから時間の無駄だと言うのか？」 一方、これとは別の解釈も可能です。つまり、彼らは月ごとに小麦の値段が上がっていくことを期待していた、という解釈です。今日の略奪者たちもそれを渇望しています。彼らは至る所から小麦を掻き集めて、私たちを飢えに追いやるのです。彼らは期待しています。毎月ごとにでも何か不幸なことが起らないだろうかと。つまり、［災害の力を借りて］穀物の値が上がることを期待しているのです。霜が降りないだろうか、長雨が始まらないだろうか、何か災害が起きないものか、春の季節が早く過ぎ去らないだろうか、雹の季節が始まらないだろうか、黒穂病にかからないだろうか、といったように、言ってみれば、彼らは一年中［災いに見舞われるのを］待ち伏せしているのです。［ここ5節の解釈として］以上の意味に取っても決して悪くはありません。さらに、そのように理解する人たちによれば、より厳密には閏月のことがここで言及されているのだそうです。つまり、閏月とは、この月が追加されることによって、結果的にその年を長くさせてしまう月のことです。(5) この［閏月といった解釈を採用する］場合、続く「安息日」に関する箇所も、

4　民28・11―15を参照。
5　収穫量は毎年限界があったので、一月追加されれば、相対的に穀物の希少価値が生じ、したがって、彼らにとっては有利

これと呼応［する仕方で解釈］しなくてはなりません。要するに、この［「安息日」という］語を「七日目」といった意味とは異なる意味に［すなわち、七年目の「安息の年」として］受け取る必要が出てきます。皆様も覚えていることとは思いますが、ユダヤ人は七年目毎に、土地の農耕作を一切いたしませんでした。[6] いかなる収穫も禁じられていたその年［の後］には、［当然］穀物の値段が上がったわけです。そしてこのようにして、貪欲な略奪者たちのための餌食が準備されていたのでした。

こうして――「安息年はいつ終わるのか？　我々の納屋を開きたいものだが」。耕作、収穫、生産が禁じられた一年が過ぎ去るまで、彼らは蓄えが詰まった納屋を封じていたのでした。彼らはその年が過ぎ去った後、蓄えが詰まった納屋を開いたのです。あるいは少なくとも、その［年が終わる］頃が、ちょうど［納屋を］開くための頃合いだったということなのでしょう。このように彼らは民を残忍に扱っていましたので、いみじくも預言者は彼らを責め立て、そして告げます。――「神があなたがたに厳格過ぎるということがあろうか。むしろ、神はあなたがたに対し、あなたがたに相応しい報いを届けておられるだけなのだ」。

その他のことは、次の講義に回させてください。

祈り

全能の神、あなたは絶えず、毎日のように、私たちに教え諭してくださいます。私たちが早く悔い改めるようにと、そして、私たちが愚かで遅い余り、あなたの裁きを身に招いてしまわないようにと。私たちの罪が完全に熟してしまい、もはや何の手立ても残らなくなってしまうその時を待つことのないようにと。むしろ、私たちがあなたのご忠告に聞き従い、それに導かれて、あなたの憐みのもとへと逃れることができますように。

となる、ということか。

6　レビ25・2以下を参照。

決してあなたの裁きが遠いと思うことのないように、そして、私たちの頑なさによって、あなたの怒りを身に招いてしまわないように、むしろ、あなたの赦しのもとに立ち帰ることができますように。あなたの御子キリストの名によって、あなたとの和解が得られるために、私たちが励むことができますように。ただ口先だけで励むのではなく、また、その他の外面的な手段に訴えることなく、心の真の思いと、そして、全ての生活において、あなたに応えることができますように。私たちは誠実と公正とをもって、あなたの子供であることを示し、そしてまた、あなたが私たちの御父であられることを、あなたご自身が明らかにしてくださいますように。我らの主、あなたの御子キリストにおいて、アーメン！

前回の講義では、私はやむを得ず話を遮ってしまいました。しかし、この6節はその前の二節［4—5節］と結び付け［て考え］る必要があるでしょう。預言者は次のように言っています。

6　貧しい者を金で、弱い者を靴一足の値で買い取ろう。また、くず麦を売ろう」。

この言葉において、預言者はなおも金持ちの貪欲について話題にしています。物の値段が高騰している時に、彼らは貧しい人たちを拘束し、彼らを売り物として取引していました。預言者はこの少し前に安息年について、さらに、不正の量りについて語りました。ここでは別の種類の悪巧みが続いています。そう、くず麦を売ることです。彼らの思いは、それを売って貧しい者を買い取ることでした。皆様も知っているはずです。人が飢えに追いやられた際、極度な貧しさと困窮が行き着く結果を。たとえ無価値なものであっても、それと自分の身とを引き換えにするどころか、［その無価値なもののために］自分の命を百回も売り渡してしまうほどに。しかし、命を保ち、命を守るもの以上の食べ物は存在しないはずではありませんか？　人は誰でも、他の全てに勝って自分の命を大切にするはずです。よって、預言者は彼らの不正、つまり、機会を狙って待ち構えている金持ちたちを断罪します。小麦が高値で売れることに気付いていた金持ちたち。――「さあ、貧乏人が我々の物になる時がやってきた。やつらは我々の罠にかかった。靴一足の値でやつらを買い取ってやるとするか」。［彼らの］さらなる別の行為が、彼らのこの不正を助長しています。つまり、彼らはくず麦を売って［貧しき人たちを買い取って］いたのです。彼らは貧しき人たちを自分の奴隷としていました。それだからといって、彼らを養うこともしていませんでした。彼らは小麦に籾殻やくずを混ぜていました。それが当然のように。本当に、民衆を貧困に追いやるために、彼ら略奪者たちがしていたことといったら！　彼らは小麦の代わりに大麦を売り、大麦を籾殻やくずに代えて売っていた。ですが、この箇所で明らかにされている種類の不正は、何も真新しい不正ではありません。［彼らの不正に対する］罰の告知が続きます。

7　主はヤコブの誇りにかけて誓われた。「私は、彼らが行った全てのことを、いつまでも忘れない」。

神は金持ちたちの罪を明らかにされました。その後、神は裁き主として、そして復讐なさるお方としてお姿を現わされます。彼らとしても、もし非難されただけならば、大してそれに気を留めなかったことでしょう。ホラティウス(7)の作品に登場する、かの高利貸しの台詞のように。――「この民は俺にやたらと文句を言ってくるが、けれども、俺は自分を褒めてあげたい」。これといつも同様でした。［自分に］満足していた彼ら略奪者たち

7　紀元前一世紀のローマの詩人。

も。たとえ全世界が彼らに向かって大声を張り上げたとしても、たとえ天から神の雷鳴が響いたとしても、彼らはそれらを嘲っていたのです。外見も恥も完全に失っていた彼らです。さらに、頑なになっていた彼らは、飽くことを知らぬ貪欲に目が眩み、気が狂っていたがゆえに、正しきこと及び礼儀に関するあらゆる配慮を拒んでいました。よって、神は今、彼らには裁きが避けられないとお告げになっています。また、神の警告が彼らの心に鳴り響くために、預言者は神の御名にかけての誓約を果たし、そして言っています。――「主はヤコブの誇りにかけて誓われた」。

古代のある解釈者によれば、「ヤコブの傲慢に対して、主は誓われる」と解釈されるそうです。しかし、これでは預言者の言おうとしたことが十分に汲み取られてはおりません。なぜなら、ここでは［ヤコブの］悪徳ではなく、むしろ、ヤコブの尊厳が言われているからです。そして、その尊厳とは、以前にも私たちが学んだことと思いますが――私はヤコブの誇りを忌み嫌う(8)――、主がアブラハムの子孫に与えられた尊厳のことでした。ある人たちは、［6・8の理解と同様、ここ7節でも］「私は傲慢に対して忌み嫌う」と読み換えています。ちょうど先の箇所において、神が彼らの間違ったうぬぼれについて言及されていたように。しかし、［その箇所6・8においてのことですが、そこで］神が言おうとされていたことは、むしろ彼らの過ちなのです。つまり、彼らは自分たちが安全で害から逃れていると思い込んでいました。自分たちだけの特権によって、大いなる恵みの内に自分たちは迎え入れられているのだと。よって、［6・8において］主は言われます。――「その特権には意味がない。私はこれまでアブラハムの子らに対しては慈悲深く、寛大であった。しかし、今やその尊厳を私は忌み嫌う」。確かに、この［7節の］箇所でも同じように言われています。――「主はヤコブの誇りにかけて誓われた」。彼らは己の尊い立場によって傲慢になっていました。神の無償の恵みであったのにもかかわらず。よって、彼

8　アモ6・8。

らの自信を追い払われるために、神はまさしく［自信の込められた］誓約の型式を［御言葉の中に］挿入されているのだ［と、ある人たちは考えています］。一方、別の人たちはこう訳し変えています。――「私自身にかけて誓った」。（少なくとも、そういったような意味に彼らは解き明かしています。）［彼らのこの解釈に従えば、こういう訳となります。］――『私は私自身にかけて誓った』。というのは、神はヤコブの栄光であられるから」。別の人たちは、この［「誇り」と訳される］「גאון」を、「聖所［つまり神殿］」を指す語だと考えています。なぜなら、ヤコブの誇りとは、すなわちそこにあったからなのだそうです。神が選びの民の中にご自分の住まいとして選ばれた所こそ、そこであったからなのだそうです。この理由から、「神は［神殿内の］ケルビムの間に住まわれる」ともしばしば言われるのだそうです。もちろん、神を神殿の中に閉じ込めることはできない、だが、民はそこにこそ神の神聖、御恵み、御力を感じ取っていたから［神はヤコブの聖所、つまり神殿にかけて誓われると訳すべきなのだそうです］」。

しかし、この「誇り」という言葉に関して、この私はむしろ、神がこの民をその他の人たちから切り離され、この民をご自分のものとされた、といった［神の］子の身分を意味する語として理解いたします。こうして――「主は誓われた」。どのようにして？「ヤコブの誇りにかけて」。さらに、［この誓約によって］神はこの民の忘恩を鋭く非難されております。それは、この民がいか様にしても神に恩を感ずることがなかったからです。他の民が様々な点で彼らよりも優れていたのにもかかわらず、神はこの民を特別に選ばれたのですから［彼らは神に恩を感ずべきであったのですが］。無名であったこの民が、［神の］格別なる嗣業として選ばれました。このことは計り難い恩恵であったはずです。それだけに、預言者は今、神のお怒りを明らかにしています。だからこそ、この民の忘恩に対しては、誓約の型式が採用されねばならなかったのです。［神はこう言われています。］――「何だそれは？　あなたがたはこの私に刃向い、牙を向けるというのか？　どんな権限によってか？　どんな理由によってか？　大体、あなたがたは何者なのか？　この私があなたがたを選んだのだ。それなのに、あなたがたが私に返していたものと言えば！　あなたがたが今あるのは、全て私のお蔭だったはずなのに、この私から、私の権限まで奪おうとするのか。それならば、私はヤコブの誇りにかけて誓おう。これを言い換えれば――「私は、私があなたがたに授けた私の恩恵にかけて誓おう」。これを言い換えれば――「私は、私があなたがたに授けた私の恩恵にかけて誓おう」。私にとって本当に尊いものが汚され、辱められることを私はもはや許さない。これまであなたがたにはいろいろなものを与えてきたものだが、今やあなたがたの命をもって私は報いる。あなたがたは、あなたがたに相応しい悲惨な最期を遂げることだろう」。

以上の通りですが、預言者が用いていますこの誓約に関して、それが「未来のことに対してではなく」現在の事柄に対して向けられた誓約であることが分かるのです。こう言われています。――「私はあなたがたが行った全てのことを、いつまでも忘れない」。これを言い換えれば――「あなたがたの行ったことで、私から罰せられずにやり過ごされるものは一つもない」。偽善者というものは、たとえ罪の意識に苛まれることがあるにしても、彼らが考えていることと言えば、「いかにして」多く「の罪」を隠すことができるか、ということなのです。「自分の罪の」百分の一、あるいは、せいぜい十分の一が明るみに出れば、もうそれで十分だと彼らは思い込んでいます。なぜ彼らがそう思い込んでしまうのか。その原因は、神がどんなに物事を観察されても、大部分の過失には神の目は届かない、という彼らの考えにあります。このように、偽善者たちは安心しきって自分を欺いているものですから、預言者は言っています。――「私の目から隠し通せるものは何一つない。私はあなたがたの行ったこと全てについて知っている。私の書に記されたあなたがたの罪、いや、私の記憶に残っているあなたがたの罪の反抗を全て、私は言い当てることができる。あなたがたはいずれ、それらを清算する羽目になることだろう」。

では続けましょう。

8　このために、地はおののかないだろうか？　そこに住む者は皆、嘆き悲しまないだろうか？　地はことごとく川のように盛り上がる（あるいは、高く上げられる）だろう。あたかもエジプトの大河によるように、「住民は〕投げ倒され、また、沈められることになろう。

預言者は直前の文を、ここで別の言葉をもって確言しています。また、問い〔の型式〕が二度提起されていますが、それは強調のためです。私たちの間でもそうですが、たとえ疑いない事柄であっても、問い〔の形〕で提起されることはよくあります。神はここ〔8節〕において、いわば十分明白なことを尋ねておられます。つまり、全ての秩序を覆しているような彼らが、どうして安全な身のままであろうかと。さらに、公正をあらゆる所で踏みにじり、人類愛がどこにも見られないような彼らが、どうして助かる身であろうかと。すなわち、〔以上の問いの答えは——いずれも〕不可能だ、ということです。お分かりになるでしょうか。なぜ預言者がこういった問い〔の型式〕を用いているのかについて。それは、これまで語ってきた教えを強調して断言するためなのです。

こう言われています。——「地はおののかないだろうか?」 イスラエルの人々が全秩序を覆していたということです。あたかも天と地を混合するかのように。箴言にも言われています。——「道理と平等とが全て入れ混じっているような混乱の最中で、大地が静かに立ち続けることがあろうか?」「地はおののかないだろうか?」と言われていますが、預言者はこの言葉によって、何も大地に叫び声を上げさせ、言葉を語らせたかったわけではありません。むしろ、婉曲的な擬人法によって、「大地が揺り動かざるを得ない、彼らのような住民を上に支えなくてはならないとしたら」と彼は言っているのです。本当に、彼らの中には一致というものが見られませんでした。彼らの生活状況は、混乱どころではありませんでしたので、大地もまた動かざるを得なかったのです。

続いては——「そこに住む者は皆、嘆き悲しむ」。彼がこの言葉で告げ知らせていますことは、先程彼が告げ知らせたばかりの「大地の動き」を、大地の上の住民が感じ取ることになる、ということです。つまり、大地が〔その上の住民を支えるといった〕己の働きを果たすことを放棄して〔揺れ動いて〕しまえば、自ずと大地の上の住民は嘆き悲しむことになるのです。続いて、別の比喩によって、大地の運動が言及されています。つまり、大地が〔溢れた〕川のように盛り上がり、洪水によって人々を呑み込む、といったことです。多くの人たちが次のように解釈しています。――「〔溢れた〕エジプトの大河〔に追われる時〕のように追い払われ、そして〔その水が〕被さる」。

〔8節の最初では〕大地の氾濫の言及がなされています。その後〔8節後半において〕、預言者は話題を人間に移しています。その人間とは、この氾濫によって押し流され、そして溺れてしまうことになる人たちのことです。要するに、彼ら住民が、あたかも大きな渦に巻き込まれて滅びることになる、というのが正しい意味です。ナイル川が全周囲に氾濫し、居住区域は海のような有様となる、といった譬えがなされています。それにしても、感嘆すべきことに、多様な物事を取り入れることができる預言者の言葉は、まるで私たちを手でもって招き入れるかのような洗練されたヘブライ語です。その説明の仕方は――「地が川のように高く上げられる」。続いて――「投げ倒され、一掃されるだろう」。これも大地に関する比喩的言及です。さらに――「沈むだろう」。これも大地に関する言葉です。ある人たちは次のように置き換えていますが。――「まるでエジプトの大河のようなものが〔大地を〕吐き出す」。しかし、私はこれとは違った意味に訳してみました。つまり――「ことごとく川のように、大地は高く上げられる。そして、大地は投げ倒され、まるでエジプトの大河によるかのように、沈められる」。つまり、こう言われているのです。――「大地が高く上げられる。そう、あたかも川のように。つまり、そこが人の住めるところではなくなるということだ。私はこの土地を、私の民に賜った。そこで彼らが生きるようにと。しかし、この土地は、あたかも川のように高く上げられるだろう。洪水が全土を覆うということだ」。続けて、預言者は「投げ倒され、沈められる」と言っていますが、この言葉〔の主語〕に関しては、大地に適応すべきではありません。むしろ、住民ないしイスラエルの民として捉えるべきです。彼は初め、「כאר」と呼んでいました。「川のように」という意味です。しかし、ここ〔後半〕では「כיאר」と言っています。私はこのように解釈

します。つまり、「כיאר」とは、「まるでエジプトの大河によって［押し流されるか］のように」という意味です。有名なことですが、毎年のようにナイル川は氾濫します。そして、広大な全エジプト平野を水に浸からせてしまうのです。預言者は［エジプトの］ナイル川といった比喩を用い、差し迫った神の裁きを伝えています。その裁きとは、大地が大河のようになってしまうといった裁きのこと。［大地の上の］その住居は水に浸り、押し流されてしまい、作物は全部だめになる。大地の表面はどこにも見えない。あたかも投げ倒されたかのように。このような意味において、預言者は今言っています。――「投げ倒され、そして、沈められるだろう」。以上が簡単な説明ですが、ここでは「ע」を補う必要があります。なぜなら、［「ונשקה」、つまり、「水を飲まされる」という言葉に関して］「ע」を補って「ונשקעה」とすれば、「沈められる」あるいは「覆われる」という意味とな［り、文脈に一致す］るからです。［「ונשקה」における］この「ה」には特に意味がありません。むしろ、「ע」を加え［て考えてみなくてはなりません。ちなみに［この「ונשקה」という語に関して］、二通りの読み方が明記されてもいます。(9)

以上のように、預言者の思いを理解することにいたしましょう。では続けます。

9 その日が来ると、と主なる神は言われる。私は真昼に太陽を沈ませ（あるいは、降ろし）、白昼に地を闇とする。

この譬えをもって預言者が告げていますのは、当時のこの民に差し迫っていた裁きに関してです。イスラエ

---

9 カルヴァンは、いわゆる「ケレー」のことを言おうとしたのだと思われる。余りに専門的な領域の話となるため、説明を避けたのか。また、カルヴァンのこの語に関する読み換えの提案は、アモス9・5に「ונשקעה」という語があるからだと思われる。

ルの人々は、繁栄とそれに伴う幸いによって惑わされていました。預言者は転義[10]を用いています。つまり、神が光を闇に変えられないだろうか、といった言葉によって［次のように言おうとしたのです］。――「あなたがたは、あなたがたの富や、あなたがたにとっての喜びとなるものを、自分自身で絶賛している。神があなたがたを赦しておられるからといって、あなたがたは神が永久にそうしてくれると思い込んでいるのだ。しかし、私は言う。『神は光を闇に変えることがおできになる』と。たとえその時が真昼であったとしても、暗い夜が突然あなたがたを襲う」。このように理解すれば、預言者が用いているこの譬えの内容を理解できるはずです。神は太陽を闇に変えることがおできになる。太陽を沈ませることも。そして、明るい日に大地を覆う闇を広げることがおできになるのです。確かなのは、当時日食が起ったということではありません。また、預言者もそのことを言おうとしたのではありません。では、先ずこの譬えに注目しつつ、それが意味するところを考えていきましょう。

もし文字に目を奪われ、それに拘るのならば、［その人の考えは］いたく無味乾燥になってしまいます。預言書だけでなく、あらゆるジャンルの御言葉に関しても、そうなってしまいます。比喩が全く使用されない言語というものは存在いたしません。この箇所でも非常に優れた転義が用いられています。つまり、神が真昼に太陽を沈められ、影を宿らせる、といった言葉においても。預言者の忠告によく耳を傾けましょう。物の豊かさによって自信たっぷりのイスラエルの人々。自分たちはあらゆる危険と無縁であったと思い込み、安穏に浸り、怠惰に陥り、頑なに神を嘲っていた彼らでした。預言者が見届けたのは、彼らが神の慈悲深さを利用していたことでした。――「どうして有り得ないことがあろうか？　主が昇らせ給うたご自身の太陽を、たとえ真昼であっても、主はそれを沈ませることがおできになるのではないか？　あなたがたは今、光のもとではしゃぎ回っている。しかし、神は思い返され、今すぐにでもあなたがたに暗闇を送られるだろう。暗闇があなたがたの頭上を包むであろう。

10 Translatione.

たとえ神が微笑みかけられても、たとえ神が寛大であられたとしても、偽善者たちよ、あなたがたの手柄にはならないのだ」。神は温情溢れる優しさをもって、彼らを悔い改めへと招かれるのですが、それは、パウロがローマの信徒への手紙の最初の方で記している通りです。[11] しかし、神はご覧になられました。彼らが厚顔にも放蕩に耽っているのを。そこでついに、御寵愛を裁きに変更されます。「神は真昼の太陽を沈められる。明るい日を暗くされる」。この言葉において、預言者は以上のことを言おうとしたのです。では次です。

10 私はあなたがたの祭りを悲しみに、あなたがたの歌をことごとく哀歌に変え、どの背にも（あるいは、どの腰にも）粗布をまとわせ、どの頭の髪もそり落とさせ、独り子に対するような悲しみを与え（あるいはむしろ、そのような悲しみの中に）、その子孫を苦悩に満ちた日のようにする。

預言者はこれまでと同じ趣旨の言葉を続けています。しかし、これまでのような転義的用法は使われておりません。したがって、十分明確な仕方で裁きが告知されています。つまり、神が彼らの祝日を嘆きに変えられ、歌は哀歌に変わると。これらの言葉は意図的に使用されています。その理由は、これまで私たちが見てきましたように、イスラエルの人々が様々な儀式の名のもとに、うわべだけを着飾っていたからなのです。そして、それによって、彼らはますます神の怒りを身に招いてしまっていたのでした。神礼拝――これが彼らのお決まりの常套句でした。しかし、それは単なる迷信でした。真の信心に対する冒瀆でした。彼らは自分自身の誤った儀式によって、神の裁きを身に招き寄せていました。彼らとしては、よく隠れているつもりでした。偽善者たちにとって、儀式こそ盗賊の巣窟です。エレミヤも証言しています。[12] 預言者アモスも祭りと歌について、はっきりと次のよ

11 ロマ2・3、4を参照。
12 エレ7・11。

うに言及しています。――「あなたがたは、私があなたがたの祭りによって喜んでいるものと思っている。あなたがたは私にいけにえを献げているが、しかしむしろ、あなたがたは私の名を語りつつ、偶像に献げているだけなのだ。さらに、あなたがたの歌を私が楽しんでいると思っているのか。私はそれに感動しない。それどころか、ますますイライラしてくるばかりだ。よって、『私はあなたがたの祭りを悲しみに、歌を哀歌に変える』」。さらに、預言者は私たちがこれまで聞かされてきた［裁きの］内容を、より広い層の人々に対して向けています。つまり、この民全員に対して、「嘆くことになろう」と彼は警告しています。そしてそれは、彼らが長い間、神の寛容を乱用していたからでした。こうして――「私はあなたがたの喜びを悲しみに変えよう」。

以上の通りであります。なぜ預言者は祝祭日と歌について挙げているのかを私たちは考察してきました。その答えは、彼らがそういったつまらぬ償い事によって、神の裁きを追い払うことができると考えていたからなのです。言ってみれば、彼らは扇でした。それによってますます神の裁きの炎を掻き立てるところの。

続いては――「私はどの背にも粗布をまとわせ、どの頭の髪も剃り落とさせる」。［10節前半と同じ主題ですが］同じ主題であっても様々な語り口は可能なものです。ところで、彼らは粗布を身にまとうことを習慣としていました。同様に、悲嘆の渦中にある際に、髪の毛を剃り落とすことも。預言者が告げ知らせていますのは、この民を間もなく襲うことになる最大の悲劇についてです。それは、彼らがあらゆる喜びを奪われ、完全なとりこの身分とさせられて、涙に明け暮れることになるといった悲劇。「私はどの腰にも粗布をまとわせる」とはすなわち――「私はそれぞれの人から高価で優雅な着物を脱がせ、粗布を身にまとわせよう。それだけでなく、頭を剃らせ、髪の毛を抜き取らせよう。しかしそれは、あなたがたの慣習に従ってするまでだ」。聞くところ、［かつての］東国の民は、［現在の］私たち以上に、外面的なしるしに拘る人たちでした。俳優かとでも言わんばかりに、その地域では軽々しく泣き叫ぶ演技が行われていました。我々の預言者の［ここでの］語り口は、そういった嘆き方の慣習を題材にしています。

続いては——「独り子のために対するような嘆きを彼女（「地」の名のもとに、イスラエルの人々のことが言及されています。[13]）にもたらす」。この譬えは別の箇所にも出てきます。こう記されています。——「彼らは独り子［の死］を嘆くように嘆く」（ゼカ12・10）。その他の箇所においても同様な記述がありますが、いずれにしても、ほとんど説明を要しません。つまり、たとえ多くの子に恵まれた人がいたとして、その子供の中のたった一人の子が死んだだけでも、その子の死は耐え難いものです。だとしたら、もし独り子が奪われた人にとっては、その悲しみに終わりはなく、際限もないことでしょう。慰めとなるものが何も残されていないわけですから。「独り子のための嘆きに匹敵する悲しみが襲うことになる」といったようなことを預言者は告げ知らせたかったのです。

さらに、間もなく訪れる災いは短期間の災いではない、といったことが告げ知らされています。こう言われています。——「その子孫を苦悩に満ちた日とする」。こう告げる預言者に対して、「神はそんなに厳格で厳しいお方ではない。裁きを受けるとしても短い間だけだ」といったような想像を膨らませていた偽善者たちでした。偽善者たちは裁きに対する恐れを追い払い、あるいは少なくとも、それを和らげようとするのです。——「馬鹿を言うな！　確かに、神が我々罪人を罰せられるということはあるかもしれない。しかし、［その期間は］煙が消えていくような瞬く間だ」。このように偽善者たちは自分を慰めるのです。よって、預言者がここ［10節］の後半部分——「私はその子孫を苦悩に満ちた日とする」——を繋げているのには意味があります。彼ら［イスラエルの人々］にとって、「やっと」全ての災いが通り過ぎたと思うようになるその頃に、「それまでにはない」新たな災いが次々と続いていくとすれば、彼らの子孫たちは［それらの新しい災いを経験しなかった先祖たちの］二倍の嘆きを味わう羽目になるのではないか。彼らの子孫たちは、その先祖よりも酷い苦しみを感ずることになるでしょう。

13　動詞の末尾に三人称単数女性代名詞の語尾が付されている。カルヴァンはこの代名詞を前節の女性名詞「大地」を指すものと考えている。

11 見よ、その日が来れば、と主なる神は言われる。私は彼らに地の飢えを送る。それはパンへの飢えでもなく、水への渇きでもなく、主の言葉を聞くことへの飢え渇きなのだ。
12 人々は海から海へと行き巡り、北から東へと主の言葉を探し求めてさまよい歩くが、見いだすことはできない。

この言葉において、預言者［の怒り］は爆発しています。彼が告げ知らせていますのは、一時的な処罰ではありません。むしろ、最後の滅びと、そして永劫の罰のしるしです。神はイスラエルの人々から、光の御教えを全て取り上げられます。その時には、彼らは暗闇で目が見えず彷徨うことになります。確かなこととして、この［アモスが生きた］時は既に、健全な教えは消えていました。偽りと、そして、かの迷信が彼らを支配していました。私たちが見てきました通り、正しき忠実な神の僕たちが暴君的仕打ちを受けていました。しかし、神は彼らを連れ戻そうとされていたのです。神に反抗し、神の支配から遠ざかる逃亡者を志した彼ら。神はそんな彼らを駆り立てられ、たとえ強引にでも、彼らを救いの道へと連れ戻されようとしていたのです。神は多くの年月をかけて、この民の悪徳に対してそのように闘ってこられました。そう、十の部族が離反した時から、我らが預言者［アモス］の時代に至るまでずっと。私たちが学んできましたように、イスラエルの国は初め三つ［の幻で示された災い］によって打撃を受け、そしてついに［第四の幻で示されたように］イスラエル王国は滅びることになりました。しかし、彼らに向かって伸ばされた主の御手はなお置かれたままでした。ご自身の僕たちの働きが効果なく、意味をなさなかったのを御覧になられ、また、ご自身のお言葉では何の実りも得られなかったのを御覧になられ、さらに、ご自身の名が汚されて、御慈愛が足で踏みつけられているのを御覧になられた神は、最終的な裁きを告知されます。こう言われているのです。――「私は不快でたまらない。これまであなたがたの不正を堪えてきた私だ。多くの罰をもって、私はあなたがたを必死に連れ戻そうとしてきた。その際に、私は［災いの程度の］限度枠を設け、あなたがたに対する治療を諦めることはなかった。よって今、あなたがたの病が癒されなかったとしても、それは私の責任ではない。なぜなら、私はあなたがたに対し、繰り返し預言者たちを遣わしてきたのだから。彼らはあなたがたに悔い改めるよう導いてきたはずだ。しかし、効果はなかった。だから今、私の言葉を取り上げることにする」。もちろん、［「私の言葉」とありますのは］魂を養うための霊的な天上の御教えのことです。「主が飢えを送られる」といった比喩を、預言者は実に的確に用いています。つまり、神の言葉に宿る力とその本性を元に、この譬えが用いられています。神は何のために、私たちに対し預言者や教師を遣わされるのでしょうか？　それは、私たちが霊的な御糧で養われるためであります。神はパンでもって、水とぶどう酒、その他の食べ物によって、私たちの体を養ってくださいます。しかし、それだけではありません。神は御言葉をもって、私たちの魂を元気付け、私たちの精神をご配慮くださるのです。私たちにとって、天上の御教えは霊的必需品です。預言者が言うことには、飢えが送られてくるとのこと。ですがそれは、以上のような意味での飢えなのです。

こう言われています。――「私は飢えを送る。それはパンや水の飢えではなく、神の言葉に聞くことができないという飢えだ」。［物質的なパンや水と、霊的な意味でのそれとにおける］この対立こそ、裁きの度合いを広げ、助長しています。こう言われているかのように。――「かりにあなたがたが飢えで彷徨っても、山で［食料となる］球根を探したり、遠方の川に水を求めていくとしても、それは何とかなる問題だ。あなたがたにとって、深刻とはならないはずだ。では、［私が言う飢えは］何に対しての飢えか？　すなわち、『神の言葉を求めても、決してそれを見出すことができない』といった飢えのことだ。この飢えをこそあなたがたは覚えることになるだろう」、とこのように預言者は言っています。ですが、私たちが預言者の考えをより深く把握するためには、パウロの次の言葉を思い起こさねばなりません。――「主は御言葉を明らかにされることによって、(14)私たちを養ってくださる。まるで「私たち家族を養う義務がある」私たちの家長であられるかのように」。「御言葉を告げ知らせる」教師たちは、自分の意志で「人々の前に」現れることはありません。神によって遣わされたからこそなのです。家長はその子供や家来たちに対し、食べ物やその他必需品を手配するものですが、主もまさにそのように、日々の霊的な御糧を私たちに届けてくださいます。堅実で深い信仰を宿した教師たちを通して。教師たちはいわば、神の御手なのだ。私たちに純粋な教えが日々説き明かされる度に、私たちは覚えましょう、教師たちは神の御手であるということを！　彼らは御言葉を語り、宣教の務めを通して、私たちを教化します。父親が子供にそうするように、彼らは私たちに御糧を送り届けてくれるのです。確かに、主は私たちの体のことも御配慮くださっております。しかし、覚えておきましょう、私たちの魂もまた、主は気遣ってくださるのです。さらに、穀物であれ、その他の実りであれ、大地が勝手に造り出すことはありません。神の祝福にこそよっているのです。神の祝福こそ、あらゆる豊穣の源泉であります。ですが、言葉は食べ物に遥かに勝るものではありませんか？　「はい、勝るものであります。」では、どうでしょう、私たちにとって、神の言葉は偶然生じるものなのでしょうか？　「そうではありません。」ですから、ここでの預言者の主張、すなわち、神のご判断に基づき、健全な教えが「「イスラエルの人々のもとから」奪われる」といった主張に驚いてはなりません。預言者はこう言ったのです。――「毎日のように健全な教えを授かること。それこそが神の格別なる恩恵であり、御父として御配慮くださっていることの証しなのだ。神はあなたがたのために、この時に至るまで家長として最大限の務めを果たしてこられた。だが今や、神は与えることを控えられる。霊的な意味での食べ物と飲み物とを」。「神は家長として、食べ物をもって私たちを養ってくださる、といったことを第一に覚えておく必要がありますが」さらに、二番目に覚えておくべきことが

14　テト1・3を参照。

あります。それは、神の恩恵につけ込むといった私たちの忘恩に対しては、それ相応の報いが待っている、ということです。さらに、飢えによってこそ私たちは教えられるのです。［私たちを養うために］尽力されている神を、決して侮ってはならなかったのだ、ということを。以上のことは普遍的真理です。神が私たちにパンとぶどう酒といった恵みを届けてくださっているのにもかかわらず、もし私たちが乱雑な放蕩に耽るのならば、私たちはその報いを受けます。乱雑な放蕩は、飢餓と絶食といった報いを受けるのです。［物質的な］パンとぶどう酒に関しては、些細なことでありますし、それらはやがて朽ちるものに過ぎません。しかし、あらゆる地上の良きものよりも遥かに尊い天上の御教えを損ずる、といった過ちを私たちが犯せば、一体どんな罰を受けねばならないことでしょう？　神は御覧になられています。神の言葉が忘恩で邪まな人たちによって笑い飛ばされ、嘲られている様子を。ですから、これらの人たち全員に対して、神の言葉が取り上げられても不思議ではありません。今日にあって、私たちは天上の御教えに対し、ますますの熱意を献げねばなりません。といいますのは、実に、大部分の人たちが、天上の御教えを十分な敬いをもって受け入れてはいないからなのです。現在こんなにも惜しみなく提供されている天上の御教えなのに。私たちのこの時代、神は私たちに対し、教えの御光を回復させてくださいました。神は寛大なる御父として、奇蹟とも呼べるほどの宝物を明らかにしてくださったのです。「畏れ敬う必要がどこにある？」「宗教が何だ？」、とこのようにある人たちは愚弄し、別の人たちは斥けています。ある人たちは、［神から］命じられることを告白いたしますが、内心はなおざりにやり過ごし、この世の務めや思い煩いに心が捉われています。さらに別の人たちは狂信的に反抗しています。教皇主義者たちがそれに当てはまります。世の中といったところは頑なさ、邪悪、無気力に埋め尽くされています。私たちには一体何が待ち受けているのでしょうか？　主は放たれないだろうか？　私たちがかつて［教皇主義者たちによって］抑えつけられていた闇よりもさらに厚く、広範囲に及ぶ闇を？　主は放任されるのではないだろうか、私たちが［霊的］飢餓で彷徨い歩くことになっても？　もし私たちが神を恐れているというならば、当然私たちにとって、これらの裁きが常に私たちの目の前に置かれているわけです。少なくとも、これらの裁きの告知は、常に目の前に置かれていなくてはなりません［つまり、それを常に心に留めておかねばなりません］。そして、私たちが特に心に覚えておくべきことは、このアンチテーゼに込められた重みであります。すなわち、預言者は対照を際立たせる形でこの裁きを知らしめているのです。彼はこう言っています。――「『それは食べ物に飢えることでもなく、水に渇くことでもない』。こういった形の神の報いならば、まだ緩やかな方だ。しかし、訪れるのは霊的な飢えなのだ」。私たちは自分の体のことで頭が一杯です。だからこそ、この［預言者の］言葉によって、私たちは目を覚まさねばなりません。霊的な飢えといった裁きの恐ろしさに、私たちはもっと注意しなくてはならないのです。そして、学びましょう、体の心配よりも、魂の飢え渇きの方を恐れなくてはならないということを。かりに土地の不作が伝えられるや否や、皆たちまち飢えのことが心配になるのです。これらの心配事が十回も［頭に］巡ってくる時間の方が、たった一日が過ぎ去る時間よりも早いほどです。――「どうしよう、どうしよう？　この自分が飢えに苦しむことになるとは。断食せざるを得なくなるとは。刈り入れまでまだ三か月、いや四か月もあるのに」。このように皆が心配になるのです。一方で、主が警告される霊的な欠乏に関しては、私たちは不安になることなく、動じない。朽つべき命に対して、こんなにも思い煩う私たち。ならばなおさら、我らが預言者によって立てられた比較［つまり、物質的な食べ物と霊的なそれとの間の比較］に対し、私たちは注意を払わねばなりません。

ですが、これはどういうことでしょうか？　飢えの前触れを告げている預言者ですが、彼はこう言っています。――「［飢えの結果］彼らは海から海へと、北から東へとあちこち歩き回ることになる」。ここで言われていることと自体は、神の恵みの内に数えられないのか、と反論されるかもしれません。つまりです。私たちにとって、主によって見舞われる最も深刻な出来事と言えば、私たちが［もはや神の言葉を尋ね求めることさえできないような］無感覚な愚か者となってしまうことではありませんか？　逆に言えば、健全な教えに対する何らかの飢え渇きを覚えることができるとすれば、その時には、私たちの中にまだ信仰が生きていると言えるはずです。たとえ外的な利益が剥奪されたとしても、神の霊は剥奪されたわけではないからです。まさにキリストが言われた通りです。――「[門を]たたきなさい。そうすれば、開かれる。探しなさい。そうすれば、見つかる」[15]。この言葉と同じように、ここでの預言者の告知も、非常に厳しいものではなく、また、恐れを呼び起こすようなものには聞こえないかもしれません。ですが、ここでの預言者の言葉は、飢え自体を厳密に話題としているわけではないことに注意せねばなりません。いわば彼はこう言おうとしたのです。――「イスラエルの人々よ、あなたがたはいまや気付くだろう。神の言葉の欠如が何を意味するのかを。それを望んでも与えられない。それを真剣な思いで探しても見当たらない。[御言葉の欠如といった]この裁きから、あなたがたは気付くことになる。魂のための霊的な御糧が奪われること以上に、恐ろしいことはないということを」。エサウがこの顕著な例です。長子の権利が失われたことを知った彼は、大声で泣き叫びました。しかし、泣き叫んだとしても、正しき思いによってそうしたのではなく、正気に立ち返ったから泣き叫んだのでもありません。ただただ絶望に追いやられていたからなのです。エサウが放った嘆きと訴えは、野蛮な獣のそれでした。そして、彼のような苦悩が、預言者のこの箇所[12節]に明記されているだけなのです。また、ここ[12節]から私たちは学習します。つまり、粗悪な人たちは、神の恩恵が剥奪されている身と自分で知りながら、悔い改める気持ちを呼び起こしません。激しく呵責に襲われるだけで、意味なく自分自身を痛めつけるだけなのです。それでいて、決して神に立ち帰ろうとはしないのです。

主の言葉を「探し求める」ということは、本来どういったことを意味するのか？　預言者がこの[「探し求める」といった言葉の]前に言っていることに聞きましょう。――「海から海へと行き巡り、そして、さまよい歩く」。信仰者であれば、神の怒りのしるしを感ずるや否や、直ちに認識し、理解しなくてはなりません。神に真っ直ぐ立ち戻ること以外に、救いの道はないということを。一方、不信仰者はいかがでしょうか？　狼狽に明け

15　マタ7・7。

暮れ、我を失ってしまう。これこそ、預言者が告げるところの、空しく誤った仕方の「探し求め」です。

以上、問題は解決されました。ですがまた、神の恵みを再び見出すための最も良き対策とは何か、といったことにも注意しておかなくてはなりません。もし神の恵みが剥奪されるのならば、私たちはその原因について探らねばなりません。神の裁きを身に感ずるとすれば、そうです、必ず神に立ち戻らねばなりません。そして、このお方との和解を追い求めねばなりません。そうすれば、神はご自身が一度取り上げられたものを回復させてくださいます。一方、もし私たちが、かつてのイスラエルの人々のように頑なであれば、神はご自身の恩恵を私たちから剥奪なさいます。私たちのこの命を支えるための必需品だけでなく、魂のための霊的食べ物をも、神は剥奪なさいます。その際には、空にこだまする私たちの悲痛の叫び声は、空しく消え行くのみです。なぜなら、神は私たちに対し、私たちが神に立ち帰るために必要な、真っ直ぐな精神といったものをもう授けてはくださらないのですから。その際の私たちは、空しく手綱を噛み砕き、［よって制限なく］空しく転げ回るだけです。そしてそれは、私たちがそこに向かわねばならないはずの所に、もはや神が私たちを招いてはくださらないからなのです。その際には、私たちは神を呼び求めることもできず、自らの悪で身をやつすだけであり、当然そこに救いはありません。

祈り

全能の神よ、あなたは絶えず私たちをあなたの御もとに呼び戻そうとされています。それなのに、私たちはあなたに反発してしまう。それを御覧になられたあなたは、［裁きの］御手を私たちに伸ばされつつ、折に触れて、聖なる忠告をもって私たちを勧告され、励ましてくださいます。そして、あなたは裁きを示され、私たちに恐れを抱かせようとなさいます。しかしそれは、私たちが破滅に突進しないためであるのです。主よ、あなたのかくも情け深き聖なる訓戒に対し、私たちが耳を閉ざすことがありませんように。あなたのご警告に対し、頑なになるのではなく、今すぐにでも従順となって、あなたの赦しのもとに立ち帰らせてください。そして、絶えずその中に置かれ続けますように。あなたが私たちのために許してくださる限り、私たちも日々の生活において、常にあなたの召命に聞き従い続けることができますように。私たちのために定められた最終ゴールへと至るその時まで、天上のあなたの御国へと引き上げられるその時まで、我らが主イエス・キリストによって、アーメン！

13 その日、美しいおとめも若者も、渇きのために弱り果てる。
14 サマリアの罪にかけて誓う者たち。また、「ダンよ、あなたの神は生きている。ベエル・シェバの道は生きている」と言う者たちは、倒れて再び立ち上がることはない。

霊的な御糧の飢えについて警告してきた預言者でした。続いて彼が付け加えていますのは、この民を襲うあらゆる種類の［作物の］不作と、そして、全ての恵みの枯渇であります。この「渇き」に関することですが、私はそれを少し前の節［での解釈］とは別に理解いたします。つまり［ここでは］、あらゆる物の困窮のために、イスラエルの人々が干からびてしまう、といった意味に解釈いたします。人間にとって、喉の渇きを覚える時ほど深刻な苦しみは存在いたしません。この苦しみについて、この箇所で預言者は予告しています。おそらく、どうでしょうか？　穀物の蓄えに苦しむ国があるとしても、飲み水の確保があれば、まだ耐えられるかもしれません。一方、水さえもなくなっていたとしたら、明らかに状況はより深刻ですし、また、その深刻な状況は、おそらく神による究極的な呪いに起因するのでありましょう。

以上、預言者が何を言おうとしたのかは理解できたことと思います。すなわち、魂を永遠の命へと養い導くためのご自身の御言葉を、神が取り上げられた暁には［13節で告げられていますように］、イスラエルの人々にとって、［霊的な御糧だけではなく］パン、そして水もなくなり、あらゆる恵みに事欠くことになるのです。こういったさらなる危機的状況について知らせるために、預言者は次のように言っています。――「美しいおとめも若者も弱り果てる」。ここで見られる情景は、自然に反するものです。活気ある［若者たち］ならば、［本来は］必要なものを賄うために走り回ることができるはずです。それなのに、彼らさえも弱々しくなってしまうとは。しかし、私は繰り返しますが、預言者が伝えようとしたことは、神の御前から逃げることは誰にも不可能だ、ということです。力強い人たちも神によって打たれるのですから。すなわち断食と、そして、水の渇きとによって。

神はこの民に対して、なぜこんな酷い罰を下されようとされているのか。その理由がこの後に続いて言われています。――「偽りの信仰による迷信に身を引き渡してしまったからだ。『サマリアの罪にかけて誓う者どもよ。ダンの神は生きている、ベエル・シェバの道は生きている、とこのように言う者らよ』」。ある人たちによれば、（彼らは他の多くの箇所においても同様にそう理解していますが）「罪」を比喩的に解釈し、それを「いけにえ」として理解しています。ヘブライ語では「אשמת」と記されておりますが、ラテン語 piacula もこのヘブライ語と同様の［「償いの献げ物」「罪」といった］意味を持っています。しかし、彼らのこの解釈は、余りに技巧を凝らし過ぎています。預言者は単にイスラエルの人々にとっての偶像に言及しているだけです。預言者が言っていますのは、「冒瀆」、あるいは「罪」のことです。ご存知のかの迷信に取りつかれた人たちは、自分たちの製品で喜んでいたものですから、預言者は非難と軽蔑を込めつつ、それを「罪」と呼んでいます。もちろん、彼らとしては、それらを神と呼び、敬いをもって接していたのですが。預言者はこう言います。――「あなたがたは、サマリアの罪において誓っている」。つまり――「罪にかけて誓っている」。「サマリアの罪」と呼ばれています。なぜなら、サマリアに全ての腐敗の起源があったからです。そこは王宮の拠点でした。全権利の中心でした。そこからかの迷信は流れてきたのです。ですから、列記とした証拠があるのです。預言者がこの国における全ての偶像物を、「サマリアの罪」と呼んでいるのには。彼の洞察によれば、不信心の源はサマリアにこそあったのです。

続いては、イスラエルの人々が自分たちについて言い聞かせている言葉です。――「ダンよ、お前の神は生きている。ベエル・シェバの道は生きている」。周知のように、ダンとベエル・シェバには神殿が建てられていました。［ダンとベエル・シェバへの呼びかけの後に、それぞれ］二つの異なる言葉が続いていますが、預言者の意図としては、先に告げられた「サマリアの罪」を具体的に告げることにあります。つまり、彼らは「サマリアの神々にかけて誓って」いたということなのです。それらは全く忌むべきものであったのにもかかわらず。偶像ほど神の御目に悪と映るものはありません。ダンとベエル・シャバで崇拝されていた神々に関する言及が続いているわけですが、［「道」と訳しました］「דרך」に関して、ある人たちの解釈によれば、ベエル・シェバへの巡礼旅、あるいは、そこに至る旅路のことなのだそうです。しかし、これはつまらぬ愚かじみた解釈です。間違いなく、預言者は広く一般的な転義[16]を用いているに過ぎません。つまり、預言者が言う「ベエル・シェバの道」とは、当時［イスラエルの人々によって］合法的に承認され、執り行われていた儀式のことを指しています。預言者はこう言います。――「『あなたがたの虚構の儀式にかけて誓う者らよ』。あなたがたは渇きを覚え、喉の渇きでよろめくことになる」。この後にこう続いています。――「彼らは倒れて再び立ち上がることはない」。つまり、［神の裁きによって］打たれた彼らは癒されない、ということです。実に、これまで神は緩やかな数々の罰を用いられてきました。彼ら自身、悪に凝り固まっていなければ、彼らはそれらによって癒されたことでしょう。預言者は告げ知らせます。――「あなたがたにはもはや万策尽きた。神によって［これから］打たれる傷は致命的となるだろう。回復の見込みはない」。

以上です。では続けましょう。

16　Translatio.

第九章

1 私は祭壇の上に立っておられる主を見た。そして、主は言われた。「かもいを激しく揺り動かせ。そうすれば、扉は揺り動かされるだろう。そして、それは全ての人々の頭を打ち砕くだろう（あるいは、命令形で「打ち砕け」）。残された者たち（あるいは、子孫は）は、私が剣で殺す。彼らのうちに逃れうる者は決していない。逃れて生き延びる者は彼らの中に一人もいない。

私たちが先程学びましたところの警告を、預言者はさらに確信をもって語り聞かせています。彼が言うことには、この民は今すぐにでもその中心から壊されてしまいます。どこにも悔い改めの見込みが存在しなかったから。預言者のこの言葉において、最初に注目すべき点があります。それは、ヤロブアム一世によって建立されたダンとベテルの汚れた神殿が、ここで語られているのではないということです。むしろ、律法に適った真の神殿について語られているのです。つまり、今回の幻に関して、神がこれまで遠ざけられてきたあの冒瀆神殿の中で、預言者にこの幻が示されたとは、どう考えても釣り合わないのです。かりに神がダンとベテルにお姿を現わされたとすれば、これらの迷信に対する間接的な是認となってしまいます。彼らとしても誤解してしまうことでしょう。シオンの山以外の所で、預言者にこの幻が示されたではないかと。こういったことに関しては、私は別の箇所で語ってきました。預言者たちは認めません。ダンやベテルにおいて神が語られたということを。そこらに由来する託宣は存在しません。これらの嫌悪すべき冒瀆神殿と関わりを持たれることを、神がお認めになろうはずはありません。神が預言者たちにお姿を現されたとすれば、シオンの山、あるいは、律法に適った祭壇であったはずです。

では、この幻は何のためであったのかを考察します。大抵の解釈者たちは、ここでの言葉を王国及び祭司制度に対する滅びの預言として考えています。そうしますと、ゼデキヤの治世のことです。ゼデキヤは捕らえられ、恥ずべき姿で捕囚に連行され、彼の子供たちは殺害されました。(1) その後、神殿は取り壊され、町も破壊されました。ですが、私は確信をもって言えますが、ここ［1節］の預言はもっと広い意味に受け取るべきです。つまり、この後続いて［記されて］いる様々な災い、そして最後には、この民全員が滅ぶことになる災いの意味に。よって、私としましては、ここ［1節］での言及を、［エルサレムの］町と［エルサレム］神殿の最終的破滅に限定することはいたしません。いわばむしろ、預言者が言おうとしたのは――ユダの人々も同様でしたが――イスラエルの人々の空しき奢りについてなのです。彼らは己の血統、そして、彼ら自身が飾られていた様々な特権を誇っていました。主は滅ぼすことをお決めになった。彼らを、そして彼らの神殿も。彼らにとっては、あらゆる不正を覆うための蓋であったその神殿も。

預言者の心は以上のようであったものと理解いたしましょう。ですが、別の注意点が生じます。つまり、［1節に記されましたところの、主が顕現された祭壇が、真の神殿、つまりエルサレム神殿の祭壇だとすれば］ご自身のために建てるよう主がお命じになられたその神殿を、あるいは、そこをご自身の住まいとしてお選びになられたその神殿を、主ご自身が容赦されなかったことになってしまいます。だとしますと、汚れた方の［ベテルやダンの］神殿、あるいは、主が拒まれたところの神殿の方は、［なおさら］破滅を防ぎようがありません。

では、ここ［1節］の託宣が何を示しているのかを考えてみましょう。［ここ1節から始まる］この託宣が［預言者アモスの託宣の］最後となります。［最後の］約束は別に考えてみなくてはなりませんが、それはその箇所［11節

1　王下25・1以下を参照。

以下」の所で見ていくことにいたしましょう。さて、彼はこう言っています。――「私は祭壇の上に立っておられる主を見た」。おそらく、預言者はこの後に続く言葉に関して、それを幻［として見た］というよりかはむしろ、その言葉を聞いた、ということなのでしょう。確かに、かつての時代、神は幻を通して聖なる託宣を与えるのを常とされていました。民数記第十二章によってそれが分かります。(2) 神はご自身の言葉を、神の預言者［アモス］を通してお伝えになることを望まれました。それだけでなく、神はご自身の預言者［アモス］を通して、御教えに権威を加えようとされたのです。しかし、この幻はいわば封印［の働きをなすもの］でした。つまり、ユダ及びイスラエルの人々に対し、預言者の口から告げられる言葉が、天に由来するものであることを確信させるための封印として。

続いて――「かもいを打て」(3)。私が思いますに、［「かもい」と訳しました］「כפתור」といった呼び名は、神殿の扉の上に突起しているアーチ状の部分のことです。「כפתורים」といったヘブライ語は「リンゴ［あるいはザクロ］」を意味します。ヘブライ人はその部分にザクロの実と花の模様を付けていました。そのために、ヘブライ人の教師たちの考えによれば、神殿の二つの扉の上部を囲む部分が「כפתור」と呼ばれるのだそうです。ですが、もう一つ考えられることとして、この扉の部分が［リンゴ、あるいはザクロのような］丸い形をしていたから、そう呼ばれるようになったのかもしれません。いずれにしても、「כפתור」という呼び名は、神殿の扉の上部のことです。よって、この部分、つまり、一般的な言い方に従えば「かもい」を、扉が［その下で］支えていたわけです。さて、神は言われます。――「かもいを激しく揺り動かせ。そうすれば、扉は揺り動かされる」」、あるいは、「振動する。神殿内のあらゆる門が振動する」。さらにこう続いています。――「全ての人々の、あるいは、全てのものの頭を打て、あるいは、砕け」。私は先程、［この部分のテキストを翻訳する際に］この言葉が解釈者によっ

2　民12・6。
3　窓や戸の上部の横木のこと。

て様々に読まれていると申し上げました。本来の文法的ルールに従えば、〔主語は〕三人称として読まれるべきです。つまり――「それは打ち砕くだろう」。ところが、何人かの人たちは、「打ち砕け」、あるいは「砕け」と説明しています。なぜなら、預言者はこれより先に「揺り動かせ」と〔命令形で〕言っていたからなのだそうです。しかし、これは事の本質に影響する議論でもありません。また、〔この1節後半で〕すぐに〔この「砕け」といった言葉が意味するところの〕説明が続いています。「頭を」と言われている箇所ですが、〔「そして彼らの残された者たち」と訳される言葉〕「ואחריתם」が続いています。ある人たちは、「頭」とはすなわち、祭司及び民の高官のことだと考えています。私もこの解釈を気に入っています。しかし、彼らの解釈によれば、「אחרית」は「子孫」、あるいは「子供たち」のことを指すようですが、これはおそらく正しくありません。私の判断によれば、むしろ普通の民衆を指しているはずです。といいますのは、預言者は〔祭司及び高官を指す〕「頭」について言及しました。よって〔続く「ואחריתם」に関して〕、彼は一般の平民のこととして続けているのです。ヘブライ人によれば、「אחרית」は「後に続くもの」全般の呼び名です。確かに、ヘブライ人もこの単語を「子孫」の意味として用いることがありますが、しかし、この単語はもっと広い意味を持っています。つまり、「終わり」とも訳されますし、「足跡」とも訳されます。要するに、この語は後に残るあらゆるものの意味合いを含んでいます。いずれにせよ、ここでの預言者の思いは十分把握できることと思います。

預言者に幻が示されました。その幻で示されたことは、いかなる救いもない、といったことでした。既に決定済みだったからです。神によって、上に立つ人たちも、そして、民衆全員も打たれるということが。さらに、神は〔裁きの御業を〕ご自身の神殿から始められます。だとすれば、汚れた人たちはどうして期待できましょう？　真の純粋な礼拝を捨ててしまった人たちが、どうして赦されるでしょうか？　背教者であったのは全員でした。彼らはどうして期待できたでしょうか？　神の神殿を壊しておきながら、神との和解がなされるなどと？

続いては――「私は剣で殺す」。お分かりになります通り、この幻は間もなく訪れることになった災いに関する言及です。――「私は剣で殺す。後に続くものを全て、つまり、この民衆を殺す」。この後に――「彼らの中に逃れ得る者はいない。逃れて生き延びる者は一人もない」。これを言い換えれば――「たとえ逃れられると思っている者がいても、その期待に裏切られるだけだ。なぜなら、私がその人たちを捕まえるから」。誰一人逃れることはできない。預言者はそう言い放ちました。だからといって、本当に厳密な意味でそう言ったのではありません。「彼らが逃れても、私が捕まえるだろう」と彼は言っておりますが、つまりこういうことです。――「あなたがたは自分たちが［裁きとは］無縁だと思っている。だが、助かる者は誰もいない」。この彼の言葉は、非常に重い内容［の言葉］です。なぜなら、彼はイスラエルの人々に対し、全ての希望を断ち切っているのですから。彼らは悟らねばならない。間もなく自分たちが滅びる身だということを。そしてそれは、神が彼らを正しい道へと連れ戻そうとされてきたこれまでのことが、全て実を結ばなかったからなのです。彼らは完全に癒し難き人たち。彼らは今、聞かねばならない。全ての希望が潰えたことを。

以上のように、とても恐ろしい破滅を預言者は告知しています。選ばれた民に対してです。しかも、今回の幻は神殿において示されました。このことが意味するところとして、私たちは注意いたしましょう、［祭司など、いかに尊い職業であれ］外面的な職業によっては、神の裁きを封じ込めることができないのです。今日、何と多くの愚かな人たちが存在することでしょうか。彼らと言えば、自分たちが神の名を帯びている限り、自分たちに災難が降りかかることは決して有り得ないと思い込んでしまっています。しかし、ここ［1節］において、預言者は告げ知らせます。神が神殿に住まわれていると。確かにそれは、彼らのことをご自身の特別な民として受け入れられた神が、その彼らを保護されるためです。ですが、それだけではありません。神はご自身が敬われることをお望みなのです。それなのに、イスラエルの人々は神礼拝を損じていました。ユダの人々もまた、真の信仰から離れていました。こうして、不信仰が至る所に広がっていました。預言者は告げ知らせます。神が今そこに住まわれているとしても、それは、罪を罰するためであられると。この［二つの］民は認識しなくてはなりません。

今しばらくの間は残されているとしても、神の罰としての災いが下されれば、彼らは決して持ち堪えることはできないということを。神は裁きの御業を忘れてしまわれることがあろうか？　神が望まれたのは、ご自身の赦しが彼らの不義の覆いとなることなのか？　そうではない。神が［これまで数々の裁きを下されてきたのは］その都度、邪まな人たちの言い訳を断ち切りつつ、しかし同時に、もし癒される可能性がある人がそこにいたのならば、その人たちを悔い改めへと導かれるためでありました。続けましょう。

2　たとえ、彼らが墓（あるいは、陰府まで）を掘っても、私の手でそこから引き上げる。たとえ天に上っても、私がそこから引き下ろす。

3　たとえ、カルメルの頂（あるいは、頂上）に身を隠しても、私はそこから捜し出して連れ出す。たとえ、私の目を逃れて（字義的には、私の目の範囲から）、海の底（あるいは、床。ですが、「底」と同じ意味です。）に隠れても、そこで蛇に命じてかませる。

4　たとえ捕らわれ、敵の前に連れて行かれても、そこで剣に命じて殺させる。私は彼らの上に目を注ぐ。それは災いのためであって、幸いのためではない」。

預言者は以上のような驚愕すべき裁きを告知します。しかし、言い訳を試みる際の彼らの怠慢さを考慮すれば、別に驚くべきことではありません。そしてそれは、あらゆる偽善者に共通することです。当時において、世界における唯一の選びの民こそ彼らでした。そのためか、彼らは自分たちが秀でていると思ってしまっていました。また、他の諸々の民とは違い、自分たちだけに特権が与えられていると思っていたのです。この名誉ある特権こそ、彼らを酔わせていた。神はいかなる時においても自分たちに恩義があるのだ、と彼らに錯覚させてしまったのです。このことは、別の箇所においても考察してきたことと思いますが、預言者が偽善者に対する裁きを強調する理由はそこにあります。彼らに対して裁きを強調する際には、激しく荒々しい言葉を始めとしたあらゆる手段を駆使し、彼らに恐れを掻き立てねばならないのです。

こうして次のように言われています。――「たとえ彼らが洞窟に潜り込み、いや、陰府〔「陰府と訳される」「שאול」は、ここでは「中心」といった意味に用いられています。〕、つまり、地球の中心にまで潜り込もうとしても、私の手がそこから彼らを引き出す」。さらに――「たとえ天に上っても、私はそこから引き下ろす」。主は言われる。――「もし彼らが荒れ野に身を隠そうとも、カルメルの頂に逃れようとも、私は彼らを見つけ出す」。要するに――「空にも、大地にも、海にも、私の目から隠れるための場所をあなたがたは見つけることができない」。「天」とありますが、これを天蓋[4]として捉える必要はありません。カルデア人の釈義家はそのように説明していますが、この釈義は苦し紛れの解釈です。預言者は地球の中心、諸々の天、そして海の深淵について言及していますが、それらは誇張表現なのです。彼はこう言ったのも同じです。――「たとえ〔世界の〕全要素が隠れ場を提供しようとも、イスラエルの人々よ、あなたがたが逃げようとしても無駄だ。たとえあなたがたが海の深淵に潜ろうとも、この私が追跡し、たとえ天からでも、私はあなたがたを引きずり下ろす。あなたがたにとって、高きにおいても、低きにおいても、潜伏場所はどこにも存在しない」。

以上のように、預言者の思いは理解できるでしょう。

また、ここの有益な訓戒から、私たちは学ばねばなりません。つまり、神が私たちに忠告される際には、私たちが逃げ場所を求めても無駄だということです。ならなら、神が広げられた御手は、天にも陰府にも及ぶのですから。まさに詩編で言われている通りです。

4　Altas arces. あるいは「高い砦」。

「主よ、どこに行けば、私はあなたの御前から逃れることができるのでしょうか？　天に上ろうとしても、あなたはそこにいますし、墓に降ろうとしても、あなたはそこにいます。曙の翼を身にまとい、暁の明星の翼を身にまとって、海のかなたに住みかを見出そうとしても、あなたの御手が私をそこから引き戻される」[5]。

この預言者［つまり詩編の作者］は、無意味な哲学的瞑想に耽る人たちの一員ではありません。彼らは神の無限の本質を論じ［たが］るのです。これに対して、預言者［つまり詩編の作者］が私たちに告げていますことは、常に神の御前に私たちが立たされている、ということです。よって、私たちに定められていますこととして、神が私たちの罪を試験される際には、私たちは［どこにも］逃れることはできません。神が私たちを裁きの御座に召喚される際も同様です。

ですが、もう一つ心に留めておくべきことがあります。預言者［アモス］は、［2―3節ａで同じような意味の言葉を連ねておりますが、しかし］意味をなさない余計な言葉の山を積み上げていたのではないということです。この節内の言葉は、一見そうとは思われませんが、しかし、実はどれも全て重要な意味を宿しています。つまりです。私が以前にもご忠告させていただきましたように、［ここの御言葉から解き明かされることとして］聖霊は私たちの愚かさを全てご存じであられる、ということなのです。聖霊は今この時も、私たちの全ての欺瞞を隈なく探索しておられます。［一方］私たちと言えば、あらゆる［神の］警告を軽んじてしまいます。この怠慢さは、私たちに生まれもって備わった本性なのです。少なくとも、神が求めておられるほどには、動かされ得ないのが私たちなのです。主は私たちがいかに怠惰であるかをご存じなのだ。だからこそ、主は私たちを刺激されるのです。よって、［たとえ回りくどいように思われても］聖書はその都度、私たちに対する裁きを告知されているわけですから、ここ［2―3節ａ］における預言者の［回りくどいと思われるような］次の述懐にも聞かねばなりません。――

5　詩139・7以下。

「もしあなたが神と関わりを持っているのならば、逃げ回ろうとしても、一体何の意味があるというのか？　あなたが天に上っても、主はあなたを引き下ろすことがおできになる。たとえあなたが深淵に降ろうとも、主の御手がそこからあなたを引き上げられる。もしあなたが深淵に隠れ場を見出そうとしても、主はそこからあなたを日の当たる場所へと連れ出される。もしあなたが海の底に潜って隠れようとしても、主はそこであなたを調べ尽くされる。要するに、あなたがどこに行こうとも、あなたは神の御目と御手から隠し通すことはできない」。

以上、これらの預言者の言葉が、総じてどんな意味に充てられねばならないのか、私たちは理解できます。つまり、私たち自身の量りに沿って神を見積もってはならない、ということです。神の権能はどんな隠れ場をも貫き通すことを知りましょう。以上のことは多くの熟考を必要といたしません。預言者が言おうとしましたことは、ほんの短い言葉で十分理解できるはずです。とはいえ、私たちは殊に己の空しき誇りによって目が眩んでしまいがちですから、私が申し上げました通り、預言者がここ［2―3節a］で回りくどい言葉を用いていたとしても、それは決して無駄ではなかったのです。そして、［彼が回りくどい言葉を連ねていますのは］どっぷりと安穏に浸っていたイスラエルとユダの人々の目を、ぱっちりと目覚めさせるためでした。

では、「私は蛇に命じて、彼らをかませる」といった言葉に関してです。ある人たちによれば、「נחש」は地上の蛇のことではなく、むしろ、鯨か、あるいはその他の海の動物のことなのだそうです。そう、ちょうど聖書の中で有名なレビヤタンのような。「נחש」が出てくるその他の聖書箇所からも理解できることですが、この語は蛇を意味するだけでなく、鯨や、その他の海の動物を意味することがあります。要するに、神はお告げになっておられます。ご自身がどこにおいても待ち構えておられることを。神がご自身にとっての敵に復讐なさろうとする際には、［世界の］全要素が、神の御手から逃れようとする悪人に滅びをもたらす道具となり得るのです。

こう加えられています。――「たとえ捕らわれ、敵の前に連れて行かれても、この私が、そこで剣に命じて彼らを殺させる」。若干の解釈者たちが、この部分の意味を限定しています。つまり、愚かな［エジプトへの］逃亡の意味にです。この民の一定程度の人たちが、あえてエジプトに渡ることで身を救おうと考えていました。ヨハナンが彼らに追従し、少数の者が［エジプトに］逃げて行きました。[6] エレミヤは預言していました。――「あなたがたの命を、バビロニアの王に差し出すのだ。そうすれば、主はあなたがたを祝福してくださる。だが、エジプトへ逃げようとする者は、全て滅びることになる」。そして、［エレミヤの］託宣をずっと拒んできた彼らは、エレミヤが告げた通りのことを体験する羽目になりました。エレミヤは自分の意に反してエジプトに連れて行かれました。エジプトが逃れ場となるであろうと予期していた彼らに対して、エレミヤは呪いの言葉を告げていたのですが。しかし、彼がその地に連行されたのを許されたのは、主であられました。［彼らがエジプトに逃れた］以前にも、彼らはエレミヤの口から呪いを聞かされてきました。以前のと同じ中身の呪いを、エレミヤは今際の際に至るまで公然と告げ続けました。ですが、私としましては、ここ［4節］の預言者の言葉を、あえてエジプトへの逃亡といった限定した意味に捉えるつもりはありません。私はもっと広い意味に捉えます。つまり、捕囚のことです。一般的には、捕囚イコール国家の死と考えられていますが、捕囚でもって、イスラエルとユダの人々にとっての災いが完全に過ぎ去ったわけではありません。敵の前に投降した者も出て来ることになります。敵の目に適った者は誰でも強奪され、連行の憂き目に身を任せることになります。それにもかかわらず、こういった仕方で命を保つことすらできなくなるというのです。なぜなら、主が剣に命じられるからです、捕囚で連れて行かれた人をも追えと！　私の判断によれば、預言者の本心は以上のようであったのでしょう。

最後にこう続いています。――「私は彼らの上に目を注ぐ。それは災いのためであって、幸いのためではない」。この判決文には、［次の詩編の言葉に対する］アンチテーゼが隠されています。つまり、主は約束してくださったはずです。ご自分の民を見守ってくださると。こう言われています。――「見よ、イスラエルを見守る方は、

6　エレ43章以下を参照。

まどろみもせず、眠ることもない」（詩121・4）。偽善者たちによって、神のあらゆる約束が奪われ続けております。彼らには悔い改めもなく、信仰もありません。敬心に関わる思いも一切ありません。それどころか、彼らは神の約束を己の自慢のために誤用するのです。こうして、預言者は今言っています。――「神の御目はあなたがたの上に置かれている。だからといって、最初そうであったような仕方、つまり、あなたがたを守るために神の御目は置かれているのではない。むしろ、裁きに裁きを重ねるために、神の御目はあなたがたの上に置かれているのだ。これまで神は見張りの務めを果たされてきた。それは、神がご自分のために選ばれたあなたがた民の幸いを願われてのことだ。だがこれからは、神は厳しき夜警となられるだろう。あなたがたが滅び去るその時まで、神はありとあらゆる罰をお見逃しにはなるまい」。以上と同じような意味のことを、預言者は告げたのでしょう。［4節における］これらの判決文に対しては、とりわけ注意を払う必要があります。なぜなら、私たちにも［この4節を通して］忠告されているからです。主は私たちのこともとりわけ関心をもって観察しておられます。確かに、主は［全ての］不信心な人たちを容赦されません。ですが、この私たちが頑なで、癒し難い者だと主が見極められたその暁には、とりわけ私たちは厳しく打たれるのです。なぜでしょうか？　私たちが主の傍に近付く者とされているからに他なりません。主の見守りの内に置かれた私たちのことを、主は家族として見ていてくださいます。主の御前に隠し事は一切通用しません。逃れ場といったものも存在しません。もちろん、［見張りといった言葉使いを始め］聖書は［私たち］人間の慣習に沿ってそう言及しているわけですが、いずれにせよ、神はイスラエルとユダの人々のことを大切にされ、彼らをご自分の家族として御覧になられています。と同時に［これを裏返せば］、神は［ご自分の家族の中の］偽善者のことをお赦しにはなりません。彼らはより厳しく打たれることになります。神は彼らの悪しき行いを本当に正確に観察されているのですから。

以上が全体における要点です。続けます。

5 万軍の主なる神が地を打たれると、大地は揺れ動き、そこに住む者は皆、嘆き悲しむ。地はことごとく川の
ように盛り上がり、まるで、エジプトの大河によ［って押し流され］るかのように、沈められるだろう。

昨日私が説明しました言葉[7]とほとんど同じ言葉を、預言者はここで繰り返しています。つまり、彼は［8・8でも］洪水の譬えを用いていましたが、ここで再びそれに言及しています。この節の前半部分は、二通りの解釈が可能です。最初に他の人たちの意見を紹介した後で、私自身がより正しいと考えています解釈を述べることにいたします。「神によって打たれた大地が揺れ動く」に関して、彼らの共通した解釈によれば、ここの箇所は［全世界にとっての］普遍的な判決文なのだそうです。確かに、預言者たちは神の［世界に対する］主権を私たちに示すことはよくあります。私たちに恐れを呼び起こさせるために。このことは、次節［の6節］で見ていくといたしましょう。ですが、私としましては、預言者が告げているここの言葉――主なる神が大地を打たれる。そうすれば、地は揺れ動く――は［世界に共通する普遍的な判決文としてではなく］、間違いありません、特別な警告であります[8]。

この後に、昨日朗読された［のと同じ］譬えが続いています。――「そこに住む者は皆、嘆き悲しむだろう」。さらに――「大地はことごとく川のように盛り上がるだろう」。この言葉において、預言者は地上の表面がどこにも見られなくなるような洪水を予告しています。「大地が川のように盛り上がる」といった大地の盛り上がりは、全地の面を覆い尽くすような洪水のことを指しているのに違いありません。この後に、「そして沈められるだろう」が続いています。そこが住めない場所となるからです。ですが、［昨日］私が申し上げましたように、ここは大地のこととして理解するよりも、むしろ、［大地の上の］人間に関する言及、あるいは、人が利用する大

7　アモ8・8。
8　イスラエルとユダの人々を襲うことになる捕囚を指しているのか。

地の用いられ方に関しての言及です。こうして――「まるで、エジプトの大河によ〔って押し流され〕るかのように、沈められるだろう」。〔昨日も〕私が申し上げましたように、ナイル川の氾濫期には、エジプトでは毎年のように大地の面が見えなくなります。ナイル川の氾濫は、エジプト人にとっての賜物でした。それによって大地が潤い、豊かな収穫をもたらすからです。ここ〔5節〕において、預言者は大地が海のようになり、その結果、どこにも住めなくなる場所になると予告しています。

では続けます。

6　天にご自身の高殿を設け、地の上に土台[9]を据え（そのお方は据えられ）、海の水を呼び集め、地の面に注がれる方。その御名は主。

ここで預言者は、神の普遍的な権能を描いて見せています。それは、彼が自分の聴衆に対してより強い印象を残そうとしたからです。彼が告げる差し迫った滅びの警告を、彼らが平気で拒むことのないようにと。彼はこう言いました。――「見よ、神が大地を打たれる。すると大地は揺れ動く」。この言葉は特別なことを指していました[10]。ですが、こういった警告を聞いていた人たちは、耳で聞くことができない人たちだったのです。また、彼らは神を遊び人のようにみなしていました。このため、神の御力を褒め称える頌栄で飾られた宣言でもって、預言者はこの節を結んでいます。彼はこう言おうとしたのです。――「あなたがたが聞いているのは、神のお告げである。今私はこの役割を充てがわれた。神が私に命じられた。あなたがたに対し、迫り来る裁きへの恐れを惹き起こさせる役割を。悟るのだ。あなたがたは神ご自身を相手としていることを。神の威厳があなたが

9　Coagmentationem. 厳密には「接合点」の意味。
10　捕囚についてということか。

た全員を揺り動かす。あなたがたの心は動かされねばならない。神の言葉はあなたがたに嘲られるためにあるのか？　しかし、そもそも神はどのようなお方か？　そうだ。『神は天にご自分のための住まいを設けられ、地の上に土台（ある人たちは、「束」と訳し変えています。）を据えられ、海の水を寄せ集められ、地の面に注がれるお方』だ。すなわち、神は「主」、「私はある」というお方だ。一方で、あなたがたは神の御力によって存在するに過ぎない。御心ならば、神はいつでも御霊を注ぐのをやめられる。そうなれば、この世界は破滅だ。あなたがたは、その［儚い］世界の小さな一部分に過ぎない。神はお一人であられる。対して、［数を誇る］あなたがたに宿る生命は束の間だ。あなたがたにとって、神の権能は明らかであるのに、また、神のしるしは自然界のあらゆる所に示されているのに、なぜあなたがたはそれに目が向けられないのか？」

以上、理解できたことでしょう、預言者がこの力強い頌栄でもって、神の御力を褒め称えています理由についてを。

「神は天にご自分のための高殿を設けられた」と［6節］始めに言われています。天における建物の言及であるに違いありません。空気といった元素は軽いので、当然ですが、空気は上に昇ります。また、火といった元素も天に向かっていきます。それぞれの天体も軌道を描いて［動いていき］います。このように、世界に存在するものは全て活発に動きます。こういった事情に鑑みながら預言者は言っているのです。神は天にご自身の高殿を持っておられると。もちろん、神にとって、天の住まいが必要であられるということではないのです。空中においても同様です。なぜなら、いかなる場所においても、神を閉じ込めることは不可能なのですから。神を捕まえることなどできません。よって［ここ6節において］、神は天の天よりも高きにいます、といった命題が、人間の視点に合わせて言及されているのです。神はご自身の崇高な御座に座しておられます。

続いて、「地の上にご自身の土台を据えられた」と言われていますが、この部分は世界における比較的堅い部分のことです。つまり、土といった要素は厚く、そして堅い。したがって、安定しています。水は土よりも軽いですが、しかし、土と接近し［よって混ざり合い］ます。「神は天に設けられた」といった［言葉に続くこれらの言葉で示されたような］メカニズムは、本当に驚嘆に価します。目を天に上げてみてください。大地を考察してみてください。驚かざるを得ないのではありませんか？　預言者は今、私たちの目の前に示しています。神の計り難き権能を。そしてそれは、私たちが彼の言葉によって、心を動かされるためです。預言者は裁きを告げ知らせています。そしてそれは、私たちが悟るためです。一体どなたと私たちは関わりを持っているのか、ということについて。

続いて言われていますことは――「神は海の水を呼び集められ、地の面に注がれる」。こういった動き自体も驚嘆すべきことです。神は瞬く間に大空に暗闇をもたらされます。晴天かと思ったら、いつの間にか空を隠す雲に覆われ、重い雨が私たちの頭を濡らしてしまう。誰が予想できたことでしょうか？　空［模様］がこんなにも早く変わるなどと。神はご自身の命と合図とによって、こういったことをお一人でなされます。実に、「神は海の水を呼び集められ、地の面に注がれる」。私たちの理解によれば、大抵の場合、雨は地上における雲によって生じます。また、雲は海［の水］に起源を持っています。海はしばしば濃い大量の水蒸気を生じさせます。ここの言葉において、預言者は［海の水といった］一部をもって、雨を造り出す全ての水源を合わせて考えています。「神は海の水を呼び集められた」。このことが意味しますのは、水から蒸気が立ち昇り、雨が降るとしても、それは神ご自身のご命令によってのみ生じる、ということです。大地の面に雨が広く降りかかる際においても同様です。全自然界において、主は毎日のように奇蹟を行われています。その［偉大なる主なる］神が、ご自身のお決めになられた最後の裁きを下されることをお望みなのだ。無限大の力を持つ神の御手が、人間を滅びに至らせることに着手されるとしたら、一体どんなことが起るでしょうか？

全能の神よ、あなたは私たちに対し、かくも大いなるしるしをもって、全て［の被造物］があなたの御支配にあることを教えてくださっています。世にある私たちは、あなたの御恵みによって生かされています。私たちは無きに等しい存在。あなたはこの瞬間にでも、私たちを無に帰することがおできになります。主よ、あなたのこの御力に触れ、あなたの御手を畏れ敬うことができますように。私たちは全身全霊をあなたの栄光のために明け渡すことができますように。本当に、あなたは私たちの家族、御父として現れてくださいます。このご慈愛に誘われて、喜んであなたに従い、身を献げる者となり、日々の生活において、何事にも心奪われることなく、あなたの御名を讃える者とならせてください。あなたの独り子を通して、あなたは私たちを贖ってくださいました。私たちのための天に貯えられた永遠なる嗣業を、私たちに享受させてくださる独り子によって、アーメン！

7　イスラエルの子らよ。私にとってあなたがたは、エチオピアの子らと変わりがないではないか、と主は言われる。私はイスラエルをエジプトの地から、ペリシテ人をカッパドキアから、シリアの人々をキルから導き上らせたではないか？

この言葉で預言者が告げていますことは、彼らの［選ばれた民としての］身分は［災いを防ぐ］防御とはならない、ということです。彼らとしてはそれを期待していましたが。私たちはこれまで何度も確認してきました。この民［の、選ばれた民として地位］の自慢がいかに愚かなものであったかを。彼らは他の全ての民以上に、神に恩を感ずるべきであったのに、聖なる民としての自分たちを無頓着に誇っていました。パウロの指摘通り、彼らは無に等しい者であったのにもかかわらず、あたかも彼ら自身何かを持っていたかのようでありました。確かに、神は彼らに格別なる恩恵を授けてくださいました。しかし、彼らはそれとは異なる飾りを身にまとってしまっていた。彼らは自分たちが他の民に勝ると考えていましたが、彼らのこの自慢は、実に愚かで不合理なものでした。そして、この愚かな空想が彼らの目を閉ざしていましたので、預言者は言っているわけです。――「あなたがたは自分のことが見えているのか？　『私にとってあなたがたは、エチオピアの人々と変わらない』。私は一度あなたがたを［エジプトの奴隷の地から］解放した。だから、あなたがたに対して、この私に何の恩があろうか？　むしろ、私があなたがたに恩を負わせたのだ。なぜなら、あなたがたは私の恵みによって贖われたのだから」。若干名の考えによれば、［ここでは］イスラエルの人々がエチオピア人と比較されている［つまり、区別されている］のだそうです。その理由として、両者は肌の色、つまり、生まれ持ったものを交換することができないからだそうです。しかし、私はそういった強引な解釈は好きではありません。ここでの預言者の言及はもっと単純です。つまり、イスラエルの人々の状態が、他の人種と何ら変わらなかった、ということなのです。――「あなたがたは秀でている。しかし、あなたがたが持っているものは、全て私と切り離すことはできないものだ。もしこの私があなたがたから私のものを取り上げれば、あなたがたには一体何が残るか？」「私にとって、そう、この私にとって、あなたがたはどんな存在か？」といった言い方がなされているわけですが、これは強調表現なのです。確かに、彼らは他の人々と比べて秀でていました。しかし、神の御前に、彼らが何をもたすことができたと言えるでしょうか？　彼ら自身の持ち物は何もなかったのですから。神は彼らを美しく飾られました。だとすれば、彼らは節制を保ち、行いは謙遜であらねばなりませんでした。かくも大きな恵みをいただいた神に、彼らは感謝を覚えていなくてはなりませんでした。ところが、彼らは自分たちの境遇を忘れ、全ての預言者たちを嘲り、自分たちの罪に満ちた行いを賛美していました。神は尋ねられます。――「あなたがたは、私にとって、エチオピアの人々と変わらないではないか？　外の人々、しかも、［エチオピアのような］遠い国の人々と何ら変わらないではないか？　果たして、あなたがたの中に賞嘆に価する何かを見出すことができようか？　あなたがたを眺めてみて、あなたがたがどのような存在であるかを確かめてみようか？　断じて言うが、私にとって、あなたがたは最も暗い［つまり黒色の皮膚を持った］国々の人々と何ら変わりない」。

続きましては――「私はエジプトの地から上らせたではないか、（あるいは）導き出したではないか？」　この言葉でもって、預言者はイスラエルの人々に対し、彼らが元いた場所を思い起こさせています。確かに、彼らはアブラハムの子孫でした。彼らが［エジプトの地から］贖い出された時の四百年も前に、主によって選ばれた人物がアブラハムです。思い出しましょう、彼らがエジプトでいかに残忍に扱われていたかを。圧政の下での奴隷状態は、あたかも墓場のようでした。主が彼らをエジプトから解放されて、初めて彼らは［一つの］民となり、名前を有する者たち［つまり、人間らしく扱われる者］となったのです。こういったことを、預言者は次のように言い表したのでした。――「思い出すのだ！　神はあなたがたをどこから導き出されたのかを。存在価値の無いような、死した屍も同じであったではないか。あなたがたの先祖を、エジプト人は酷使した。すこぶる賃金の安い下請け人として。そこからあなたがたを救い出したのは神であられる。あなたがたが優れていたわけではない。秀でていたからでもない。たとえあなたがたが価値ある存在だとしても、元はと言えば、神の無償の恩恵によってこそもたらされたもののはずだ。それなのに、神が贖い出されたのが自分たちだけだからといって、あなたがたは自分たちが優れた者と思い込んでいる。だが、そうではない。神はペリシテ人をも贖い出されたのだ。彼らがカパドキア人の奴隷であった時に。神は諸国民の奴隷であった時のシリア人をも贖い出された」。

「קיר」［すなわち「キル」］とありますが、多くの人たちが、これを「キレネ」のこととして考えています。しかし、はっきりとした根拠があるわけではありません。このほとんど不確かさ［を含む解釈］を、私は不問に付すことにいたします。いずれにしても、［ここで言われています］事柄自体は争いの余地がありません。はっきりとしていますことは、ここでイスラエルの人々がシリア人及びペリシテ人と比較されているということ。そして、全ての民が等しく主によって贖い出されたということ、さらに、ここで言及されている国々に対し、神は全て等しく恵みを振る舞われた、ということなのです。神はその昔、他の国々に対しても憐みを覚えられました。神の憐みは、アブラハムの子孫だけに限られるものではないはずです。これらの国々もまた、神の偉大なる奇蹟によって解放されたのですから。よって［預言者はこう言おうとしたのです］――「ペリシテ人もそう言うことだろう。シリア人もそう言うことだろう。あなたがたは、それらの国々のことを汚れた民と呼ぶのか？　確かにそうだ。だとしても今、あなたがたの優れた賜物は全て失われる。あなたがたの持ち物としては一切残らなくなる今この時、あなたがたが他の民より秀でていなければならない、といったことがどこにあろうか？」

以上が要点です。では続けましょう。

8 見よ、主なる神の御目は、罪に染まった王国に注がれている。私はこれを地の面から滅ぼす。ただし、私はヤコブの家を滅ぼすようには［彼らを］滅ぼさないと、主は言われる。

9 見よ、私は命令を下し、全ての国民の間でイスラエルの家をふるいにかける。ふるいにかけても（「小麦がふるいにかけられる」といったように、小麦といった語を補う必要があります。）、小石（つまり、穀粒のことです。）が地に落ちてこないような仕方で。

ここで預言者は結論付けます。神がイスラエルの人々にもたらそうとされた裁きは、他の民に対する裁きと全く変わりないのだと。そして、神の裁きを防ぐために、イスラエルの人々は何の手立てもできないのだと。それにしても、イスラエルの人々の驚くべき盲目さといったら！　彼らは［他の民にはない恩恵を受けていたのにもかかわらず］忘恩であったがゆえに、［彼らの罪は他の民の］二倍でした。忘恩どころか、彼らに備わっていた［神の］恵みを、彼らはいわば［自分たちの身を守る］盾として付き返していたのです。恥ずべき不信心な彼らによって、神の御名は汚されていました。それでいて、彼らは自分の身が安泰だと思っていました。なぜなら、自分たちはその昔に［神の］子とされたからと。こういった傲慢さが、今アモスによって抑えつけられています。こう言われています。――「見よ、主なる神の御目は全ての罪に向けられている」。ある人たちは、この言葉をイスラエル王国に対する言葉として限定します。ですが、私の判断によれば、この理解は預言者の思いに反しています。預言者は［イスラエル王国に］限定せず、全ての国々について語っています。彼はいわばこう言おうとしたのです。――「神はあらゆる国々にとっての裁き主であられる。どんな国も、どんな地域も、神は容赦はされない」。全ての所において、神は罪の復讐者としてお姿を現しています。よって、神は全ての国々を［裁きの］御座に召喚されることになるでしょう。――「不信仰で罪に染まった全ての国々を、私はこの地上から必ず絶つ」。

この［8］節の後半に関しては、私は一般的になされている説明とは異なる仕方で受け取ります。[11] つまり、その一般的な説明によれば、［ここでの内容は］裁きの軽減なのだそうです。預言者たちは常に、警告の中に恵みの約束も織り交ぜて語るものだと。実際、［九章の］最後の方で、我らが預言者はまさに恵みの約束を織り交ぜて語っています。ですが、この私は、ここ［8節］では決して［恵みの］約束がイスラエルの人々に伝えられているのではないと思います。それどころか、もし間違いでなければ、ここでの語りには皮肉が込められています。アモスはここで、私たちがこれまで見てきた彼らの陶酔した過信を遠回しに非難しています。そしてそれは、イスラエルの人々が、彼らの特権なるものによって、全ての裁きから免れ、救われていると思い込んでいたからです。

神はこう言われています。――「私は［他の国々の］不信心な者を赦さない。しかし、あなたがたと比べれば、彼らにはまだ弁解の余地が認められるほどだ。［彼らの］二倍の罪があるあなたがたに対して、どうして私は関与せずにいられよう？　この私が、あなたがたの罪をどうして我慢できよう？」さて、注意しましょう、イス

11　聖書協会共同訳では、「ヤコブの家を全滅させはしない」といった約束とも言える肯定的な意味で訳されている。

ラエルの人々とその他の国々との違いは次のことにありました。つまり、アブラハムの子らは、尊ばれれば尊ばれるほど、その罪を増していったということです。［この点、他の民は神に特別尊ばれていませんでしたので、尊ばれれば尊ばれるほど罪を増す、といったことにはなりませんでした。一方］イスラエルの人々は、あらゆる善の送り主であられる神を軽んじ、［抑えるための］軛を振り落とすかのように、制限なく傲慢でした。これほどまでかといったくらいに神の恩恵を汚していた彼らに比べれば、神もその他の民の方を赦したくなられたことでしょう。イスラエルの人々は完全に言い逃れできない存在でしたので、彼らは裁きのために召喚されねばなりませんでした。彼らは不信仰といった点で、他の国の人々を凌いでいました。それだけに、ここ［9節］において、預言者は「大きい者から小さい者へ」といった視点を考慮に入れ、次のように言っています。――「私は全て見ている。全地球においてなされる罪は何であれ。いかなる民も、私の手を逃れることはできない。だとすれば、イスラエルの人々［よ、あなたがた］はなおさら無理ではないのか？　他の民であったならば、『［あなたのことは］知りませんでした』といった言い訳が可能だ。確かに、彼らは教えを受けてはいなかったのだから。彼らが暗闇にいたのだとしたら、それは致し方なかった。だが、あなたがたはどうか？　あなたがたには光を与えてきた。私の預言者を通して、私は毎日のように悔い改めを促してきた。そのあなたがたを罰せずにいられると思うのか？　いや、どうして罰せずにいられよう？　そうでなければ、私は世の裁き主とは呼べなくなるではないか。見よ、私の目は罪に染まった王国全土に向けられている。私は断じて言う。私は全ての国々の中の罪を犯す人々をこの地の面から絶とう。知らなかったゆえに罪を犯した、といった弁解を彼らが引き合いに出すとしてもだ。だとすれば、私はどうしてイスラエルの家を滅ぼさないでいられよう？」　預言者の本当の思いは、このようであったのだと思います。さらに、次のような皮肉な言い方が預言者によってなされています。――「ただし、イスラエルの家を滅ぼすような仕方では［彼らを］滅ぼさない」。これを言い換えれば――「あなたがたが望んでいることは、この私をあなたがたに従属させることだ。あなたがたに裁きを下さぬように、私の［裁きの］手を縛ろうとするのか？　どんな権利をもって、そうするのか？　どうして私にやめさせることができようか、あなたがたの真に厭うべき忘恩に私が報いることを？」

この後にこう続いています。――「見よ、私は命令を下し、以下」。この言葉でもって、預言者は前文［の中身］を確言しています。また、この言葉によって、前の［8］節の後半部分に皮肉が用いられていることを、私たちは確信することができるのです。［ある人たちが解釈するように、8節後半において］もし神がイスラエルの人々に対し、赦しの約束を提供されているのだとしたら、ここ［9節］でもその［約束の］主題が続いていたはずです。しかし、ここではそれとはむしろ全く逆の意味に、つまり、神がイスラエルの人々に相応しい裁きを与えられる、といった意味に向けられています。それは［9節で］語られている内容によって裏付けられます。つまり、イスラエルの人々の中で、［一つの］穀粒も残らず、誰もが等しく木屑のように、あるいは、小さなごみのようになるのだと。こう言われています。――「見よ、私は全ての国民の間でイスラエルの人々をふるいにかける。だが、ふるいにかけられた小麦の後、穀物が地に落ちないような仕方で」。この言葉を言い換えれば――「私はイスラエルの人々を散らす。方々に、様々な所へと。この捕囚は、譬えればどこまでもふるいのようだ。つまりだ。かりに［小麦の］粒が一粒でも落ちてくれれば、[12]あなたがたは私に言い逆らうことができよう。だが、この［ふるいの］作業が明らかにしてくれるだろう。あなたがたの中には、［小麦ではなく］木屑か、その他の屑のような者しかいなかったということを。ふるいにかけるように、私は自分の倉にある穀物から、不純物を最後の一つまで全て取り除くつもりだ」。しかし、こう問われるかもしれません。この国にも、確かにその数は少ないかもしれないが、幾らかの［正しき］信仰者は存在したのではないか、と。認めます。私もそれを。ですが、他の多くの箇所と同様、預言者はここ［9節］において、この民全体について言及しているのであって、個々人について考

12　ここでの小麦は、正しい者の言い換えだと思われる。つまり、イスラエルの人々が正しい者として合格した身ならば、彼らは神に不平を訴えることができるかもしれない、ということ。

えているわけではありません。体［といった全体］として考慮する場合、預言者の言っていることは真実なのです。つまり、イスラエルの民には、［小麦の］穀物として譬えられるような者は一人もいなかったと言えるのです。皆が己の不義のせいで［その存在価値を］消失していたのでした。籾殻か、あるいは木屑の場合がそうであるように［つまり、ふるいから下に落ちていく小麦ではなく］、彼らもまた、［ふるいの下に小麦が落ちた後の］ふるいの中に［残る籾殻のような存在として、その存在価値を］消滅せねばならなかったのです。

着目すべきこととして、神は今、偽善者たちの逃げ道を絶っておられます。［一方］偽善者たちは神に言い争うのをやめません。彼らとしても、自分たちには完全に罪がないと［主張すること］はさすがに無理であったにせよ、少なくとも彼らは自分たちの罪を軽く見積もり、神が［自分たちに対して］余りに厳しすぎると不平を漏らしていたのでした。預言者は彼らのそういった反論に先んじて言っています。――「私は絶つ。イスラエルの家をふるいにかける。小麦をふるいにかけるように」。この御言葉のように、この民は方々に仕分けされ、散らされてしまいましたが、それは実に過酷な出来事でした。そのように引き裂かれてしまったことは、本当に悲惨なことでした。イスラエルの人々が、神のかくも厳しい処置を嘆きたくなったとしても無理はありません。しかし、神はこの比喩、つまり、捕囚によって散らされた者が、なおふるいの中に［籾殻として］留まっている、といった比喩を通して、彼らの中傷文句を退けておられます。神はこう言われています。――「私はあなたがたを諸国民の間でふるいにかける」。ただし――「［あなたがたは］ふるいにかけられる際の小麦とは違う」。一般的に行われていることですが、小麦に関しては製粉作業が必須です。脱穀場で脱穀をされた後、小麦は箕で振り分けられます。その際、［籾殻など］大部分は捨てられます。こういった作業を無意味で非合理的だとみなす人はどこにもおりません。籾殻が焼却されるのを嘆く人は誰もおりません。なぜか？　それらは無価値なものだからです。このように、ここ［9節］における神は、別に残忍なお方としてお姿を現わしているわけではなく、度を越されているわけでもありません。たとえご自身の民を辺鄙な田舎に追い散らされるとしてもです。この民はふるいの中にずっと置かれたまま〔つまり、存在価値のない者〕なのですから。〔「ふるいにかける」という言葉に〕続けられていますのは――「地に落ちる穀物ではない」。ある人たちは、〔穀物の粒として訳しました〕「צרור」を、「石」と訳し変えています。ですが、「צרור」は「結ぶ」という意味です。このため、この語は「袋」「集められたもの」といった意味も担っています。ヤコブの息子たちが袋に金を結び付けていた際、彼らは言ったものです。――「ほら、僕の袋を見て！」[13] ここでも同様〔「צרור」を「石」と訳し変える必要はありません。むしろ、「צרור」のままでよいの〕です。ですが、ここでは固い穀物のこととして受け取ることができるでしょう。いずれにしても、神は次のように告げ知らせておられます。――「私は裁きの軽減を一切認めることなく、また、無害な人たちをも容赦しない、といったような厳格な者では決してない」。私は繰り返しますが、この民の中にもなお生き残る者たちはいたわけです。しかしながら、〔この民を〕全体として見る場合、預言者の言葉は正しい。なぜなら、イスラエルの国〔全体〕としては健全でなく、純粋な者も見られなかったのですから。ちなみに、次のような問いが上がるかもしれません。捕囚に連れて行かれた人たちの中には、不信仰者だけでなく、正しき神礼拝者も多くいたはずではないか、と。ならば、その正しき人たちは、まさに地に倒れ、無価値な籾殻、あるいは木屑として地に倒れてしまったということなのか。神はこういったことが起こるのを許されないはずだ、と。そのような問いが上がるかもしれません。私はそれに答えます。確かに、主がこの世の裁きを執行される際、ご自身の〔忠実な〕僕を不信仰者の巻き添えにされることはあります。ですが、ご自身の僕たちに対して、主は終始憐れみ深くあられるのです。神はご自分の僕を厳しい試練に遭わせられることがあるかもしれない。けれども、彼らは〔神に向かって〕不平不満は言わないし、文句も垂れません。むしろ、彼らは知っています。主は自分に憐れみ深く接してくださっているのだと。

13　このヘブライ語の単語で出て来るのは創42・35。ただし、ウルガータではこのように訳されていない。

また、もう一つ覚えておくべきことがあります。つまり、この民において、もし正しい人が少数ではなく、全員が正しかったのだとしたら、主は決してこの民をそんなにも厳しく扱われることはなかったはずなのです。しかし実際、罪とは無縁な人たちは、彼らの中に一人もいませんでした。エレミヤ、ダニエル、エズラ、ネヘミヤ、シャドラク、メシャク、アベド・ネゴ、といった人たちは、人々の中では天使のような存在でした。まさに奇蹟そのものでした、完全なる不信仰者たちの最中にあって、この人たちが堅く立ち続けたことは。にもかかわらず、彼らは捕囚として連れて行かれたのです。かりに、彼らが神の御前に出たとしましょう。しかし、彼らとしても反論はできなかったはずです。自分はそれ相応以上の仕打ちを受けている［と、つまり、自分は正しいのにもかかわらず、捕囚という憂き目になぜ遭わねばならないのか］などとは。エレミヤは大きな罰に相応しかった。ダニエルも。たとえ全き潔白を示した模範人であり、たとえ天使のような存在であったとしてもです。よって、神は彼らでさえも、木屑のように投げ捨てることがおできになりました。しかしながら、彼らはきっと、小麦だったのです！　主がふるいの中で人々を籾殻のように揺らされた際にも、［人々には］秘められた仕方で、彼らは常に主の御守りの内に集められていたのです。譬えれば、脱穀場で籾殻を含んだ小麦が脱穀されるようなもの。一般的に、脱穀作業においては、小麦とその籾殻との間に区別を設けることはできません。これは事実。そして、これとまさに同じことが、［小麦を］ふるい分ける作業の場合にも該当します。小麦が収集された後、小麦はその籾殻とやはり区別なく箕にかけられ、［最終的には］小麦［だけ］が残ります。神を礼拝する信仰者も、これと同じような目に遭遇します。つまり、主は彼らをご自身のふるいの中に集められ、その中に留め置かれる。しかし、ここ［9節］において言われていますのは、総じて［つまり全体として］の民のことなのです。民を全体として見る場合、彼らは皆、木屑などのごみに等しい存在なのだ、と預言者は言っています。この民はやがて消え去ります。そしてそれは、彼らの中に［小麦のような］固いものがなかったからであり、また、彼らを有益に用いることは不可能だったからです。彼らは皆、ふるいの中に残されたまま。以上のように、神はご自身の僕たちを守られるのですが、これは実に驚くべき御業です。ですが、ここの［9］節で扱われています裁きの告知は、［小麦の］外側の部分［つまり籾殻のようなもの］に向けられています。この民は木屑、あるいは籾殻として周囲に投げ出され、放り投げられます。それは彼らに相応しい仕打ちでした。彼らの中には固いものがどこにも見られなかったからです。

続けましょう。

10　我が民の中の罪ある者は全て剣で死ぬ。彼らは「災いは我々に近付くことも、やって来ることもない」と言っている。

これまでと同じ見解をアモスは続けています。つまり、神がこの悪い民に最後の審判を下されても、それは決して、［神が］残忍な［お方であることを示す］しるしではない、ということです。こう言われています。――「我が民の中で罪ある者は全て剣で死ぬ」。この民の不信仰者が名指しされていますが、預言者の念頭には、総じて全体としての民のことがあったのです。それは間違いありません。こう考える人たちがいます。つまり、はっきりと述べられていなくとも、不信仰者の中に埋もれていた選びの民は［剣によって死ぬことを］除外されているはずだ、と。私もそれを否定しません。それは確かと言えるかもしれません。ですが、ここ［10節］において、やはり預言者は全体としてのこの民に対して説教しています。彼は言います。この民の中の罪ある者は剣で滅ぶことになると。アモスがここで指摘する「罪」とは、少数の限られた人たちのそれではなく、むしろ、全体としての民に蔓延っていた罪のことです。よって――「罪ある者は全て、私の剣で死ぬ」。［ここ10節において］彼らがどのような存在であったのかが記されています。少なくとも、彼らの不信仰を垣間見せる特徴が描かれています。すなわち、彼らが頑なになって、神の裁きを常に蔑視していた、といった特徴です。――「彼らは『災いは我々に及ばず、災いに襲われることはない』と言っている」。安穏といったものが、神への嘲りを生み出してしまいます。そして、ここ［10節］において、この特記すべき不信仰なるしが明記されているのです。恐れも恥も感ずることなく、神の裁きを想像してみても、心配や不安を何一つ感ずることないような場合、その人たちの罪は絶望的な状況にまで陥っています。だから彼らは警告を全て無視してしまいます。彼らとしても、自分の良心［のどこか］でやましさを感じてはいるのです。それにもかかわらず、彼らは自分のための洞穴に潜り込み、偽りの安心で良心を埋め尽くす。怠惰、愚昧、いや、絶望的。ですから、今預言者が彼らの驚くべき安穏さを提示していますのは、全くもってして正当です。彼が示していますことは、もはやこの民には分別の欠けらもなかったということ。こうして――「罪ある彼ら皆が剣によって死ぬ」。しかし、この人たちが言っていたことと言えば――「災いは我々には及ばず、近付くこともない」。ここでの［「やって来る」と訳せます］「תקדים」という［アモスの］言葉は、［アモス以前の預言者たちの］警告［の言葉］を再現したものです。それ以外には説明がつきません。［アモス以前の預言者たちのその言葉を、イスラエルの人々は否定していたわけです。］これまで私たちが見てきました通り、預言者たちは迫り来る主の日を告げ知らせてきたのです。攻撃のための神の御手には、既に剣が構えられているのだと。嘲笑者たちに恐れを掻き立てるために、近付く裁きを警告するのを生業とした預言者たち。この預言者［すなわちアモス］もまた、この民の不信仰と愚かさとを断罪しようとし、次のように言っています。――「預言者たちはあなたがたに対し、［迫り来る裁きの］緊急性を予言したが、あなたがたはそれを否定している。あなたがたの御立派な頑なさこそ、あなたがたに滅びを招く張本人だ」。

「我々には及ばない」と言われていることに着目しましょう。総じて偽善者たちも、「我らは神の御手を逃れることはできないのだ」と宣言するものではありますが、問題なのは、自分たちをその［我々の］数に入れていないことです。あたかも自分たちは何らかの特権で防御されていたかのように。彼らは神に向かって、何らかの理由を持ち出して言い張るのです。自分たちを庶民と一緒にしないでください、と。彼らのこの愚かさを、預言者はここで間接的に非難しています。言葉にすれば――「偽善者とは、平穏で物静かな人たちのことだ。なぜなら、災いが来ても、自分たちは他の人たちと一緒にはされないと考えているから」。イザヤ書における、彼ら偽善者たちの言葉はまさにそう。――「裁きがやって来ても、我々には及ばない」（イザ28・15）。

以上、預言者がこれまで言おうとしてきたことは理解できるでしょう。［7―10節までの］四つの節が示す内容について、私たちは考察してきました。続きましては――約束の言葉です。

11　その日には、私はダビデの倒れた仮庵を起こし、その破れを固め、廃墟を復興させて、昔の（字義的には、「長い間の」）日々のように建て直す。

ついに、預言者は慰めを全面的に告げ知らせています。とはいえ、この慰めによって心が支えられたのは、つらい苦しみの最中にある敬虔な人たちだけです。強い人たちをも絶望に追いやることができるのは、ただ警告のみです。［慰めの言葉は彼らに無意味です。］［捕囚の］出来事自体は、全ての希望を見えなくさせてしまったに違いありません。よって今、預言者は慰めようとしてこう言っています。――「神はイスラエルの民の罪に復讐されるだろう。しかし、神はご自身の約束を思い起こしてくださるはずだ」。そうなのです。預言者たちは皆、苦しむ民に一縷の希望を送り届けようとする際に、決まってメシアを告げ知らせたのです！　神の約束は全て、メシアの中にこそあったのです。パウロも言っています。――「［このお方において］然り、アーメン！」[14]　絶望を癒すものがあったとすれば、神が散らされた部分を一つの頭の下に集合させてくださること以外には有り得ません。[15]頭が連れ去られた時、教会の体は存在しなかった。体が散らされ、引き裂かれてしまったその時には。アモス

14　二コリ1・20。
15　王を始めとする上に立つ人たちのことか、あるいは、国家そのもののことか。

が生きた後の時代にそれは起きました。この民に対し、［捕囚といった］この悲劇、すなわち、イスラエルとユダの二つの国に起きた滅びの悲劇を預言した預言者たちが、今度は信仰者たちにメシアを告げ知らせているとしても、決して驚いてはなりません。神が頭なるメシアのもとに教会を集めてくださらなければ、全ての希望は水の泡。今、アモスはまさにそのことを主張しています。

彼はこう言っています。――「その日には、私はダビデの仮庵を起こす」。言い換えれば――「たった一つの希望が残っている。それは、約束を与えてくださったお方、すなわち贖い主が現れてくださることだ」。預言者はそう言っています。この民には全く希望が見えない、と告げ知らせてきた彼でした。神はあらゆる手段を尽くしてくださった。しかし無駄だった、と。そして、最後の滅びの宣告の後には、こう続くのです。――「主はご自分の民を憐れんでくださるだろう。ご自身の契約を思い起こしてくださるからだ。では、どのようにそれが実現するのか？　来たる贖い主によって！」

以上のように、この文脈における預言者の思いを理解することにいたしましょう。ですが、ダビデの仮庵について告げられています。私が思いますに、［この言葉によって、国家の］弱体した状態が言及されているのです。つまり、仮庵は王位の尊厳に相応しくはありません。よって、アモスはまさに次のようなことを言ったのでした。――「たとえダビデの家から荘厳さが潰えたとしても、たとえそれがみすぼらしい小屋と成り果てても、主は約束を守ってくださる。王国を再興してくださるのだ。失われた力を取り戻してくださるのだ」。としますと、ダビデの家が高貴を失った後の、つまり、完全に倒された後の、［新約までの］あの中間時代を預言者は予見していたのです。

「私はダビデの仮庵を建て直す」といったことに関して、エッサイの仮庵とも言うことができたはずです。しかし、彼はあえてダビデの名を提示したのだと思われます。それは、このような酷く荒廃した最中にあっても、信仰者の心を高く上げるためです。そして、彼らがより熱心に約束を頼るようになるためでした。エッサイという名はあまりよく知られてはいませんでした。一方、ダビデの名は有名でした。次の託宣は非常に有名です。――「あなたの腰から出て来た者を、私はあなたの王座に据えよう」（詩132・11）。預言者はここで、ダビデの家と表現しています。信仰者たちに思い起こさせるためです。神はダビデとの間の契約を決して無駄にはなさらなかったはずだ、ということを。こうして――「その時、私はダビデの仮庵を起こす。私はその破れを固め、その廃墟を復興し、昔の日々のように建て直す」。これらの言葉を通して、ダビデの王権は滅びを迎えるだけでは足りない、みすぼらしい小屋に成り果てて力を失うのだ、といったことを預言者は［間接的に］告げ知らせているということになります。廃墟が佇み、全てが灰塵に帰すことになるのだと。要するに、預言者はダビデの家系が悲惨な最期を遂げることを告げ知らせています。仮庵とありますが、これは比喩として言われています。それは皆様も十分お気付きでしょう。比喩ではありますが、しかし、その意味ははっきりとしています。すなわち、神はダビデの王座と王権を以前のように復興してくださる、ということです。

これは極めて重要な預言です。よって、私たちは一段と集中して考察する価値があります。間違いありません。ここ［11節］において、預言者はキリストの到来を宣べ伝えているのです！　これには疑いの余地はありません。ユダヤ人ですら、そのことにほとんど同意しています。少なくとも、穏健なユダヤ人はそうです。聖書のどこの箇所でも曲げてしまう人たちがおりますが、彼らは額を剥き出しにした恥知らず。彼らは吠え立ててきますが、彼らのことは無視するのがよろしいかと思います。預言者のここの箇所に関しては、異論の余地はありません。つまり、メシアのこととして説明されるべきです。［預言者が告げ知らせる］ダビデの家系の再興［の時期］を、キリストがやって来られる以前［のどこかの時期］に求めることはできません。そのことは、他の預言者たちの証言からも容易に理解されます。ここ［11節］において、預言者は来たる贖い主を告げ知らせています。このお方こそ、王国の状態を全て始めからやり直してくださるのです。ですから私たちは知っています。父祖たちの信仰は、常にキリストと結び付いていたことを。私たちを神と和解させてくださったお方は、世にただお一人しかおりません。同様に、荒廃した教会が立て直されたのは、頭なるキリストのもと以外の所では不可能だったのです。このことは、私がこれまで何度も語り聞かせてきました。今日この日、神に向かって心を高く上げてみてください！　そうすれば、キリストは今すぐにでも御姿を現してくださいます、仲介者として！　このお方が取り去られれば、私たちには絶望が押し寄せてくるだけです。その際には、一縷の望みさえ残ってはいません。どこからか吹いてくる風［の噂］によって、一時は立ち上がることができたとしても、もしそれがキリストに基づいていないものならば、途端にその空しき自信は地に落ちてしまうことでしょう。キリストこそ全てなのだ。そして、次のことも覚えておいてください。この中断、つまり、神がこの王国を滅びに至らせることを望まれたということは、ヤコブの託宣及びそれと同じような託宣と、別に矛盾しているわけではないのです。ここでの王国とは、ユダ王国のことです。ヤコブは確かに言いました。――「王笏はユダから離れず、法を授ける者は彼の膝から（あるいは、彼の足の間から）離れない。ついにシロがやって来るその時まで」（創49・10）。続いて、忘れることのできないこういった約束も記されています。――「あなたのもうけた子らの中から、あなたの王座に就く者が現れるだろう」（詩132・11）。「彼は私に呼びかけるであろう。あなたの父である私に。私は、その者を私の子と呼ぼう。その者の王座は永久に続く」（詩89・27以下）。ここ［11節］において、王国の永続が約束されています。ですが、私たちは知っています。レハブアムの治世において、［ユダ］王国は縮小されてしまったこと、彼の治世の始まりから、［ユダ］王国は多くの災いに見舞われてきたこと、そして、この王国は嘆かわしくもやがて完全に滅びることになったこと、［今この時も］ほとんど消滅するに至っていたこと、王国の名に価するものはほとんど消え失せ、どこにも華やかさはなく、主権はなく、尊厳もなく、王笏は絶たれ、王冠は取り上げられることになった。このように、この国を見舞った出来事は、神の約束とは正反対であったと思われるのです。しかし、預言者たちによれば、この不一致と思われる点は、容易に解消されるものなのです。つまり、預言者たちが言うことには、やがて王国は灰燼に帰します。少なくとも、［王国の］大部分は破壊され、形を失うことになる。

姿形は無くなり、尊厳は見られなくなる。こういったことを預言者たちは述べるわけですが、と同時に、未来における更新についても彼らは述べるのです。神がこの王国を立たせてくださると。神のキリストを通して。このことを預言者たちが述べた際に、さらに、彼らは永久に続く王国がきっと現れると告げ知らせているのです。もちろん、現れるといっても、キリストにおいてです。よって、この王国がある時期に倒れてしまったということは、［預言者たちの］その他の［約束に関わる］預言と何ら矛盾しないのです。

まとめれば――やがて現れるキリスト、［頭なる］キリストの御頭にこそ、真の王冠とその飾りは置かれねばならないのです！　このお方こそ、神によって選ばれたお方、権威を有した王。死者の中から復活され、その王座を固められ、今は御父の右に座し、その王権は消えることはない、世の終わり［の日］に至るまで。パウロが言っています通り、世は変遷しても、このキリストの王国はいつまでも残る。確かに、［キリストの］復活後にはその形を変えていきましたが［キリストの王国は不変です］。キリストは永久の真の王。

預言者はこう言っています。――「昔の日々のように」。この言葉によって、彼はこれまでの主張に判を押しています。この王国の尊厳は、いつの時代においても等しく放たれていたわけではありませんでした。ですが、［キリストによるこの王国の］革新こそが、十分明らかにしてくれているのです。神が永遠なるダビデの国を約束されたことは、決して揺るがないということを。ですから、ダビデ王国は栄えていきます。いつまでも。しかしながら、［この時はまだ］その実現には至りませんでした。捕囚の地から民が帰還した後、ゼルバベルを始めとする多くの人たちが、権威を掌握しました。とはいえ、この国のその後の状態は、不安定であったのではありませんか？　この後、ペルシャとメディアの王によって、彼らは貢ぎ物を課せられました。よって、イスラエル王国が繁栄していたということにはなりません。それどころか、この民にはほんの僅かな権力ですら存在しませんでした。キリストが現れてくださるその時までは。ゆえにそういうことです。預言者のここの言葉は、キリストについての言葉として受け取る以外には有り得ません。

続けましょう。

12 こうして、彼らはエドムの生き残りの者と、我が名で呼ばれる全ての国を（ある人たちは、「全ての人々を」と訳しています。）所有することになる、と言われる主はこのことを行われる。

この言葉で預言者が告げ知らせていますことは、キリストにある王国の姿です。そこはかつてのダビデ王国よりも遥かに優れ、遥かに壮大な国となると。ダビデの時代がこの王国の最潮期でした。尊厳、富、力といった点においても。今、預言者は言います。その領土はそれよりも遥かに広くなると。なぜなら、と彼は言います、その時、「イスラエルの人々は、エドムの生き残りの者を所有する」ことになるから。ここで語られる言葉の宛先は、イスラエルとユダの人々を共通としています。この少し前でも、つまり、この最後の章の最初の部分のことですが、そこで警告を受けていたのも両者でした。彼が言おうとしていることは理解できます。エドムも一つの軛に繋がれるようになる、ということです。

ここで預言者はエドム人を特別視して述べていますが、その理由は十分はっきりしています。すなわち、「イスラエルとユダの人々にとって」彼らが最も憎しみ深い敵であったからなのです。近い距離が、しばしば大きな障害となっていました。エドムの人々は貧者ユダの人々に攻めかかり、その手を決して緩めることはありませんでした。このため、やがて彼らは選びの民の支配下に置かれるようになる、と預言者は言っています。預言者はこの後、「全ての国々の民がユダの人々のもとに来る」といった言葉を繋げています。エドム人が最初に名指しされていますが、他の全ての国々の民がその後に続いています。

今日は「この12節の解き明かしを」終えることはできないようです。

祈り

全能の神、あなたのお怒りのしるしはどこにもはっきりしていて、それらに私たちは気付いております。私たち［自身］があなたのお怒りを、いかに酷く惹き起こしてきたかということをよくよく心に刻むことによって、［私たちは］さらなるあなた［のお怒り］のしるしを免れることができるのです。今日の世の中は、あなたに対して狂信的に不信仰で、しかも、あなたの聖なる御名を辱め、汚し、かくも大きく、かくもたくさんの恩恵を乱用しています。主よ、あなたの永遠なる契約の記憶に、私たち皆が立ち帰り、そして、あなたの独り子の中に、永遠なる希望を抱き続けることができますように。あなたは私たちをふるいにおかけなさる際も、常に私たちのことをお傍から離れさせず、守っていてくださいます。地上の納屋のような所に至るためではありません。私たちがあなたの天の御国に至るその時まで、あなたは守っていてくださいます。私たちがあなたの栄光に与る者とならせてください。しかし、私たちが与るあなたの栄光は、御子が私たちのためにくださったものです。御子こそ、私たちを一度贖ってくださったお方。あなたの深い御守りの中に、いつまでも私たちを宿らせてください、アーメン！

前回の講義では、この［12］節を終えることができませんでした。この節でアモスは言っていました。エドム人が神の民の支配下に置かれるようになると。続いて、それ以外の民も同様に。この節前半に関しては曖昧な所はありません。一方、後半部分は二通りの意味に取ることができます。ある人たちの理解によれば、「我が名で呼ばれる」と言われていますのは、「他の全ての国々」のことなのだそうです。対して、別の人たちによれば、アブラハムの子らが言及されているのだそうです。

「エドムの残りの者と、全ての国々を彼らは所有する。その人たちの上に――」、とこのような言い方になっています。［二つの解釈の内、まず後者の見解に立って説明しますと］「私の名」が「その人たちの上に」置かれる、ということはすなわち、「アブラハムの子孫が、エドム人及びその他の国々の民を所有するようになる」という意味なのだそうです。こういったように、選びの民についての言及として採択する場合ですが、文法的にはいささか問題が生じるかもしれません。ですが、意味的には最もよく当てはまります。［この理解に従って、逐語的に訳してみますと］――「こうして、所有するようになる信仰者たちは――この彼らのもとで私の名が呼ばれるようになるが――彼らの敵を」。とこうなりますが、この場合、ここで預言者はイスラエル王国の広がりを約束しているわけですが、その根拠を彼が記していることになるでしょう。つまり、その根拠とは、彼ら「アブラハムの子ら」が神の名のもとに住民登録される、といったことです。言い換えれば、主が彼らのことをご自分の民として認識されるということです。彼らの父アブラハムの名のもとに、主が彼らを選ばれ、［神の子の］養子とされたように。一方、もう一つの意見の方が正しいといたしますと、［関係詞の働きをなす］不変化詞「אשר」は、私の判断によれば、関係代名詞というよりも、むしろ、原因を示す語として取らねばなりません。［この理解に従って、逐語的に訳してみますと］――「こうして、彼らは所有するだろう、エドムの残りの者たち、及びその他の国々の民を、なぜなら、私の名が彼らの上で呼ばれるようになる（あるいは、呼ばれるだろう）から」。しかしどうでしょう、［アブラハムの子らに］所有される値打ちと資格を有する人がいるとすれば、その人たちはアブラハムの家族とさせられた者――彼らは元々異邦人でありましたが――以外には有り得ません。ここで言われていますことは、他からやって来る者を、イスラエルが全て所有することになる、これを言い換えて、それらの者は教会の体の中に取り込まれる、ということなのです。

以上の［二つの異なる］点について、私は言い争いはいたしません。私たちにとって、大切なことははっきりしているのですから。つまり、ここではキリストにある王国の成長が約束されています。預言者はこう言おうとしたのです。――「ダビデ王国が最も繁栄していた時期であっても、ユダヤ人は［世界から見れば］狭い領土に閉じ込められていた。しかし、キリストのもとで、神はその領土を広げられるだろう。彼らは長く、そして広く支配することになろう」。また、「他の国々の民のもとで主の名を呼ぶ」といったことの意味は、私は他の所でも説明いたしました。

では続きを見ていきましょう。

13 見よ、その日が来る、と主は言われる。耕す者は刈り入れる者に走り寄り、ぶどうを踏む者は種を蒔く者に走り寄るだろう。山々は甘き水を滴らせ、全ての丘は溶けて流れる（乳のように溶けてなくなる）。

この言葉において、預言者はキリストの御国によってもたらされた豊穣について描写しています。ご存知の通り、預言者たちが神の民に対し、幸福と繁栄の状態を約束しようとする際には、いつもこういったような比喩が用いられます。あらゆる良きものが満ち流れ、実りの収穫は極めて豊か、穀物の蓄えは余剰で一杯、といったような比喩です。預言者［アモス］も採用したこの比喩は、［豊穣を言い表す際の］古代人に共通する言い方でした。ですから、別におかしなことではありません。まるで子供を相手にするような言葉使いで預言者たちが語っているとしても。こういった比喩を通して、聖霊が告げ知らせておられます。キリストの王国には、幸いと祝福が遍く行き渡るようになると。あるいはまた、キリストの御支配が始まるということは、まさに、神の教会に祝福が行き渡ることである、とそのようにも聖霊は告げ知らせておられます。

こう言われています。――「その日が来れば、と主は言われる。耕す者は刈り入れる者に近付くことだろう（あるいは、走り寄ることだろう）」。預言者はモーセのレビ記二十六章に由来する祝福を考えているのに違いあ[16]

16　レビ26・5。

りません。自分の教えが信頼と権威を増すために、預言者たちは［モーセの］その箇所の言葉使いを進んで借用しています。モーセは［ここ13節と］ほとんど同じ言葉を用いています。つまり、ぶどうの収穫が［穀物の］収穫を出迎え、種まきが耕作を出迎えると。しかし、このことが起こるのは、神が麦とぶどうを惜しみなく振る舞ってくださる時に限ります。その際には、時代［状況］も繁栄を極め、まさに折が良い時［となるの］です。預言者が言いたいことは理解できます。良きものには決して事欠かず、むしろ満ち足りるほどになる、といった祝福を神はご自分の民にもたらしてくださるということです。

こうして――「耕す者は刈り入れる者に近寄り、ぶどうを踏む者は種蒔く者に近寄るだろう」。刈り入れが終われば、すぐさま耕作が始まる。なぜなら、時は本当に良い折りなのだから！　ぶどうの収穫を終えれば、すぐに種まきが始まるのだ。繰り返しますが、これらに始まる他の全ての実りの豊かさが、ここで合わせて記されているのです。

預言者は誇張表現をもって、こう言っています。――「山々は甘きを滴らせ、全ての丘は溶けて流れる（まるでそこから乳が流れ出るかのように）」。確かに、こういったことは決して現実には一度も起こっていません。しかし、こういった語り口調は永遠なのだ。聖書では普通なのです。要するに、やがてもたらされる良きものは、普通でいつものそれを遥かに超えているということ。我々の理解を超え、自然の秩序さえ追いつかない。あたかも、山々が溶けて流れるように。

続けましょう。

14　我が民イスラエルの捕らわれ人を私は帰らせる。彼らは荒された町を築き直して住み、ぶどう畑を作って、そのぶどう酒を飲み、園を造って、その実りを食べる。

私たちが聞かされてきましたところの［11―13節の］預言は、容易には信じ難いものでした。殊に、この民が捕囚として連れて行かれた際には。よって、預言者は信じ難さを撃ち破る言葉を告げ知らせています。つまり、先に預言者が告げた豊穣を、神の民に実現させるのは神であられると、そして、神はどんな障害をものともせず、その御業を実現されるのだと。次の二つのことは、互いに極めて矛盾しているように思われます。［その第一として］この民があらゆる尊厳を剥奪され、遠くの辺鄙な地域に連れ去られてしまったこと、そして、みすぼらしく捕囚の地で生きていかねばならなかったこと、さらに、彼らが様々な部分に引き裂かれ、暴君的な辱めに屈しなければならなかったこと。次に第二として、これまで一度も実現されなかったような極めて繁栄した状態の約束、及び領土の拡張の約束です。目の前の数々の災いによって、彼らが恐れに捕らわれてしまわないために、絶望によって心挫かれないために、預言者はこう言います。――「イスラエルの人々よ、(17)あなたがたはやがて捕囚から帰還するだろう」。しかし、［帰還者は］全員ではありません。よって、既にこれまで私たちが学んできたことですが、この約束は［イスラエルの民の中で］選ばれた人たちだけに向けられています。ここ［14節］において、この民は単純に［つまり、全体として］言及されていますが、ここ［14節］での預言は、これまでの預言［つまり、この民の中の選ばれた者たちだけが帰還する、といったようなこれまでの預言］と結び付いています。要するに、ここ［14節］の預言［が向けられている相手］は、［この民の中の］残りの種子の範囲を超えてはなりません。この残りの種子に関しては、これまで私たちが確認してきた通りです。

こうして――「私は、我が民イスラエルの捕囚を元に戻す。そして、彼らは荒らされた町を築き直してそこに住む」。神はこのように言われたのです。――「捕囚、それに付随する災い、全地の荒廃。それらがなんであろう。私の民を必ず元に戻す。私はそれをもう決めたのだ。あなたがたが恐れているとしても――居住者にとって

17 ここでの「イスラエルの人々」は、北イスラエルの住民ではなく、南北合わせた神の民のことが意識されている。

は不毛の大地、ひっくり返ったような町々、混沌、といった情景を思い浮かべる際に、それらの情景があなたを恐れさせるとしても、私は昔の状態を全て元通りにすることができる。私はそうするつもりだ。『あなたがたは荒らされた町を築き直してそこに住み、ぶどう畑を作って、そのぶどう酒を飲み、園を造って、その実りを食べることになろう』。今、預言者はこの民に対し、律法［つまりモーセのレビ記の記述］に適った祝福を呼びかけています。彼らは悟るべきでした。主の敵意の御手によって、自分たちが捕囚に追いやられたのだと。それだけに、今預言者は告げ知らせます。――「主は憐れみ深い御姿をすぐに再び現わしてくださる。新しい情勢を築き上げてくださる。主が微笑みの御顔を向けてくだされば、繁栄は続き、全てにおいて大成功が続くのだ」。よって、預言者が今考えていますことは、主が間もなく彼らを［捕囚によって］懲らしめられる、だがしかし、悲惨な捕囚によって決して絶望に陥らないように、といったことでした。

ついに最後です。

15 そして、私は彼らをその土地の上に（その地に）植え付ける。私が与えた地から、再び彼らが引き抜かれることは決してない、とあなたの神なる主は言われる。

続く預言者のこの言葉は、平和な住まいに関してです。この民は捕囚の地から祖国に帰還しました。しかし、それは十分満足のいくことではありませんでした。なぜなら、安全で平和な生活が待っていなかったからです。またすぐにでも祖国から連れ出されてしまう可能性もあった［ような時代に過ぎなかった］のです。からかい半分で帰還させられたような、そして、すぐ後で再び敵に支配され、別の地域に連れて行かれるくらいならば、捕囚の地で死を迎えた方がましであったことでしょう。このため、預言者は帰還後の民には平和が待っている、と告げているのです。

この上ない素晴らしい譬えを用いつつ、預言者はこう言います。――「私は彼らをその地の上に植える。彼らはそこからもはや引き抜かれることは決してない」。どこであれ、主が私たちをそこに置いてくださらなければ、私たちにとって、安定した住まいの場所はどこに得られるというのでしょうか？　確かに、私たちはこの地上において、瞬く間に過ぎ去っていく者。まさに木屑のように、ここかしこに散り飛ばされてしまうような者。私たちには安定がない。神の御手によって植えられた者でない限り。神が住まいを私たちにどこか割り当ててくださらぬ限り。主が私たちの平和を守ってくださらない限り。以上のようなことを、預言者は今思っているのです。そして、彼はこう言っています。――「私は彼らをその土地に植える。彼らは決して引き裂かれることはない」。それはなぜか？　――「なぜなら、私が彼らにその土地を与えたからだ」。そこは神がその昔に与えてくださった土地。しかし、その土地から彼らを引き抜かれたのも神。彼らがこの地を汚したがゆえに。今、神が告げ知らせておられる。神の恵みは、この民が犯した罪に勝ると。神はこう言われたのです。――「この民はこの地の住民として相応しくはなかった。それにもかかわらず、私の賜物はそれに勝る。私が期待するようなものを、私は彼らの中に何も見つけることができていない。だが、私は彼らにこの地を与えた。彼らはそれを手にしなければならない」。

以上、預言者の思いは理解できます。この［アモスの時代の］後に起こった出来事を考えてみますと、「アモスの」この預言は決して実現しませんでした。確かに、ユダの人々は祖国に戻りました。しかし、数は少数でした。さらに、彼らが隣国の民を支配するようなことは、結局起こりませんでした。むしろ、彼ら自身、貢ぎ物を課せられたくらいです。これに加えて、彼らの領土はいつまでも狭いままでした。［隣国から課せられた］軛を払い落すことができた時代もまた然り。では、今私たちが聞いてきました［15節に記された］ことを、どのような意味で神は約束なさったのか？　ぜひ、キリストの王国に来てみてください！　そうすれば、預言は何一つ偽りでなかったことが分かることでしょう。ユダヤ人の支配は、確かに外見的にはそう見えませんでしたが、［彼らのもとに隠された」神の御国は既に、大きな広がりを見せていたのです。日が昇る国々から、日が沈む地までの全ての国々に。もちろん、私たちが他の所でも学んできました通り、当時はまだユダヤ人のもとでの王国でしたが。

今、豊富な小麦と、そして大量のぶどう酒のことが言われています。これらもキリストの王国の姿として説明されなくてはなりません。キリストの王国は霊の王国。ですから、私たちにとっても、霊的な良きものに満たされていれば、それで十分ではありませんか。主がご自分のために残しておかれたユダヤ人も、［物質的には貧しい人たちでしたが］この霊的豊かさに満ち足りていたのですから。

こう質問する人がいるだろうか？　ここ［15節］における預言者の言葉は寓意的ではない［字義通りに捉えるべきだ］と。簡単に答えることができます。聖書における様々な箇所に見受けられる通り、私たちの目の前に描かれていますのは、いわばこの世の命と地上的な祝福といった恵みを背景にする豊穣なのです。これは、とりわけ預言者たちの［言葉の］中に見つけることができます。繰り返しますが、預言者たちは教養を受けていない人たち、そして、弱い人たちの理解力に合わせた言葉を選んだのです。このことに関しては、私は別の所で詳しく扱いましたので、ここでは簡単かつ短く触れるに留めます。

続きましては、預言者オバデヤです。人々は彼のことをそう呼んでいました――。（続）

訳者解説——カルヴァンの『アモス書講義』を読むにあたって

ヘブライ語学者カルヴァン(1)

宗教改革者ジャン・カルヴァン(一五〇九～一五六四年)は、一五二三年、故郷ノワイヨンを離れ、パリ大学の学寮で教養学科を学んだ。カルヴァンの青年時代には、ラテン語教師マチュラン・コルディエとの出会いがあり、彼からカルヴァンはラテン語の文献学的知識を吸収した。その後、カルヴァンはオルレアン大学、ブールジュ大学にて法律を学んだ。その傍ら、古典文学、そして、聖書研究に力を注ぐようになった。ギリシア語をメルキヨール・ヴォルマールに学び、ギリシア語原典にあたって新約聖書を読んだ。

一方、カルヴァンのヘブライ語の学習時期に関する情報は、正確さに欠けるところがある。一五三一年、彼はパリに戻り、学寮を変転していくが、彼がヘブライ語を学び始めたのはこの頃かと思われる。著名なフランソワ・ヴァタ―ブル(2)の下でヘブライ語を学んだ可能性がまず指摘される(3)。一五三三年、かの有名な回心が起こり、カルヴァンはキリスト伝道者としての生涯を送ることを決意した。だが、当時フランスでは宗教改革に対する弾圧が厳しく、彼も迫害を受け、各地を転々とする。一五三五年、彼はバーゼルに来た。ここではヘブライ語学者セバスティァン・ミュンスターとの出会いがあった。このバーゼル滞在中に、カルヴァンはヘブライ語の知識を強化したと思われる(4)。

宗教改革者マルティン・ブツァーに師事しようとしてシュトラスブルクに向かう途中、カルヴァンはジュネーブを訪れた。彼の滞在を聞きつけたギヨーム・ファレルはカルヴァンの元を訪れ、彼に対し、ジュネーブに留まり、この町の宗教改革を共に助けてくれるように懇願した。カルヴァンはそれに応じた。

ジュネーブでのカルヴァンの仕事は、第一に、ギムナジウムにおける聖書講義であった。そこではパウロ書簡の講義が中心であった。(5) やがて彼はジュネーブ教会の牧師となり、説教者となり、あらゆる場面で活躍した。讃美歌、特に詩編歌の訳を手掛けることもあった。さらに、信仰の教育、カテキズムの作成、教会規則の制定、ジュネーブ教会信仰告白の作成などに励んだ。

一五三八年、ベルン市との複雑な兼ね合いも影響し、カルヴァンはジュネーブから追放された。カルヴァンは再びバーゼルに逃れた。だが、今度はブツァーがこの町からカルヴァンをシュトラスブルクに連れ出す。ブツァーがいたシュトラスブルクはフランスに近く、フランス人亡命者が数多く存在した。ブツァーはドイツ人であったので、フランス人のための教師としてカルヴァンを指名。カルヴァンはこの町の高等学院の教師に任命され、主に新約聖書の釈義講義を任された。次々に聖書注解を著していったこの時期、カルヴァンが著名なヘブライ語学者であったブツァーやヴォルフガング・カピトなどとの出会いを、己のヘブライ語能力の向上のために利用しなかったとは考えられない。(6)

一五四一年、カルヴァンは再びジュネーブに戻る。彼を追い出したジュネーブ市からの要請であった。ジュネーブ市はカルヴァンに対する破門宣告を撤回。彼に対し、今度は遠慮なく改革を推し進める権利を保証した。彼は牧師、教師、長老、執事といった教会制度を設立し、市議会にも参与した。ジュネーブにおいて、彼は最高の説教者として、最大の教会代表者として、優秀な政治的手腕の持ち主として、様々な改革に着手した。それだけに、多くの対決もあった。反三位一体論の持ち主ミカエル・セルヴェトゥスとの壮絶な戦いがその代表である。

かねてよりジュネーブにも教育機関はあったが、カルヴァンはコレージュ、すなわち大学の設立に尽力し、その願いを実現させた。一五五九年、ジュネーブ大学が開設された。(7) カルヴァンもそこで説教し、講義した。今度は主に旧約聖書の講義が中心だった。この度の翻訳『アモス書講義』は、この頃の作品の一つである。

本書の内容からも分かる通り、カルヴァンのヘブライ語知識は相当のものである。確かに、彼がいつ、誰からヘブライ語を学んだのか、定説はない。(8) この独特な古典語を集中的に学んだ時期は幾つか指摘できるものの、しかしむしろ、日頃の鍛錬と学びの習慣によって、彼のヘブライ語能力は徐々に成長していったものと思われる。もちろん、カルヴァンは専門家と言える程のヘブライ語学者ではない。だが間違いないこととして、彼のヘブライ語知識は、現代の釈義家にとっても欠陥が多いとは言えないレベルに達していた。(9) カルヴァンは哲学の専門家ではなかったが、しかし哲学に関する知識が極めて豊富であったのと同様、彼はヘブライ語の専門家ではなかったが、極めてそれに造詣が深かったのである。

カルヴァンの病は重くなり、一五六四年にその最期を迎えた。彼の最終講義、『エゼキエル書講義』は未完に終わった。

講義録『アモス書講義』について

旧約聖書に関する著作として、(10) カルヴァンは一五五一年に『イザヤ書注解』初版を著し、(11) 続いて創世記（一五五四年）、詩編、モーセ五書、ヨシュア記の注解書を著した。

一方、講義（Praelectiones）は注解書のための準備段階としての働きも担っていたようだが、この講義に関しては、元々一五二五年にツヴィングリが開始したものに由来するらしく、(12) その内容としては、聖書本文の翻訳と読解が中心であった。改革派の神学者もその型式をほぼそのまま継承した。カルヴァンは一五三六年頃、ジュネーブで新約聖書の聖書講義に携わっていたが、その頃の講義内容は把握できない。ジュネーブに戻った後の講義は旧約聖書が中心であった。イザヤ書の講義が一五四九年から始まり、それ以後、その最期を迎えるまで続いた。創世記講義が一五五〇年に開始され、その後、詩編講義が行われた。これらの講義録は残っていない。(13)

講義録を残す作業を最初に手掛けたのは、カルヴァンの同僚であった。一五五六年から開始された彼のホセア書の講義を聴いていたジャン・ビュデやシャトル・ド・ヨンヴィルによって、逐語的にカルヴァンの言葉が記録され、その慣習が他の人にも広がっていった。自分が速記したノートを後で数人が互いに見比べ、一人一人の速記者の書き間違いや不注意による聞き逃しは補完され、清書され、講義録は次第に形が整っていった。彼らによって入念に、そして忠実に再現された講義録は、カルヴァン自身が発した一語一句の書き写しのようであったという。講義が行われた翌日の講義の前に、カルヴァン自身の前で朗読され、彼の承認を経て出版された。[14]

講義録が出版された目的は、それが再び朗読される、つまり改めて聞き直されるためではなく、むしろ、明らかに読まれるために出版された。ホセア書の講義録の出版が好評だったこともあり、カルヴァンは続いてアモス書講義を含む十二小預言書講義の出版に踏み切った。ラテン語版は一五五九年、そのフランス語訳は一五六〇年に公刊された。[15] その他、講義録として残っている作品は、エレミヤ書、哀歌、ダニエル書、そして前述の通り、カルヴァンの死後、一五六五年に公刊された未完の『エゼキエル講義』である。

これらの講義録は、『カルヴァン全集』（Opera Omnia）[16]に含まれている。また、『カルヴァン全集』には欠けているが、十六世紀に出版されたオリジナルには、「祈り」（Precatio）の部分も残されている。

十九世紀にカルヴァンの注解書シリーズが英訳されたが、『アモス書講義』は以下の著作に含まれている。Translated by John King, *Calvin's Bible Commentaries: Joel, Amos, Obadiah*, 1847 (Republished 2007 by Forgotten Books).

ところで、講義録の出版といった大胆な試みに関して、当初カルヴァンは乗り気ではなかったらしい。自分の言葉がそっくりそのまま公刊されることに当惑したのである。[17] この頃多忙を極めていたカルヴァンは、各々の講義の準備に半時間から一時間程度しか割くことができなかったとされ、[18] そういった彼にとっていわば完成されていない状態の聖書の解き明しが、公の出版として残ることにはやはり躊躇いを覚えたようだ。

ジュネーブ大学においては、午前の説教に始まり、神学、語学の他に、哲学、数学、自然科学、弁証学がカリキュラムに取り入れられていた[19]。カルヴァンの講義は、テオドール・ベザと交替、つまり隔週で行われ、月・火・水の週三度、時刻は午後二〜三時頃であった[20]。講義に出席した生徒は毎回千人以上に上ったらしい[21]。若者も壮年もおり、様々な身分の聴講者層から成っていた[22]。将来フランスの教会に仕えるために学習していたいわゆる学生、そして、改革派の牧師会に連なる教職、さらに、ヨーロッパ、とりわけフランス国内の迫害から逃れてきた亡命者。カルヴァンの講義を聴いた彼らの中の多くが、やがて改革派教会の形成に携わることになった。とりわけカルヴァンの説教と講義を求めていたのは、フランスを始めとする諸国からの亡命者であった。そして、再び祖国に戻り、改革派教会、ないし改革派的な教会形成に関わり、福音を宣べ伝えるミニストリーに携わるようになったのは、実に彼らであった。

講義の進め方であるが、カルヴァンは注解書と同様、まず原典、とりわけ旧約聖書の場合はヘブライ語原典を自分でラテン語に訳してから話しを進めていく。講義の準備の際には、ヘブライ語辞書、ラビ文献、七十人訳、そして、既存のラテン語訳を始めとする聖書翻訳を参照していたとは思われる。しかし、講義の際、おそらく聖書のことだと思われるが、カルヴァンはその一つだけを開いて講義していたという。辞典らしきもの、あるいは、自身の記憶を助けるためのメモ紙は机に置いてはいなかったという[23]。つまり、講義は即興の性格が極めて強いのである。そして、講義は毎回祈りで終わる。

講義におけるカルヴァンの聖書解釈は、注解書におけるそれと大きく変わりあるものではない。だが多少の違いは指摘できる。注解書に比べ、講義においてはテキスト引用の間隔が短い。また、講義においては一節ごとに入念にパラフレーズしていく感が注解書よりも強い。それぞれのテキスト引用が短いことに関しては、講義の終了時間になればいつでもすぐに終えられるようにとの配慮からだとされる[24]。さらに、『キリスト教綱要』とは異なり、自説の権威づけのための古代教父の引用は比較的少なく、むしろ、世俗の文学や諺の引用が多い[25]。講義内容が即興であったことを考えると、逆に、いかにカルヴァンが日頃それらに親しんでいたかが分かる。

確かにカルヴァン自身が認めているように、十分な準備ができないままでの聖書講義は、注解書におけるきめ細かい解き明かしより神学的に不十分な内容かもしれない。一見、清書する際の書き間違いかと思われる程の重複や繰り返し、また、テキストの流れとは逆さまになっている順序説明などは、やや耳障りが悪い。だが、これらの欠けを補う何かがある。つまり、講義には何よりもライブ感がある。本書においても、教皇主義者に対する際どい批判はいつものことながら、当時の戦争の被害状況（6・1）、教師としての使命感（7・1）、彼自身が巻き込まれた過去の陰謀（7・10―12）、王侯への爆発寸前の不満（同）、講義当日の天候（5・8）、彼を襲った頭痛（5・5）、講義中において、節を飛ばしたことに気付いたことのお詫び、といったことが記されているように、講義には新鮮さ、ほとばしり出る感情、活気、生き生きとした語り口調が感じられる。[26] それらは説教に勝るとも劣らない。カルヴァンの音楽観を垣間見させる記述もあるが（6・5）、実に講義録とは、ジャズ音楽同様、即興の性格が強かっただけに、その演奏はただ一回きり、二度と再現できないような作品であった。本来、当日講義に出席した者のみがそれに与れたはずの恩恵を他者に伝えるために、一字一句、改革者の言葉を正確に書き残し、いわば忠実な写譜作業に時間と労力を惜しまなかった速記者たちの熱意に、我々は感謝を覚えたい。

カルヴァンの聖書講義は、彼が命を献げた改革派教会の形成と切り離すことはできない。この度の『アモス書講義』においても、預言書アモスの語る言葉とその姿の中に、カルヴァンは彼の時代の改革派教会との結び付きを大変明確にしつつ、苦しみと希望を語り聞かせている。彼は預言者の生き様の中に、彼の時代の聖職者の理想を追い求めている。預言者は改革派教会に携わる人たちの模範であった。恐れることなく大胆に警告し、叱責し、そして慰めを語り伝えた預言者の言葉を、極めて丁寧に解き明かしていったカルヴァンの講義。この講義を直に拝聴する恵みに与った人たちは、こういった講義を聴く度に、次の日に向かってきっと既に改革されていたものと信じる。

参考文献

《底本》

Calvini Opera (Database 1.0), Vol 43, pp. 1-176.

Ioannis Calvini, *Praelectiones in Duodecim Prophetas* (*quos vocant*) *Minores*, Geneve, 1559 (forgotten books, 2017), pp. 222-314.

《翻訳》

Translated by John King, *Calvin's Bible Commentaries*: *Joel*, *Amos*, *Obadiah*, 1847 (Republished 2007 by Forgotten Books).

《ヘブライ語テキスト・ヘブライ語辞書》

K. Elliger & W. Rudolph, *Liber XII Prophetarum* (Biblia Hebraica Stuttgartensia 10: Stuttgart: Deutsche Bibelgesellschaft, Editio quinta, 1997).

『聖書　聖書協会共同訳』日本聖書協会、二〇一八年。

F. Brown, S. Driver, C. Briggs, *The Brown-Driver-Briggs Hebrew and English Lexicon* (Strong's numbering was added by Hendrickson Publishers, 2003).

W. L. Holladay, *A Concise Hebrew and Aramaic Lexicon of the Old Testament* (Leiden: Brill, 1971).

《その他》

J. Baumgartner, *Calvin Hebraisant et Interprete de l'Ancien Testament* (Paris, Librairie Fischbacher, 1889: Kessinger Legacy Reprint).

Charles Borgeaud, *Histoire de l'Université E Genève*: *L'Académie de Calvin*, 1559-1798 (Genève, 1900: Classic Reprint/

Forgotten Books, 2017).

Thomas F. Torrance, *The Hermeneutics of John Calvin* (Edinburgh: Scottish Academic Press, 1988).

Edited by Donald K. McKim, *Calvin and Bible* (Cambridge University Press, 2006).

Pete Wilcox, *Calvin as commentator on the Prophets*, pp.107-130.

渡辺信夫著『カルヴァン』（人と思想10）清水書院、一九六八年。

出村彰・宮谷宣史編『聖書解釈の歴史——新約聖書から宗教改革まで』日本キリスト教団出版局、一九八六年。

久米あつみ著『カルヴァンとユマニスム』御茶の水書房、一九九七年。

A・E・マクグラス、高柳俊一訳『宗教改革の思想』教文館、二〇〇〇年。

カルヴァン・改革派神学研究所編『カルヴァンと旧約聖書——カルヴァンはユダヤ人か?』（カルヴァン・改革派神学研究所業書「改革教会の神学」1）教文館、二〇一三年。

ヴルフェルト・デ・グレーフ、菊池信光訳『ジャン・カルヴァン　その働きと著作』一麦出版社、二〇一七年。

アジア・カルヴァン学会日本支部・日本カルヴァン研究会『カルヴァン研究　特集「ものとしるし」』日本カルヴァン研究会発行、二〇一八年。

フラウィウス・ヨセフス、秦剛平訳『ユダヤ古代誌（3）』ちくま学芸文庫、一九九九年。

注

（1）カルヴァンの略歴は、渡辺信夫著『カルヴァン——人と思想10』などを利用した。

（2）この人物から有益な教授を受けた一方で、彼自身は一五三三年、異端的信仰の疑いをかけられた人物だったという指摘がある。T. F. Torrance, *The Hermeneutics of John Calvin*, p.186.

（3）J. Baumgartner, *Calvin Hebraisant et Interprete de l'Ancien Testament*, pp.15-16. カルヴァン・改革派神学研究所編『カル

ヴァンと旧約聖書』、一二頁、久米あつみ著『カルヴァンとユマニスム』、二八頁を参照。

（4）Baumgartner, pp.18~20.『カルヴァンと旧約聖書』、八五頁。

（5）渡辺信夫著『カルヴァン』、五五頁。

（6）Baumgartner, p.22.

（7）ジュネーブ大学に関することは、ヴルフェルト・デ・グレーフ著『ジャン・カルヴァン――その働きと著作』、六二～六五頁を参照。

（8）カルヴァン・改革派神学研究所編『カルヴァンと旧約聖書――カルヴァンはユダヤ人か？』、八五頁を参照。

（9）Baumgartner, pp.51, 61.

（10）グレーフ著『ジャン・カルヴァン　その働きと著作』、一三〇頁以下を参照。

（11）あるいは一五五〇年。*Calvin as commentator on the Prophets*, Pete Wilcox, p.107.

（12）渡辺信夫著「第三章　改革派」、三三五頁を参照（出村彰・宮谷宣史編『聖書解釈の歴史――新約聖書から宗教改革まで』、三三四～三五九頁）。

（13）Wilcox, p.110.

（14）Ibid., p.109.

（15）十二小預言書の講義自体は一五五八年に終了した。この作品は、スウェーデン王グスタヴ・ヴァーサに献呈された（グレーフ著『ジャン・カルヴァン　その働きと著作』、一三七頁を参照）。フランス語訳は、*Leçons et expositions familieres de Iehan Calvin sur les douze petis Prophetes*, A Geneve 1560（『ジャン・カルヴァン　その働きと著作』、一六三頁を参照）。

（16）一八六三―一九〇〇年、全五九巻。詳しくは、『ジャン・カルヴァン　その働きと著作』、三三三頁以下を参考。

（17）Wilcox, p.110.

（18）J.Baumgartner, p.31, Wilcox, p.115.

（19）Charles Borgeaud, *Histoire de l'Université E Genève*, p.52.

（20）Wilcox, p.114, Charles Borgeaud, p.53.『カルヴァンとユマニスム』、四四頁。

(21) Wilcox, p.114.
(22) Ibid., pp.111~115.
(23) Ibid., p.115.
(24) Ibid., p.116.
(25) Ibid., p.118.
(26) *Calvin's Bible Commentaries: Joel, Amos, Obadiah*, p.5 を参照。

後記

私は偉大なる神学者たちの聖書解釈、とりわけ、旧約聖書における聖書解釈に関心がありますが、昨年の『オリゲネス　イザヤ書説教』（日本基督教団出版局）に引き続き、この度は宗教改革者カルヴァンの翻訳を出版できますことを、心よりうれしく思っています。

私は神学校を卒業以来、改革派長老教会の流れを汲む教会に遣わされてきたこともあって、カルヴァンの『キリスト教綱要』や聖書注解書は、長年利用させていただいております。しかし、私自身がカルヴァンの翻訳に取りかかるに当たって、何かと不安も大きく、この度も私が所属させていただく歴史神学研究会の関川泰寛先生に監修に入っていただきましたこと、また、その交わりの中で、研究生の方々から文献やその他アドバイスをいただきましたことを、この場を借りて感謝申し上げます。

しかし、今回の訳業に当たっての一番の恵みは、久米あつみ先生にお会いできたことでした。久米先生には貴重なカルヴァン資料をお貸しいただきましたことを感謝申し上げます。

二〇一九年八月

堀江知己

ゼカリヤ書

マラキ書

新約聖書

マルコ福音書

マタイ福音書

ルカ福音書

ヨハネ福音書

使徒言行録

ローマ書

一コリント書

聖句索引

旧約聖書

創世記

出エジプト記

レビ記

民数記

申命記

ヨシュア記

士師記

サムエル記上

列王記上

列王記下

歴代誌下

ヨブ記

詩　編

箴　言

イザヤ書

エレミヤ書

エゼキエル書

監修者　関川泰寛（せきかわ・やすひろ）

1954年、東京生まれ。エディンバラ大学神学部卒業、東京神学大学大学院修了。現在、東京神学大学教授、日本基督教団大森めぐみ教会牧師。
著訳書　『ニカイア信条講解』、『聖霊と教会』、『アタナシオス神学の研究』、『ここが知りたいキリスト教』、『新・明解カテキズム』（解説）、クランフィールド『使徒信条講解』、ヘロン『聖霊』、マクグラス『キリスト教思想史入門』（共訳）、スティッド『古代キリスト教と哲学』（共訳）など多数。

訳　者　堀江知己（ほりえ・ともみ）

1979年、前橋生まれ。東北大学文学部人文社会学科（社会学専修）卒業。東北大学大学院文学研究科文化科学専攻（ドイツ文学）中退。東京神学大学大学院博士課程前期課程（旧約聖書神学専攻）修了。日本基督教団堺教会伝道師・副牧師、福島教会牧師、能代教会牧師を歴任、2014年より前橋中部教会牧師。
訳書『オリゲネス　イザヤ書説教』日本基督教団出版局、2018年、「オリゲネス　サムエル記上説教」（「歴史神学研究」第2号、歴史神学研究会、2018年）。

アモス書講義

2019年8月1日　第1版第1刷発行

著　者……ジャン・カルヴァン
監修者……関川泰寛
訳　者……堀江知己

発行者……小林　望
発行所……株式会社新教出版社
〒162-0814 東京都新宿区新小川町9-1
電話（代表）03 (3260) 6148
振替 00180-1-9991
印刷・製本……モリモト印刷株式会社

ISBN 978-4-400-12456-6　C1016